首届中国民族旅游论坛文集

ZHONGGUO MINZU LÜYOU YANJIU (2010 JUAN)
中国民族旅游研究

（2010卷）

中国人类学民族学研究会民族旅游专业委员会
桂林理工大学民族旅游研究中心

吴忠军 主编
杨主泉 王佳果 副主编

北京·旅游教育出版社

编委会

顾问

周明甫(全国政协民族和宗教委员会原副主任、中国人类学民族学研究会常务副会长)

戴斌(中国旅游研究院院长、教授、博导)

主任委员

黄忠彩(国家民委民族问题研究中心副主任、巡视员,中国人类学民族学研究会秘书长)

副主任委员

吴忠军(桂林理工大学民族旅游研究中心主任、旅游学院副院长、教授)

委员(以下按姓氏拼音排序)

程道品(桂林理工大学研究生处处长、博导、教授)

邸平伟(青海民族大学工商管理学院书记、教授)

龚　锐(贵州民族大学旅游与航空服务学院院长、教授)

金海龙(琼州学院旅游管理学院院长、教授)

李　雯(内蒙古财经大学旅游学院院长、教授)

明庆忠(云南师范大学旅游与地理科学学院院长、博导、教授)

孙丽坤(大连民族学院旅游系主任、教授)

唐晓云(中国旅游研究院、副教授)

王　凯(北方民族大学管理学院旅游系主任、副教授)

杨正文(西南民族大学西南民族研究院副院长、博导、教授)

朱普选(西藏民族学院管理学院副院长、教授)

前　言

旅游作为促进我国民族地区社会经济发展的重要支柱产业，其发展势头对民族地区经济发展、社会和谐稳定和民族团结的影响，日益显著。随着国家对西部大开发战略的稳步推进，旅游业已上升为国民经济的战略性支柱产业，民族地区旅游资源得天独厚的条件及其旅游业发展的良好势头，使民族旅游研究日益受到政府和学界的重视，民族旅游研究也不断深入，呈现出广阔的学术发展前景。

为了贯彻《国务院关于加快发展旅游业的意见》（国发〔2009〕41号）和《国务院关于进一步繁荣发展少数民族文化事业的若干意见》（国发〔2009〕29号）中关于发展民族旅游产业的相关指示与精神，推动中国民族旅游研究水平，加强学界之间、学界与政府之间的成果交流；形成中国民族旅游发展的共识，总结一批全国民族地区旅游发展的典型案例和经验，以民族旅游研究理论指导民族地区旅游发展实践，促进民族地区经济发展、社会稳定、民族团结。由此，在中国人类学民族学研究会下成立民族旅游专业委员会，整合国内不同地域、不同学科背景、不同研究机构的研究人员共同就民族旅游研究领域的问题进行深入有效的研究交流，显得颇有必要，很有意义！在专业委员会的组织下召开中国民族旅游论坛，定期回顾总结和展望国内的民族旅游业和民族旅游研究，这必将大大提升本领域的研究水平，指导民族地区旅游发展的实践，促进民族地区旅游业的发展！

当前，我国民族地区的社会发展进入了一个新的历史时期，也面临一些突出的矛盾和问题，通过社会经济发展解决民族地区在新形势下遇到的新情况，民族旅游当发挥出积极和有效的作用，这就要求我们民族旅游研究工作者要以更加负责的研究态度、更加科学的研究方法，坚持理论联系实际，适应新形势的要求，认真研究和解决民族旅游发展过程中的重大理论与实践问题，多出成果、出好成果、出能解决实际问题的成果，努力把民族旅游专业委员会建设成为民族旅游研究交流的平台、民族地区政府部门旅游管理决策的"智库"，为民族地区的旅游发展作出贡献！

为充分反映论坛取得的学术成果，共享资源，在征得与会专家、学者的同意后，将在每次论坛结束后选择部分论文续集出版，因篇幅有限，还有一些较好的论文未能收录，我们深表歉意。同时，由于种种原因，书中文字尚显粗疏，可能存在不妥之处，欢迎广大读者提出宝贵的意见和建议。

中国人类学民族学研究会民族旅游专业委员会主任　**吴忠军**

目 录

交流·共识·合作
　　——首届中国民族旅游论坛纪要 …………………………… 吴忠军　1
中国民族地区旅游业发展报告 …………………………… 吴忠军　王佳果　4
民族旅游展示中的国家与民族
　　——以广西龙脊景区为例 …………………………………… 徐赣丽　19
张家界市旅游产业的经济带动能力及其产业政策取向分析 …… 刘长生　简玉峰　26
土著传统知识：旅游产业特色生态化发展的宝贵财富 …… 明庆忠　陈英　熊剑峰　42
断裂与重建
　　——民族旅游开发与民族文化的再构建 …………………… 龚　锐　49
中越边境地区民族旅游合作探索
　　——试论设立中越国际旅游合作区 ………………………… 赵明龙　54
论民族文化旅游资源的开发与保护 …………………………… 任冠文　62
少数民族传统社区文化旅游适度开发初探 …………………… 罗永常　69
黔东南民族村寨农村劳动力与发展旅游业的关系研究 ………… 钟　珺　77
民族旅游内在矛盾与民族旅游规划管理研究
　　——以长阳土家族旅游为例 ………………………………… 马晓京　92
民族旅游相关概念辨析 ………………………………………… 刘　晖　102
正确处理生态博物馆文化保护和旅游开发的关系 …………… 金颖若　110
西南民族村镇旅游模式探究 …………………………………… 石　坚　115
景点与社区叠合式旅游开发模式研究
　　——以云南省玉溪市新平县南村为个案 …………………… 辛立波　杨慧　121

延龙图区域一体化旅游发展战略研究 ………………………………… 孙丽坤 133

基于WebGIS技术的中国民族地区旅游网建设构想
——以西部六省区民族地区为例 ………………………… 孔 敬 马 爽 139

旅游人类学视野下的旅游者行为研究 ……………………………… 高 姗 149

西南民族村镇旅游促进民族社区可持续生计研究 ………………… 邢启顺 153

民族旅游地的旅游商品开发探讨
——以丽江古城为例 ……………………… 光映炯 张晓萍 和灿芬 163

民族地区文化遗产景观的保护与旅游开发研究
——以青藏铁路沿线及周边地区为例 ……………………… 邱平伟 172

民族地区旅游投资开发模式研究 ………………………… 梁福兴 覃 澄 182

大学生入藏旅游风险认知研究 …………………………… 章杰宽 朱普选 186

旅游与民俗文化再建构
——龙胜大寨红瑶村"晒衣节"考察 ……………………… 秦红增 胡宝华 196

民族旅游居民满意度与和谐社会构建
——来自桂黔湘边区的报告 ………………………………… 吴忠军 210

广西县域旅游发展模式评价及优化 ……………… 李少游 邓飞虎 袁 泽 257

基于社会性别分析的旅游地居民旅游就业探讨 …………… 项 萌 程道品 265

区域旅游收入影响因素评价模型建立与分析
——以广西壮族自治区桂林市为例 ………………………… 宋瑛楠 王金叶 276

民族地区旅游公共服务体系:与旅游目的地满意度的结构关系研究
——以桂林国家旅游综合改革试验区为例 ………………………… 程瑾鹤 286

试论旅游开发对广西少数民族非物质文化遗产保护的影响
——以三江侗族自治县为例 …………………………………………… 陈 炜 297

基于农业文化遗产视角的龙脊梯田旅游可持续发展探讨 …………… 黄月玲 309

近十年来中国西部民族地区非物质文化遗产保护研究述评 ………… 李 铭 317

和布克赛尔旅游融入大喀纳斯旅游圈策略研究 …………………… 丁 梦 327

民族地区社区居民参与旅游发展比较研究
——以广西壮族自治区贺州市与平乐县比较为例 ………………… 汤雪莹 335

民族旅游研究进展浅析 …………………………………… 尹 铎 杨主泉 345

交流·共识·合作

——首届中国民族旅游论坛纪要

吴忠军

（桂林理工大学民族旅游研究中心　桂林）

　　2010年12月14日至17日，首届中国民族旅游论坛由桂林理工大学民族旅游研究中心主任吴忠军教授发起，在桂林市隆重举办。首届中国民族旅游论坛暨中国人类学民族学研究会民族旅游专业委员会成立大会由中国人类学民族学研究会、中国社会科学院民族学与人类学研究所、桂林理工大学主办，桂林理工大学旅游学院承办，《民族研究》杂志社、《旅游论坛》杂志社应邀作为论坛的协办单位。本次论坛的成功举办标志着民族旅游研究从此有了专门的全国性研究平台和组织机构。

　　本次论坛以"民族旅游与民族地区和谐发展"为主题，通过主题报告和专题讨论等形式，与会专家学者们分析了民族旅游的相关概念，民族旅游发展的现状，总结了民族地区旅游开发的模式，探讨了民族地区旅游资源的开发与保护，洞察到民族旅游发展的总体趋势。有30余家单位的140余名代表参加了会议，中国社科院民族学与人类学研究所也有专家学者参加了论坛。本次论坛共征集了58篇论文，其中有近30篇作了大会交流。论坛气氛活跃，专家代表发言后，对其他代表提出的问题进行答辩，答辩后有专家点评。整个论坛体现出一种自由、平等、民主、活跃的学术交流气氛。在主题报告中，全国政协民族和宗教委员会原副主任周明甫到会，代表全国政协民族和宗教委员会和中国人类学民族学研究会对本次论坛的召开表示热烈的祝贺。论坛发起人桂林理工大学吴忠军教授以"民族旅游与民族地区和谐发展"为主题，倡议共同构建民族地区和谐社会。

　　论坛专题讨论主要研讨的内容集中在以下几个方面。

一、民族地区及民族旅游相关概念的研究

　　吴忠军教授认为，民族地区的概念有"泛指"和"特指"之分，其中，"泛指"，是中国民族区域自治地方的总称；而"特指"，是指某几个自治区、自治州、自治县（旗），甚至是指自治乡。此外，从宏观区域角度看，民族地区的范围也存在一些争议。基于政

［作者简介］　吴忠军（1965—　），男，桂林龙胜人，桂林理工大学旅游学院教授、研究生导师，主要研究方向为民族旅游开发与管理、旅游规划。

治和行政区划概念对民族地区进行界定的观点认为民族地区即"民族自治地方";而基于中国东部、中部、西部的空间划分和少数民族宏观聚居分布特点对民族地区进行界定的观点则存在较大差异。

二、民族地区旅游产业的发展及旅游商品的开发研究

民族地区旅游产业的发展事关民族地区的经济发展、社会和谐稳定、民族团结。近年来,民族地区的旅游业得到迅猛发展。吴忠军教授作了《中国民族地区旅游业发展报告》,从分析民族地区旅游业的发展现状及特征切入,进而明确提出民族地区旅游业发展迅速,产业地位不断加强,突出表现在三"快"、三"高"。三"快",即旅游收入增长快于旅游人数增长;旅游产业发展速度快于地方国民经济发展速度;旅游产业发展速度快于全国旅游业发展平均水平。三"高",即各省、自治区、市政府对本地旅游的地位定位高;中央政府定位高;民族地区的旅游接待人次、旅游收入等经济指标在全国的比重稳步提高,民族地区旅游业在全国的地位日趋重要。

三、民族文化旅游资源的开发与保护研究

民族文化旅游资源的开发与保护是论坛中讨论最为热门的话题。与会专家一致认为,民族文化旅游是民族旅游的主要内容,民族文化资源的开发与保护直接关系到民族旅游的长期发展。与此同时,与会专家们也指出,民族文化旅游资源的开发与保护,直接涉及民族文化旅游的可持续发展问题。

四、民族旅游模式研究

近年来,围绕旅游开发所产生的对旅游模式的探索逐渐成为焦点,研究民族地区旅游业的运作经营模式有助于对比不同模式的优劣,探寻更好的多方利益及合作发展模式,以实现民族旅游地区经济、社会和生态的可持续协调发展。在本次论坛中,部分专家还简要地分析了民族旅游的模式。

五、土著知识与民族旅游研究

在国内首先把土著知识与民族旅游结合起来的明庆忠教授以土著知识的内涵、特征为切入点,分析了土著知识的旅游价值和旅游利用,提出了土著知识的旅游产业特色生态化利用对策和建议。他认为应充分认识土著知识的旅游价值,把土著知识作为独特的、富有吸引力的资源加以适当利用。土著知识旅游的开发无疑将会最大限度地满足旅游者体验异地文化与深度旅游的新需求。通过构建特色生态化旅游产品,建设土著性特色旅游设施,营造地域性旅游氛围,更好地实现社区参与,积极挖掘和利用土著知识发展特色凸显的区域性旅游,对民族地区旅游业的发展具有十分重要的意义和价值。

六、民族地区旅游发展战略研究

大连民族学院孙丽坤副教授提出以延龙图为个案,构建用行政手段排除旅游发展障碍,用规划手段进行总体布局,用资本手段实现利益共享,用区内市场合作带动区外市场合作的旅游发展战略框架。她认为要实现延龙图地区经济一体化,必须做到以下四点:第一,打破旧的行政区划界线,构筑延龙图经济社会一体化发展的平台;第二,通过体制、机制的创新,形成三个城市一体化发展的内在机制;第三,运用经济纽带和市场化的方式,形成三个互相依存、互相促进的格局;第四,通过综合发展和区划调整,最终形成一个功能完善、规模较大、实力增强、形象优美的吉林省东部城市。

七、民族地区旅游者认知和行为研究

西藏民族学院的朱普选教授认为,大学生旅游市场随着高校的进一步扩张,已经成为我国旅游市场的重要组成部分。朱教授通过分析影响西安大学生对西藏旅游风险认知的主要维度和大学生对不同维度风险的认知程度,得出结论认为,要特别关注大学生对赴西藏旅游风险认知的结构认识,加强西藏旅游在全国的宣传力度,政府、旅游企业和藏族同胞要积极参与。云南民族大学的高姗从旅游人类学的视野分析旅游者的行为,阐述了人类学在旅游者的旅游动机、旅游体验和旅游对游客的影响等方面的研究。

八、民族地区旅游网建设研究

中国社科院民族学与人类学研究所孔敬、马爽在介绍 WebGIS 技术的概念及特点的基础上,提出运用 WebGIS 技术来构建中国民族地区旅游网的设想规划,以中国西部六省区民族自治地区范围内的地理分布空间数据为基础,对旅游资源进行空间分析,拟实现对景点位置、民族文化、民族风俗、民族历史、人口密度等相关旅游信息的查询功能,并对旅游发展条件、客源市场、资源环境等因素进行旅游开发与规划分析。他们构想的实现对民族地区旅游的可视化、形象化展示,以及民族地区景观资源保护、生态旅游规划等工作具有重要意义。

总之,此次首届中国旅游论坛,暨中国人类学民族学研究会、民族旅游专业委员会成立大会是我国民族学、人类学研究历史上的一次划时代事件,标志着民族旅游研究从此有了专门的全国性研究平台和组织机构。它对我国民族地区人类学、民族学的教学、研究及旅游经济的发展必将起到积极的推动作用,对我国民族旅游发展与和谐社会的创建起到划时代的作用。

中国民族地区旅游业发展报告

吴忠军 王佳果

(桂林理工大学民族旅游研究中心 桂林)

【摘 要】 民族旅游是促进我国民族地区社会经济发展的重要支柱产业,民族旅游发展事关民族地区的经济发展、社会稳定和谐和民族团结。改革开放后,我国民族地区的旅游业有了长足的发展,本研究报告基于对近二十年来民族地区旅游产业统计数据的分析,力图展现我国民族地区旅游业发展的历程和轨迹。报告首先对民族地区、民族旅游业进行技术性界定,对民族地区的旅游业发展背景进行简要描述,继而对主要旅游发展指标进行统计分析,以展示民族地区旅游业的发展情况。在此基础上,对民族地区旅游业发展的特点进行总结。

【关键词】 民族地区;民族旅游;发展报告

一、研究对象和相关概念

(一) 相关概念

1. 民族旅游

较早对民族旅游的概念进行分析定义的国外旅游人类学、旅游社会学学者的观点对中国研究者的影响很大,如瓦伦·L.史密斯(Valene L. Smith)、埃里克·科恩(Erik Cohen)的定义在国内反复被引用阐释。国外研究中的民族旅游主要包括以下两种形式[1]:一种是到原住民居住地进行的旅游,既包括发达国家的原住民保护区,也包括不发达国家和地区的原住民聚居地;另一种是指移民集中生活的社区旅游,这些移民由其他国家和地区迁徙而来,但在东道国处于非主流地位。

国内方面,潘盛之(1997)较早从文化差异的角度对民族旅游进行界定和阐述[4]。徐新建(2000)对民族旅游内容的分析较宽泛,涵盖民族主题园、民族村①至民族旅游线路、民族旅游区。光映炯(2002)认为,民族旅游是指"旅游者通过对某一民族的独

[作者简介] 吴忠军(1965—),男,桂林龙胜人,桂林理工大学旅游学院教授、研究生导师,主要研究方向为民族旅游开发与管理、旅游规划。王佳果(1983—),男,河南南阳人,硕士,现供职于桂林理工大学民族旅游研究中心。

① 民族主题园、民族村可以位于"核心"、"主流"的东部、城市区域,也可能在"边缘"、"非主流"的西部、乡村区域,包括"人造"的景区和"自然"的民族村寨。——作者

特文化或生活方式的参与、观察和体验,来实现其审美需求的过程"[5]。即民族旅游是一种文化旅游,对象群体是边缘性的少数族群或民族国家的政治—经济框架中相对弱势的文化群体。就中国的具体国情而言,民族旅游的活动主体多为中华民族多元一体格局中核心的汉族群体,多来自中东部经济发达地区,指向对象是边缘的少数民族,多位于西部和边疆地区。

2. 民族地区

国内取得较为共识的观点是"民族地区"的概念等同于"少数民族地区",但民族地区或少数民族地区的概念所指存在分歧:

(1)泛指或特指的模糊

"泛指"中国民族区域自治地方的总称或抽象的少数民族聚居区的总称,或"特指"某个或某几个自治区、自治州、自治县(旗),甚至是指自治乡。泛指或特指的模糊导致民族地区的空间尺度弹性很大,涉及宏观到微观的各个层面,大至中国整个民族地区,小到某个民族自治县、乡的范围[6]。

(2)从宏观区域角度看,民族地区的范围也存在一些争议

首先,基于政治和行政区划概念对民族地区进行界定的观点认为民族地区即"民族自治地方"。根据《中华人民共和国民族区域自治法》对"民族自治地方"的规定,民族地区可以认为是行政区划中民族自治区、自治州、自治县的统称。截至2008年年底,全国共建立了155个民族自治地方,包括5个自治区、30个自治州、120个自治县(旗),①实行区域自治的少数民族人口占少数民族总人口的71%,民族自治地方的面积占全国国土面积的63.89%[7]。

其次,基于中国东部、中部、西部的空间划分和少数民族宏观聚居分布特点对民族地区进行界定的观点则存在较大差异。一些学者在研究中笼统地将"西部地区"、"民族地区"或"西部民族地区"交替混同使用;更多的研究者乃至国家民委则使用"民族八省区"(5个自治区和少数民族人口较多的云南、贵州、青海3个省)的概念来进行民族经济统计和研究[8]。部分研究者则在研究时扩大了这个空间区域范围,如"民族地区是指由五大民族自治区和五个多民族的省份(贵州、云南、青海、甘肃、四川)所组成的地区,以及十省区之外一些省中由少数民族所组成的民族聚居地区"[9]。

本报告从宏观区域角度进行产业发展研究,从研究技术层面将研究区域对象"民族地区"界定为"民族八省八州","八省"指5个自治区和少数民族人口较多的云南、贵州、青海,"八州"指八省外少数民族人口集中分布的8个自治州,具体是吉林延边朝鲜族自治州、湖南湘西土家族苗族自治州、湖北恩施土家族苗族自治州、四川甘孜藏族自治州、凉山彝族自治州、阿坝藏族羌族自治州、甘肃临夏回族自治州、甘南藏族自治州。上述八省八州的总面积占全国国土面积的62.88%,占民族自治地方国土面积

---

① 中国还建立了1 100多个民族乡,作为民族区域自治制度的补充。民族乡不是中国法律意义上的民族自治地方。——作者

的98.42%①,涵盖民族自治地方的绝大多数区域。

3. 民族地区旅游业

目前国内对旅游业的定义和界定仍存在较大争议,主要包括:从供给方面还是从需求方面定义[10]"产业"和"产业聚合体"之争直指"旅游产业"存在与否[11],产业内部又有"六要素"、"三大支柱"和"四大支柱"的纷争[11,12]。本研究仅从技术层面对研究对象进行廓清,所指的民族地区旅游业是指民族八省区的旅游产业,主要的分析指标包括旅游收入和旅游者人数、旅游饭店、旅游交通、旅游景区、旅行社五大方面。具体的指标数据源自国家和地方政府的统计年鉴、国民经济和社会发展统计公报等。②③

(二) 研究内容

本研究报告首先对相关概念进行界定,对民族地区的旅游业发展背景进行简要描述。然后,对旅游发展指标进行统计,以说明民族地区旅游业的发展情况,并同全国的情况进行一定比较。最后,使用定性描述结合数据分析结果对民族地区旅游业发展进行特点总结。

二、民族地区旅游业发展背景

民族地区旅游业是我国旅游发展最早的地区之一。1971年周恩来总理主持召开全国旅游工作会议,被"文革"严重冲击破坏而陷于瘫痪的旅游业开始出现转机。1973年中国旅行社恢复成立,广西壮族自治区的桂林成为国内最早开放的旅游城市之一。

改革开放和十一届三中全会以后,民族地区开始了广泛的对外开放并开始发展旅游事业。这一时期旅游发展以接待入境旅游为主,国家对国内旅游实行"不支持、不提倡、不反对"的"三不"政策。这期间,民族地区的旅游发展以入境游为主,由于国民经济刚刚恢复起步,旅游基础设施严重落后,旅游接待管理水平低下,产业体系不健全,民族地区的旅游严重受限。1987年,国务院明确提出"要大力发展旅游业",但随后1989年的政治风波对包括民族地区在内的中国旅游业造成了严重影响。

1992年,邓小平"南巡讲话"后,中国的改革开放继续深入,对民族地区的旅游业发展产生了积极而深远的影响[13]。1998年,中央经济工作会议提出把旅游业作为国民经济的新增长点,旅游业在国民经济中的地位提到前所未有的位置,随后,民族地区各省纷纷出台相关政策促进旅游产业发展。随着国家对国内旅游的政策逐渐过渡为"因地制宜、正确引导、稳步发展",由此民族地区旅游业呈现入境、国内市场并行发展的局面。

---

① 根据《中国民族统计年鉴2009》民族自治地方分地区面积数据整理而来。——作者

② 省(区)重要统计数据源自《中国民族统计年鉴2004—2008》、历年《中国旅游统计年鉴》、各省(区)地方统计年鉴等,搜索途径和具体数字整理主要通过搜数网的《中国大陆统计数据库》、《中国资讯行——中国统计数据库》、《中经网统计数据库》、《中国统计数据应用支持系统》、《CNKI中国统计年鉴数据库等》;八州数据源于历年各省州地方国民经济和社会发展统计公报,主要通过网络搜索各地官方网站和上述数据库。——作者

③ 中国的官方旅游统计存在诸多不太令人满意之处,参见文献[2,3]。——作者

进入21世纪后,随着西部大开发被提升为国家战略和中国加入世贸,民族地区的旅游业迎来了前所未有的发展机遇。加之改革开放二十年的发展积累,普通国民财富和闲暇时间逐渐增多,特别是黄金周制度实施后,国内旅游市场开始井喷式发展。民族地区的旅游业对国内旅游特别是东部发达地区市场的依赖性增强,国内旅游收入在旅游总收入中的比例越来越重。与此同时,民族地区的旅游基础设施,特别是旅游交通有了显著改善,旅游管理服务水平有所提高,旅游产业体系日益完善,这大大促进了民族地区旅游业的发展。

2009年12月,国务院发布41号文件《关于加快旅游业发展的意见》,对旅游业提出了全新的定位,指出把旅游业培育成国民经济的战略性支柱产业和人民群众更加满意的现代服务业的宏伟目标,并就新时期旅游业发展进行了全面部署,明确了具体的发展目标。旅游业发展上升为国家战略。与此同时,国家新近出台的重大区域战略中,民族地区旅游业斩获颇丰,建设桂林国家旅游综合改革实验区、发展西藏成为国际著名旅游胜地、建设新疆成为我国重要旅游目的地等举措纷纷成为国家战略和区域战略。民族地区的旅游业迎来了新一轮的战略机遇期。

三、民族地区旅游业发展情况

(一)民族八省区旅游业发展情况分析

1.民族八省区入境旅游发展情况

(1)入境旅游人数波动性快速增长

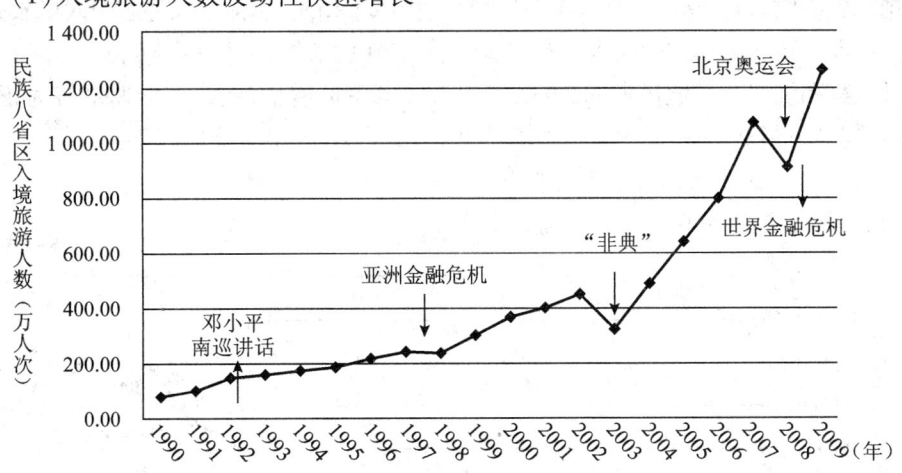

图1 1990—2009年民族八省区入境旅游人数情况

1990—2009年,民族八省区入境旅游人数呈现波动性快速增长势头。1990年以后,中国同西方国家政治外交关系明显缓解。1992年邓小平南巡讲话后,国内外政治局势日趋稳定,入境旅游人数持续回升。1997—1998年,受亚洲金融危机的影响,入境旅游人数出现一定波动。1998年后,人数持续增长,但速度放缓。2003年,"非典"疫情对入境旅游冲击巨大,当年增长率为-27.96%。2004年后,入境旅游人数连续4

年保持高速增长,直到 2008 年受北京奥运会"挤出效应"和全球金融危机的严重冲击,入境旅游人数再次出现较大波动,当年增长率为 -15.08%。

尽管入境旅游发展多次受到宏观政治、经济、社会因素的负面影响,入境旅游人数仍保持快速增长趋势,多年平均增速达 17.15%。2009 年,民族八省区入境旅游人数为 1 265 万人次,比 2008 年增长 38.87%。

(2)国际旅游收入也呈现波动性快速增长

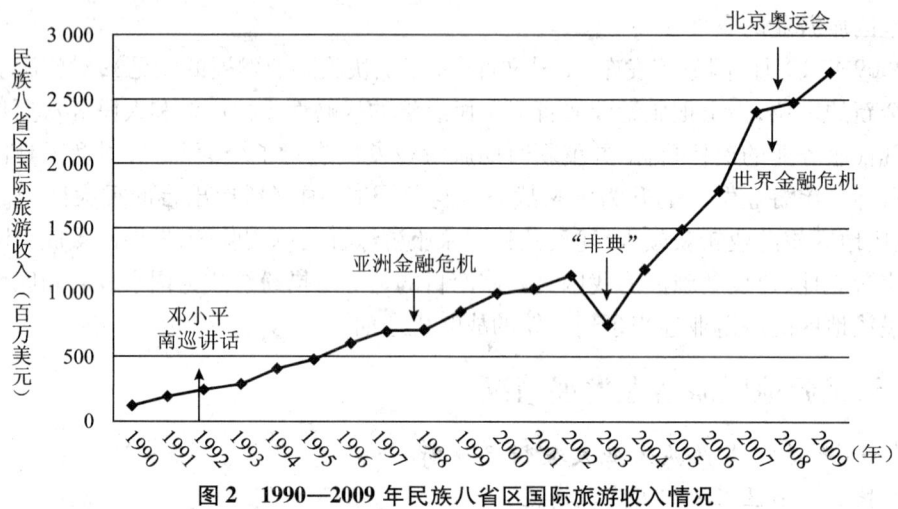

图 2　1990—2009 年民族八省区国际旅游收入情况

国际旅游收入在 1990—2009 年间平均增速为 20.15%,总体增长势态与入境旅游人数保持基本一致。国际旅游收入只有在 2003 年出现负增长(-34.24%),其他年份如亚洲金融危机和全球金融危机期间,虽然旅游人次出现负增长,但收入增速维持为正数。2009 年,民族八省区国际旅游收入为 18.3 亿美元,比 2008 年增长 9.43%。

2. 民族八省区国内旅游发展情况

(1)国内旅游人数保持稳步快速增长

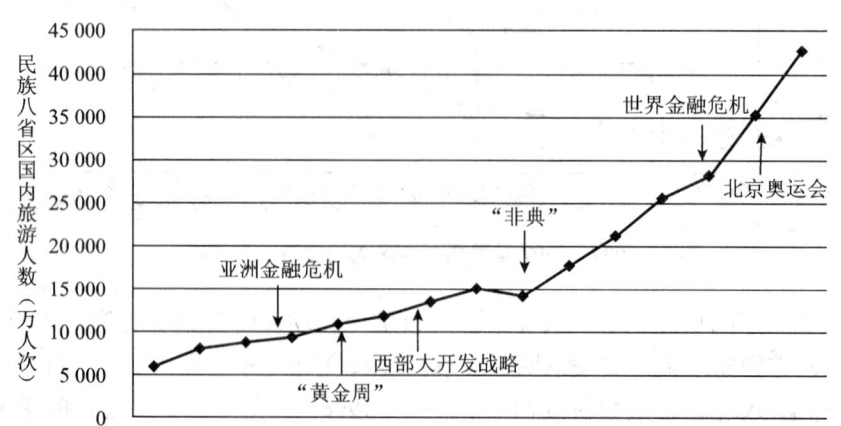

图 3　1995—2009 年民族八省区国内旅游人数情况

8

1995—2009 年，民族八省区国内旅游人数保持稳步快速增长，平均增速 15.46%，2004 年后增速较明显。两次国际性金融危机对国内旅游冲击有限，但"非典"的负面影响非常明显，是近 15 年来唯一出现的负增长。"黄金周"、西部大开发、北京奥运会等因素对国内旅游的正面影响较为明显。2009 年，民族八省区国内旅游为 4.3 亿人次，比 2008 年增长 20.88%。

（2）国内旅游收入持续高速稳定增长

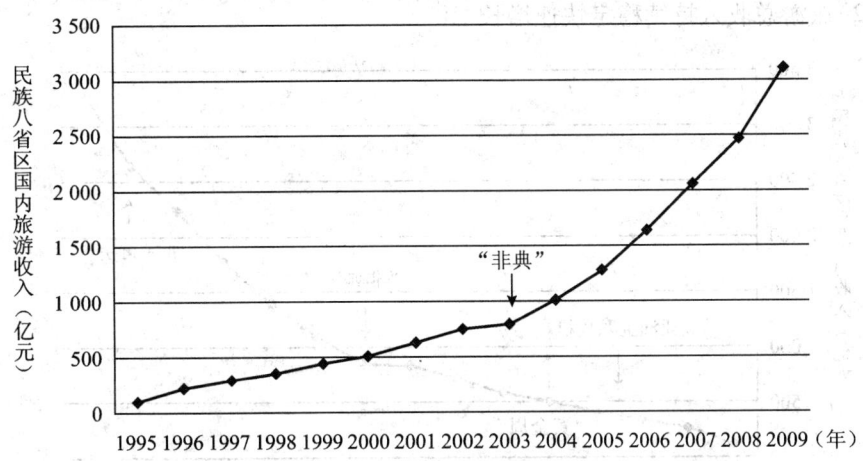

图 4　1995—2009 年民族八省区国内旅游人数情况

国内旅游收入近 15 年来持续高速稳定增长，平均增速为 31.18%，即使在 2003 年遭受"非典"影响的情况下仍保持 6.77% 的增速。2009 年，民族八省区国内旅游收入为 3 104 亿元人民币，比 2008 年增长 25.92%。

3. 民族八省区旅游经济发展总体情况

（1）旅游总人数保持稳步增长势头

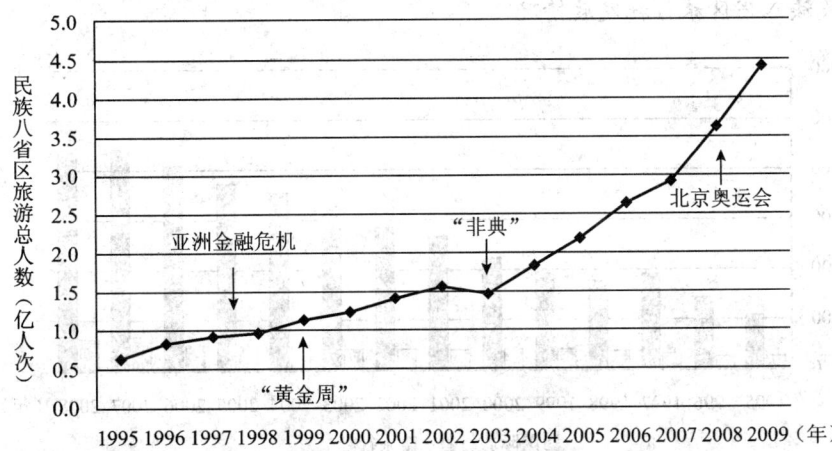

图 5　1995—2009 年民族八省区旅游总人数情况

9

1995年至今,民族八省区的旅游接待总人数总体上保持稳步增长势头,年平均增速达15.45%。其中,1997—1998年受亚洲金融危机影响增速减缓,2003年受"非典"疫情影响增速为负(-6.00%)。1999年后"黄金周"休假制度实施后,增速明显加快,除2003年外基本保持两位数增速;随后,在2008年后北京奥运会的刺激带动影响下,旅游人数增长显著,连续两年增速在20%以上。2009年,民族八省区共接待4.4亿国内外旅游者,比2008年增长21.33%。

(2)旅游总收入持续稳定快速增长

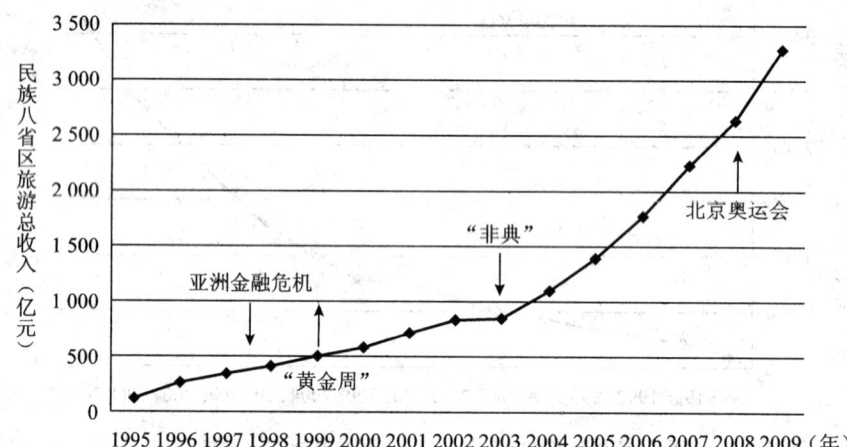

图6　1995—2009年民族八省区旅游总收入情况

旅游总收入在1995—2009年平均增速为28.06%,总体增长势态与旅游总人数保持一致,且增速明显高于后者。这期间,除2003年受"非典"冲击较大,其他年份均保持两位数的增速,特别是2004年后增速基本保持在25%以上。2009年,民族八省区的旅游总收入为3 284亿元人民币,比2008年增长24.51%。

4.民族八省区旅行社发展情况

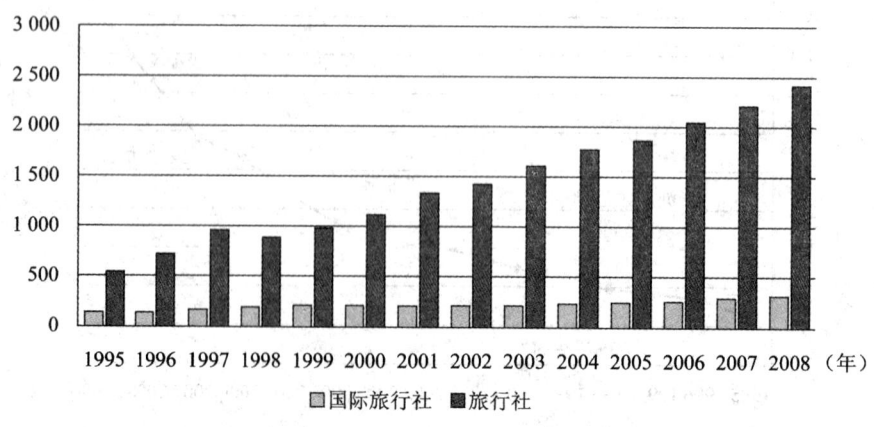

图7　1995—2008年民族八省区旅行社情况

1995—2008 年,民族八省区旅行社稳步发展,旅行社数量由 1995 年的 531 家发展到 2008 年的 2 427 家。其中,国际旅行社由 134 家增至 317 家,国内旅行社发展势头明显快于国际旅行社;内蒙古、新疆、云南、广西的发展情况较好。

表 1　2008 年民族八省区各省旅行社情况

	内蒙古	新疆	云南	广西	贵州	青海	宁夏	西藏	合计
国际	51	56	60	80	18	20	9	23	317
国内	552	390	389	317	184	178	76	24	2 110
总数	603	446	449	397	202	198	85	47	2 427

5. 民族八省区星级饭店发展情况

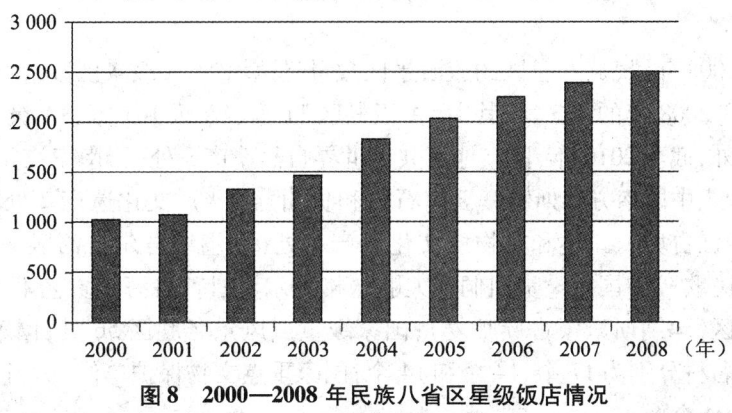

图 8　2000—2008 年民族八省区星级饭店情况

1995—2008 年,民族八省区星级饭店稳步发展,星级饭店数量由 2000 年的 1 032 家发展到 2008 年的 2 499 家。2002—2004 年发展较快,2005 年后数量增长放慢。其中,云南、广西、新疆的发展情况较好。

表 2　2008 年民族八省区各省星级饭店情况

	五星级	四星级	三星级	二星级	一星级	合计
内蒙古	5	15	68	138	16	242
广西	12	38	191	147	5	393
贵州	2	24	99	137	17	279
云南	11	53	197	525	118	904
西藏	0	6	38	38	4	86
青海	1	12	43	53	8	117
宁夏	0	6	37	14	0	57
新疆	11	51	202	141	16	421
总计	42	205	875	1 193	184	2 499

6. 民族八省区旅游景区发展情况

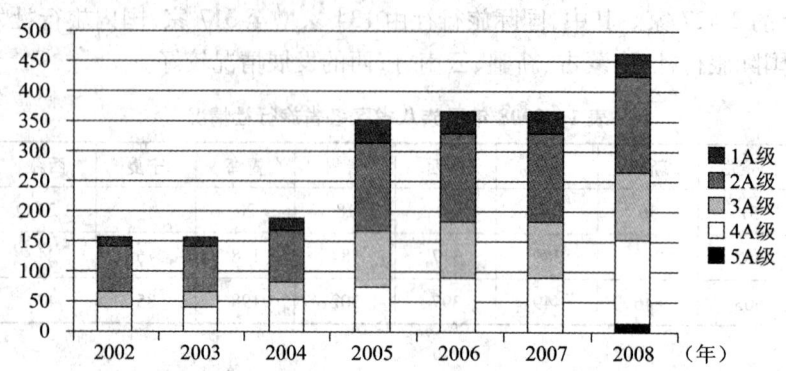

图9　2000—2008年民族八省区A级旅游区情况

2002—2008年,民族八省区的旅游景区数量迅速增加,A级景区数量由2002年的155家发展到2008年的463家,其中5A级景区11家、4A级141家、3A级113家。

除此之外,截至2010年,民族地区共有世界自然遗产3处(云南三江并流、中国丹霞—贵州赤水、中国南方喀斯特—云南石林和贵州荔波①)、文化遗产2处(西藏布达拉宫、云南丽江古城)、口述和非物质文化遗产8处(新疆维吾尔自治区木卡姆艺术、蒙古族长调民歌②、中国蚕桑贵州侗族大歌、《格萨尔》史诗、青海热贡艺术、藏戏、新疆维吾尔自治区《玛纳斯》、蒙古族呼麦);国家级重点风景名胜区56处;国家历史文化名城、名镇、名村分别为17个、14个和14个;国家重点文物保护单位267个;国家重点自然保护区94个③。

表3　2008年民族八省区各省A级景区情况

	5A级	4A级	3A级	2A级	A级	合计
内蒙古	0	28	29	48	6	111
广西	2	46	36	5	0	89
贵州	2	4	0	3		9
云南	2	25	11	45	7	90
西藏	0	8	1	2	1	12
青海	0	7		1	0	8
宁夏	2	6	3	8	1	20
新疆	3	17	33	49	22	124
合计	11	141	113	161	37	463

---

① 中国丹霞和中国南方喀斯特为联合捆绑申报项目,均有民族八省区地方参与。——作者
② 2009年与蒙古国联合申报。——作者
③ 此处统计未包含八州,只含八省区。——作者

7. 民族八省区旅游交通现状

截至 2009 年年底,民族八省区铁路通车里程为 19 500.7 公里,其中内蒙古通车里程 6 694.2 公里,居全国第一;高速公路通车里程 9 695 公里,云南省排名最靠前,居全国第 11 位,西藏自治区排名最后;民航机场总数为 49 家,其中新疆 13 家,高居八省之首,宁夏最少,仅 1 家。综上所述,内蒙古、广西、云南、新疆旅游交通设施在八省区中相对稍好,但在全国中仅为中等水平,特别是运营高速铁路仍为空白。

表 4 2009 年民族八省区交通基本情况

	铁路通车里程(公里)	高速公路通车里程(公里)	民航机场数量(个)
内蒙古	6 694.2	1 890	9
新 疆	2 760.5	1 075	13
广 西	2 734.2	2 113	6
云 南	2 308.4	2 429	9
贵 州	2 011.6	975	6
青 海	1 652.4	210	2
宁 夏	789.4	1 003	1
西 藏	550	0	3
合 计	19 500.7	9 695	49

(二)民族八州旅游业发展情况分析

1. 旅游接待人数情况

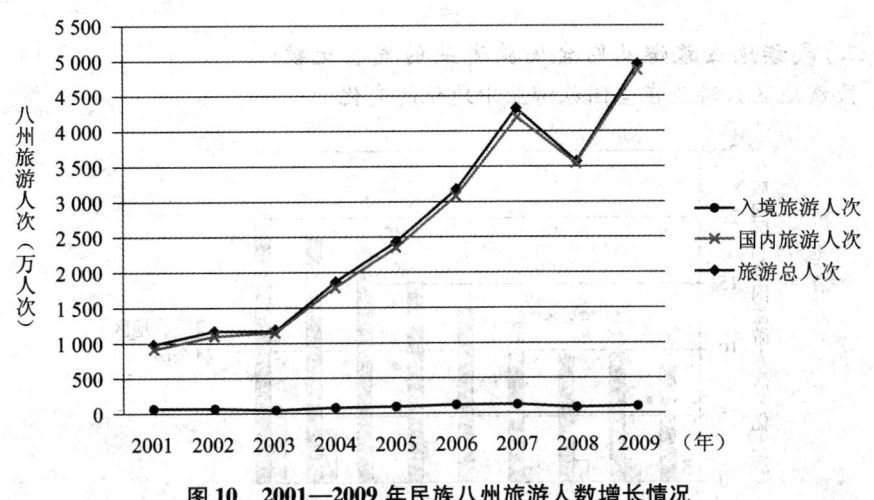

图 10 2001—2009 年民族八州旅游人数增长情况

2001年至2009年,民族八州旅游人次迅速增长,入境旅游人次年均增速18.00%,国内旅游人次年均增长25.14%,总人次年均增长24.81%。其中,入境旅游在2003年和2008年受"非典"和北京奥运会影响出现大跌(-38.53%、-48.03%);甘孜、甘南、阿坝州旅游业在2008年受汶川地震重创,导致八州2008年国内人次出现滑坡,但随后2009年强力反弹。2009年,八州共接待旅游者4 972.56万人次,较2008年同比增长24.81%;其中国外游客85.84万人次,增速29.73%。

2. 旅游收入情况

2001—2009年,民族八州旅游收入迅速增加,收入增速明显高于人数增速,国内旅游收入增速明显高于国际旅游收入,国际旅游收入增长比国内波动大、敏感性强。

表5　2001—2009年民族八州旅游收入增长情况

	国际旅游收入（百万美元）	同比增速（%）	国内旅游收入（亿元）	同比增速（%）
2001年	89.4	—	36.11	—
2002年	93.54	4.63	39.31	8.86
2003年	62.47	-33.22	46.27	17.71
2004年	159.79	155.79	84.53	82.69
2005年	196.63	23.06	113.56	34.34
2006年	245.68	24.95	154.94	36.44
2007年	245.2	-0.20	195.69	26.30
2008年	110.709	-54.85	150.74	-22.97
2009年	174.917	58.00	255.69	69.62

(三) 民族地区旅游业同全国旅游业的发展比较

1. 民族地区旅游业在全国旅游业中地位的变化

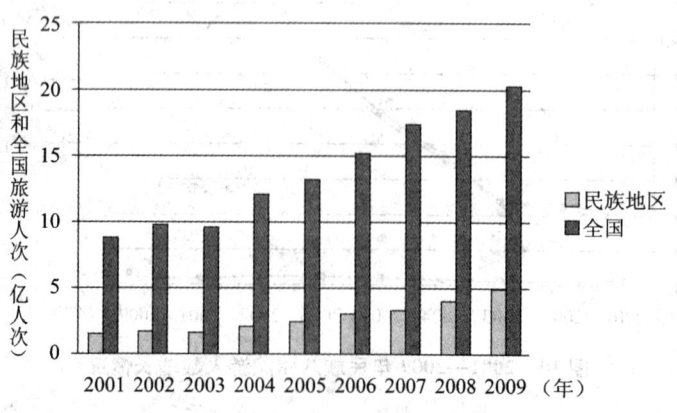

图11　2001—2009年民族地区旅游接待总人次与全国比较

近九年来,民族地区旅游接待总人次在全国的比重稳步提高,从 2001 年的 17.07% 提高到 2009 年的 24.18%,特别是最近两年比重提高更快。与此同时,旅游总收入的比重也稳步提高,从 2001 年的 15.22% 提高到 2009 年的 27.53.%。民族地区的旅游业发展质量也有所提高,近五年主要旅游经济指标增速均高于全国水平。民族地区旅游业在全国旅游业中的地位日渐重要。

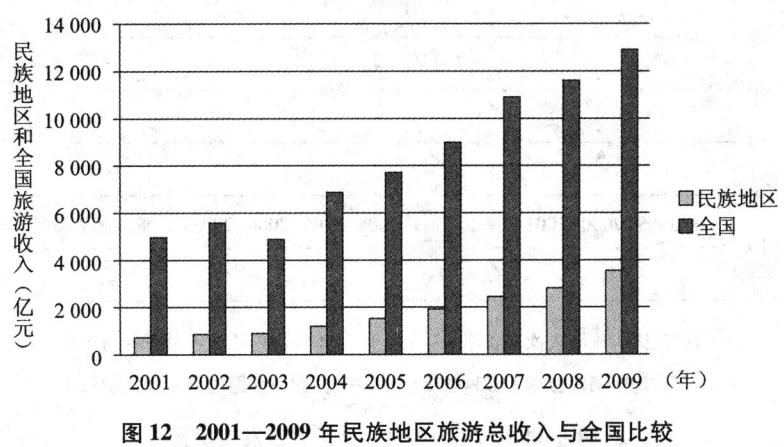

图 12　2001—2009 年民族地区旅游总收入与全国比较

2. 民族地区旅游业和全国旅游业的发展趋势与波动比较

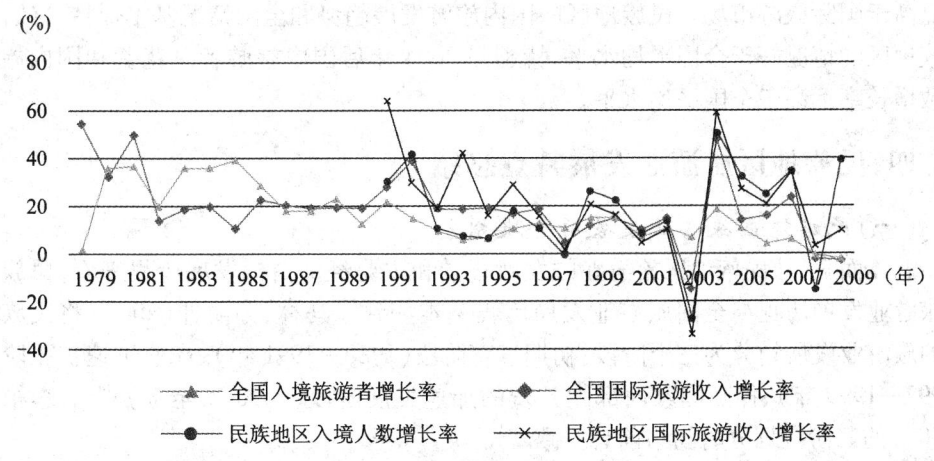

图 13　民族地区和全国入境旅游增长情况、波动情况比较

改革开放后,中国的入境旅游市场增速经历了 20 世纪 80 年代初期的飞速增长、1989—1990 年政治风波负面影响、1991—1996 年恢复性缓慢增长、1997—1998 年亚洲金融危机冲击、1999—2002 年一般性增长、2003 年"非典"强力冲击、2004—2007 年一般性增长、2008—2009 年全球金融危机严重冲击等阶段。结合上述对民族地区入境旅游的统计分析结果(见图 1、图 2),民族地区入境旅游发展历程与全国情况基本

一致,增速明显高于全国平均水平。值得注意的是,民族地区入境旅游在危机事件发生时波动性也强于全国平均水平,如图13中的关键事件年份:1998年、2003年、2008年。

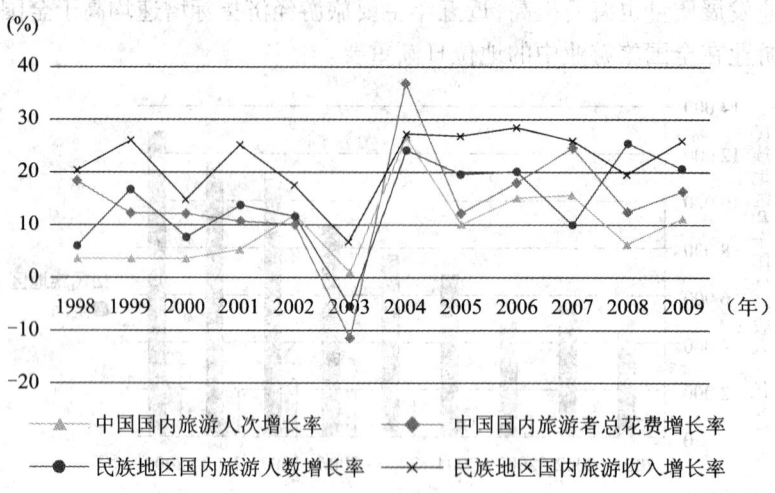

图14　1998—2009年民族地区旅游发展状况

1998年至今,中国的国内旅游发展迅速,市场规模远超过国际旅游,近几年增速明显高于国际旅游市场。民族地区的国内旅游发展趋势和全国情况基本保持一致,且民族地区的情况好于全国平均水平,特别是2004年后国内旅游者总花费和国内旅游人数增长率远高于全国平均水平。

四、民族地区旅游业发展特点总结

(一) 民族地区旅游业发展的阶段划分

总体而言,从民族地区旅游业的发展背景和主要经济指标发展历程来看,民族地区旅游业发展历程与全国旅游业发展历程基本一致。马林、孙丽坤(2007)将民族地区的旅游业发展划分为三个阶段:初期发育阶段(1980—1991年)、产业迅速扩张阶段(1992—1999年)、伴随国家西部大开发的加速发展阶段(2000年至今)[14]。李柏文(2009)的三阶段划分时间与前者一致[13]。

从主要旅游经济指标的统计结果来看,第三阶段的快速发展实际上出现在2004年之后,主要因素如下:

(1)2003年"非典"冲击,次年增长出现反弹;(2)西部大开发实施2~3年后,西部地区的基础设施得到一定改善,初步形成了能满足现代旅游需求、完善的旅游接待体系,旅游景区、旅游饭店等产业体系日益完备。

2008年后,民族地区的旅游发展速度再次加快,主要因素有:

(1)奥运、世博会对国内旅游的刺激效应;(2)以西部干线铁路、中西部干线、支线机场等为代表的民族地区旅游交通的改善;(3)后金融危机时代,国家层面高度重视发展国内旅游,国内旅游已成为支配性的产业发展力量;(4)国民经济的发展保障了国内旅游的稳定、持续、快速发展,国内居民的出游意愿稳定、闲暇时间增加。①

(二)民族地区旅游业发展的特征

1. 民族地区资源禀赋高、市场需求强劲,旅游基础设施仍显落后

民族地区是我国旅游资源种类最丰富、资源品位最高的地区,民族地区地处我国三级地势中的第一、二阶梯,大江大河源头支流密布,高山、高原、盆地纵横,自然景观旅游资源一流;民族地区地处祖国边疆,是少数民族聚居区,民族文化多姿多彩,人文旅游资源一流。旅游业是民族地区天然的优势产业,对东部经济发达地区和海外市场有强烈的市场吸引力。虽然旅游服务设施、旅游交通设施已有改善,但同东部地区仍有较大差距。

2. 旅游产业发展迅速,产业地位不断加强

民族地区的旅游产业发展迅速,突出表现在三"快":

(1)旅游收入增长快于旅游人数增长:近20年,民族地区旅游人数年均增速高于15%,旅游收入年均增速高于20%。

(2)旅游产业发展速度快于地方国民经济发展速度[13]。

(3)旅游产业发展速度快于全国旅游业发展平均水平。

民族地区旅游业的产业地位不断加强,突出表现在三"高":

(1)各省、市政府对本地旅游业的地位定位高,甚至部分地方的产业地位上升为国家战略高度。

(2)中央政府定位高,是民族地区发展经济、维护社会稳定的重要手段。

(3)民族地区的旅游接待人次、旅游收入等经济指标在全国的比重稳步提高,民族地区旅游业在全国旅游业中的地位日趋重要。

3. 民族地区旅游业受政治、社会等因素影响较大

旅游业本身的脆弱性决定其易受多种因素的影响,民族地区旅游业的这一特性表现得更突出。民族地区是少数民族聚集区,同时又多地处边疆。民族地区的民族团结、社会发展问题事关重大。民族地区的社会问题又往往同多种因素交织在一起,容易被国外敌对势力利用,演变成为不稳定事件,对旅游业、特别是入境旅游冲击很大。如2008年拉萨"三一四"事件、2009年新疆"七五"事件对本区旅游业的严重影响。近两年,部分民族地区频发的自然灾害对当地的旅游业也造成了极大损害,如2008年汶川地震对阿坝州及周边旅游业的影响。此外,一般性经济因素如金融危机、人民币贬值问题等也会造成不同程度的影响。

参考文献

[1] 潘盛之著. 旅游民族学. 贵阳:贵州民族出版社,1997:559.

---

① 标志性事件是2008年1月1日《职工带薪年休假条例》正式实施。——作者

[2] 吴其付. 国外民族旅游研究进展. 黑龙江民族丛刊. 2007(5):163-170.

[3] 高敏雪,康璐璐. 旅游"统计应如何让人"尽兴. 中国统计. 2010,8.

[4] 师守祥,郭为. 我国旅游统计数据评价及开发应用研究. 旅游学刊. 2010(2):19-23.

[5] 光映炯. 旅游人类学再认识——兼论旅游人类学理论研究现状. 思想战线. 2002,28(6):43-47.

[6] 龙远蔚. 少数民族经济研究的回顾与展望. 民族研究,1998(5):28-36.

[7] 国务院新闻办公室. 中国的民族政策与各民族共同繁荣发展. 白皮书,2009.

[8] 舒燕飞. 我国少数民族八省区主要经济指标分析. 中国统计,2010,6.

[9] 云秀清,贾志刚. 改革开放以来中国发展民族地区经济主要政策措施研究. 阴山学刊,2004,17(5):123-128.

[10] 师守祥. 旅游产业范围的界定应符合经济学规范. 旅游学刊,2007,22(11):7-8.

[11] 师守祥.《旅游学概论》教材中亟待澄清的几个问题. 旅游学刊,2006(81):146-149.

[12] 韩春鲜,马耀峰. 旅游业,旅游业产品及旅游产品的概念阐释. 旅游论坛,2008,19(4):6-10.

[13] 李柏文. 中国少数民族地区旅游业发展30年:业绩,经验及趋势. 广西大学学报(哲社版),2009,31(6):10-16.

[14] 马林,孙丽坤. 民族地区旅游业发展论. 北京:民族出版社,2007.

民族旅游展示中的国家与民族
——以广西龙脊景区为例

徐赣丽

(广西师范大学文学院 桂林)

【摘 要】 在民族国家的体制下,民族旅游的展示经常可以使人们感觉到国家的在场,对民族文化的展示和解释尽可能与国家主流话语接近;同时为了吸引游客,突出地方性和民族性,旅游展示活动也在重新建构民族文化,强化民族文化特征。这样就使民族传统文化景观化、具象化,同时又使其表述趋向主流化。本文以广西龙胜龙脊地区壮族旅游村为例,论述旅游如何塑造民族形象,如何促进少数民族主流化,使其成为现代旅游民族。

【关键词】 民族旅游;民族与国家;广西龙脊

在民族国家的体制下,民族旅游的展示经常可以使人们感觉到国家的在场,对民族文化的展示和解释尽可能与国家主流话语接近;同时为了吸引游客,突出地方性和民族性,旅游展示活动也在重新建构民族文化,强化民族文化特征。这样就使民族传统文化景观化、具象化,同时又使其表述趋向主流化。在民族旅游开发中,少数族群民众如何把自我文化与主流社会中国家的现代化话语相连接与融合,得到汉族游客以及外国游客的认可和欢迎?旅游如何引导少数民族塑造自我形象?如何引导民族或传统进行重新建构和展示?本文以广西龙胜龙脊地区壮族旅游村为例,论述旅游如何塑造民族形象,如何促进少数民族主流化,使其成为现代旅游民族。

一、理论背景

在以现代西方和主流社会生活为导向的价值评价体系中,偏远地区少数民族的一切都被贬低,宗教信仰被视为迷信,宗族组织活动被视为封建糟粕,甚至一些民间节日活动和村落婚丧庆典活动,也被看作铺张浪费。长期以来,现代性话语对少数族群文化的排斥,使之被打上了"原始野蛮"、"愚昧落后"、"偏远封闭"、"古老过时"、"迷信"等负面的标签,少数民族群体也已自觉或不自觉地将此标签自我认同。少数民族作为

[作者简介] 徐赣丽(1967—)女,博士、广西师范大学文学院教授,主要研究方向为民俗旅游、广西少数民族文化、文化遗产。

国家的边缘群体,在现代社会中缺乏发展机会,是国家现代化进程中要改造的对象,然而现代大众旅游的兴起,使一些仍然保留着较多民族传统,经济发展迟缓的地区借助民族文化资源(资本),迅速改变了自己的经济状况和政治地位。民族旅游中以传统文化构建自己的文化符号,使在非情境化场所中处于弱势的、边缘的少数民族群体凸显其在特定空间里的主体和中心地位,成为文化的主人,彰显文化的传统和精髓。

文化旅游资源的本质是文化珍稀度,差异性越大对游人越具吸引力。"一个国家的民俗,如果其民族品格越鲜明,原始气味越浓,历史氛围越重,地方差异越大,生活气息越足,那么,正是一种最能吸引异国异域游客的特色旅游资源"①。人们旅游的目的是为了了解和体验跟自己日常生活环境与文化氛围不同的内容,少数民族被想象为具有多种多样的奇风异俗。另一方面,现代人强烈的知识追求促发人们寻求探知他人世界,了解异民族生活方式的强烈认知欲望。当今西方发达国家已经完成工业化的转型,而中国正处于从传统农业社会向工业社会转型的时期,负载着传统文化多样性的偏远民族地区被列入开放和自行转换的国家大举措中,传统文化也渐渐远去,面临消逝的可能,这也促使民族传统文化成为人们珍惜的对象。民族旅游已经越来越成为人们娱乐休闲、摆脱生活压抑的一种方式,是发达地区人们寻异猎奇的对象。

旅游开发者有意识地将地方少数民族文化纳入民族国家现代化话语之中,迎合旅游者关于异文化的时空想象。刘晓春在评价民俗旅游的意识形态时指出,由于权力政治与资本的原因为民俗旅游注入了意识形态与商业经济的因素,作为一种具有独特文化意蕴与价值的符号体系,越来越成为承载原有意义的符号象征,是满足游客对旅游地想象之途径。②他还说:"一旦民俗文化因为上述原因而推入旅游市场,那么,作为文化消费者的旅游者的消费行为则不仅仅是单纯地满足个人需求的被动消费,而是被纳入一种关于权力政治、市场以及全球化的时空想象之中,也就是说,旅游者在民俗文化旅游过程中所体验的异文化震撼不仅是个人性的体验,而且被整合到全球化时代地方性的权力政治与市场体系之中,正是在这一意义上,旅游者所体验的民俗文化旅游具有了政治意义,成为一种政治力量"③。在中国当下的经济发展过程中,文化资本也开始介入到许多地方的现代化建设运动之中。少数民族文化,特别是多姿多彩,充满幻想和传奇色彩的传统文化,成为一种文化资本,从原先的民族国家现代化话语的边缘开始上升为一种能够转化为经济资本的文化资本,并且日益商品化,并在现代性话语中获取合法地位,进而获得广泛的社会声誉,在社会符号等级体系中的位置得以提高。独具特色的民族风情文化从落后的、奇怪的、蒙昧的文化符号到原生态文化的象征,成为权利政治与经济资本趋之若鹜的文化商品,地方政府将这类文化商品作为一种品牌进行打造。

---

① 田里. 论民俗旅游资源及其开发. 杨慧,陈志明,张展鸿主编. 旅游、人类学与中国社会. 昆明:云南大学出版社,2001(3):286 - 287.
② 刘晓春. 民俗旅游的意识形态. 旅游学刊,2002(1):73 - 76.
③ 刘晓春. 民俗旅游的意识形态. 旅游学刊,2002(1):73 - 76.

二、广西龙脊景区民族旅游村概况

广西是中国少数民族人口最多的自治区。壮族是广西,也是全国少数民族人口最多的民族,有1300多万。广西桂林龙胜县和平乡境内的龙脊地区是以壮族为主的民族聚居区。由于民族迁徙的历史和特殊的地理环境,使龙脊壮族完好地保持着独具特色的语言、建筑、服饰等习俗,被视为壮寨楷模。龙脊地区以民族风情和梯田景观为吸引旅游者的资源,从20世纪90年代初开发旅游,先后开发了金竹寨、平安寨等旅游村,成为享誉海内外的旅游景点。旅游开发使原来土地贫瘠、人多地少、生活穷困的龙脊人摆脱了贫困,都以家乡引以为豪,少数民族身份已经不再使人自卑。村民接待游客时也会自豪地数举到过龙脊的名人和外国游客,显示自己家园的吸引力。随着国内外各地游客的不断涌入,龙脊人渐渐意识到自我在他者眼里的形象,为了吸引游客,也为了推销自我,一种强化民族文化特征,再造传统的运动在旅游展示中普遍推进。在民族旅游中,不仅有大量的国内主流民族游客,还会受到国际关注,这使龙脊景区内的村民开始重新认识自己的文化,当地人把游客的赞赏也增添到民族性内涵中去,比如,强调当地民俗的原汁原味,居住地是祖先选择的风水宝地,是经过世代建设和安居乐业的家园,在龙的脊背上生活,受到神灵的护佑而少有灾难。随着游客携带而来的外部文化,打破了封闭的传统生活空间,对外开放的结果也卸去了民族自我防御的外墙,使自己的文化体系主动融入主流和国际潮流中,其带来的影响是深远而广泛的。

三、旅游展示中的民族传统文化符号

旅游开发者对于民族旅游的文化展示,是选择其精华加以包装和用现代话语重新阐释其内涵。在旅游项目的开发过程中,主要选择那些对游客具有吸引力的,表现强烈文化差异性的民族特色文化内容。旅游中被展示的民族文化于是具有了满足游客对于异民族的文化想象。

金竹寨刚开发时,旅游开发者主要推出一位寨老、一名寨花,因为这两个人物象征壮族文化的符号,其他文化符号被视为无关紧要的。金竹寨老廖国是未经推举而被群众公认的寨上自然领袖人物,他在协助旅游开发过程中起了重要作用,比如参与建设旅游村寨,协助寨上歌舞的开发,为歌舞表演做解说,为游客讲述村寨的历史,组织日常的旅游接待活动等。在旅游接待中,寨老对游客来说有一种神秘的魅力,被游客视为无所不知的智者和村寨中的权威。金竹寨以前并没有寨花,因为旅游的需要从村寨中选一名年轻漂亮的姑娘做寨花,对她进行培训,还让她作为寨上的民族歌手的代表为游客表演。寨花常常成为游客的关注焦点,在歌舞表演中常常作为中心人物出现。旅游中对于寨老、寨花的展示和凸显,无疑重新塑造了壮族文化的外显特征,为游客增添了感性认识。

除此之外,展示壮族深层精神文化也是旅游开发者精心打造的一种旅游项目。在龙脊,这一动机体现在对祖先神莫一大王的突出和展示上。旅游开发后,寨上古杉树上挂着莫一大王的像。游客来时由寨上的旅游组织者向客人介绍:"这是壮族的图腾莫一大王,莫一大王是把壮民族从中原迁徙到这里的领袖,是壮族人尊敬的祖先。"莫一大王是当地壮族人民记忆中的祖先神,但没有一个具体的偶像。旅游开发者说因为莫一大王是神,无法让人明白地知道他是什么样子,于是根据传说中莫一大王做的事来设计其形象。莫一大王是勇敢、坚强的壮族人民英雄的象征,因此,莫一大王的眼睛被设计为像铜鼓一样,寓意有胆量;莫一大王的牙是暴出来的,寓意他一声吼就会把大山崩了,把野兽吓跑;莫一大王的头上刻有两个人,寓意他头脑中装着他的人民。据说游人对莫一大王的像非常感兴趣,这对当地村民也有强化记忆的作用。

四、旅游展示中对民族文化的主流化改造

在民族旅游展示中,不仅会突出民族性,而且旅游也是一种对外宣传,为了使展示的民族文化具有合法性,民族旅游项目的开发也会选择现代主流时尚因素,以及在国家政府管理中得到允许和提倡的内容,以征得政府的资助并规避政治风险;并且开发者往往会把原有的民族文化加以改造和加工,增加现代民族国家所宣扬的内容。

表现之一,是在民族歌舞展示中表达了与主流社会的欣赏趣味相契合。比如采茶歌舞表演,村民扮演的角色手提竹篮,内装树叶,唱《采茶歌》并表演采茶动作。歌曲的调子是套用著名电影《刘三姐》中的《三月鹧鸪满山游》,歌词是由本地村民编的,内容是:

春来谷雨三月三,壮家姑娘采茶忙……
龙脊茶叶美名扬,一里筛茶九里香。
茶香引来四方客,九州儿女住一堂。
党的政策搞开放,壮家儿女喜洋洋。
勤劳双手来致富,幸福生活万年长。

此歌词是宣扬龙脊茶叶,又歌唱中国共产党的改革开放(主要是旅游开发)政策,壮族人用勤劳的双手致富,创造幸福的生活。

除了这类新舞蹈之外,龙脊壮族村民也会把民族传统舞蹈或体育活动加以展示,如扁担舞、师公舞等。在此以扁担舞为例。该舞源于打扁担,打扁担的原型还可以追溯到"舂堂",其最早的功用是在正月里壮族人酬神还愿的祭祀仪式中,以舂堂之声驱祟祈福,预祝丰年。后来人们觉得木杵、木臼太笨重,不易舞弄,就渐以扁担替代,而且从击槽改为扁担互相敲打或打板凳。现在打扁担是壮族民众深为喜爱的体育活动,是春节期间自娱自乐的竞赛或表演形式之一。扁担舞比通常的打扁担活动有更多的艺术加工,表演时变化队形,用扁担舞出农事活动中的耙田、插秧、打水、赶牛下田、收割、打谷、舂米、舂糍粑等劳动动作,变化多样,错落有致。配合快速巧妙,节奏轻快跳跃,情绪欢快热烈。扁担舞的选择是出于编舞者的考虑:"要突出歌舞表演的民族文化意义。扁担是很普通的物件,是人们日常的生产、生活用具,但壮族能用日常用具来娱乐,表现了他们是勤劳的民族,欢乐的民族,龙脊山上的壮族不只是用扁担挑起生产的

重担,也挑起美好的生活,更挑起未来的希望"①,所以在表演中对外展示这种用具。可见,民族文化的意义在旅游展示中得到了提升,旅游中的解释赋予了展示对象新的价值。

　　旅游歌舞表演的最后一个节目往往是团圆舞或团结舞,主持人介绍说,该舞主要体现56个民族,56枝花,56族兄弟姐妹是一家,56种语言汇成一句话,爱我中华。于是表演者邀请游客一起来参加,主客手拉手围成一个圆圈跳团结舞,并一同唱《爱我中华》。这里既有主流文化的影子和国家意识形态的在场,又能让游客参与到活动中去,体会到当地民族的热情好客。所以,成为民族旅游歌舞展示中最为普遍的一个节目。

　　表现之二,是对民族文化的重新阐释。龙脊景区内的三鱼共首图,刻于龙脊地区廖家寨风雨桥石板桥上,是清同治年间雕刻的,被列为文物之一。当地人流传说,从前有三兄弟,遇到天灾人祸,迫不得已各自分散谋生,分离前在石板上刻下了三条鱼共一个头的图案,约定日后在三鱼共首图前聚首。但在旅游开发之后,对此有了新的说法,有说是纪念附近廖家、潘家和侯家三个寨子团结如一家,又说是代表汉、壮、瑶三个民族在抗清起义中团结斗争,共同反对统治者。从对当地民间的调查情况看,很可能不是纪念民族团结的。今天,这块石板的图案意义在对外宣传中,民族意义更被强调,被赋予象征团结、不畏强暴、各民族和谐共处的新的解释。从个人到民族,从家庭内部到社区关系,这是一个逐渐把地方文化与主流文化相联结与融合的过程。

　　与此相类似,龙形象的突出也是如此。在龙脊地区,有许多与龙有关的地名。旅游开发后,村民开设的家庭旅馆取名多与龙有关,光是平安寨就有龙脊山庄、龙脊第一家饭店、龙脊宾馆、龙脊酒店、龙安旅社、龙颖楼、龙兴楼、龙腾阁、龙泉阁、九龙寨等以"龙"为招牌的旅馆,显得对"龙"字使用得不厌其多,都是借"龙"之名来宣传自己。当地还流传着许多关于龙的习俗和活动,由于当地山脉纵横,龙形之地很多,关于风水之中的"龙脉"传说非常多。当地人说平安寨从风水角度看是二龙抢宝之地,寨子就建在左右山势形成的两条"龙"中间,因此风水好。正因为当地的龙俗众多,旅游开发者为了突出地方文化,就有意打造有关龙的活动,并对此大加宣扬。2002年开始在该景区举行了诸多表演舞龙的旅游促销活动。由景区内各村寨共同加盟,做成九条龙聚集在平安寨"七星伴月"景观的梯田上,在火把点燃的夜空中,进行舞龙表演。景区内的村民争相观赏,景区外的游客和新闻媒体也闻讯赶去,造成了轰动效应。除此之外,文字上对龙的创造宣传更为突出,如介绍当地旅游景观的材料说道:"由于山势险峻,密密匝匝的田块,像片片'龙鳞'镶嵌在磅礴高峻的'龙体'上,远远望去,闪闪发光的龙脊山充满动感,像巨龙一样穿云破雾气吞山河。平安壮寨梯田像条迤逦行进的长龙,一路展示它充满野性的青春活力……"②也许正因为此,该景区又以"龙脊"二字命

---

① 被访谈人:吴金敏.访谈时间:2003年8月7日.访谈地点:龙胜县工会大厦.
② 龙胜县旅游局.旅游精品荟萃的地方——龙胜旅游概况.龙胜县旅游局内部资料,2004:12.

名,旅游部门借助龙脊的名字大做"龙"文章,着力宣扬龙文化主题。更明显的是在该景区旅游公司出版的《龙脊之声》内部刊物中,强调要继续注重龙脉文化的宣传,甚至把龙的精神比喻为中华民族的精神,"炎黄子孙以龙的传人自豪,龙的昂扬与不凡,赋予中华民族永远奋斗不息的精神,五千年的勤劳文明史铸造了炎黄子孙铮铮铁骨,龙之魂,就是中国魂"。并且说,"'龙脊精神'是真实的愚公移山精神! 但它远比文人笔下的愚公伟大,它不仅创造了生活,还创造了美,更铸就了'龙脊人'的脊梁,那就是奋发向上、众志成城、共同创造、协作共享、艰苦卓绝的龙脊精神!"[①]可以看出该宣传极力把地方文化中的龙与主流文化中的龙相关联,以提升自我价值。

龙脊景区"龙"文化符号的打造和宣传,是与政府的导向和开发者的意图分不开的。国家权力的地方代表——地方政府对民族文化符号的构建具有较强的形塑作用。从 20 世纪 80 年代一首"龙的传人"开唱之后,有关龙的研究和宣传盛行一时,全国各地把它作为加强国人凝聚力的口号,中华民族以龙的后代作为一种普遍的认同,龙文化于是被赋予了特殊的爱国主义政治含义。[②] 对龙脊的种种宣传都显示出与主流意识形态契合,同时也有借助国家"大传统"中的龙来提升地方"小传统"中的龙之意图。地方政府认为:"龙胜县应该宣扬龙脉文化。因为龙脊的自然景观带有龙文化的内涵,龙脊上的龙文化已基本被旅游者所接受。而且,龙胜县志有关于龙胜地名的记载"[③]。这种发明的传统也被当地人所认同,正如村民所说:"我们这搞旅游,喊'龙脊景区'这个名,不搞点'龙'不行。"龙脊景区对龙文化的宣传,衍生了当地龙文化的新内涵,丰富了当地龙文化的寓意,提升了龙文化信仰的地位。目的是迎合主流文化趋势,适应市场的要求,突出和加深地方文化的厚度。使龙文化作为旅游包装的一部分,向外推出龙脊景区这个品牌。但在宣扬和突出龙文化的某些象征意义的同时,龙脊当地有关龙的习俗的其他许多方面和内容,特别是与现代科技观念和国家主流意识相冲突的部分,作为民间信仰中的龙却被忽略了,甚至有意地回避,显示出从近代以来,推行科学、进步的主流化思潮对政府管理和学者工作的影响。也就是说龙文化从当地风水观念的民间价值的存在,在旅游带来的互动效应中,上升到国家主流社会所共同推崇的价值层面,本民族和地方小传统通过价值化从而加入国家的话语体系中,被进一步广泛地认同。但是,需要引起关注的是,旅游开发似乎极力地在把"旅游民族"[④]的文化与种种主体民族或者政府所宣扬的文化进行黏合或者比附,极力挖掘地方文化精英或文化符号,如寨老、寨花、民族英雄等,并以此湮没现实的、普通的、作为边缘存在的生存状态。

---

① 龙脊精神.龙脊之声,2004(1):1.
② 高丙中.民间的仪式与国家的在场.郭于华主编.仪式与社会变迁,北京:社会科学文献出版社,2000:324－325.
③ 龙胜县旅游局.龙胜各族自治县旅游产业"十五"发展规划.内部打印材料.
④ 徐新建.开发中国:"民族旅游"与"旅游民族"的形成与影响——以"穿青人"、"银水寨"和"藏羌村"为案例的评述.见杨慧等.旅游、人类学与中国.昆明:云南大学出版社,2001:162－184.

民族文化通过旅游业被纳入到主流社会的框架中就可能凸显了特殊的功能：突出了某些民族特色，甚至使一些消失或式微的文化被激活。这时，"文化成为一个舞台，各种政治的、意识形态的力量都在这个舞台上较量。文化不但不是一个文雅平静的领地，它甚至可以成为一个战场，各种力量在上面亮相、互相角逐"①。最终，所展示的民族文化是需要跟广大游客的审美情趣相契合的："作为文化商品而出现的民族文化，从一开始就被定格在了特定的位置上。将要成为拼贴画中的马赛克，都得先进入主流文化的窑中去'改头换面'"②。民族旅游中被展示的民族文化，作为一种文化符号将会经过重新编码，在新的符号系统中，其在原有系统中的所指及能指层面的意义都必须经过转换，以求获得占据社会主导地位的文化价值体系的认可，并最终成为该体系的结构性要素。

民族旅游通过挖掘民族记忆中有特色的内容，并经过"合理"的构建和重组，向外界展示其所修改的族群形象，并重新阐释其文化内涵，强化保护并延续发展了少数民族文化，增强了内部认同；也使主流文化群体的游客在民族旅游中重新认识少数民族文化，使这些长期游离于主流文化之外的"边缘群体文化"在不同程度上重新得到肯定和新的评价。民族旅游推动着各少数民族传统文化的复兴，使其民族身份、民族精神得到重建。当然，民族旅游中文化掮客的文化包装和重新阐释，也混淆了旅游民族与主流民族的文化内涵，导致外界对该民族的传统文化产生误解和错觉。

---

① [美]爱德华·W.萨义德.文化与帝国主义.李琨译.北京：生活·读书·新知三联书店，2003：4.
② 马翀炜，陈庆德.民族文化资本化.北京：人民出版社，2004：283.

张家界市旅游产业的经济带动能力及其产业政策取向分析

刘长生　简玉峰

（湖南商学院旅游管理学院　长沙　中山大学岭南学院　广州）

【摘　要】张家界市旅游产业在整个国民经济运行中占有十分重要的地位。本文在全面分析张家界市旅游产业运行现状的基础上，运用行业集中指数、灰色关联度、VAR模型分析旅游业发展对该市经济增长、就业、固定资产投资、财政收入贡献度、相关产业发展的经济带动能力，由此得出的基本结论是：张家界旅游产业的行业集中度低、产业关联度低，对相关产业的带动作用小；旅游业发展对经济增长、旅游基础设施等固定资产投资的带动作用较大，但对财政收入、就业的带动作用较小；旅游业发展与经济增长、就业、财政收入、固定资产投资增长之间存在双向的因果关系，产业风险性大等因素决定了张家界市相关管理部门应采取相应的产业政策，促使其产业结构适度多元化。

【关键词】张家界；旅游产业；带动能力；政策取向

一、引言

张家界市，是以"旅游业立市"的年轻而美丽的地区，位于湖南省西北部，地处云贵高原隆起与洞庭湖沉降区结合部，东邻常德，西南与湘西自治州接壤，西北连接贵州、湖北恩施、宜昌等地，是湘西少数民族集中区域，属于湖南、湖北、重庆、贵州三省一市接壤的金三角地带，也是国务院提出构建"武陵山经济协作区"的中心地带，区位优势十分明显。张家界建市20余年来，依靠其得天独厚的自然与民族文化资源优势，大力实施旅游带动战略，取得了可喜成绩：2009年各景点共接待国内外游客1928.42万人次，实现旅游收入100.20亿元，入境游客80.68万人次，外汇收入1.47亿元。但是，与全省尤其是发达地区相比，差距不小，一些深层次矛盾和问题尤需引起高度重视。

[基金项目]　张家界市发展和改革委员会委托项目：张家界市"十二五"发展规划前期研究（09ZJJ036）的阶段性成果。

[作者简介]　刘长生（1973—　），男，湖南邵阳人，博士、副教授，主要研究方向为旅游经济学。E-mail：yujia07@163.com。简玉峰（1976—　），女，湖南邵阳人，硕士、讲师，研究方向为企业管理。

首先,该市基础差、底子薄、相对弱势地位进一步凸显。虽然,近十几年以来,旅游产业快速发展,但在全省的相对弱势地位不仅没有改变,反而日益加深,2009 年,全市实现国内生产总值仅 203.1 亿元,人均国内生产总值仅 13 914 元,全市财政总收入仅 17.4 亿元,主要经济指标还处在全省 14 个市州的欠发达水平。工业基础薄弱、产业结构日益集中、旅游业发展与生态保护矛盾日益突出,工业发展和城镇化水平较低,农业产业化推进速度缓慢;城市建设和社会事业建设明显滞后,城市功能还不能与世界级风景区相配套,等等。

其次,该市旅游产业的快速发展与产业结构严重失衡的内在矛盾进一步深化。"十一五"期间拉动经济发展的主动力——旅游业的发展有日趋相对饱和的迹象,旅游收入占国内生产总值的比重高达 62.4%,经济发展过分依赖旅游业,旅游业内部结构体系很不合理;第二产业的发展后劲明显不足,新型工业发展水平较低,工业占国内生产总值的比重仅 18.2%;第一产业发展明显滞后,受旅游业带动的作用不大,相关服务业发展严重滞后,形成产业过度集中的单一产业结构发展模式。这种偏激的经济发展模式不仅经济带动能力有限,而且会严重影响张家界市经济发展的后劲。基础性的旅游业本身是一个具有较大内在脆弱性的产业,社会、经济、政治环境变化会对其产生巨大冲击。2003 年"非典"、2008 年以来的国际金融危机对张家界市旅游业产生了较大的负面影响,以致对整个张家界市的宏观运行产生了巨大冲击,这说明"一枝独秀"的旅游业对张家界市经济发展具有较大风险性,以致有可能造成宏观经济的不稳定性。所以,张家界市"十二五"期间必须以产业结构调整为重点,提前制定相应的产业政策,在现有产业结构的基础上促使其经济发展逐步走上一条适度多元化的发展道路。

相关学者对张家界市旅游产业发展也进行了一定程度的研究,其成果主要集中在张家界市旅游企业管理(刘长生,2008)、生态旅游可持续发展(甄翌,2009)、旅游市场开发与旅游扶贫(向延平,2009)、旅游产业发展与区域经济协调发展(王兆峰,2009)等方面。农业产业化、工业与现代旅游服务业发展对策(晏丽、蒋四春,2009)研究也有一定的成果,但很少从其旅游产业结构体系的内在影响机制、带动能力、动力机制的角度来研究其旅游产业及其相关产业结构优化调整的对策,而纪玉山(2006);Matthew A, Robert J. R(2007);Franco Malerba(2007);Jeremy Galbreath(2008);Junming Liu(2008)等认为,不同产业之间具有相互联动性,理清其内在动力机制将有助于制定合理的产业结构政策。正基于此,"张家界市发展和改革委员会"委托本课题组对张家界市旅游产业运行的内在动力机制进行相应的理论与实证分析,以提出"十二五"期间该市旅游产业及其相关产业结构优化的具体对策,为"十二五"发展规划的制定奠定了坚实的理论与实证基础。

二、张家界市旅游产业在国民经济中的特殊地位及其内部结构特点分析

(一)张家界市旅游产业在国民经济中的特殊地位

张家界是以"旅游立市"的地级市,旅游业发展在其整个国民经济中占有十分重

要的地位。图1是1989—2009年张家界市旅游业总收入占国内生产总值的比重的年度运行图,从图1可以看出,张家界市旅游业总收入占国内生产总值的比重由1989年的1.69%增加到2006年的62.24%,2008年因受到国际金融危机对其所产生的一定负面影响,下降到45.88%,这一比重在2009年度由于国家、省市相关促进旅游消费的政策出台而有所增加,2009年达52.71%。这就全面反映出旅游业在张家界市产业经济结构中所占有的绝对主导地位。如果旅游业在运行中存在任何障碍,会对整个宏观经济发展产生十分不利的负面影响。所以,从某种意义上讲,旅游产业的健康发展是张家界市现行经济体系良性运行的命脉。

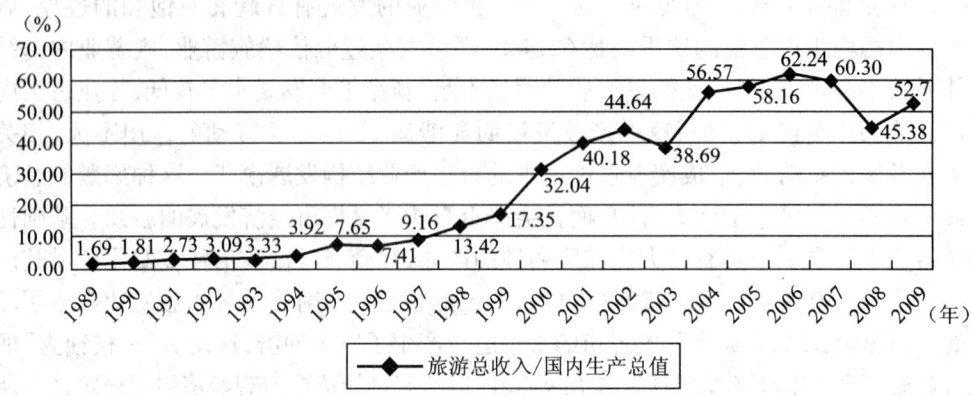

图1　1989—2009年张家界市旅游产业总收入占国内生产总值百分比的年度变化曲线

（二）张家界市旅游产业的内部结构特点

1. 旅游产业总收入分布结构

图2是张家界市旅游产业总收入内部结构体系的年度变化图。从图上可知,旅游交通通信收入、游览收入是两大主体部分,且随着张家界旅游产业的发展,其所占比重也出现较大幅度的提高。其中交通通信收入由1989年的8.20%增加到2000年的29.10%,其后出现一定程度的下降,2009年下降到17.50%,游览收入所占比重也由1989年的5.40%增加到2008年的28.00%和2009年的26.50%。而旅游住宿、餐饮、购物收入所占比重出现了较大幅度的下降,尤其是购物收入降幅最大,由1989年的26.70%下降到1995年的3.00%,其后所占比重虽然有所增加,但到2009年度也仅占14.00%,现代旅游业的核心指标——娱乐业所占比重太低,且增速缓慢,仅由1989年的2.00%增加到2009年的5.10%。从上述旅游产业收入结构体系图中我们可以知道,该市旅游产业收入结构体系存在较为严重的不合理性。

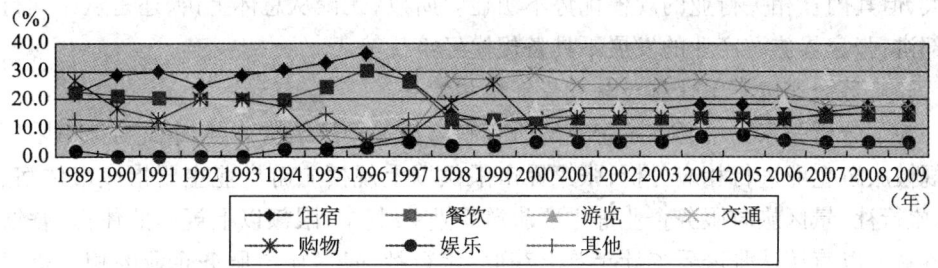

图2 1989—2009年张家界市旅游产业结构分布图

2. 旅游业的行业集中度分析

行业集中度(Concentration Ratio)又称市场集中度(Market Concentration Rate),它是指某行业的相关市场内前 N 家最大企业的市场份额(产值、产量、销售额、销售量、职工人数、资产总额等)的总和占该行业所有企业市场份额的比重,它既是对整个行业的市场结构集中程度的测量指标,用来衡量企业的数目和相对规模的差异,是市场竞争程度的重要量化指标,同时,它也是一个行业规模化经营与综合竞争力强弱的重要衡量指标。一般认为,行业集中度 CR4 < 10 或 CR8 < 15,则该行业为过度竞争型,不具有规模竞争优势;如果 10 < CR4 < 30 或 15 < CR8 < 40,则该行业为正常竞争型,规模优势较明显,30 ≤ CR4 或 40 ≤ CR8,则该行业为寡占型,规模优势十分明显。利用这个指标可以反映张家界市旅游产业内部不同行业的市场竞争程度及其企业的集团化效应与核心竞争力的强弱。图3列出了张家界市旅游产业中不同行业的八家主要旅游企业的行业集中指数(CR8)。

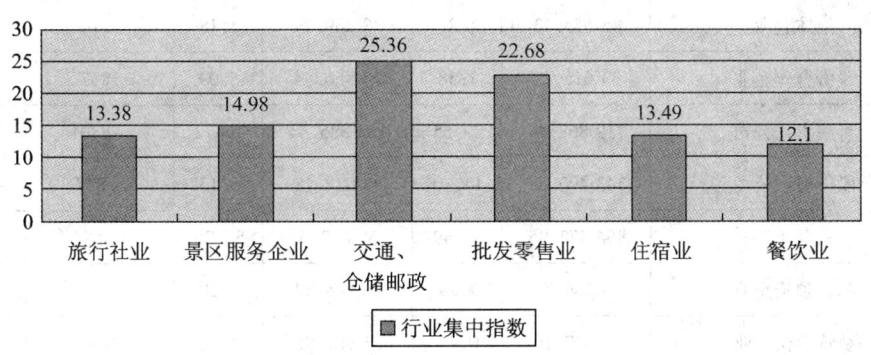

图3 1989—2009年张家界市旅游产业结构分布图

从计算结果看(图3),2009 年张家界旅游产业中不同行业的行业集中度指数存在较严重的问题,整个旅游产业大部分行业的行业集中度都十分低,大多数行业处于过度竞争的市场区域,不具有规模竞争优势,尤其旅游业中的住宿业、餐饮业分别为 13.49 和 12.10,旅行社业、景区服务企业、旅游批发与零售企业也仅为 13.38、14.98 和 22.68,仅有旅游交通行业达到了一个较适当的范围。这说明旅游业发展总体规模较大,但其内在相关行业的规模优势不明显。所以,无论从总体上讲,还是从不同行业内部讲,张家界旅游产业的发展不具备规模经济优势。

3. 旅游企业所有制性质与相关经济结构特点

为了分析张家界市场旅游企业的所有制与相关经济结构特点,本文对该市限额以上规模旅游企业进行相应分析,张家界市限额以上规模旅游企业主要指该市住宿、餐饮、旅行社、景区旅游服务企业等主要旅游企业①,其中,限额以上规模的住宿、餐饮相关资料可以直接从张家界统计年鉴上获取,旅行社、景区旅游服务企业的相关资料主要从张家界旅游管理部门和对旅游企业的实证调查获得。从该市限额以上规模旅游企业所有制结构来看,2009年度该市旅游企业资产总额以私营企业、有限责任公司、股份有限公司、国有企业为主体,所占比重分别为35.49%、29.55%、14.10%、13.55%,而集体企业、股份合作企业、港、澳、台商投资企业、外商投资企业所占比重很小,依次为1.87%、1.38%、4.80%、4.27%。根据我们对市场的调查,张家界市旅游产业中的许多有限责任公司、股份有限公司为中央、省、市有关部门的直属或控股企业,从严格意义上讲,这些企业应该都可以算为国有或集体企业。因此,张家界市旅游产业的所有制结构虽然呈现多元化体系,但是国有企业处于绝对优势地位。

表1 2009年张家界市限额以上规模旅游企业所有制结构分布表

(单位:万元,%)

指标	资产总额	比重	主营业务收入	比重	利润总额	比重
内资企业	2 215 148.46	90.93	681 079.28	92.31	15 532	125.81
国有企业	330 091.96	13.55	59 521.28	8.07	1509	5.98
集体企业	45 555.13	1.87	38 239.74	5.18	2210	8.75
股份合作企业	33 618.22	1.38	37 556.54	5.09	1837	7.28
有限责任公司	719 868.44	29.55	123 385.64	16.72	-8891	-68.90
股份有限公司	343 490.52	14.10	38 022.18	5.15	-827	-6.41
私营企业	864 572.95	35.49	39 853.9	53.99	19 694	78.00
私营独资企业	55 786.76	2.29	56 645.82	7.68	5288	20.94
私营合伙企业	18 027.16	0.74	31 907.96	4.32	4966	19.67
私营有限责任公司	563 714.23	23.14	256 160.1	34.72	7575	30.00

---

① 根据张家界市统计年鉴及相关旅游管理部门对限额规模旅游企业的界定,一般是指固定资产总额在500万元或就业人数为50人以上的旅游企业。——作者

续表

指标	资产总额	比重	主营业务收入	比重	利润总额	比重
私营股份有限公司	251 893.05	10.34	53 640.02	7.27	1865	7.39
港、澳、台商投资企业	116 932.94	4.8	49 961.38	6.77	-2563	-19.86
外商投资企业	104 021.6	4.27	6739.74	0.91	-623	-4.83
合计	2 436 103.00	100.00	737 780.40	100.00	12 346.00	100.00

资料来源：张家界市旅游统计相关年鉴、旅游管理部门及其对该市旅游企业的实证调查资料。

但是，从2009年度旅游企业利润这一指标体系来看，却得到完全不同的结论，总的来看，张家界市旅游企业的利润水平很低，私营企业在利税完成总额中占有十分重要的地位，其所占比重达78.00%，而国有企业、集体企业、股份合作企业在利润总额中所占的比重仅为5.98%、8.75%、7.28%，有限责任公司、股份有限公司、外商投资企业，港、澳、台商投资企业在经营中都出现较大程度的亏损，其分别占亏损总额的比重依次为-68.90%、-6.41%、-19.86%、-4.83%。这就很明确地反映了张家界市不同类别的旅游企业在其经济发展中所处的地位及其对该市经济发展所作出的贡献，张家界市旅游企业所有制结构体系对其旅游产业发展的正面与负面的影响，为完善该市旅游企业的产权结构提供了实证依据。

三、张家界市旅游产业的经济带动能力及其内在动力机制分析

(一)旅游产业的经济带动能力——产业关联度分析

产业带动能力，是指一个产业发展对其他相关产业所带来的推动作用。一个国家或地区的经济体系是由旅游业、农业、工业、交通运输业、金融业等不同产业所构成的相互影响、相互制约、相互促进的有机体系。产业间关联性的特性会使一个产业的发展通过"乘数效应"而带动相关产业的发展，所以，经济结构适度多元化是经济长期可持续发展的必备条件。本文利用产业关联度来分析张家界市旅游产业对相关产业的带动能力。

区域内相关产业关联度分析，主要是指通过产业关联模型，计算出相关产业间的关联度，揭示相关产业间相互依存、相互作用的关系，以分析各个产业在区域经济发展中的作用，其主要计算方法有二：一是投入产出法。投入产出理论由美国经济学家里昂惕夫于1936年提出，后来相关学者对这一理论进行了大量理论和实证研究。如杨先卫(2005)建立了产业关联分析的梯度场模型，预测江苏产业结构及产业关联的发展变化。其二是灰色系统关联法，其基本思想是：根据分析对象的时序数列曲线的相似程度判断其关联程度，即两条曲线越相似，其关联度越大。在具体分析计算时，可将无限收敛(曲线)用近似收敛(数组)来取代，从而为解决很多实际问题提供了极大便利。本文考虑到张家界市最新的投入产出表没有把旅游产业列为独立的产业，所以采

用灰色系统关联度对张家界市旅游产业和相关产业进行关联度测算与分析。

1. 灰色系统关联度计算基本原理

产业发展的综合性决定了各个产业系统的多因子性和复杂性,由于很多因子之间的作用非常复杂,很难分清哪些因子关系密切,哪些因子关系不密切,我们把这种因素之间的关系称为灰色关系。灰色关联度分析法是根据因子之间发展趋势的相似性或相异程度衡量因子间关联度的方法,其计算方法可以分为三个步骤:原始数据变换;计算关联系数;求关联度。

第一,设两个无量纲数列为 x0,x1,如果两个序列处在同一时刻 k 的值分别为:$\{x0(k)\}$、$\{x1(k)\}$,其中 $x0(t) = \{x0(1), x0(2), \cdots, x0(k)\}$;$x1(t) = \{x1(1), x1(2), \cdots, x1(k)\}$;

则 $\{x0(k)\}$、$\{x1(k)\}$ 的差的绝对值为:$\Delta i = |x0(k) - x1(k)|$,其中最小值和最大值分别为 Δmin、Δmax。

第二,关联系数的计算公式为:$Ri = (\Delta min + \eta \Delta max) / (\Delta i(k) + \eta \Delta max)$

其中 $\Delta i(k)$ 为 k 时刻两比较序列的绝对差;η 为分辨系数,其作用是消除 Δmax 值过大从而使计算值失真的影响,一般情况下其取值范围为 [0.1, 0.5]。

第三,关联度是各个时刻关联系数的平均值:$r = (\Sigma Ri)/n$,其中 n 是序列的个数。

2. 张家界市旅游产业的产业关联度的测算——灰色系统关联度

根据以上对灰色系统关联度的介绍,本文对张家界市旅游产业与相关产业关联度的测算步骤如下:第一,以张家界某一产业为基标,以其1989—2009年产业生产总值为母序列,相关产业总产值为子序列,对各组原始数据采用"初值变换法"进行无量纲处理。第二,计算序列 x_{nt},n = 2,3,4,5,6,7,8,比较序列 $x_{1(t)}$ 的绝对差 Δ_t。第三,运用关联度公式,$\rho = 0.5$ 计算关联系数。第四,利用产业集中度公式计算张家界市某一基准产业与相关产业的关联度。然后以此类推,来计算其他产业与相关产业的关联度。

图4将张家界市旅游业与相关产业之间的关联度系数表示出来。从计算结果看,张家界建市以来,旅游业快速发展,旅游业与服务业的产业关联度较大,但与其他相关产业的关联度较小,平均值为0.49,其大小顺序为:批发零售贸易餐饮业 > 电力燃气水生产供应业 > 房地产与建筑业 > 运输仓储通信 > 金融保险 > 工业 > 第一产业,与张家界市关联度最高的是批发零售贸易餐饮业,关联度达0.89,关联度最低的是工业与第一产业中的农业,为0.09,几乎没有什么关联性,与第二产业中工业制造业的关联度也很低,仅为0.18,所以,旅游业对第三产业的相关服务业确实有较大的带动能力,但对现代服务业如金融保险业,第一产业中的农、林、渔、牧、涉农服务业,以及第二产业中的制造业、采矿业等带动能力都十分有限。

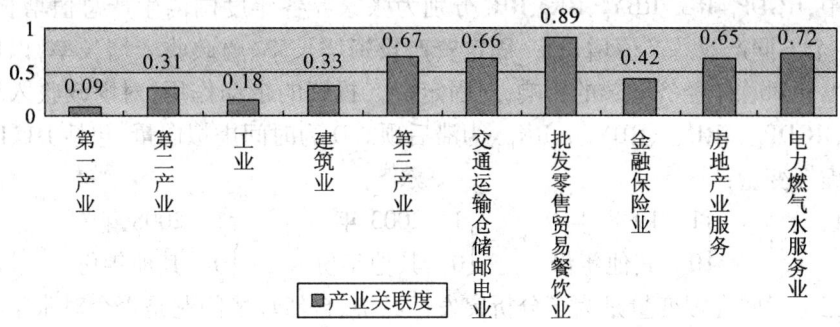

图4 张家界市旅游业与不同产业之间的关联度

(二)旅游产业发展对宏观经济运行的影响

为了分析张家界市旅游产业发展对宏观经济运行的影响——对经济增长、劳动就业、投资、税收收入的影响,本文建立了不同产业的总产值增长率、国内生产总值增长率、劳动就业率、固定资产投资增长率、财政收入之间的向量自回归模型(VAR),对此问题进行分析①。

$$RGDP_t = \beta_{10} + \sum_{i=1}^{p}\beta_{1i}RGDP_{t-i} + \sum_{i=1}^{p}\beta_{1k+i}RL_{t-i} + \sum_{i=1}^{p}\beta_{1g+i}RBY_{t-i} + \sum_{i=1}^{p}\beta_{1q+i}RK_{t-i} + \sum_{i=1}^{p}\beta_{1q+i}RR_{t-i} + \theta_1 D + \varepsilon_{1t}$$

$$RL_t = \beta_{20} + \sum_{i=1}^{p}\beta_{2i}RL_{t-i} + \sum_{i=1}^{p}\beta_{2k+i}RDDP_{t-i} + \sum_{i=1}^{p}\beta_{2g+i}RBY_{t-i} + \sum_{i=1}^{p}\beta_{2q+i}RK_{t-i} + \sum_{i=1}^{p}\beta_{2q+i}RR_{t-i} + \theta_2 D + \varepsilon_{2t}$$

$$RK_t = \beta_{30} + \sum_{i=1}^{p}\beta_{3i}RK_{t-i} + \sum_{i=1}^{p}\beta_{3k+i}RGDP_{t-i} + \sum_{i=1}^{p}\beta_{3g+i}RL_{t-i} + \sum_{i=1}^{p}\beta_{3q+i}RBY_{t-i} + \sum_{i=1}^{p}\beta_{3q+i}RR_{t-i} + \theta_3 D + \varepsilon_{3t}$$

$$RBY_t = \beta_{40} + \sum_{i=1}^{p}\beta_{4i}RBY_{t-i} + \sum_{i=1}^{p}\beta_{4k+i}RGDP_{t-i} + \sum_{i=1}^{p}\beta_{4g+i}RL_{t-i} + \sum_{i=1}^{p}\beta_{4q+i}RK_{t-i} + \sum_{i=1}^{p}\beta_{4q+i}RR_{t-i} + \theta_4 D + \varepsilon_{4t}$$

$$RR_t = \beta_{50} + \sum_{i=1}^{p}\beta_{5i}RBY_{t-i} + \sum_{i=1}^{p}\beta_{5k+i}RGDP_{t-i} + \sum_{i=1}^{p}\beta_{5g+i}RL_{t-i} + \sum_{i=1}^{p}\beta_{5q+i}RK_{t-i} + \sum_{i=1}^{p}\beta_{5q+i}RR_{t-i} + \theta_5 D + \varepsilon_{5t}$$

(1)

---

① VAR 模型的平稳性检验限于篇幅在此未列出。——作者

其中,$RGDP_t$、RL_t、RBY_t、RK_t、RR_t分别为张家界各年度国内生产总值增长率、就业率、各个不同产业总产值增长率、固定资产投资增长率、财政收入增长率,以反映不同产业发展对总体经济增长的影响,对固定资产投资的带动作用,对财政收入增长的贡献率,$RGDP_{t-i}$、RL_{t-i}、RBY_{t-i}、RK_{t-i}为滞后项。D 为时间虚拟向量,包括 D1、D2、D3 为三个虚拟变量:

$$D1=\begin{cases}1 & 1998年\\0 & 其他年份\end{cases} \quad D2=\begin{cases}1 & 2003年\\0 & 其他年份\end{cases} \quad D3=\begin{cases}1 & 2008年\\0 & 其他年份\end{cases}$$

这三个时间虚拟变量是为了分析突发性经济、自然环境问题是否会对张家界市旅游业及其整体经济产生显著影响。1998 年东南亚金融危机、2003 年"非典"、2008 年来的国际金融危机这三个重要事件对张家界市旅游业乃至整个张家界经济体系产生了较为深远的影响。我们以这三个时间虚拟变量作为外生变量。

利用张家界市 1989—2009 年张家界市旅游业发展与 RGDP、RL、RK、RR 等指标的年度数据,以方程(1)进行 VAR 回归,得到相应的回归结果列在表 2 中,从表中的回归结果可以得出以下结论:

第一,大部分滞后回归变量的系数 T 统计值在 10% 的显著水平上显著,总体回归的拟合程度较好,能够较真实地反映不同变量之间所存在的内在影响。第二,四个方程中 RBY 对每个因变量所产生影响的滞后项系数之和分别为:0.52、0.27、0.64、0.32。

表 2 张家界市旅游业发展与 RGDP、RL、RK、RR 的 VAR 回归结果

因变量 自变量	RGDP(1)	RL(2)	RBY(3)	RK(4)	RR(5)
常数项	0.92*(2.221)	0.77*(2.001)	0.66*(2.165)	0.57*(2.1129)	0.59*(2.139)
RGDP(-1)	0.32**(3.334)	0.24*(2.202)	0.08**(3.238)	0.21*(2.300)	0.27*(2.335)
RGDP(-2)	0.16*(1.906)	0.14*(2.807)	0.09*(2.005)	0.20*(2.603)	0.21*(2.622)
滞后项系数和	0.48	0.38	0.17	0.41	0.48
格兰奇检验	—	F=6.4082*	F=5.3093*	F=5.7835*	F=5.9876*
RL(-1)	0.12*(2.873)	0.13*(2.453)	0.11*(2.274)	0.12*(2.573)	0.12*(2.572)
RL(-2)	0.10**(2.243)	0.12*(2.201)	0.02*(2.201)	0.03*(2.201)	0.04*(2.233)
滞后项系数和	0.22	0.25	0.13	0.15	0.16
格兰奇检验	F=7.532*	—	F=6.351*	F=6.780*	F=6.799*
RBY(-1)	0.29*(2.002)	0.17*(2.256)	0.38*(2.219)	0.32*(2.2198)	0.09*(2.2332)
RBY(-2)	0.23***(4.054)	0.10*(1.083)	0.26*(2.001)	0.12(1.0023)	0.01(1.0056)

续表

自变量 \ 因变量	RGDP(1)	RL(2)	RBY(3)	RK(4)	RR(5)
滞后项系数和	0.52	0.27	0.64	0.32	0.09
格兰奇检验	F = 8.437*	F = 3.442*	—	F = 6.098*	F = 6.443*
RK(-1)	0.13*(2.096)	0.10*(2.090)	0.10*(2.093)	0.15*(2.090)	0.18*(2.022)
RK(-2)	0.11*(1.833)	0.05*(2.200)	0.09**(3.881)	0.12*(1.879)	0.13*(1.866)
滞后项系数和	0.24	0.15	0.19	0.27	0.29
格兰奇检验	F = 6.087*	F = 5.431*	F = 4.124*	—	F = 4.4028*
RR(-1)	0.13*(2.096)	0.10*(2.090)	0.10*(2.093)	0.15*(2.090)	0.16*(2.091)
RR(-2)	0.11*(1.833)	0.05*(2.200)	0.09**(3.881)	0.12*(1.879)	0.16*(1.877)
滞后项系数和	0.24	0.15	0.19	0.27	0.32
格兰奇检验	F = 6.043*	F = 5.226*	F = 4.098*	F = 3.732*	—
D1	-0.11*(-1.906)	-0.11*(-1.908)	-0.23*(-2.508)	-0.02*(-1.911)	-0.03*(-1.937)
D2	-0.17*(-2.090)	-0.16*(-2.092)	-0.33*(-2.091)	-0.04*(-2.092)	-0.06*(-2.044)
D3	-0.13*(-2.191)	-0.13*(-2.182)	-0.30*(-2.335)	-0.03*(-2.764)	-0.05*(-2.121)
调整 R2	0.806	0.828	0.874	0.907	0.966
F - 统计值	19.248	14.203	16.230	11.201	11.291
AIC	-7.678	-8.669	-9.600	-10.001	-10.443

注：括号中为T统计量，"*"、"**"、"***"表示在10%、5%、1%的显著水平上显著，(1)、(2)、(3)、(4)表示四个加归方程。

第二，即张家界旅游业每增加一个百分点，会带动整体国内生产总值增长率、固定资产投资产生0.52、0.32个百分点的影响，并推动下年度旅游业更加快速地发展，但对劳动就业率、财政收入带动了0.27、0.10个百分点，这就充分说明"一枝独秀"的旅游业对国民经济、固定资产投资、旅游产业本身发展有较大的带动能力，但对劳动就业与财政收入的带动作用不强，即旅游业的快速发展不能使张家界市达到一种"充分就业"的状态。这与很多学者提出的"旅游业的发展可以大大提高张家界劳动就业率和资本利用效率"的观点有较大差别，这可能主要是因为很多学者都将与旅游业相关的批发零售业、金融保险业、通信业、房地业等产业部门的劳动就业算为旅游业的直接或间接就业人数而认为旅游业的就业带动作用较大。其实不然，从统计年鉴上有关各行业的就业数据来看，在旅游业快速发展的不同年份，与旅游业相关的批发零售业、金融保险业、通信业、房地产业等产业部门的劳动就业人数并没有发生很大变化。所以,将这些行业的就业视为旅游业间接就业的观点是不完全成立的。从投资带动的角度看,旅游业所带动的主要是政府公共旅游设施的投资,而对本地私人企业固定资产的影响相对较小,所以,旅游业对资本的形成与利用的效率是很低的。

第三,从虚拟变量的显著性来看,D1、D2、D3 在四个方程中都是负数,说明不可预测的经济、自然、社会环境变量对经济发展、就业水平、社会投资、财政收入和旅游业发展都产生了负面影响。但是,经过对这四个方程中 D1、D2、D3 的系数比较可知,其对旅游业的影响系数是对 RGDP、RL 的影响系数的两倍多。这就充分说明旅游业是十分脆弱的产业,很容易受到外界环境因素的冲击。

第四,从格兰奇因果检验关系来看,虽然旅游业对其他变量的影响系数要远远大于其他变量对旅游业的影响系数,但四个因量间都是一种双向的因果关系。从以上分析可知,张家界旅游业的发展不仅对就业、企业投资、财政收入的带动作用不大,而且张家界旅游业是一个相对较为脆弱的产业,相关产业发展、就业、固定资产投资与张家界旅游业的持续健康发展之间还是存在一定的相互依存关系。所以,张家界市在加快发展旅游业的同时必须采取相应措施,以实施经济结构体系的适度多元化。

四、结论:张家界市旅游产业的经济带动能力有限与产业结构应适度多元化

本文针对"十一五"期间张家界市经济发展过分依赖旅游业,旅游业内部结构体系很不合理,第二产业,尤其是新型工业发展水平较低,第一产业与相关服务业发展严重滞后,形成产业过度集中的单一产业结构模式的现状,深入分析了张家界市旅游产业结构中所存在的深层次问题及其张家界旅游业与不同产业发展、整体经济增长之间的内在关系,继而利用灰色关联度和 VAR 模型,对该市旅游业就业、固定资产投资、相关产业发展、财政收入、总体经济增长的带动能力进行较为深入的理论与数量分析,得出以下结论:

第一,张家界市旅游产业在国民经济发展中占有十分重要的地位,旅游总收入占国内生产总值的比重由 1989 年的 1.69% 增加到 2006 年的 62.24%,2008 年以来虽然受到国际金融危机的影响有所下降,但 2009 年仍占 50% 以上。但是工业所占比重仅为 17.62%,以现代物流、保险为代表的现代服务业所占比重很小,仅为 3% 左右。第二,旅游产业总收入分布结构存在较严重的不合理,交通通信收入、游览收入是两大主体部分,而旅游住宿、餐饮、购物收入、娱乐收入所占比重太低,且增长也较缓慢,旅游业发展总体规模较大,但其内在相关行业的规模优势不明显,无论从总体来讲,还是从不同行业内部来讲,张家界旅游产业发展不具备规模经济优势。第三,通过产业关联度对张家界市旅游产业的产业带动作用的实证分析可知,旅游业快速发展,旅游产业与旅游服务相关产业的关联度总体上较大,旅游业对第三产业的相关服务业确有较强的带动能力,但对现代服务业如金融保险业、第一产业中的农、林、渔、牧、涉农服务业、

以及第二产业中的制造业、采矿业等带动能力却十分有限。第四,"一枝独秀"的旅游业虽然对张家界国内生产总值总量、旅游基础设施等固定资产投资有较大的带动力,但对劳动就业、企业固定资产投资、财政收入的带动作用不强。而且,张家界市旅游业是十分脆弱的产业,容易受到外界环境因素的冲击。

基于上述结论可知,张家界市旅游产业快速发展,但经济带动能力有限,促进该市经济适度多元化发展是该市"十二五"期间产业政策的必然选择。

(一)张家界市旅游产业及其相关产业结构优化对策

一是要利用张家界市处于湖南、湖北、重庆、贵州三省一市接壤的金三角地带,以及"武陵山经济协作区"中心地带的区位优势,构建该市旅游产业发展及相关产业经济结构体系。二是要利用张家界处于湖南省"大湘西"五市、州经济协调发展的核心区域,构建旅游产业及相关产业经济结构体系,争取国家、省对少数民族地区开发的财政、信贷、公共投资、土地审批、政策支持等相关优惠政策,为该地区旅游产业深度开发与相关产业经济结构优化提供政策保障。三是要构建好张家界与长沙、武汉、贵阳、重庆、成都四大省会和一个直辖市的对接平台,使旅游产业主动接受这四大省会和一个直辖市的产业辐射。四是要优化张家界市内"两区两县"的旅游产业结构,及其相关产业结构体系优化布局:永定区要着力打造"张家界世界旅游目的地核心服务区、工业强区、三产富区"并存的产业体系;武陵源要"以世界旅游精品建设为核心、搞好现代农业、现代服务业";慈利县要着力推进"湘西北工业重镇"建设,发展以"阳和国际旅游商务区"、江垭温泉、五雷山、四十八寨为主要景点的东线旅游,提高现代农业在第一产业中的比重;桑植县要以国家扶贫政策为突破口,以重大基础建设项目为着力点,以烟叶、养殖业、农场基地为核心的现代农业为基础,以能源、矿产和农副产品精深加工为主的新型工业化为导向,进行区域经济结构布局与优化。在这几个区域发展布局中,都要突出"民族特色优势"、"旅游资源优势"、"生物、生态资源优势"、"山地、森林资源优势"、"区域连接与区域物流优势"这五大优势来优化产业结构。

(二)张家界市旅游产业内部结构优化对策

从以上关于张家界市旅游收入的内部结构体系分析可知,交通通信收入、游览收入是两大主体部分,分别占旅游总收入的17.50%和26.50%,而旅游住宿、餐饮、购物收入所占比重出现了较大幅度的下降,尤其是购物收入降幅最大,2009年仅占14.00%,现代旅游业中核心指标——娱乐业所占比重过低,仅占5.10%。这种旅游收入分布结构体系是与"世界旅游精品目的地"完全不相适应的,基于此,提出以下优化旅游产业结构体系的对策。

1. 由专注于"景区建设"为重点的思路向"国际高档旅游服务区"建设为重点转变

张家界市旅游硬件如游览设施与交通通信配套设施等基本上达到了较高水平,这方面再向上拓展的空间已经不大,今后的工作重点是要进一步做好维护以及生态环境管理。因此,在"十二五"期间,张家界旅游业就要以该市城镇建设尤其是市区城市建设为突破口,加大"国际高档旅游服务区"建设的力度,提高旅游者旅游住宿、餐饮、购物、娱乐休闲的支出,以增加该市高档旅游消费所带来的收入。

2. 实现旅游者以"门票费"为主的消费支出向"休闲"旅游消费为主的支出模式的转变

张家界市现有的旅游消费模式纯粹是一种景观旅游,交通费用、游览费用是两大主体性的旅游者支出,这两项费用都缺乏弹性,在张家界旅游总收入所占的比重也不能快速降低,因此,这种旅游模式在短期内难以得到根本改变。只有在"国际高档旅游服务区"建设得到有效突破后,这种局面才能得到有效改变。目前张家界建设"国际高档旅游服务区"最缺少的是资金和人才,可以借鉴国内知名旅游度假地厦门、三亚等城市的做法,以旅游酒店的旅游者住宿支出为基准,征收3%~5%作为"张家界市城市建设与世界自然遗产保护专项基金",以此基金来解决加快城市建设、生态环保、人才需求所需要的资金问题。

3. 实现以"旅游产品"开发为重点的模式向以"旅游市场"开发为重点的模式转变

经过20多年的发展,张家界旅游产品已经比较丰富,但局部存在重复建设的现象。因此,在旅游产品方面,"十二五"期间应加强整合,重点放在开发高档旅游客源市场方面。张家界旅游人次数量逐年增多,但旅游消费少有起色。因此,"十二五"期间要着重提升旅游消费在旅游总收入中所占的比重,从"数量型"向"质量型"转变,以避免存在"旅游形势大好而旅游收入下降"的怪现象。

(三) 提升张家界市工业、农业与现代服务业的发展水平,为旅游业发展夯实基础

从VAR模型分析中可知,张家界旅游业不仅对相关产业带动能力小,而且与相关产业之间存在一种双向因果关系。所以,只有通过提升工业、农业与现代服务业的发展水平,才能真正实现张家界市社会经济的全面发展,相关产业的发展也是该市旅游产业快速发展的外在条件。

1. 加快工业发展速度,以提升旅游商品的本土化水平

张家界市工业的发展,首先要继续加快该市传统与优势工业的发展。2009年度,张家界市工业中的采矿业、传统制造业中的农副食品加工业、非金属矿物制品业、电力、燃气及水的生产和供应业所占比重也较大,这些工业是张家界市的传统工业,且具有进一步发展前景的工业,而且为张家界市旅游业提供了能源基础与商品来源,必须加快发展。其次要加大有较大资源优势或旅游市场优势的制造业的发展,如医药制造业、环保设备生产制造业、食品制造业、饮料制造业、木材加工及草制品业、工艺品制造业。适应低碳经济与产业升级的双重需要,推进"一市、一区两县"的工业园建设,尤其是张家界市级工业园区,以提升工业经济发展的规模优势与聚集效应,并以重大工业项目为突破口,培育壮大工业支柱企业,应以植物活性提取、娃娃鱼系列产品开发为主的绿色生物医药工业,以农、林、牧、渔产品精深加工为主的绿色旅游食品工业三大支柱产业。以澧水流域水能资源、煤炭资源为依托,大力开发电力资源,重点抓好凉水口、宜冲桥、茶林河等水电站建设,加大桑植火电厂技术改造的力度;以五倍子、杜仲、

黄柏等生物资源为依托,突出生物医药开发研制,形成一批拳头产品;以葛根、山野菜、茶叶、茅岩莓、青蒿素等农林野生资源为依托,培植打造一批产业化龙头工业企业和旅游食品品牌产品。

2. 加快现代服务业与旅游业的内在融合

目前旅游服务业在张家界整个服务业产业体系中占有十分重要的地位,但与旅游产业直接相关的物流、仓储、邮电通信、房地产业、娱乐、金融及相关服务业不仅比重小,而且发展水平低,"十二五"期间要进一步加快张家界市现代服务业的发展及其内部结构的优化。首先要加快现代物流产业的发展,改造和提升商贸流通业。在张家界市服务业总产值中批发零售所占比重仅占6.63%,与第三产业总产值占国内生产总值59.61%的份额明显不相适应。按照国际上公认的准则,物流业应占第三产业的20%左右,所以,张家界市物流业有较大的发展空间,应加快建立与张家界国际旅游目的地相适应的现代物流体系,应以西溪坪物流园区建设为契机,建成以西溪坪物流园为核心,辐射湘鄂渝黔四省边区的区域性商贸物流中心;以慈利、桑植、武陵源为中心,打造县级流通网络中心。其次要加大金融保险等中介服务业发展的力度。金融、保险业等相关中介行业在张家界市国内生产总值中仅占3.31%,这不仅是制约张家界现代服务业发展的瓶颈,也是建设"国际旅游精品城市"与"国际休闲度假区"的关键性制约因素。在"十二五"期间,张家界市应立足于区域经济的实际,逐步形成适应该市经济发展需要的新型金融体系。另外,要加大职业教育和高等教育及其产业化发展,为旅游产业发展提供智力支撑。随着张家界市社会经济的快速发展,对旅游人才及其相关人才的需求将急剧增加,目前,张家界职业教育和高等教育事业不仅发展规模小,发展层次低,而且存在体制与机制上的制约。要推进职业教育加快发展,着力培养高素质劳动者和实用型人才。重点支持吉首大学张家界校区、张家界航院的发展。"十二五"期间,应筹建"张家界旅游职业学院"。由于张家界是一个较为理想的旅游休闲度假区,对大城市的学者、专家有较大的吸引力,具备"求学、科研与休闲"于一体的理想条件,因此,可以借鉴"珠海模式",推出相应的优惠政策,吸引国内外知名高校在张家界设立二级学院,促进张家界的教育产业化、现代服务业与现代城市建设的协调发展。

3. 强化旅游业发展对张家界市现代农业的带动能力

张家界市旅游产业快速发展,但是旅游产业所消耗的粮食、蔬菜、鱼类、牛羊等肉类产品,60%以上来自外地,没有实现旅游消费的本地化,旅游对农业的带动作用很小,核心景区以外的农村、农民基本上没有受到旅游产业的带动作用。张家界市农业仍然是以传统农作物为主导,渔产与牧业产值也大部分源自传统的家庭养殖业。张家界市有丰富的野生动植物资源、山地牧业资源、淡水资源,要依托张家界旅游业,以2000万旅游人次为目标市场,以乡村旅游开发与乡村流通市场开发为契机,以"农民与旅游者共同参与模式"为基本导向,大力发展张家界市所具有优势资源的、待开发的、有较大旅游市场价值的农业特色产品,突出农业产业链条延伸和农产品转化增值。要以政策扶持使张家界市传统的家庭养殖业向现代畜牧养殖业转变,利用张家界市较丰富的水资源,大力发展淡水养殖,抓好全市草食牲畜、林药和果蔬三大支柱产业和茶叶、烟叶、苎麻、花卉苗木四大特色产业,加强湘西黄牛、"金张家界"烟叶、高山云雾茶,南滩、南溪草场等基地建设,大力发展优质水稻、无公害蔬菜、绿色食品,突出畜牧业和旅游观光农业,做大、做强十家省级龙头企业,精心培育地方特色产品,力争打造全省乃至全国的知名品牌,以实现旅游对农业、农村经济发展的带动能力。

参考文献

[1] 刘长生,郭小东,简玉峰. 旅游企业员工收入差异的影响因素分析——以张家界市的旅游企业为例. 旅游学刊,2008(9):60-66.

[2] 邓聚龙. 灰色系统理论教程. 武汉:华中科技大学出版社,1992.

[3] 王兆峰,杨琴. 旅游产业集群与经济发展研究——以张家界旅游产业为例. 内蒙古社会科学(汉文版),2009(6):93-98.

[4] 纪玉山,吴勇民. 我国产业结构与经济增长关系之协整模型的建立与实现. 当代经济研究,2006(6):47-51.

[5] 汪德华,张再金,白重恩. 政府规模、法治水平与服务业发展. 经济研究,2007(6):51-64.

[6] 晏丽,李夏艳. 张家界花卉苗木产业现状与发展对策探讨. 湖南农业科学,2009(9):144-145.

[7] 向延平. 基于生态位理论的张家界市旅游市场策略选择. 农业现代化研究,2009(5):562-565.

[8] 甄翌. 旅游生态足迹改进方法及应用研究——以张家界市为例. 地域研究与开发,2009(5):85-88.

[9] Bahmani-Oskooee M. Export growth and economic growth: an application of cointegration and error-correction modeling. The Journal of Developing Areas,1993, 27(4):535-542.

[10] Enders E. Applied econometric time series. New York: john wiley & sons, 1995:676-678.

[11] Engle, R. F. Forecasting and testing in cointegration systems. Journal of Econometrics,1987(35):143-159.

[12] Granger, C. W. Some properties of time series data and their use in econometric model specification. Journal of Econometrics,1981(13):121-130.

[13] Herggren. The affecting factors of fiscal policy and economic growth. European Journal of Political Economy,2006 (22):22-40.

[14] Matthew A, Robert J. R, Shanshan WU. Industrial activity and the environment in China: An industry-level analysis, China Economic Review,2007(10):234-245.

[15] Franco Malerba. Innovation and the dynamics and evolution of industries: Progress and challenges, International Journal of Industrial Organization, 2007 (25):675 – 699.

[16] Jeremy Galbreath, Peter Galvin. Firm factors, industry structure and performance variation: New empirical Journal of Business Research, 2008 (61):109 – 117.

[17] Junming Liu, Kaoru Tone. A multistage method to measure efficiency and its application to Japanese banking industry. Socio – Economic Planning Sciences, 2008 (42):75 – 91.

土著传统知识:旅游产业特色生态化发展的宝贵财富

明庆忠　陈英　熊剑峰

(云南师范大学旅游与地理科学学院　昆明

云南旅游产业发展研究云南省哲社研究基地　昆明)

【摘　要】土著传统知识,是人类在长期的生息繁衍实践过程中创造积累的经验知识,还是当地居民在适应、保护、改造、利用当地自然地理环境历史过程中积累和形成的系列技术经验,且是人类社会文明和文化多样性的重要组成部分。土著传统知识,主要有存在的广域性和特色地域性,兼有可移植性与不可移植性,保存、传播的困难性与传承的危机性,发展的动态性与知识产权的困难性,累积性和稀缺性等特征。在将旅游产业建设成为战略性支柱产业和令人民满意的服务业、大力推进旅游产业低碳化和生态化发展的今天,通过构建特色生态化旅游产品,建设土著性特色旅游设施,营造地域性旅游氛围,更好地实现社区参与等积极挖掘和利用土著知识发展特色凸显的区域性旅游,具有十分重要的意义和价值。本文并提出了认识土著知识的旅游价值,作为可利用的潜在资源;重视土著知识的保护,使之保持多样性;纳入社区教育与利用体系,将其"活化"为社区资产等建议。

【关键词】土著传统知识;旅游价值;旅游产业特色生态化;宝贵财富

土著传统知识(indigenous knowledge,IK)是人类在长期的生息繁衍实践过程中创造积累的经验知识,且是人类智慧的结晶,也是现代科学技术知识发展的源泉,更是现代文化形成的基础,它们是本土居民日常生活中不可或缺的组成部分,是保持生物多样性和文化多样性的重要资源,是不同风格、不同体裁的文学艺术如音乐、舞蹈、手工艺制品等艺术类别的创作源泉,也是需要我们不断深化认识、分析、评价和利用的人类财富。国内外已充分意识到这一财富的价值,已展开了不少的研究和利用,特别是用于生物多样性保护方面,形成了一批成果。1895年,美国学者哈什伯杰(J. W. Waarsbbeger)首次提出了"民族植物学"的概念,把民族植物学定义为"研究土著民族利用的植物学",19世纪80年代在国际上出现了"原始民族"和"土著民族"利用植物、动物及其产品的研究报道;20世纪90年代后专门针对土著知识的研究增多。从

[作者简介]　明庆忠,男,云南师范大学旅游与地理科学学院院长、教授。E-mail:mingqingzhong01@163.com。

文献检索来看,1984—1988年,国际上主要刊物发表的有关土著知识的文章不足10篇,1989年发表研究报告30篇左右,2003年即高达171篇,主要集中在围绕贫困人口的生存、乡村发展和自然资源利用,包括农作物制度、水土保护、食物与营养、疾病防治和环境保护等,近年来又集中在生物多样性的保护、生物资源利用及减少贫困和可持续发展方面,并建立了80余个主要机构和协作网[1],逐步形成了土著知识保护研究与利用热潮。不仅1992年在巴西召开的世界首脑会议签署了《生物多样性条约》,其中有相应条款,而且2007年国际图联还发布了《国际图联关于土著传统知识的声明》。在区域旅游开发中利用这一财富,可以凸显地域性特色,促进旅游产业低碳化和生态化发展。

一、土著传统知识的内涵与特征

"土著传统知识",来源于"indigenous knowledge",简称"IK",意为"本土的、本地产的、土生土长的知识",一般认为出自联合国《土著居民权利宣言草案》序言,指的是土著群落、人种和土著种族所拥有的以传统方式获得的知识。土著指世代定居于该地且目前在社区处于主导地位仍保持种族传统特征且将其传承延续的群体[2]。联合国人权理事会使用的是"Indigenous heritage"(土著遗产)[3]。与其相近的近义词有"本土知识"、"土著技术知识"、"民间知识"、"传统知识"等。在此所指的"土著传统知识"也包括相近意义的"本土知识"、"土著技术知识"、"民间知识"、"传统知识"等。所谓"土著"指数以千计的小规模社会群体,有时学界也称为"族群",《生物多样性公约》对土著传统知识所作的说明是:由经验发展而来的,经历数百年时间适应地方文化和环境的,代代之间以口授相传的传统知识,倾向于集体共有,并且采取故事、歌曲、民间艺术、谚语、文化价值、信仰、宗教仪式、社区法、方言和农业实践等形式,土著传统知识实际上是当地居民在适应、保护、改造、利用当地自然、地理、环境、历史过程中积累和形成的系列技术经验。是其土著居民在漫长的生产生活实践中形成、经特殊技艺的师徒相传或家族相传进行凝集、经其地域性民族宗教和文化习俗等促进,并经历了环境和实践选择的结果。

土著传统知识的基本特征有以下几个层面:(1)存在的广域性和特色地域性——土著知识是世界各地的人们创造、积累、形成、传承而形成的,并非仅存于少数民族地区,也并非仅存于农村地区,凡是有人类长期居住的地方均存在,故有学者也称为"民间知识"、"社区知识",因而其存在具有广泛性;然而"一方水土养一方人",人类在不同地域、地理、环境中有不同的生产、生活条件,在此基础上所产生的土著传统知识自然不同,生存于青藏高原高寒地带的就不可能形成关于水稻、橡胶、傣医等的土著传统知识,同样生存于类似西双版纳热带地区的也不能形成种植青稞和放牧牦牛、藏药等的土著知识;(2)可移植性与不可移植性兼有——有的土著传统知识具有其共同性,如有众多的民族有保护其村前寨后的水塘与"龙山"的习俗;有的土著传统知识具有其不可移植性,如南方的赛龙舟活动,西北的赛马活动等;(3)保存、传播的困难性与传承的危机性——随着现代科学发展和全球与区域一体化进程的加快,土著传统知识的消亡速度在加快,而其一旦消失,将不会再度出现,其保存、传播、利用不仅有"文化多样性"保护的重要性,而且有相当的复杂性。因为土著传统知识分布于各个不同地域,量大、面广、分散,难以系统加以收集整理;土著传统知识主要存在于个人或家庭掌握的技艺、传统、传说等之中,多口手相传而无文字记载;土著传统知识中的某些特有技艺、配方等有保密性,即使是自己人也有传男不传女或传女不传男,使其极易失传;与现代科学技术知识相比,尽管有区域性资源利用、生物多样性保护、环境保护等相对优势,也有劳动生产率、产出率低,劳动强度大等相对劣势,有较大的滞后性,较难完全满足人们提高生产效能和生活质量的需求,使其传承缺乏持续动力;(4)发展的动态性与知识产权的困难性——在人类生存发展过程中,土著知识不仅在积累中优化发展,而且不断与外来文化知识融合提升,还有民族的迁移与其新居地的地理环境的适应与利用,如地处攀枝花和丽江等地金沙江河谷中的傣族与云南南部的西双版纳和德宏等地的傣族土著传统知识就有很大的不同,意即土著传统知识也在不断整合动态性发展,因其土著传统知识的"世代相传"性和多为"集体所有"而缺少了现有知识产权保护要求的时间性、地域性、私有性的要求,纳入到知识产权的合法保护存在很大的困难;(5)累积性和稀缺性——土著传统知识是传统社区世代相传、相承而生的资源或知识的积累,一般只存在和流传于该社区所生活的区域,具有稀缺性。

二、土著传统知识的旅游价值与旅游利用

土著传统知识是人类社会文明和文化多样性的重要组成部分,作为独特的传统知识而存在于特殊的地理区域,涵盖了人类生产、生活的方方面面,对人类生存的维系、新的知识与技术的创新发展、可持续知识汲取等具有无法估价的作用。所以,在1999年召开的世界科学大会(World Conference on Science)上提出了科学与土著传统知识应在多学科中进行结合,以解决相关的文化、区域性的环境与发展,如生物多样性保护、自然资源管理,减轻自然灾害危害的办法等。中国作为具有五千年文明历史的古国,地域辽阔,东西南北中、山海湖江河,民族众多,大分散,小聚居,形成了绚丽多彩各具特色的土著传统知识,形成了华夏文明宝库中的璀璨珍珠。其实,我国从1949年来围绕着民族民间文化传统、节庆礼仪、宗教信仰、艺术表达、中医中药等方面作了收集研究,并取得了很大成就。在将旅游产业建设成为战略性支柱产业和令人民满意的服务业、大力推进旅游产业低碳化和生态化发展的今天,积极挖掘和利用土著传统知识,发展特色凸显的区域性旅游,具有十分重要的意义和价值。

(一)构建特色生态化旅游产品

利用土著传统知识可以构建众多的特色生态化旅游产品,如健康旅游产品、参与式体验旅游产品、生态文化旅游产品、生态化的旅游购物产品等。健康旅游(Health Tourism)作为一种新的旅游产品,是健康产品或资源与休闲度假旅游相结合的产物,是在传统温泉旅游产品的基础上发展并完善起来的。目前,健康旅游在全球范围内得

到了广泛的发展和研究,很多国家结合自身的健康文化特点,推出了形式各样的健康旅游产品,吸引了不同的健康旅游者,像亚洲的马来西亚康体旅游、新加坡健康旅游、印度医学旅游,加勒比海地区的古巴医学旅游,等等。由此可见,健康旅游作为一种新的旅游活动,正处于蓬勃发展的阶段。目前,在国内流行于各地的健康旅游产品有瑶族泡汤、藏式药浴、不同形式的温泉康体活动(如腾冲的地热熏蒸、拔火罐等)以及中式按摩、泰式按摩、少数民族按摩、道教养生等。参与式体验旅游产品开发如品尝白族"三道茶"、参观与种植当地民族植物并了解其生物学特征和其作用、参与民族纺织扎染和蜡染的印染过程等。云南哈尼族梯田生态文化可谓是人类利用自然构建人地关系和谐的典型案例,有其历史悠久、沉淀深厚的民族生态文化知识,傣族、苗族、布依族等都有特别划出的"神山"、"龙山"、"圣山"、"神林"等,他们信奉原始宗教,认为"万物有灵",崇拜山、水、林、物,甚至是石、土、蛇、象等。西双版纳傣族信奉南传上座部佛教,其寺庙要种植58种观赏植物,最著名的是"五树六花"。在生态化的旅游购物产品方面,有各个地域性、民族性的手工艺品及当地生态性土特产品和土著性制品,如前已提及的扎染,是集文化、艺术为一体的白族民间传统工艺品,其主要染料蓝靛所用植物为菘蓝(Isatis L.)、草大青(Isatis indigotica Fort.)和板蓝(Baphicacanthus cusia Bremek.),泸沽湖的摩梭人用高粱、麦子、玉米、青稞等加由雪山上采来的龙胆草为主、由多种植物和配料制作的酒曲酿制的具保健养生的索理玛酒等。众所周知,云南是著名的"花卉王国",云南各民族对植物花卉食用有不同程度的喜爱,食用过程中的加工方法和烹调技巧也各不相同,食花部位也有选择。有研究表明,云南食用花卉有303种,分属74科/178个属,其中广泛分布或栽培的有70种,野生或半栽培的有233种,分布于热带地区的118种,分布于亚热带地区的93种,分布于温带和寒冷地区的22种[1],可形成土著性的特色生态化旅游餐饮等。

(二)建设土著性特色旅游设施

在旅游区、风景名胜区、生态旅馆等旅游地的发展方面是:塑造绿色形象、生产过程中坚持循环经济的"3R"理念和原则、鼓励游客控制能源消耗、采用高新技术进行污水处理、采取水质保护措施、建筑用料就地取材、采用无污染能源等。苏格兰酒厂、库兰科佛风景区(Couran Cove Resort)、尼泊尔皇家奇特宛国家公园(Royal Chiwan National Park)的纳拉尼亚狩猎旅馆和生态小屋(Narayani Safari Hotel and Lodge)都广泛运用土著知识进行旅游资源的开发和保护,如生产过程中尽可能地使用可再生资源,进行资源的循环利用,避免环境污染等一系列措施,取得了较好的经济和社会效益[4]。傣族竹楼、藏式碉楼、蒙古包、黄土高原的窑洞等既有区域性民族特色,又可减少碳排放。据调查,每建成1平方米的房屋,约释放0.8吨二氧化碳,建筑能耗已占我国总能耗的20.7%。在旅游交通方面,土著性特色旅游设施是节能减排的重要途径。苏姗·贝肯(Susanne Becken)等(2003)阐述了新西兰国内游客和国际游客对交通、住宿、不同旅游地的选择需要不同数量的能源,研究结果表明:对新西兰西海岸的国内游客而言,私家车对交通能源的消耗占79%;对于国际游客而言,租赁汽车的能源消耗占 25%，私家车和野营车各占 18%，组织的巴士旅游团能源消耗占 14%；对国内和国际游客总体而言，国内航空占交通总能源消耗的 8%。一些本土性交通形式，如怒江峡谷的溜索和一些地方的牛车、马车及骑马、骑驴等既是特色交通，也是旅游体验活动，何乐而不为？因此，旅游业发展过程中应大力发展有地方特点的旅游公共交通。例如，云南普达措国家公园的环保车系统达到了欧Ⅲ排放标准；香格里拉大峡谷巴拉格宗景区让游人乘环保车加步行到峡谷内后漂流回大门附近。据最新报道，英国正在试验太阳能飞机。普达措国家公园使用太阳能为生态厕所供电等。

（三）营造地域性旅游氛围

旅游是离开惯常生活环境而去经历和体验异样的环境，接触一些新的事物。利用土著传统知识及环境可以营造地域性旅游氛围，少数民族地区旅游为游人所追捧，固然因其为民族风情所吸引，也因其民族土著传统知识利用构成旅游吸引物所牵引，如新疆吐鲁番盆地的葡萄种植和坎儿井灌溉系统；一些传统节庆活动，国外的如西班牙斗牛节、德国慕尼黑啤酒节；国内的如傣族泼水节、白族的三月街、蒙古族的那达慕等。节日往往可被称为土著传统知识的"文化场"，如彝族的火把节、苗族的踩花山等，以其风情浓郁、内涵丰富吸引着人们；又如世界文化遗产丽江古城的纳西东巴古乐，怒江傈僳族、贵州侗族等的多声部无伴奏合唱在世界上产生了广泛影响，提升了所在地区的知名度。在此基础上，提升创新而来的如丽江的《丽水金沙》、大理的《蝴蝶梦》、桂林的《印象·刘三姐》均成为旅游文化大餐，更好地烘托了旅游氛围。

（四）更好地实现社区参与

土著传统知识为当地人民集体所创建的，他们最为熟悉，对土著传统知识加以利用，可提高土著居民的自信心，提升他们对土著知识价值的认知，激发他们自觉参与社区旅游发展的积极性，扩大参与面。如云南丘北普者黑仙人洞村的彝族撒尼人不仅利用珍贵的高原湿地野生莲花与莲藕发展观光和旅游购物品，还创新发展了"花脸节"，组织了老、中、青多个民族文化表演队在夜晚的火场上表演，全村几乎都参与了旅游业的发展，由一个贫困山村成为闻名的"民族文化旅游村"。在贵州省相继建立了梭嘎苗族、镇山布依族、堂安侗族等民族文化生态博物馆，不仅保存了土著民族传统文化的多样性，而且形成了著名的民族旅游点。

三、土著知识的旅游产业特色生态化利用对策建议

土著知识是土生土长的地方传统知识，独特于当前的文化与社会，与当代大学、科研机构、公司形成的国际知识相比，是一种土著居民世代口传的知识体系，当前已引起重视，并已用于进行适应当地水平的食物安全、人与动物健康、社区教育、自然资源管理、生物多样性保护及其他维系生命所必需的活动之中。在旅游业中有所涉及，但尚未形成一种相对独立的利用形式，鉴于土著知识是旅游产业特色生态化发展的宝贵财富，为此，我们倡导以下三个方面：

（一）认识土著传统知识的旅游价值，作为可利用的潜在资源

土著传统知识，有明显的地域性、民族性色彩，土著传统知识的独特性、差异性十

分明显,无论其为有形的、无形的、物质的、非物质的、自然的、人工的,资源特性均十分鲜明,对转化为旅游吸引物,提升特色旅游设施的生态化水平、营造地域性旅游氛围、更好地实现社区参与具有现实可行性。应充分认识土著知识的旅游价值,作为独特的、富有吸引力的资源加以适当利用,以利于在应用中加以保护与传承。纳西东巴古乐和东巴纸制造工艺,如不是在旅游中加以挖掘、利用和传承,可能已失传就是一个例证。当地人依赖其生活的环境获得日常生活的一切需要,包括水、食物、能源、药物,以及庇护和精神寄托,其生活空间中的一草一木、一水一石都是有含义的,是被赋予神灵的,他们关于环境的知识和理解是场所经验的有机衍生与积淀。所以,必须首先考虑土著知识的或是传统文化给予设计的启示。乡土植物和建材的使用,是设计生态化的一个重要方面。乡土物种不但最适宜于在当地生长,管理和维护成本最小,还因为乡土物种的消失已成为当代最主要的环境问题。所以保护和利用乡土物种也是时代对景观设计师的伦理要求。

(二)重视土著传统知识的保护,使之保持其多样性

土著知识是人类文明、人类文化多样性的重要组成部分,多通过口头传递的方式保存下来,较少有文字记载,在迅猛发展的现代社会中,特别是年轻一代之中,如不进行保护或是保护不当很快会消亡,最好的办法当然是在利用中加以保护。现今有关方面十分注重保护非物质文化遗产,以及民间文化、文艺、工艺传承人,有些价值大、影响大的可以申报文化遗产成为人类共同的东西加以保护,如丽江东巴古籍、昆曲等。中国于1997年制定了《传统工艺保护条例》,1999年颁布了《原产地域产品保护规定》,利用产自特定地域的原材料,按照传统工艺在特定地域内所生产的,质量、特色或者声誉在本质上取决于其原产地域地理特征,并依照该规定经审批以原产地域进行命名的产品,即为原产地域产品,已有云南文山三七、宣威火腿、昭通天麻、新疆吐鲁番葡萄、福建古田银耳、安溪铁观音茶、广西永福罗汉果等若干特色产品列入。2004年,中国继而颁布了《保护非物质文化遗产公约》,对非物质遗产加以保护。非物质文化遗产是指各族人民世代相承的、与群众生活密切相关的各种传统文化表现形式,如民俗活动、表演艺术、传统知识及技能,以及与之相关的器具、实物、手工艺品等。2005年12月,国务院下发《关于加强文化遗产保护工作的通知》,提出文化遗产保护的目标:到2010年初步建立比较完备的文化遗产保护制度,到2015年基本形成较完善的文化遗产保护体系,并从2006年起,将每年6月的第二个星期六设为我国的"文化遗产日"。除此以外,还可以建立由社区管理的本地种植场,向人们展示土著传统知识价值的示范农场或工艺场、中草药医园、保健馆及其他土著技术展示园,并将其作为科普游、体验游的吸引场所;用现代媒体技术建立土著知识库或土著知识网。印度对此较为重视,将其列为本国的一种有别于现代科技的另一类知识体系,建立了庞大的印度知识系统中心(Center for Indian Knowledegs System,CIKS),着力研究本国的土著知识、技能、材料资源,深切了解前人利用自然的方法,并尽可能地加以数字化处理、保存,印度科学与工业研究理事会为此制订了"土著知识数字图书馆"计划[5]。

（三）纳入社区教育与利用体系，将土著传统知识"活化"为社区资产

土著传统知识往往针对本土的资源环境条件，经历了本土化的实践总结及长期的技术改进，对本区域资源开发利用的"度"和对本土文明传承有重要参考价值，鼓励将其纳入社区教育体系之中，利用于社区的建设与发展之中。联合国人权委员会土著居民工作组于2007年通过的《关于土著居民权利的宣言（草案）》提出：土著居民对他们的文化和知识财产拥有控制权/保护权和完全的所有权，他们有权采取特殊措施控制/开发其科学/技术和各种文化表现形式，其中包括人类和其他遗传资源、种子、医药、动植物知识、口述传统、文学、设计以及可视的表演艺术。使其变成社区人民的"能作为"的资产，通过旅游利用使其能在其中获得合法的经济效益，能实现自我积累增值性，尽可能地使其具有资源产权并能流转，且使当地人易接受，易掌握，利于低成本和长效性使用，并形成本地特色，构筑成本土性的旅游吸引物，促进土著传统知识在利用中得到保护，在利用中得到传承、创新和发展。

参考文献

［1］戴陆园，游承俐，（马来）Paul Quek. 土著知识与农业生物多样性. 北京：科学出版社，2008.

［2］利普希克，联合国教科文组织. 著作权与邻接权. 中国对外翻译出版公司，2000.

［3］世界知识产权组织. 关于民间文学艺术表达的法律保护的国家经验的最后报告. 2002.3.25

［4］苏钢强.《生物多样性公约》与传统知识保护——写在国际生物多样性日. http://topic.xywy.con/wenzhang/20070412/457199.html. 2008-04-08.

［5］Ralfbuckley. 生态旅游案例研究. 杨桂华等译. 天津：南开大学出版社，2004：334.

［6］Werner O, Begishe K Y, Brokensha D W, et al. Ethnoscience in applied anthropology. Indigenous knowledge systems and development, 1980: 151-181.

断裂与重建

——民族旅游开发与民族文化的再构建

龚 锐

(贵州民族学院旅游与航空服务学院 贵阳)

【摘 要】 本文对民族旅游与民族文化的关系作了梳理,并提出了现代语境下的民族旅游文化资源的开发、保护及再构建的问题,我们应充分尊重时代所赋予的文化特征,任何简单地将其置于闭锁、静止的场域中的行为,都将可能导致文化的断裂与失范,民族文化再构建的先决条件应是增强民族自信,以实现民族文化的良性变迁。

【关键词】 民族旅游;民族文化;重建

所谓民族旅游,就一般意义而言,指的是以民族文化为主旨,以民族风情为特色,以民族地区独特秀美的生态环境为依凭的旅游形式。民族旅游作为一种新型、时尚的旅游方式,它是一种把少数民族文化资本和生态环境作为旅游资源来开发的旅游活动。由于文化所独有的性质及功能,在民族旅游资源中,民族文化成为最能代表和反映该地民族本质特征的符号。因此,民族文化毋庸置疑是民族旅游的灵魂与核心。

然而,从民族地区旅游开发的实践来看,在民族文化开发中存在着民族文化社区迎合旅游消费者的严重倾向,将民族文化的展现导引到商品化、舞台化、雷同化、格式化、庸俗化等方向上。具体表现在:旅游目的地社区为了追逐最大化的商业利益,对民族文化进行人为的割裂、装扮,或仅仅凸显民族文化肤浅的表征;为迎合游客体验的短暂快感,一些民族文化社区在发展旅游时采取了"舞台化",虚拟杜撰等表现手法。这些现象被西方旅游人类学者定义为"'可快乐文化'、'无深度文化'、'旅游的迪士尼化'、'麦当劳化'、'假事件'、'传统的凝固'、'后时髦现象'"等。①

同时,一些民族地区的村民在进行旅游接待活动时,由于现代性的切入,以及商业社会追逐利润最大化所表现出的固有残酷,使村民们的传统文化根基开始动摇,进而出现地方性知识的瓦解、传统道德观念的失落、良性交往的结构被解构。这样,就可能导致文化符号本身在审美、精神需求方面的逐渐枯竭。社区居民也因此而丧失文化创新的动力,最终后果就有可能出现民族文化被同化,甚至消失。

[作者简介] 龚锐,男,贵州民族学院旅游与航空服务学院院长、教授。邮箱:grui4916@163.com.

① 杨振之. 前台、帷幕、后台——民族文化保护与旅游开发的新模式探索. 民族研究,2006(2):39-46.

但这只是问题的一个方面,而另一方面,民族旅游的开发又确实能为民族地区的经济发展发挥积极的作用。在一些民族地区,通过发展旅游,村民们迅速过上了比较富足的生活,开始享受到了现代物质文明给他们带来的种种便利。于是,现代语境下的民族旅游开发便成了类似莎士比亚悲剧《哈姆雷特》中经典性的追问:"开发还是保护? 建设还是破坏? 传承还是发展?"这种看似二律悖反的现实,使我们仿佛陷入了两难境地。

这的确是一个难解的结。于是,面对民族文化保护与开发的关系出现了空前激烈的论争。

部分人类学、民族学者认为,在民族旅游的开发进程中,对民族文化应采取极其小心谨慎的态度,保护比开发更重要。显然这是一种偏颇的认识。另一种观点又将问题带到了另一个极端,这种观点认为开发重于保护。再一种观点则采取了价值中立的态度,认为保护与开发同等重要。然而,这种将两者关系简单地等同起来,试图两者兼顾,齐头并进的想法,在实际运作过程中是难以做到的。

从学理上讲,对待民族文化的上述态度都是不可取的。第一种看法是把时间空间化,把发展的事物视为恒定的事物,第二种观点则是把空间时间化,把局部规律泛化为普遍规律;而第三种认识则力图将前两者进行简单叠加,其结果,必然导致保护只是一种表面上的保护,开发也只是一种急功近利的浅层次开发,不能实现民族地区文化保护与开发的自觉选择。

事实上,民族文化是一种持续建构,民族文化并非某种自我规定,它取决于与异族文化的相互关系,发生于具体的历史情境中,是多种力量互动的结果。在现代语境下,任何文化为了更新自己或影响其他文化,不可避免地会失去一些自身的东西,但这并不意味着民族文化的特质——民族性的去除,而是表明民族文化的发展。美国经济学家伊曼努尔·卡斯泰尔认为,"现在的世界不是一个静态的秩序化的体系,而是一种体系化与非体系化相统一的网络化的体系时代。"[①]美国学者阿尔·阿帕杜莱斯认为,就秩序与程度而言:"当今世界已经卷入到一种复杂的秩序,一种既相互交叉重叠,又充满断裂与脱节的秩序,愈来愈相互依存,强势文化以强大的影响力改变着发展中国家和地区的文化,与此同时,现代化催生的民族文化情感推动着弱势文化创造出世界文化多极化发展的新面貌。文化共享已成为必然。民族文化的发展离不开吸收异质文化的营养,异质文化的融合会产生强大的、新的生命力,单一文化封闭式发展则会导致文化的萎缩乃至衰退"[②]。

为了加深对这个问题的认识,我们以白族文化的个案来进一步分析。云南白族文化是具有自己鲜明特征的民族文化,谁都不能否认它的特色和旺盛的生命力,也无人能够否认白族文化是各种外来文化与当地文化融合而形成的多元复合性文化。大致

---

① 读书.1997(2):9.
② 王宁.全球化与后殖民主义批评.北京:中央编译出版社,2006:143.

与唐宋相始终的南诏大理国,处于唐宋文化圈和印度文化圈相交割的文化区域内,为适应外来文化与本族文化接触冲突而感受到的压力,白族主动地、自觉地、理性地接受汉文化。作为唐宋文化核心元素的儒道文化和佛教文化、印度文化、吐蕃文化等传入普洱地区,与当地文化融合,从而促进了白族文化的发展。南诏大理国对汉文化、佛教文化、印度文化和吐蕃文化的接受和汲取,并没有消解白族的民族性,反而使白族更清楚地了解了本民族的特性,增加了白族文化的生命力,促进了白族文化的发展。

民族文化取决于我们的认识,民族性与民族意识并非与生俱来,而是在与异族的比较中形成的。正如萨义德所说:"每一文化的发展和维护都需要一种与其相一致并且与其相竞争的另一个自我的存在——自我身份的建构因为在我看来,身份,不管东方的还是西方的,法国的还是英国的,不仅是独特的集体经验的汇集,最终都是一种建构——牵涉到与自己相反的'他者'身份的建构,而且总是牵涉到与'我者'不同的特质的不断阐释和再阐释。"① 可见阐释是相互的,民族文化资源的借用也是相互的。简言之,民族文化并不是闭锁的、静止的、自成体系的,而是流动的、开放的。

我们之所以对旅游开发中存在的商业化、程式化、雷同化的表演持批判的态度,是因为那些"文化秀"的制作者极大地忽略了作为民族文化符号的这些文本因"语境"的变化,其意义早已改变。结果,所表现的民族文化"传统"和"特征"只是制造者自身文化观的投影,因此,民族文化成为一种仪式狂欢,成为一种只有能指而缺乏所指的"空符号"。

当然,笔者所提出的民族文化的开放性和流动性,并不是要我们丢弃民族文化的特性,而是着意强调在我们很多探讨如何保护民族文化的文本中,似乎出现了这样一种逻辑模式,少数民族从反现代化到接受现代化,从不了解现代化到推进现代化,从接受现代化到本民族文化的丧失。循着这样的逻辑推演,其结果是将现代化与民族化,本土性与现代性对立起来。然而,事实上,开发、发展是为了更好地保护,保护必以发展为前提。应该用发展的眼光看待民族文化,而不应把民族文化作为文物保护起来。封闭的结果只能是更加落后——经济、文化等各个方面都如此。

那么,究竟应该如何处理和解决在民族地区发展旅游时所遇到的上述问题呢?

首先,增强民族自信,实现民族文化的良性变迁。

我们知道,民族传统文化是以族群认同为知识背景和逻辑依据的,而民族旅游则以民族的传统文化为底蕴。民族旅游,从某种意义上说,是检验一个民族自我认同的能力,它可能使传统的民族认同感受到削弱,甚至完全丢失,也可能使民族认同感得到加强。那么,如何才能增强民族自信,实现民族文化的良性变迁呢?

民族自信,是民族自我意识的重要组成部分,它建立在对本民族文化特质的肯定性评价基础上。这种自信表现在与异质文化接触,发现了我与非我的不同时,能够对民族文化与异民族文化都采取分析的态度,存己之优,择人之良,从而使本民族文化吸

---

① [美]爱德华·W. 萨义德. 东方学. 王宇根译. 北京: 三联书店, 1999: 528.

取丰富的营养而健康地发展。根据社会心理学的观点,自信建立在自我评价的基础上,形成自我评价的因素很多,而其中非常重要的一点是来自他人的评价。这一点,民族旅游的开发可以极大地增强少数民族的文化自信心和自豪感。在过去"现代话语对民间的、边缘的、非主流文化的排斥,使之被赋予了一系列迷信、落后、愚昧的形象,而民间的、边缘的、非主流文化的持有者也已将这一系列迷信、落后、愚昧的形象内化成为自我认同的一个方面"①。随着旅游业的进一步发展,民族文化因其旅游市场价值而备受青睐。民族文化不再被单向度地视为落后、蒙昧的东西,而是被发展为弘扬传统文化,展示本土形象的旅游资源。通过一些具有民族历史价值的人文旅游景观的再现和重组,一方面展示了少数民族自身文化的智慧和创造力,重新唤起了各民族成员的历史记忆,增强了内聚力、自信心和自豪感,另一方面,也使主流文化群体的旅游者在民族旅游中获得对少数民族文化的新认知,由此对这些长期游离于主流文化之外的边缘群体文化在不同程度上重新得到肯定和新的评价。概言之,民族旅游的开发推动了民族文化的复兴,增强了民族自信心和民族认同感,实现了民族文化的良性变迁。

其次,实现民族文化的再构建。民族文化的再构建取决于民族文化间的交流与碰撞。从这个意义上讲,只有学习他民族文化,在交流与融合中才能更好地保持和发扬本民族自己的传统,即民族文化只有在不断的阐释和建构中才能发展。简言之,民族旅游的开发是民族文化得以发展的前提,民族文化的发展必然推动民族旅游的进程。

民族文化再构建的前提是现代化,而实现现代化的捷径之一是开发和发展民族旅游。从另一个角度看,现代化程度提高了,人们才会发现民族文化中的优秀元素并着力挖掘发展。一个极好的例证便是日本在明治维新时期,"无所畏惧地放弃了长期的爱好和习惯,引进了外国文明,提倡废汉字,吃牛肉,喝牛奶,甚至与外国人通婚以改良日本人的体质"②。在不少人眼里,这应该是抛弃民族文化的最好例证。然而,人所共知的事实是,日本人保存和发展了他们的传统文化。这个事实无可争辩地说明,只有现代化,才能真正保存和发展民族文化。只有实现了民族自强者,才有权力返回传统或者批评传统,难以自保的民族是没有选择权的。现代化与民族文化的发展成正比,现代化程度越高,民族文化发展得越好;民族文化发展得越好,现代化程度也越高。我们应该根据变化了的形势,不断地对民族文化进行阐释,提升和创新,构建新的民族文化。换言之,就是不断地把民族社会生活中的某些行为、对象符号化和意义化。在民族文化的建构中,随着社会生活的发展,传统文化中的一些方面丧失了其意义,失去了生命力,然而,新的生活中又会出现一些新的行为、新的对象,这就需要不断地把这些新的因子加以鉴别,将好的因子符号化、意义化,使之成为民族文化中的新成分。

---

① 刘晓春. 民俗旅游的意识形态. 旅游学刊,2002(1):73-76.
② [日]吉田茂. 激荡的百年史. 李杜译. 西安:陕西师范大学出版社,2006:143.

当下的现代语境中,许多民族传统文化面临着变异、衰亡、灭绝的窘境。于是,我们便简单地认为一个民族一旦进入全球化、现代化,其民族文化就会马上丧失自己的特质。事实上,各民族并不是被动地接受异质文化,而是双向互动的,民族文化通过全球化、现代化也正走向异域,走向世界。一个民族的文化其开放性和流动性程度越高,说明该民族文化走向世界的内容越多,对该民族的发展就越有利,该民族文化就能获得更广泛的生存空间和更多的发展机遇。

中越边境地区民族旅游合作探索
——试论设立中越国际旅游合作区

赵明龙

(广西社会科学院民族旅游研究所　南宁)

【摘　要】 设立中越国际旅游合作区,是中越两国边境地区开展跨国民族旅游合作的"实验田",顺应了区域经济一体化发展的趋势,有利于两国做强、做大旅游产业,也有利于提升两国边疆地区的对外开放水平,且有利于中越跨国民族共同繁荣发展。本文就合作区的功能定位、合作范围、空间布局、旅游产品体系、合作区建设的影响及合作机制等进行了一些探讨。

【关键词】 中越边境民族地区;国际旅游;合作区

随着经济全球化和区域经济一体化的发展,加强区域合作已成为国际旅游合作发展的必然趋势。2009年12月,中国政府提出构建"中越国际旅游合作区",就是顺应了这一区域合作发展趋势的潮流,具有重要的理论意义和现实意义。然而,在中越两个社会主义国家边境地区建设国际旅游合作区,并使其成为国际性旅游目的地,是中越两国前所未有的开创性工作。为此,从理论与实践的结合上探索中越国际旅游合作区的功能定位、空间布局、合作内容、合作机制、产生影响及推进措施等,将成为人们亟须研究的重要课题。笔者试就上述问题进行一些研究,旨在抛砖引玉。

一、建立中越国际旅游合作区的理论和实践依据

2009年12月7日,中国国务院颁发了《关于进一步促进广西经济社会发展的若干意见》,明确提出:"依托崇左大新跨国瀑布景区和凭祥友谊关景区设立中越国际旅游合作区。"依据自然地域、历史文化、族群联系和经济合作的基础,中越两国合作共建国际旅游合作区,不仅在理论上符合科学原理,而且在实践上也是可行的。

(一)建立中越国际旅游合作区的理论基础

1. 建立中越国际旅游合作区是经济全球化的必然趋势

早期的马克思主义从经济全球化分析世界性生产和交往过程中国际关系的发展趋势时指出:"资产阶级,由于开拓了世界市场,使一切国家的生产和消费都成为

[作者简介]　赵明龙,男,广西社会科学院民族旅游研究所所长。E-mail:zhaominglong@163.com。

世界性的了。"[1]马克思、恩格斯还认为,人类之间"各个相互影响的活动范围在这个发展进程中越是扩大,各民族的原始封闭状态由于日益完善的生产方式、交往以及因交往而自然形成的不同民族之间的分工消灭得越是彻底,历史也就越是成为世界历史"[1]。"大工业把世界各国人民互相联系起来,把所有地方性的小市场联合成为一个世界市场,到处为文明和进步准备好地盘,使各文明国家里发生的一切必然影响到其余各国"[1]。20世纪70年代,邓小平指出,中国现代化建设必须充分利用"两种资源",开拓"两个市场",推动生产和交换的国际化,"开放是对世界所有国家开放,对各种类型的国家开放"[2]。20世纪90年代以来,中国提出"我们需要的是全世界各国平等、互惠、共赢、共存的经济全球化"[3]。由此可见,建立中越国际旅游合作区符合马克思主义经济全球化经典理论。中越两个社会主义国家,地理相邻,族群同源,自然和人文旅游资源相连一体,顺应经济全球化的发展趋势,携手共建国际旅游合作区,可实现互利共赢。

2. 建立中越国际旅游合作区是科学社会主义理论在中越两国的实践与探索

纵观国际共运史,社会主义都是在比较贫困落后的国家产生,如何在贫困落后的国家中建设社会主义,这是国际共运史面临的最大难题。当年,苏俄政府为了建立全球第一个社会主义国家,曾提出过:"社会主义国家不与世界发生关系是不可能生存下去的,在目前情况下应当把自己的生存同资本主义的关系联系起来"[4]。列宁还提出,国家资本主义在社会主义国家肩负着重要的历史使命,"在这个小农国家里先建立起牢固的桥梁,通过国家资本主义走向社会主义;否则你们就不能到达共产主义"[5]。后来,根据苏联的实际情况,列宁又实施了"新经济政策",这一政策为在经济落后的国家建设社会主义探索了一个崭新而又充满活力的社会主义新模式。中华人民共和国成立前夕,毛泽东就指出:"中国人民愿意同世界各国人民实行友好合作,恢复和发展国际间的通商事业,以利发展生产和繁荣经济。"后来,他又进一步指出:"我们也必须尽可能地首先同社会主义和人民民主国家做生意,同时也要同资本主义国家做生意。"[2]显然,建立社会主义国家,不仅要同社会主义国家开展国际合作,也要同资本主义国家开展经济合作,只有这样,才能巩固社会主义。中、越两国边境地区旅游资源丰富,但经济文化落后,要改变社会主义贫穷落后面貌,共建国际旅游合作区是一个重要的途径和有益的探索。在这个合作区,可以借助两个社会主义国家的人才、资金、技术和智慧做大、做强旅游业,也可以引进资本主义国家的人才、资金、技术和管理理念,来发展中越边境旅游业,从而实现合作区的繁荣发展。

3. 建立中越国际旅游合作区是旅游发展新阶段的必然选择

首先,从人类经济学角度来看,中越建设国际旅游合作区是"中心—外围"理论[6]在新世纪、新阶段、新区域的具体实践。20世纪80年代以来,人类学视野下的全球化逐步由发达国家向发展中国家转移,经济全球化和区域经济一体化发展迅猛,东盟一体化日益加快,中国—东盟自由贸易区如期建成,从而使中越两个社会主义国家经济高速发展,并且成为亚洲最具活力的发展中国家之一。在新世纪、新阶段中,中越边境的德天瀑布景区、友谊关景区、东兴北仑河京岛景区逐步成为国际化的旅游热点区域。中越两国选择在沿边沿海地区建立国际旅游合作区,将使边境地区形成"两国一区"新的旅游"中心",进而带动周边外围地区的发展。其次,从旅游文化学角度来看,文化相同与文化差异构成了旅游产品中的对立统一的产物。中越跨国民族的壮、侬、岱、京、汉、华等民族文化同源异流,同中有异、异中有同。如中越壮、岱、侬民族,虽同属壮泰族群,语言、习俗、文化相似,但因跨国而居,同质文化也因各自的国情而有一定的差异。又如,中国京族和越南京族,在文化方面也有很多相同之处,但各自也有本国主流文化的元素和印记。正是这一旅游资源的同和异,使之形成的旅游产品体系具有中越民族文化特色,可吸引跨国同族、异族及世界各国各民族的向往,激发人们的旅游心理。因此,建立中越国际旅游合作区也符合人类经济学和旅游文化学的理论。

4. 建立中越国际旅游合作区是马克思主义民族理论在中越边境民族地区的具体实践

在拟建的中越国际旅游合作区,从东到西居住着汉族、京族、瑶族、壮族、侬族、岱族等跨国民族,其中京、壮、侬和岱四个民族为中越边境地区的主体民族,人口超过1亿。在这样一个人口众多的社会主义国家跨国民族区域合作共建国际旅游合作区有没有可能?回答是肯定的。新中国成立60多年来,中越两国跨国民族和睦相处、和平发展,为社会主义国家探索"和平跨居"[7]积累了经验。笔者认为,中越跨国民族在和平跨居的基础上形成了"跨居互动"现象,是推进两个社会主义国家边疆民族地区和谐发展的人文动力。"跨居互动"的内涵可初步概括为:(1)在国家利益取向上,跨国民族自觉树立国家利益高于民族利益的观念,处理好跨国民族的国家认同感和民族认同感,增强民族向心力、凝聚力,自觉维护彼此的国家利益,成为维护国家统一、边疆稳定的重要力量。(2)在政治上,坚持和平发展,当两国国家关系发生纠纷甚至恶化时,跨国民族则通过民族民间外交,以东方跨国民族特有的温和谦让性格改善双边各种关系,以促进两国睦邻友好、共同繁荣为目的,以沟通双方联系、消除各种隔阂和误解为己任,自下而上地推动两国修复关系,促使国家关系正常化,充当两国和平的使者。(3)在经济上,跨国民族坚持共生、互补、互助、互利的开放合作原则,积极开展经济交流与合作,实现互通有无、共同富裕。(4)在文化上,坚持多元共存、和而不同、交流借鉴、互动创新的开放合作机制,熔本民族的传统优秀文化与其他国家和民族的优秀文化精华为一炉,形成多元、多姿、多彩的边疆民族文化。(5)在社会上,相互自由通婚,以紧密的血缘关系维系跨国民族社会互动,最终实现双边国家关系与跨国民族关系之间的良性互动。在构建中越国际旅游合作区中,可运用"和平跨居"、"跨居互动"理论指导合作区的具体实践。

(二)建立中越国际旅游合作区的实践依据

在中越两国乃至世界上,以"两国一区"为载体的国际旅游合作区还没有建立过。但是,共建"两地一街"、"两国一城"的经济合作区在现实中确有存在或正在创建,这就为中越国际旅游合作区建立提供了实践依据和借鉴。如从"购物天堂"到旅游景点的"中英街"就是"一国两制"、"两地一街"的实证个案,它是我国"一国两制"的跨境旅游合作区。近十年来,云南、广西、吉林等地也在探索创建跨国经济合作区。2007年,中国广西凭祥—越南同登规划建设17平方公里的跨境经济合作区,其中核心区中国浦寨—越南清新(各划出1.5平方公里)已破土动工建设,旨在建设"境内关外"的中越"两国一区"。2010年9月,中国东兴—越南芒街跨境经济合作区已获准启动。在云南省,2000年建立了全国首个实施"境内关外"管理模式的姐告边境贸易区和瑞丽－木姐经济合作区,创建了"中缅友谊街","一城两国"的国际口岸已见雏形。在吉林省,中国正积极筹建中俄珲春—哈桑跨境经济合作区、中朝珲春—罗先跨境经济合作区,并最终实现中俄朝三国的跨境经济合作区模式:珲春国际经济合作示范区,实施先行先试政策,使之成为"三国一区"特殊功能的国际经济合作区。上述的实践,可为中越国际旅游合作区的设立提供实践依据和经验。

二、中越国际旅游合作区建设框架设计

建立中越国际旅游合作区,需要从理论上厘清思路,并设计好一个建设框架,以避免失误。笔者认为,合作区的建设框架至少应包括功能定位、合作范围及边界空间布局、旅游产品体系建设等内容。

(一)合作区的功能定位

笔者认为,中越国际旅游合作区的功能定位是:立足中越边境,背靠中国内地,面向东南亚,以中越两国特定边境地区的核心景区和民族特色为核心,以连接多区域国际大通道为桥梁,以开放合作、共建共享为原则,努力建成"两国一区、互免签证、境内关外、免税退税、自由进出、分区管理、合作共建、平等互利、共同繁荣"的区域性重要国际旅游合作区,成为中越国际旅游合作的标志性窗口、中国—东盟旅游合作实验示范先导区、东亚喀斯特山水观光、北部湾滨海休闲养生和东方民族风情的国际旅游目的地。

(二)合作区范围和边界

在推进中越国际旅游合作区的过程中,要科学划定合作区的范围和边界。笔者认为,中越国际旅游合作区的合作范围,应在中越两国交界、旅游资源丰富、交通便捷、有一定合作基础、方便管理的地区划定合作区域。大体上应具备以下条件:一是两国边境交界地区;二是有丰富的旅游资源,至少能提供一天以上或不少于半天的游览观光内容;三是合作区内应有乡镇级以上的行政中心、小城镇和一类口岸等政治和社会资源作依托;四是交通便捷,可进入性好;五是对周边有较强的旅游辐射。根据这五项条件,中越国际旅游合作区应优先在中越交界的沿边、沿海地区选择合作,将来视发展情况再逐步扩大到中越海域。

合作区可分核心区和扩展区,"两区"实行分区管理、分阶段建设和开放。具体是:大新德天—板约跨国瀑布合作区,核心区范围为中国大新德天跨国瀑布—硕龙口岸—沙屯瀑布连线区域,越南板约瀑布—班门村—板约检查站—里板口岸连线区域;

扩展区为中国大新明仕田园风光景区、恩城弄梅景区、宝圩上甲和龙州金龙民族风情区、靖西峡谷群（通灵大峡谷和古龙山峡谷）景区。凭祥友谊关—同登友谊关合作区，核心区范围包括中国凭祥友谊镇行政区域和越南同登县行政区域；扩展区为凭祥市全境、宁明花山景区、龙州县城和越南的谅山市等。东兴—芒街合作区，核心区合作范围为中国北仑河口景区—京族三岛景区，越南北仑河口—芒街；扩展区为东兴市全境、防城港口区、防城区和越南海宁县行政区域。

（三）合作区的空间布局

在千里的中越陆路边境线上，设立德天—板约瀑布景区、凭祥—同登友谊关景区和东兴—芒街景区三个点作为国际旅游合作区，代表了三种不同类型、不同功能的旅游试验合作区，有利于带动中越沿边沿海旅游的发展。德天—板约景区旅游功能突出跨国喀斯特地貌山水田园风光和壮、岱、侬族特色文化；友谊关景区旅游功能凸显中越边关历史文化、当代中越商贸、壮、侬族文化等特色；东兴—芒街景区旅游功能则突出中越京族文化、沿海沿边长寿养生、江海水域风光和边关商贸等特色。

（四）旅游产品体系建设

目前，德天—板约瀑布、友谊关和东兴—芒街三地旅游景区旅游产品比较单一，缺乏特色和国际竞争力。为此，建设什么样的旅游产品体系，关系到中越国际旅游合作区的成败。笔者认为，根据中越两国边境地区旅游资源的不同特点，通过旅游资源的"同质组合、异质互补"的方式，打造以壮泰族群和京族文化为主线，以观光旅游为突破口，以休闲养生旅游和度假旅游为重点，以中越边境为特色的旅游产品体系，努力把中越国际旅游合作区建设成为中国与东南亚跨国旅游的精品工程。围绕这一发展思路，全面构建中越族群亲情游、边海观光游、跨国红色游、民间宗教游、边境商贸游等旅游产品体系，整合高端的有东亚特色的融喀斯特山水、滨海风光、民俗体验、休闲养生、旅游购物为一体的旅游品牌。如喀斯特生态品牌——中越跨国瀑布群、田园风光带、自然保护区和边海风光等；民俗风情品牌——壮、岱、侬"陇洞"节（歌圩）、京族"哈节"、中越文化艺术表演（一台文艺精品节目）、东南亚民族风情表演、展览等；历史文化品牌——中越边关古代近代军事文化遗址、骆越文化、胡志明踪迹之旅等；长寿养生品牌——东兴边海休闲养生等；旅游购物品牌——浦寨—清新商贸城、东兴—芒街商贸城、德天—板约"中越街"，以吸引中外游客。

三、构建中越国际旅游合作区对中越两国的影响

中越国际旅游合作区的建立，将产生较大的政治、经济和文化影响，主要有以下几个方面。

（一）建立中越国际旅游合作区，是做大、做强中越两国旅游产业的重要途径

近年来，中越两国旅游产业发展迅速，但从全球来看还处于起步阶段。面对经济全球化带来的世界旅游市场的激烈竞争，中、越两国都希望增强自身的竞争力。而两

国边境地区山同脉、水同源、民同俗,具有密不可分的地缘、族群、历史、文化和经济联系,尤其是一些旅游资源跨国分布,你中有我,我中有你。因此,两国只有通过区域内跨国合作,整合两国旅游资源,共同打造旅游品牌,把旅游产业做大、做强,才能形成品牌效应、客源市场效应和成本效应,以应对国际旅游市场的激烈竞争,提高国际旅游市场竞争力,成为东亚国际旅游新的增长点。

(二)建立中越国际旅游合作区,有利于提升中越边境地区对外开放水平

中越两国提出构建"两廊一圈"六年来,"两廊一圈"建设有序推进,"东廊"的中越凭祥—同登跨境经济合作区中方项目建设已取得突破性进展,构建南宁至新加坡的经济走廊已提上议程;"一圈"的泛北部湾区域合作风生水起,中越东兴—芒街跨境经济合作区建设开始启动。建立中越国际旅游合作区,不仅有利于推动"两廊一圈"的发展,而且有利于推动泛北部湾区域合作、南宁至新加坡经济走廊的形成和发展,从而可使南新经济走廊北端的"东廊"和"一圈"后来居上,成为中越两国开放与开发的前沿、窗口和示范区。

(三)建立中越国际旅游合作区,是实现中越两国共同繁荣发展的重要平台

首先,发展旅游业可带动众多产业的发展,促进中越边境地区的资源开发,加快脱贫致富的步伐,缩小两国内地与边疆、主体民族与少数民族的发展差距,实现富边、睦边、安边。其次,旅游业的发展将吸引游客、客商集聚合作区,直接或间接地拉动相关产业发展,集合产业劳工、技术和资金,加快中越边境地区城镇化的进程,使合作区旅游名胜地逐步崛起成为旅游小城镇,周边城镇更加兴旺繁荣。再次,有利于社会文化交流,巩固和促进中越传统友谊。国际旅游合作区的建立,将成为中越两国社会文化交流与合作的重要平台,通过这一平台,旅游作为民间外交的功能将进一步推进民间各层次、各族群的广泛交流,不仅将进一步加深中越两国各民族的相互了解、增进友谊、扩大共识、增强互信,而且可促进两国多民族的文化繁荣发展,有利于营造中国和东南亚稳定和谐的周边环境。

四、推进中越国际旅游合作区建设的几点建议

我国提出建设中越国际旅游合作区已有一年时间,得到了越南的积极响应和配合,推进工作有了一定的进展,但总体上比预期的缓慢。为此,笔者针对存在的突出问题,提出一些建议。

(一)建立政治互信,上下务实推动

中越国际旅游合作区是一个跨国的旅游合作区,前所未有,国际上可借鉴的经验也不多,双方在构建合作区过程中都有一些思想顾虑,影响合作区的推进。为了探索中越国际旅游合作区的建立,中、越两国首先要加强高层互访,建立政治互信,坚定信心,解放思想,遵循大胆探索、和谐共建、平等互利的原则,从国家层面推动旅游合作区的建设。国家有关部委办应积极加强与越南国家有关部委办的联系积极开展洽谈工作,特别是两国旅游主管部门应加强磋商,适时签署中越国际旅游合作协定,用制度来

推进国际旅游合作区的健康发展。广西地方政府与越南地方政府应积极加快开展前期合作工作,对等、逐级地通过自下而上的方式推动两国中央政府的务实合作。

（二）加强旅游合作区前期的研究工作

合作区建设,理论要先行。建立中越国际旅游合作区,是两个社会主义国家在边境民族地区合作共建旅游合作区,面临着诸多理论和实践问题需要研究,如合作区范围划界、功能定位、合作内容、管理模式、免税退税、投资利益分配模式等,都需要进一步从理论和实践上作出回答,并制定具体政策措施,以便指导实践工作。为此,建议成立一个中越国际旅游合作区专家工作组,主要任务是：对中越边境地区旅游资源进行系统调查,摸清旅游"家底",为合作开发打基础;对合作区涉及的有关政策进行专题研究,为地方和国家起草、制订合作区的政策提供方案;组织两国自然科学和社会科学的专家学者,合作编制合作区可行性研究报告、环境评价、项目绩效评价、社会评价、少数民族发展计划、中越国际旅游合作区规划,并争取纳入中越两国五年规划或专项规划,以指导旅游合作区的开发建设;适时组织举行中越国际旅游合作区有关研讨会或论坛,为合作区建设建言献策,大造舆论。

（三）适度超前抓好合作区的基础工作

首先,抓紧基础设施建设。加快贵港—硕龙高速公路、崇左—靖西高速公路建设,以解决通往大新德天瀑布景区交通难问题;加紧中越德天—板约跨国大桥建设的前期工作,尽快开工建设东兴二桥;同时,希望越南加快修建河内—友谊关、海防—芒街和高平—板约高等级公路,以实现景区公路高等级化对接;加强景区的街区、宾馆、餐饮、停车场、商店、游道、观景台、邮政通信、旅游信息网络等基础设施建设,完善景区服务设施;抓好硕龙二类口岸提级升格的基础设施建设和申报工作,以适应合作区发展的需要。其次,保护好合作区旅游资源,为景区可持续发展奠定基础。重点保护好中越界河旅游资源,特别是加大对德天—板约跨国瀑布上游的生态建设投入,以保证下游有足够的水源形成瀑布;制定措施保护好壮族、岱族、侬族、京族等少数民族的传统文化,积极调查、整理、挖掘和联合申报区域性非物质文化遗产;加强对两国民族民间濒临消失的"非遗"的抢救工作,加紧对"非遗"传承人的认定和保护;对以民族文化为载体的旅游项目,要经过多方论证,确保可行,防止破坏性开发。再次,提前抓好国际旅游人才的培养。当务之急,应建设一支通晓中越或中英语言、熟悉中越两国自然、历史文化、民族宗教基本常识、精通旅游业务的高素质旅游人才队伍。中越两国应加强双方现有旅游人才队伍的培训和再教育,依托高校和科研机构培养国际旅游人才,积极开展旅游人才交流和双向流动,为中越国际旅游合作区提供人才支撑。

（四）建立高效务实的合作机制

为了有效地推进中越国际旅游合作区的建设,中越双方应建立高效、务实的旅游合作机制。

（1）会晤磋商机制。中越两国国家和地方政府部门应尽快建立会晤、磋商机制,定期就旅游合作区的研究、规划、策划、政策、协议等前期工作开展磋商。

(2)建立利益分配合作机制。积极探讨合作区双边公共产品共建共享、旅游产品合作开发、利益分配机制,明确界定自然旅游资源、民俗旅游资源、历史文化及非物质文化旅游资源等产权,并对各种旅游资源进行资产评估,以资源入股方式参与旅游开发以及利益分配。旅游合作区的旅游开发商、地方政府、社区居民应按资本、技术、管理、资源、土地、劳务等生产要素的贡献进行分配,保证参与旅游开发各方的应有收益,实现旅游开发可持续、和谐发展。

(3)建立便利的旅游通关合作机制。借鉴北美、欧盟、中国深圳和中国香港通关便利化经验,尽快在中越国际旅游合作区试行"互免签证"、24小时通关、两国车辆相互自由通行,实现无障碍旅游合作区。

(4)创新旅游宣传营销合作机制。合作区应通过媒体、广告、印发资料等多种形式、中越英多种文字联合宣传促销,建立信息共享制度,相互通报旅游政策、发展情况,相互配合支持联办或各自主办的民俗文化节、旅游节庆等活动,相互组织和鼓励中越居民在合作区域内旅游,积极开展联合组团、相互推荐。同时,通过庆典、商贸、会展、摄影、赛事、自驾车等形式,组织中外游客到旅游合作区旅游,实现以节推游,以贸促游,以会聚游,以赛热游的良性互动。

(5)建设合作区融资合作机制。为了推进中越国际旅游合作区建设,需要建设融资合作机制。目前,中、越两国边境地区经济落后,合作区建设需要两国中央政府加大投入。同时,双边应共同合作积极争取世界银行、亚洲银行等国际金融组织的投资;充分利用中国—东盟合作基金和信贷;合作设立中越发展基金;积极鼓励民营企业、民间资本和周边农村集体以土地、文化等方式合作投资,实现合作区与周边社区群众包容性增长。

参考文献

[1] 马克思,恩格斯. 马克思恩格斯选集. 第一卷. 中共中央马克思恩格斯列宁斯大林著作编译局编译. 北京:人民出版社,1995.

[2] 裴坚章主编. 中华人民共和国外交部外交史研究室编. 毛泽东外交思想研究. 北京:世界知识出版社,1994:333.

[3] 江泽民. 江泽民论有中国特色社会主义(专题摘编). 中共中央文献研究室编辑,青苹果数据中心等. 北京:中央文献音像出版社,2004.

[4] 列宁. 列宁全集(7). 中共中央马克思恩格斯列宁斯大林著作编译局译. 北京:人民出版社,1987:167.

[5] 列宁. 列宁全集(4). 中共中央马克思恩格斯列宁斯大林著作编译局. 人民出版社,1995:570.

[6] 庄孔韶主编. 人类学通论. 太原:山西教育出版社,2002.

[7] 周建新. 跨国民族类型与和平跨居模式讨论. 广西民族学院学报(哲社版),2002(4):60-64.

论民族文化旅游资源的开发与保护

任冠文

(广西师范大学历史文化与旅游学院 桂林)

【摘 要】近年来,我国的民族文化旅游迅速发展,特别是在少数民族地区更成为旅游发展的重要内容。因此,民族文化旅游资源的开发与保护,就直接涉及民族文化旅游的可持续发展问题。本文在总结前人开发、保护经验的基础上,从理论与实践两个角度提出了开发、保护民族文化旅游资源的一些具体措施。建立民族文化旅游博物馆,以保护在现代社会已失去实用价值、逐渐消亡的民族文化。通过法律保护可接触性文化遗产,通过引导、教育社区民众,以保护不可接触性文化遗产。

【关键词】民族文化旅游资源;可持续发展;开发与保护

随着我国旅游事业的迅速发展,民族文化旅游已占有越来越重要的地位,尤其在少数民族相对集中的地区,民族文化旅游已成为旅游的主要内容。目前,我国民族文化旅游开发主要有三种倾向:一是强调民族文化旅游开发对民族地区经济发展和社会生活改善的作用;二是注重民族文化的保护与传承,但片面强调民族文化的原生态保护,甚至不主张开发,对旅游的社会文化影响持消极态度;三是主张大力开发民族文化旅游,强调它对社会发展的积极作用,认为旅游的社会影响是可以调控的。这三种倾向实际是两种倾向,笔者以为都显偏颇。强调开发民族文化旅游对民族地区经济发展和社会生活的改善,无疑是正确的,但绝不可忽视对民族文化的保护;同样强调民族文化的保护,是为了更好地开发,绝不能为了保护而放弃开发,但也不能一味地看到民族文化开发的积极作用而轻视了它的消极作用。显然在民族文化旅游开发中,开发与保护同样重要,只有在开发中保护,并在保护中开发,才能使民族文化旅游真正实现可持续发展。

一、民族文化与民族文化旅游资源

民族文化,是指一个民族在长期的劳动生产、生活中创造和智慧的结晶,它是具有本民族特点的物质文化和精神文化的总和。这里至少包括了以下六个方面,即衣、食、住、行的生活文化,婚姻家庭和人生仪礼文化,民间传承文化,诸如民间文学艺术、民间

[作者简介] 任冠文,男,广西师范大学历史文化与旅游学院教授。ren5411@126.com。

歌舞、民间游乐等,科技工艺文化,信仰、巫术文化,节日文化。[1]必须指出,并不是所有的民族文化都能成为旅游资源。比如,民族的伦理观念、价值观念、认识模式、审美情趣等隐性文化,由于不易为游客所感知和理解,因而很难直接成为旅游对象。所以我们说民族文化旅游资源是指民族文化中那些可以被利用、开发,作为旅游吸引物的部分。而这一部分民族文化更多是显性文化,即文化要素是与特定的物质实体关系密切的文化因子,如富于民族特色的服饰、饮食、器皿、民居、寺庙、交通工具、生产工具等。当然,也包括一些隐性与显性的混合性文化因子,如家庭婚姻、人生礼仪、信仰禁忌、习俗、岁时节日、游艺艺术等。说得更明确一些,也就是那些与他民族不同的,最具本民族特色的文化。但必须指出,民族文化也是一个相对的概念,之所以这样讲,是因为无论哪一种民族文化的产生、形成与发展都与所处的自然环境、社会环境有密切的联系,随着历史的发展,它也在发展变化,一成不变的民族文化是不可能存在的。而我们所要进行旅游开发的民族文化资源,重要的是利用那些与他民族文化存在差异性,即具有本民族特殊性的文化部分。有学者认为"任何一种民族文化都是一个独立完整的体系,都是该民族改造自然和利用自然的特有工具。"[2]但事实上,任何一种民族文化,由于自然环境和社会环境的变化,很难形成自己独立完整的体系。虽然作为区别于他民族的民族文化符号,如语言、风俗、服饰、饮食、建筑、宗教、神话传说,甚至包括意识形态领域中的伦理观念、价值取向、认知模式、审美情趣等,在一定的历史阶段,有其特殊性,形成了一个相对完整独立的体系,但随着自然环境的变化,特别是与他民族的交往,文化的相互影响与融合,又是不以人们意志为转移的事实,它不可能不发生变化,也不可能形成长期稳定与完整的独立体系。正如爱德华·W.萨义德所说:"每一文化的发展和维护都需要一种与其相一致并且与其相竞争的另一个自我的存在。自我身份的建构——因为在我看来,身份,不管东方的还是西方的,法国的还是英国的,不仅显然是独特的集体经验之汇集,最终都是一种建构——牵涉到与自己相反的'他者'身份的建构,而且总是牵涉到对与'我者'不同的特质的不断阐释和再阐释。"[3]也就是说,一种文化不可能独立于其他文化而发展,在今天全球化的时代,独立的、自成完整体系的民族文化,更是不可想象的。

本来民族文化的形成与民族的形成是同步的,民族文化的差异性只是由于长期以来民族之间,或因距离,或因地势,或因政治等原因,自觉与不自觉地被隔绝,而逐渐形成的。但是随着社会的发展,人类的进步,这种民族文化的差异性,会越来越小。而作为旅游开发吸引物——民族文化旅游资源,所利用的正是长期以来形成的民族文化之间的差异部分,这种差异性越大,就越具有旅游吸引力。既然如此,民族文化旅游资源的开发和保护,实在是一个非常重要的问题。

二、民族文化旅游资源的开发

(一) 民族文化旅游开发的形式

目前,国内外民族文化旅游资源开发,不外乎以下三种模式:

1. 直接利用型

这也是民族文化旅游资源开发最早的形式,即利用原生态的民族文化旅游资源,除了增添必要的旅游设施、设备外,对原有的资源几乎不再进行加工改造。如民族文化村(寨)、民族传统节日等形式。这一模式的旅游资源开发,其最大的优点在于投资少、效益高,而且对于游客来讲,还可体验到当今原汁原味的民族文化,因而,初期多受到旅游者的欢迎。但正由于旅游环境是"原始"的,往往不易控制。又因多数保存民族文化较原始的地区,交通一般也欠发达,大批旅游者的进入几乎是不可能的。即使解决了交通问题,也会由于旅游活动使民族文化资源无形中成为商品,所以民族文化的商品化、庸俗化就在所难免。更严重的是,它会直接导致民族文化旅游资源的破坏,失去可持续发展的能力。

2. 整合提升利用型

这类开发模式是整理提炼民族文化中有旅游吸引力,便于加工浓缩的因素、事象,集中表现。有的借民族传统节庆活动的"形式",有的纯粹是"人工造节",更多的则是将散布于一定地域范围内的典型民俗事象集中表现于一个主题公园。其中,有经过整理、加工、提升的民俗歌舞表演,有通过信息搜集、整理、建设、再现已不复存在的民俗文化。有的建设在民族地区,即民族文化的发祥地,将本地区已经淡化了的一个或几个民族的民族文化事象,如民族建筑、民族服饰、民族民俗文化活动等集中提升、再现;有的则将多个民族文化的典型代表事象,集中展示在远离民族文化发祥地之外。这种类型的开发,把相关的民族文化旅游资源加以整合、提升,集中展现,来自生活,又高于生活,特别是对历史上民族文化的恢复再现,对保护民族文化不失有其意义。同时,对旅游者来说,在较短时间内能领略到一个或多个民族文化的风采,既能增长知识,又能体验文化差异,自然也会有一定的吸引力。然而,由于这种开发形式要进行大量的前期调查研究,在研究成果的基础上,又有大量的人造景观需要建设,所以用时长、投资大。又因人造景观毕竟是仿制品,即使是建设在民族文化的发祥地,也会或多或少割裂与原生态文化的联系。如果是建立在异地,则完全脱离了民族文化赖以生存的社会环境和文化氛围。加之这类民族文化旅游景观由于是人造的,所以没有垄断性,同类产品的竞争更会缩短这类景观的寿命。

3. 历史复原型

开发这类民族文化旅游产品,有一个前提条件,或是有老祖宗留下的实物遗产,或是通过历史文献记载,至少要有口头传说的凭据,在这些基础上,又必须在当地,或进行复原建设,即我们常讲的修旧如旧,或根据记载、传说恢复民族文化遗产。但开发这类民族文化资源,首要的是真实性。比如古代建筑则必须经过翔实的考证、研究,要尽量做出与记载或传说一致的产品,以免出现不伦不类的情况。至于相关的民俗事象,更要仔细深入挖掘民族文化资源,不断更新和创造出独具特色的旅游产品,以增强市场感召力。这类民族文化旅游产品,既有垄断性,同时又有较强的生命力,也极易被广大旅游者接受。但开发技术要求高,难度大,开发成本也大,而且这种开发更多的还在显性文化的展示,保存的仅是古城、古建筑之类,至于深层次的民族文化,是无法保存与展示的。

除了以上三种民族文化旅游资源的开发模式外,目前似乎没有更多的方法。我们知道任何旅游开发,都必然加速民族间文化的融合,民族文化变异是不以人的意志为转移的客观规律,想要在目前民族文化旅游的开发模式下,保持所谓"原汁原味"的民族文化,只能是一种愿望。我们能不能探讨一种民族文化旅游持续发展的开发模式呢? 近年来,中外学者受民族(民俗)博物馆的启示,提出并尝试建立民族生态博物馆。它的基本建设理念是:(1)文化遗产应原状地保护和保存在其所属社区及环境之中,从这个意义上讲,生态博物馆的面积等于社区的面积;(2)生态博物馆非常强调"尊重",既要尊重本民族的文化,也要尊重其他民族的文化,从而形成一种自尊、自信、自豪、自重的社区文化价值观,这是一个社区文化赖以长期保存的思想基础;(3)生态博物馆是一种为将来而保护某种文化整体的手段,因此,强调一切有关的文化记忆要原始地保留着,作为这一种文化延续和继承的见证,以排除因实物征集而破坏了社区记忆的完整性;(4)生态博物馆强调地方政府和当地人民的参与,社区的居民是文化的拥有者和主人,不能将他们从生态博物馆的社区里分离出去。[4-7]这种民族文化资源的开发模式一出现,即被人誉为"一种持续旅游模式。"但从它开发建设的基本理念不难看出,仍未摆脱"直接利用型"的开发模式,只不过是加入了博物馆的成分而已。虽然想通过博物馆的形式,既要对文化遗迹进行保护,同时也想对"活文化"进行保护,但由于其保护范围、运行方式与"直接利用型"开发基本上没有大的区别,因而,保护也将成为一种美好的愿望。

鉴于旅游是一种推动和加速人类社会融合的活动,而旅游者外出旅游追求的却是异质文化的刺激,就此来看本身就是一种矛盾。只有解决了这一矛盾,旅游才可能真正得到可持续发展。笔者不否认现阶段各种民族旅游资源开发模式的合理性,因为它是现阶段旅游发展的需要。但从旅游可持续发展的角度考虑,我们必须提出解决这一矛盾的开发模式。笔者虽然不赞成目前生态博物馆式的旅游开发模式,但为民族文化旅游资源采取"博物馆"型开发却是可取的。笔者所说的"博物馆"型开发,绝不是博物馆的翻版,而仅是取博物馆对文物保护的方式,所以应该称为民族文化旅游博物馆。笔者以为这种模式的开发,应采取以下方法:①在民族地区选取最有特色、最有代表性的民族村(寨)作为民族文化旅游博物馆,应当将村(寨)民众迁出,另行安置。②收集、整理当地一个或几个民族现行的和历史的民族文化旅游资源充实其中。③本着源于生活、高于生活的原则,将原有的建筑适当加工改造,或增加一些新的建筑,但必须遵循真实性的原则,使民族文化旅游博物馆形成一定规模。④将现有的、历史的相关民俗事象,提升、加工、恢复为可供游客观赏、参与的旅游项目。也可考虑利用现代光、声、电技术表现提升相关内容和项目。表面上看它有点儿像今天的文化主题园,但不同的是,它具有垄断性,因为它利用的是原始村落,在一定程度上是原汁原味的。同时,它以博物馆形式保护了民族文化的真实性,使民族文化免去了变异的危机。当然,客观上它也成为一个或几个民族了解自己文化传承的活生生的博物馆。但必须指出的是，这只能是民族文化旅游资源开发的一种形式，并不排除其他形式的开发。然而，无论如何它可以说是一种有效的保护民族文化资源的旅游开发模式。虽然这样的开发模式可能难以保护整个民族文化的氛围，但从长远眼光看，任何一种民族文化氛围的单独保护都是难以成功的，退化和消亡是民族文化发展的必然趋势，既然如此，为什么不考虑做一些局部保护的工作呢？

（二）民族文化旅游资源开发应注意产品的核心竞争力

旅游产品的核心竞争力，是指旅游产品所持有的垄断性能力。民族文化旅游产品的核心竞争力就在于民族文化深刻的内涵。因而在对民族文化旅游资源的开发中，要注重其文化内涵。这首先是由民族文化旅游产品的属性所决定的。众所周知，旅游产品主要是为满足人们求新、求美的心理和精神享受的。因此，与其他一般性耐用产品相比，它虽然也一定程度上具有满足消费者物质需求的内容，但更多的是为满足消费者的精神需求。这是因为旅游者购买旅游产品更多的是一种享受、一种美好的回忆，而文化是使旅游者获得这些需求的最主要因素。从这个意义上讲，旅游者购买旅游产品，本质上就是购买文化，即消费和享受文化。因而在民族文化资源的旅游开发中，必须注重民族文化的内涵，对其进行深入地挖掘研究，从物质、行为、精神三个层面，把握其特性。以便选取正确的产品文化表现形式，强化产品细节的文化特性，提高产品民族文化特色的品位。其次，这也是旅游需求发展的需要。随着社会的发展进步，人们的旅游需求发生了很大变化，不仅从过去被动选择转变为主动选择，从单一需求转向多样化需求，而且已不满足于以往单纯观光的旅游形式，他们希望通过旅游获得知识、娱乐和享受，希望参与到活动中，获得体验。这些旅游需求的变化，对旅游资源开发提出了更高的要求，而要满足这些要求，除了增加旅游产品的数量外，重要的是提高其质量，即不断提升旅游产品的文化内涵。再次，这也是旅游市场竞争与旅游可持续发展的需要。在旅游业飞速发展的今天，旅游资源开发的模仿已是习以为常的事，特别是民族文化旅游资源开发，相同或相似的可谓遍地开花。在这样激烈的市场竞争中，只有不断提升旅游产品的民族文化内涵，从形式到内容都独树自己的特色，才能立于不败之地。事实上，由于任何产品都存在它的生命周期，所以只能通过不断挖掘深层次的文化内涵，不断创新，才能可持续发展。

三、民族文化旅游资源的保护

众所周知，民族文化之所以能代代相传而变化不大，是由于它处于一种相对封闭的环境条件下。但在信息时代、全球化加速的今天，要继续原封不动地自然保存它，几乎是不可能的。如上所述，旅游开发客观上只能加速民族间文化的融合，那么在旅游开发中，如何保护民族文化，就是一个必须解决的问题。

有人曾提出建立文化保护区，从地域上划定一个保护区域，以缓解现代社会主流文化的冲击。这种办法显然是行不通的，因为社会的进步、文化的发展是不以人的意志为转移的,更何况强行保护是为了旅游的需要,就更行不通。笔者赞成对于部分已失去原有的使用价值,却能忠实地反映民族历史的文化,采取一定有效的措施加以保存,这既有利于旅游活动对"原汁原味"民族文化的需求,在一定程度上对一个民族了解自己的历史,主动维护本民族的优秀文化传统也会起到积极的作用。因此,笔者在上文中提出了建立"民族文化旅游博物馆"的设想,认为它是一种保存"原汁原味"民族文化的有效方式。当然,要全面地保护民族文化旅游资源,仅仅通过几种旅游开发方式的改变是难以完成的。所以,除了完善开发形式外,还需从理论和实践两个方面进行努力。从理论上说,首先必须树立正确的认识,比如对民族文化在旅游中应用的真实性问题,对民族文化商品化的问题,对现代性与传统性等问题,都需要探讨。就民族文化旅游资源的开发来说,追求民族文化真实性的内涵无疑是正确的,但我们不能忘记旅游者外出旅游的目的更多的是追求放松、享受,喜欢的是娱乐性、游戏性较强的通俗旅游项目,而不是沉重的历史,民族文化反思性的旅游项目。因此,民族文化旅游资源开发,虽然必须深入挖掘其内涵,但不一定全是原生态的,更多的不过是利用民族文化中某些外在的、表层上的东西,将其变成轻松通俗、娱乐性、游戏性较强的旅游项目。当然,这些旅游项目真正的底蕴在于民族文化的深刻内涵,至于形式自然可以灵活,即使采用一些现代科学技术,只要能很好地表现其内涵,也并不妨碍其真实性。联合国教科文化组织曾将文化遗产划分为可接触性和不可接触性两大类,可接触性文化遗产,其灵魂是原生性和真实性,其根本特点是不可再生,一旦失去便永远失去,任何复制都不可能具有原有的价值。而不可接触性文化遗产,是活生生的文化创造者和传承者。前者是死的,是可以凝固于某一历史瞬间的;而后者是活的,是能动的,是随时变易的。所以对二者的保护必须采取不同的方式。前者可通过相关法律,或修旧如旧等具体的方法加以保护,而后者除了采用民族文化旅游博物馆的形式保存外,只能尊重民族文化发展的规迹,通过引导、教育使社区居民认识到自己文化的价值和优秀之处,自觉加以保护。事实上,现在很多人主张由社区居民直接参与旅游活动,客观上就是在引导、教育社区居民认识自己文化的价值。当然,对于那些在现代社会已失去实用价值,逐渐消亡的民族文化,除了以旅游博物馆的形式保存外,恐怕很难找到更合适的保护方式。

  保护民族文化旅游资源,绝不是为了保护而保护,而是为了现在和将来而尊重过去,帮助人们欣赏、体验民族文化的财富,从中受到启迪,最大限度地提供机会来提高人类的潜力,改善人类的生存状态。既然如此,开发民族文化旅游就没有必要死咬着原汁原味来做文章,更无必要担心民族文化的商品化,试想如果没有商品化,旅游经济如何发展?这难道不是体现民族文化价值的一个方面吗?当然,民族文化旅游资源的开发,要尊重民族文化的真实内涵——民族文化特色,这也是民族文化旅游能否可持续发展的关键。所以只要遵循民族文化的基本精神,又不是庸俗的,同时又能受到旅游者欢迎的民族文化旅游项目都应当得到肯定。因为关键是它体现了民族文化的基本精神,客观上也就是对民族文化的保护。

参考文献

[1] 徐万邦,祁庆富.中国少数民族文化通论.北京:中央民族大学出版社,1996:415.

[2] 刘晖."摩梭人文化保护区"质疑——论少数民族文化旅游资源的保护与开发.旅游学刊,2001(5):27-30.

[3] [美]爱德华·W.萨义德.东方学.王宇根译.北京:三联书店,1999:528.

[4] 魏光."生态博物馆"探讨.中国博物馆,1996(3):24-26.

[5] 张勇.生态博物馆思维初探.贵州文史丛刊,1997(2):30-32.

[6] 王建章.论我国旅游产业经济的民俗开发.湘潭大学学报(哲社版),1997(4):66-68.

[7] 安来顺.法国生态博物馆巡礼.中国环境报,1998-02-08.

少数民族传统社区文化旅游适度开发初探

罗永常

(贵州凯里学院旅游与经济发展学院　凯里)

【摘　要】少数民族传统社区作为一类特殊而宝贵的旅游资源,对其进行科学合理的开发符合当代文化体验的旅游需求,但必须正视这类社区的特殊性及其固有的一些制约因素,且必须合理把握旅游开发的"度",避免因开发不足造成的资源浪费或由开发过度引起的文化破坏。针对目前开发中的一系列不适度问题,必须站在旅游可持续发展的高度,树立正确的文化理念和开发理念,从多角度建立"适度开发"的指标体系和"适度"的开发目标,处理好旅游开发中的"五大关系",建设基于体验需求的文化旅游产品体系,同时促进社区群众的全面参与,从而使旅游开发实现经济、社会、文化与生态效益的最大化。

【关键词】少数民族传统社区;文化旅游;适度开发

一、研究背景

少数民族传统社区,是指我国一些相对偏远的少数民族地区,当地文化较少受到外来文化的冲击和现代化的影响,仍然保存着一种较原生的、未经改变的传统民族文化生态,被一些学者称为"原生态社区"(国外学者也称之为土著社区)。在我国,越是偏远、封闭、欠发达的少数民族地区(如滇西北、黔东南、桂北、湘西、川西等),其文化传统保持得越好,或者说具有相对丰富而完整的原生态文化。这些原生态民族文化是宝贵的文化遗产,也是重要的文化旅游资源。近年来,许多偏远少数民族地区都掀起了文化旅游开发的热潮。

作为一类特殊的社区和特殊的旅游资源,少数民族传统社区的旅游开发有其固有的特殊性,主要体现在少数民族传统社区的社会经济状况、民众心理及综合素质、旅游资源类型及其赋存状况等方面,是自然与人文生态的双重脆弱区,旅游开发面临着文化保护、扶贫、生态环境建设的多重压力和难题,要实现这类地区旅游的可持续发展,显然有更高的要求和难度。

[作者简介]　罗永常(1963—　),贵州黎平人,凯里学院旅游与经济发展学院副院长(主持工作)、民族地区旅游研究所所长、教授。主要研究方向为民族地区旅游开发与规划。

由于对这一特殊性认识不足,对旅游开发中的一些制约因素认识不到位,旅游开发实践中也存在着不少问题和难题,比如开发带来的文化生态破坏与环境影响、产品单一、品位不高,社区群众参与不足、获益不多,利益分配不公、群众支持度降低,过度开发引起的商业化、庸俗化倾向等,许多景点生命周期十分短暂,难以实现旅游可持续发展。

笔者认为,这些问题都源于开发决策者缺乏对少数民族传统社区特殊性的认识、缺少对"文化生态旅游"的正确理解和对旅游开发"度"的科学把握,在旅游开发中存在"急功近利"的思想,片面追求经济效益,一味追求开发速度和规模,忽视当地的参与和发展,忽视文化生态和环境的承载力,导致文化生态资源的破坏。作为政治、文化、经济的弱势区和环境的敏感区,又是重要的文化资源保护区,必须合理把握旅游开发的"度",避免因开发不足造成的资源浪费或由开发过度带来的文化破坏。著名作家余秋雨先生在考察贵州黔东南少数民族传统社区文化旅游后指出:"如果不发展旅游,这里的原生态文化也获得不了自我延续的动力,消失得更快。但旅游开发的关键是要掌握一个度。"但如何把握这个"度"则是一个难点。因此,非常有必要研究少数民族传统社区文化旅游的"适度开发"问题。本研究旨在通过对少数民族传统社区旅游开发特殊性的认识,分析现实旅游开发中一系列不适度的问题及其原因,并以旅游可持续发展为基本目标进行"适度开发"内涵的界定和指标体系的构建,最终提出少数民族传统社区文化旅游适度开发的基本思路。

国内对旅游开发"度"的问题研究不多见。张洪等(2004)探讨了"旅游资源适度开发及其度量指标"问题,提出了"适度"的含义,并强调自然因素和社会公众心理因素是限制旅游开发"度"的主要因素,并以"旅游资源承载力"对应的最适宜游客容量作为衡量"适度开发"的指标;文红等(2007)从文化生态建设的角度探讨了民族文化多样性保护与文化旅游资源的适度开发问题,将生态学的有关理论和方法运用到民族文化旅游开发中来,在提出文化生态旅游开发原则的基础上,强调从文化生态建设的角度进行民族文化旅游资源的可持续开发;周山华(2007)探讨了民俗旅游的主体参与功能与开发的适度性,指出参与功能是民俗旅游的积极功能,但其适度性是不容忽视的,这事关旅游的可持续发展和持久的生命力。目前国内研究少数民族社区旅游开发的文章不少,但大多侧重于旅游开发现状、旅游开发与文化保护的关系、居民参与问题、旅游影响等方面的研究,研究中也大都强调了适度开发的必要性。但现有研究缺少对旅游"适度开发"的进一步研究和系统阐述,尤其缺乏对少数民族传统社区文化旅游"适度开发"问题的深入分析,也没有对如何实现"适度开发"提出可操作性思路。

二、少数民族传统社区文化旅游适度开发的理论探讨

(一)"适度开发"的本质和目标——可持续发展

笔者认为,"适度开发"的本质和目标是可持续发展。根据温哥华全球旅游持续发展大会制订的《旅游业可持续发展行动计划》(以下简称《行动计划》),旅游可持续

发展是指"在维持文化完整、保护生态环境的同时,满足人们对经济、社会和审美的要求。它既能为今天的主人和客人们提供生计,又能保护和增进后代人的利益并为其提供同样的机会"。《行动计划》提出了旅游业可持续发展的五大目标和八大原则。

五大目标是:①增进人们对旅游所产生的环境效应与经济效应关系的理解,强化人们的生态意识;②促进旅游的公平发展;③改进旅游接待地区的生活质量;④向旅游者提供高素质的旅游经历;⑤保护未来旅游开发赖以存在的环境质量。

在八大原则中,有关重要原则如下:

"旅游规划、开发和经营是一个地区、省(州)或国家可持续发展和保护战略的一部分,它应该是跨行业和综合性的,应该有各类政府组织、私人企业、公民团体和个人的积极参与";

"尊重目的地的文化和环境、经济模式及传统的生活方式、传统行为、领袖和政治模式"、"重视对目的地自然和人文环境的保护并以经济恰当的方式加以利用";

"必须遵循公平合理的原则,使利益和成本在旅游经营者和目的地及其居民之间得到公平分配";

"要让当地居民尽可能地了解旅游开发的各种信息,尽量多地参与旅游开发、并影响开发的方向及效果";

"应该鼓励和期望当地居民在政府、企业、金融机构和其他部门的支持下,在旅游规划和开发中发挥领导作用";

"在旅游开发和经营的各个阶段,应该自始至终实现一个仔细的评估、监督和协调计划,以便当地居民和其他人能够利用机会,或者能够对变化做出反应";

根据旅游可持续发展的目标和原则,对旅游的"适度开发"界定如下:

所谓"适度"的旅游开发,是指既开发出特色鲜明、个性突出、拥有特定而稳定的客源市场的旅游产品,又有利于资源本质的保持与提升,同时保持自然和人文生态系统平衡的一种可持续的旅游开发状态。

针对少数民族传统文化社区旅游资源的特点、赋存状况、开发目标等的特殊性而言,仅以最适宜游客容量作为衡量"适度开发"的指标显然是不够的,在这类特殊的社区里,"适度"的旅游开发还应该体现在有效地保护和传承民族文化,有效地保持村寨文化的原生性与完整性,同时能持续地为旅游者提供传统文化的深度体验需求,促进居民生活质量的提高和社区的全面发展,使旅游的消极影响降低到最小并确保旅游发展的可持续性。总之,要有利于村寨社会、经济、文化、环境的可持续协调发展。

(二)"适度开发"的指标体系

从"适度开发"的内涵来看,它应该是一个指标体系:

文化指标:具体可以从社区文化的原生性与完整性(传统的文化生活方式和社区活动、文化遗址、艺术手工艺、信仰系统等的良好保持)、社区文化建设、社区文化遗产保护与传承状况等方面来细化;

游客满意度指标:游客满意是"适度开发"的一面镜子,具体可以从旅游产品的市

场吸引性、细分市场稳定性、游客体验满意度、推介意愿、重游率等方面来细化;

居民满意度指标:可以从参与状况、获益情况、对旅游的支持度、对游客的热情友善度等方面来考量;

社区发展指标:可以从基础设施建设(交通设施、供水、电力、排污、垃圾处理、通信等公共设施)、当地居民在旅游就业率、旅游经济贡献等方面来细化;

生态环境指标:具体指环境整体清洁,无各类污染,自然生态(水体、空气、土壤、河流、动植物等)平衡、农业生态系统良性循环等。

三、如何实现少数民族传统社区文化旅游的"适度"开发

(一)树立正确的文化理念,处理好旅游开发中的文化均衡问题

少数民族传统社区的文化旅游开发是将文化资源转化为产品乃至商品的过程,既是技术的、经济的过程,更是一种文化过程。开发者的文化理念将决定和影响着旅游开发的方向、方式和最终效果。因此,树立正确的文化理念,认清自己要表述的文化内涵和价值尺度,以及要达到的阐释目的,将直接关系到民族文化旅游的成败。如何正确认识并处理好旅游开发中的文化均衡问题,是实现少数民族传统社区文化旅游"适度开发"的关键。

这里包括以下几个方面的均衡:

1. 传统性与现代化的均衡

从旅游供给的角度看,文化传统是发展旅游的依托和底蕴,强调和维护传统是必需的。但同时旅游者大都又以现代社会为现实生活背景,在文化寻异过程中会显示出他们对现代化的某种需求。因此,旅游开发中就不可避免地有传统性和现代化的矛盾,这就要求我们必须找到发展和保护的平衡点。一方面,要保护和弘扬实质性的传统,在推崇设施设备、思想观念、管理手段现代化的同时,不忘以传统文化作为底蕴。另一方面,是传统的发展和创新问题,也就是通常说的不能过分强调原汁原味(比如民族村寨中的一些饮食、卫生习惯就必须改变),而应在结构完善、功能合理的基础上达到形式的最优化。也不能片面强调产品的抽象文化价值,要使客人既体验传统文化精神,又觉得我们的原生态民俗旅游产品"有看头,有玩头,有说头",并非"脏兮兮、臭烘烘"和"落后"的代名词。

2. 本真性和商品化的均衡

由于文化的开发无法避免文化的商品化,而商品化往往又会导致文化失去本真性,并最终遭到腐蚀和破坏。因此,必须正确把握本真性与商品化的平衡。如何把握?首先,不能把经济效益摆在过高的地位,为文化的商品化大开绿灯。其次,旅游产品或商品的开发设计既要遵循经济规律,也要遵循文化法则。再次,在推出"表演文化"的同时,保留一定范围的本真文化不受旅游文化的过度冲击和破坏。目前,部分村寨的旅游开发已初显商品化、庸俗化的倾向,值得注意。

3. 开放性与限制性的均衡

任何接待地要发展旅游,必须开放自己的社会文化门户,接受外来文化的渗透和

冲击。但每个社会的文化承受力是有限的。世界上许多民族文化旅游接待地发展的事实表明,全面开放是危险的,适当限制是明智的。岜沙苗寨祭树神的神秘禁地一旦变成喧闹的歌舞表演场所,"最后的枪手部落"的最后一丝神秘感也就荡然无存了。当然任何限制都应以不导致本土文化与外来文化的隔离为前提。

(二)树立正确的开发理念和"适度"的开发目标

结合温哥华全球旅游持续发展大会制订的《行动计划》有关旅游可持续发展的目标和原则要求,少数民族传统社区旅游开发必须树立以下开发理念和目标:

1. 基本理念

(1)少数民族传统社区的主要吸引力在于民族传统文化。旅游开发首先应树立"文化至上"观,在对传统文化进行挖掘、保护、传承的基础上,做好文化旅游产品开发的文章,真正将民族文化的资源优势转化为经济优势。

(2)"先富民、后富政"、以社区受益为目标的旅游扶贫观。文化经济就是人本经济,其内涵和外延都突出了以人为本的发展观。大多数传统社区都属于贫困乡村,旅游开发的首要任务应是社区群众的脱贫,"先富民、后富政"旅游扶贫观也体现了科学发展观以人为本的思想。

(3)以社区能力建设和社区发展为目标的全民参与观。文化经济强调劳动者素质的提高和人的全面发展,注重公平与效益的统一,只有促进社区居民的全面参与,全面提高村民素质和村寨的自我发展能力,才能实现真正的、长久的发展。

(4)旅游开发与社区发展一体化的"大旅游观"。旅游开发不能仅仅着眼于旅游经济的发展,必须与社区的社会、文化发展相结合,才能为"五个统筹"作出旅游业应有的贡献。

(5)以资源的可持续性为导向、注重长远效益和综合效益的旅游发展观。文化经济意味着人类资源观和经济增长方式的根本性改变,是一种可持续发展的经济,少数民族传统社区旅游的可持续发展也以资源的可持续发展为前提。因此,民族村寨旅游的规划、开发都应以资源的可持续性为导向,追求长远效益和综合效益。

(6)重宏观调控和环境营造、轻微观介入和逐利的服务观。文化经济必须充分发挥政府主导作用,而前提是对政府职能的科学认识和定位。民族村寨旅游开发中的政府主导作用应体现在宏观调控和环境营造方面,目的在于引导和扶持村寨旅游的健康、快速发展,而非片面追求投资回报,更不能参与逐利搞"政府创收"。

2. 基本目标

①为旅游者提供自然生态和民族传统文化的深度体验与交流;②改善基础设施条件,为当地提供更多的就业机会和收入,提高村民的生活水平,缩小城乡差别;③促进产业结构调整和经济多样化发展;④保护民族村寨的自然及人文环境、历史遗留,保持村寨文化的原生性与完整性,增强村民文化自豪感,促进民族文化的传承和发展;⑤寻求村寨社会、经济、文化、环境的可持续协调发展,构建社会主义和谐乡村。

(三)处理好旅游开发中的"五大关系"

少数民族传统社区文化旅游资源是独特的,它不仅体现在资源本身,还体现在资源的赋存环境、存在形式、所处的社区特征,更体现在资源对市场的旅游吸引向性的独特性。基于这种特殊性,少数民族传统社区的文化旅游资源开发必须处理好以下五种关系:

1. 传承与发展的关系

传承与发展的关系,是指文化传承、发展与社区进步。在旅游开发背景下,文化能否得到保护?旅游开发能否促进文化保护?文化保护能否带动社区发展?文化保护为先,还是社区发展为先?这些都是值得探讨的问题。作为一种文化的特殊类型或一种文化的特殊阶段,从文化多样性的角度讲,少数民族传统社区的文化有其自身存在的背景和保护的价值,有的还不乏许多值得弘扬的文化特质,值得加以传承和保护。但旅游开发是"双刃剑",用得好可以促进文化保护与社区发展,反之,则会使文化遭到破坏。同时应该看到,社区的民众有选择自身文化发展道路的权利,有分享现代文明成果的权利,因此,在强调文化保护的同时,必须正视社区的发展问题,不能只为了文化保护而忽视民众的发展权。

2. 村内与村外的关系

目前只注重村寨人文资源的观光性开发,游客参观村寨、观看表演,最多停留半天吃一顿饭,体验项目太少,村寨留不住客人。那么,留客的办法在哪里?村外是否有拓展项目?笔者认为,首先要树立综合的资源观,村内、村外、自然、人文等各类资源都是资源;其次,需要树立综合的产品观,既要开发观光、度假、体验、休闲等复合型旅游产品,也要开发散步、徒步、远足、登山、划船、森林探秘、溶洞探险、研究动植物等特种旅游产品。

3. 小众与大众的关系

少数民族传统社区文化旅游到底应是"大众旅游"还是"小众旅游"?这一直是个争论不休的问题。对多数游客来说,到偏远少数民族地区旅游,是追求一种文化体验或者遁世感,需要的是宁静而不是喧嚣,因此,只有小众旅游才能确保这种体验感。但是对目的地而言,没有大众旅游,就没有人气,就没有规模和效益。小众与大众的问题关系到旅游开发的市场定位、产品开发导向、开发的规模与效益、游客体验的质量、旅游的可持续性等问题。笔者认为,像黔东南这样的旅游目的地,既要做小众旅游产品,也要做大众旅游产品,最好做到"大众旅游产品做大做强做点、小众旅游产品做精做细做全"。

4. 节日与平日的关系

节日是民族文化集中展示的场景和时段,也是少数民族传统社区文化旅游最大的看点和卖点。在黔东南,举办节日是各级政府多年来打造和宣传黔东南旅游形象的主要做法。但问题是,再热闹、隆重的节日也是短暂的,密集办节劳民伤财、人满为患等,而且市场并不一定买账,还易出现与平常事实不符的旅游宣传形象,非节日到访的游客常常大失所望。一个旅游地的吸引力应该是持续的、日常性的。因此,少数民族传统社区文化旅游开发不能只会办节和仅仅满足于办节,要从长计议,充分整合各种资源和条件,开发出日常性、四季性的旅游项目和产品。

5. 外力与内力的关系

外力,是指政府对旅游开发的支持、专家学者的帮助、外来资本的进入等;内力,则是指村民参与旅游开发的主观能动性和自身发展能力的提高。目前的问题是:村民是文化的主人,是文化的传承者和展演者,但村民穷,没有资金开发,也不懂何为旅游,但外资开发并不能确保文化保护和村寨发展,而没有村民参与的开发是难以成功和长久的,必须处理好外力与内力的关系。笔者认为,少数民族传统社区旅游开发离不开政府的支持、专家的帮助和必要的外资介入,必须充分尊重社区的文化、环境、经济模式和传统生活方式、传统行为,尊重当地普通群众的愿望和要求,并建立社区群众参与旅游开发并获益的有效机制。

(四)树立科学的规划观,建设基于体验需求的文化旅游产品体系

对于少数民族传统社区这类以体验为主的旅游区而言,科学开发的前提是对资源的全面综合评估、高水平的项目策划与产品设计、正确的市场定位和营销策略。对于一定社区而言,科学规划应该建立在对全社区原生态民族文化旅游资源进行综合分析和评价的基础上,确立旅游发展的目标体系和实施步骤,并通过旅游区划进行村寨群的划分,确立各村寨群的旅游形象、功能定位,以及村寨间的旅游功能分工,为各村寨群策划各类旅游开发项目及设计系列旅游产品,同时结合周边地区旅游景点开发情况做好旅游线路的规划。要倡导村寨情景规划和体验设计,就每个民族村寨的具体规划来说,一切要从旅游者的需求角度出发,游客来这个村寨是想追求一个什么样的情景,希望得到一种什么样的体验。因此,我们的规划师既要了解原生态社区所拥有的体验载体和基质(差异化的文化与环境,尤其是景观建筑、民情风俗、风物特产、音乐歌舞、故事传说、生产生活形态、特殊文化形态等),也要了解该社区旅游细分市场的体验需求(主要是娱乐性、知识性、参与性、愉悦性、刺激性、成就感、解脱感、归属感、荣誉感等)。规划师应以这种体验需求为导向,将村寨旅游资源中的体验载体和基质加以提升、组合、设计成各种体验性旅游项目和产品。

(五)遵循公平、尊重的原则,促进社区群众的全面参与

少数民族传统社区文化旅游的发展必须遵循尊重、公平的原则,充分鼓励和保证社区群众积极参与旅游开发,并从旅游业发展中充分获益。尊重原则是指充分尊重社区的文化、环境、经济模式和传统生活方式、传统行为,尊重当地普通群众的愿望和要求。公平原则是要使旅游收益和成本在社区各类人群和各类参与者中得到公平合理的分配。做到这两个原则的唯一途径则是保证社区群众全面参与到旅游发展中来。不仅要参与决策、规划,还要参与项目经营、管理,在参与中取得旅游收益并获得自我发展的机会和能力。过去的村寨旅游开发,往往只强调村民参与文化展示与接待方面的旅游活动,参与面不大,参与程度不高,受益不多,出现了许多负面效应。如何形成一套民族村寨社区群众参与旅游开发的有效机制,特别是能让社区普通群众从旅游发展中获益的机制,是当前民族文化旅游业发展需重点解决的问题。

四、结语

少数民族传统社区作为一类特殊而宝贵的旅游资源,对其进行科学、合理的开发,符合当代文化体验的旅游需求,但必须正视这类社区的特殊性及其固有的一些制约因素,且必须合理把握旅游开发的"度",避免因开发不足造成的资源浪费或由开发过度带来的文化破坏。针对目前开发中的一系列不适度问题,必须站在旅游可持续发展的高度,从多角度建立"适度开发"的指标体系,确保文化的传承与真实、游客与居民的双重满意,以及经济、社会、文化与生态效益的最大化。

参考文献

[1] 张洪,张燕,倪亦南. 旅游资源适度开发及其度量指标. 人文地理,2004(1):92-96.

[2] 文红,唐德彪. 民族文化多样性保护与文化旅游资源适度开发——从文化生态建设的角度探讨. 安徽农业科学,2007(9):2700-2702.

[3] 周山华. 论民俗旅游的主体参与功能与开发的适度性——以阳朔旅游为例. 济南职业学院学报,2007(2):25-26.

[4] 张广瑞主编. 生态旅游:理论辨析与案例研究. 北京:社会科学文献出版社,2004:3-17.

[5] 杨桂华. 生态旅游景区开发. 北京:科学出版社,2004:13-15.

黔东南民族村寨农村劳动力与发展旅游业的关系研究

钟 珺

(贵州凯里学院 凯里)

【摘 要】 目前,黔东南州非农产业欠发达,返乡农民工就业途径有限,而农村富余劳动力的队伍日趋庞大,进一步加剧了黔东南州"三农"问题的严峻性。如何寻找新的就业途径,尽早安置、有序转移这庞大的农村富余劳动力,尽快提高农民生活水平,已成为解决黔东南州"三农"问题的当务之急。本研究通过对黔东南重点旅游村寨进行实地调查,分析出黔东南劳动力与发展旅游业关系的特征及趋势,总结黔东南民族旅游村寨农村劳动力与发展旅游业之间存在的主要问题,探索进一步促进黔东南民族村寨农村劳动力参与旅游业发展的对策,促进农村富余劳动力有效地向旅游业中转移,使广大农民在更深、更广的层面上参与旅游开发,并从中真正获得利益。

【关键词】 黔东南;农村劳动力;旅游业

一、黔东南农村劳动力资源概况

黔东南苗族侗族自治州,位于云贵高原东南边缘,境内山川秀丽,气候宜人,资源丰富,民族风情浓郁。全州总人口441.72万,有苗、侗、汉、布依、水、瑶、壮、土家等33个民族,少数民族人口占全州人口总数的81.87%,其中苗族人口占42.09%,侗族人口占31.86%。2006年年末,黔东南州农村人口总量达179.33万,农业就业人口165.33万,占总人口的92.19%,外出打工农村劳动力有71.54万人,其中乡外县内就业人口占6.33%,县外州内就业人口占3.48%,州外省内就业人口占2.97%,省外就业人口占87.22%。

从年龄结构看,黔东南州的农村劳动力趋于老龄化,20岁以下的占5.22%,21~30岁的占15.94%,31~40岁的占25.11%,41~50岁的占19.18%,51岁以上的年龄层次所占比重较大,占34.55%。

从文化程度看,黔东南州的农村劳动力受教育程度仍然受到村民经济水平和观念的限制,文化素质普遍较低,直接影响了黔东南农村劳动力的就业。其中学历是文盲的占15.77%,小学文化的占54.53%,初中文化的占27.62%,高中文化的占1.93%,

---

[作者简介] 钟珺,女,广西贺州人,硕士、凯里学院旅游与经济发展学院助教、科研秘书。

大专以上文化程度的仅有0.15%。

在就业结构中,从事第一产业的占91.71%,从事第二产业的占2.69%,从事第三产业的占5.61%。90%以上的劳动力集中在有限的耕地上,大量的富余劳动力滞留在农村,农业富余劳动力的转移任务十分艰巨。

二、黔东南重点村镇居民参与旅游业的现状

(一)调研说明

2010年8月1~7日,笔者主要走访了榕江县三宝侗寨、从江县岜沙苗寨、黎平县肇兴侗寨、黎平县堂安侗寨、锦屏县隆里古镇等黔东南重点旅游村寨,调研步骤为:第一,通过村委会干部了解村寨概况,以及村民参与旅游和生产生活的情况;第二,通过访谈、观察,以及现场发放问卷等方法,在当地选取家庭成员完全参与、部分参与、未参与旅游的典型户进行抽样深度访谈,针对参与的内容、参与的广度、深度、形式、态度等问题展开调查。居民问卷实际发放问卷142份,有效问卷130份,有效率为91.54%,分别为岜沙13份、隆里27份、三宝28份、肇兴62份。在调查结束后,我们采用SPSS17.0软件和Excel数据分析软件对问卷收集的数据进行了分类对比,归纳得出黔东南劳动力与发展旅游业关系的特征及趋势,找出黔东南重点村镇居民在参与旅游业方面存在的主要问题,从而探索进一步促进黔东南民族村寨农村劳动力参与旅游业发展的对策,从而使广大农民在更深、更广的层面上参与旅游开发,并从中真正获得利益,最后提出相应的对策。

(二)黔东南重点村镇旅游及社区参与旅游概况

1. 三宝侗寨旅游及社区参与旅游概况

三宝侗寨距榕江县城5公里,是全国侗族人口居住最密集的地区,侗寨由3个大小不一的寨子连成,分上、中、下宝寨,合称"三宝侗寨"。侗寨绵延约15公里,有9个村,2467户,13197人,较为出名的是寨头村和章鲁村。在侗寨中有许多鼓楼,其中最引人注目的是"三宝鼓楼",2001年10月20日,已被吉尼斯总部评审以"最高、最大、楼层最多"的特点入编《大世界吉尼斯纪录大全》。三宝千户侗寨被评定为全国农业旅游示范点和琵琶文化艺术之乡,并打造了萨玛节、琵琶歌、《珠郎娘美》、侗族大歌、百鸟衣等生态文化品牌。随着旅游业的发展,交通条件的改善,榕江县财政拨款重点扶持农家旅舍建设和完善基础设施,三宝目前已有30户移民搬迁户按照农家接待要求进行建设,先期建设的农家旅舍每年平均获利1万元以上,销售工艺品的住户每年能获利2~3万元不等,使当地农户参与旅游开发经营有了很大的积极性。

2. 岜沙苗寨旅游及社区参与旅游概况

岜沙苗寨位于贵州省从江县丙妹镇,是一个崇尚自然以树为神的苗族部落。岜沙苗寨拥有499户居民,共约2350人,其中有400余人外出打工。岜沙自2003年创建国家级生态示范区以来,根据该村实际情况,从江县不断完善生态文化基础设施建设,发展餐饮、住宿等服务业,打造旅游精品项目,规范旅游市场管理。目前,岜沙已有12

户居民参与经营旅游商户,直接参与旅游业的有 120 余人,拥有 2 个芦笙表演队,每个队约为 50 人,每场表演收入 600~800 元不等。岜沙已经逐渐将生态效益转变为经济效益,2003 年,岜沙景区游客接待量仅 0.59 万人次,旅游综合收入 21.76 万元;2008 年,岜沙景区游客量上升至 6.87 万人次,实现旅游综合收入 1 719.95 万元,年增长率分别为 41.01% 和 86.69%。2003~2008 年,岜沙景区共接待国内外游客 29.22 万人次,农民人均纯收入达 2 375 元。

3. 肇兴侗寨旅游及社区参与旅游概况

肇兴侗寨位于黎平县肇兴乡,距县城 68 公里,有 3 个行政村,居住有 1 000 余户,4 000 余人。肇兴自 1988 年对外开放并开始旅游接待,20 多年来一直是黔东南南部旅游线上最热门的景点之一。1999 年后,先后获得了中国唯一一座侗族生态博物馆——堂安生态博物馆、肇兴鼓楼群世界吉尼斯之最、国家首批十个民族民间文化保护工程试点单位、国家级风景名胜区、第三批全国历史文化名村、2008 年奥运旅游全球推介魅力目的地等荣誉称号。2008 年,肇兴景区旅游总接待量为 23.5 万人次,其中海外游客 3 万余人次,实现旅游接待总收入 4 710 万元。大量游客的进入,激发了广大群众参与乡村旅游开发建设的热情,广大村民自发投入到旅游接待之中。

笔者通过实地考察调研统计,肇兴景区建有准三星级宾馆 1 家、居民旅馆 46 家,共有 986 个床位,其中集餐饮和住宿服务为一体的居民有 32 家;从事旅游工艺、土特产品经营的有 33 家;从事酒吧经营的有 8 家;专门从事民族歌舞表演的有 20 户 30 余人;旅游直接从业人员 400 余人,旅游间接从业人员 3 000 余人,广大群众利用肇兴侗寨的浓厚文化内涵,开展餐饮接待、住宿接待、产销民族工艺品、组织歌舞表演等旅游活动,从接待中得到了收益,从而走上了脱贫致富之路。

4. 隆里古镇旅游及社区参与旅游概况

隆里古镇位于锦屏县西南边沿,距县城 45 公里,有 760 户,近 3 280 人,但整个城区只有 6 万余平方米,房屋接瓦连檐,居住十分拥挤。1999 年被贵州省人民政府确立为全省重点保护和发展的民族文化村镇及中国与挪威两国合作建立的生态博物馆,2003 年被列为省级风景名胜区,2006 年被列为省级历史文化名镇和 2007 年被列为"中国历史文化名村"。

2003 年,古城的保护工作进入实质性阶段,国家投入国债旅游建设资金 396 万元(其中国债 300 万元,地方配套 96 万元),用于景区基础设施建设和文物古迹的修复,并鼓励当地居民积极参与旅游接待工作,政府按照每个床位 2 000 元的标准给予补贴。目前,隆里古镇内已经有 11 家旅游定点接待餐饮和住宿的接待户,约有 160 个床位。

5. 西江千户苗寨旅游及社区参与旅游概况

西江千户苗寨地处贵州省雷山县,西江 1982 年被省人民政府列为贵州东线民族风情旅游景点,1992 年被列为省级文物保护单位,2004 年被列为全省首期村镇保护和建设项目 5 个重点民族村镇之一,2005 年 11 月"中国民族博物馆西江千户苗寨馆"在此挂牌。现有住户1 575户(其中村寨1 244户,居委会331户),共计3 593人。西江由于土地贫瘠,年轻人多外出打工,守土者以务农为生,随着旅游者对古老民族的好奇与探寻,西江门户洞开,旅游渐有成效,游客量由2003年的1.35万人次递增到2009年的64.65万人次,村民人均年收入由2003年的1 390元提高到2009年的3 300元。从事农家乐的户数从2003年的12户发展到现在的138户(其中整改合格39户);民族歌舞表演队从无到现在的2个队,共表演1 000余场,观众达30万人(次);民族工艺店从2003年的6个发展到现在的28个;小吃餐饮店现有29户;民族服饰出租现有26户;从事旅游服务行业人员从2003年的60余人发展到现在的2 100余人。

(三)黔东南重点村镇旅游及社区参与旅游情况调研分析

1.村民家庭基本情况

(1)家庭劳动力比例情况

黔东南重点民族旅游村寨中家庭劳动力人口占家庭总人口的比重主要集中于40%~80%,其次为小于40%,极少比重超过80%(详见图1)。说明这些村寨中居民家庭劳动力是较为充足的,丰富的劳动力资源为民族村寨旅游发展提供了人力资源,但也加剧了农村富余劳动力就业问题的严峻性。

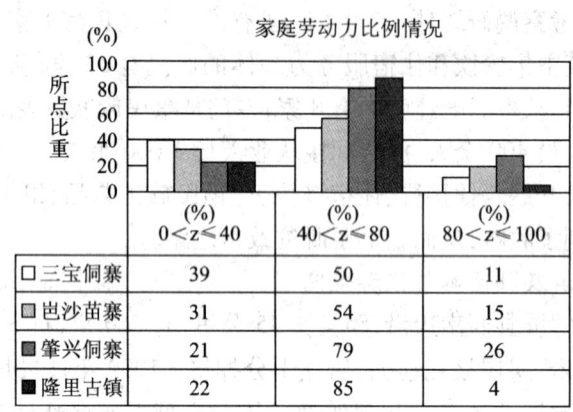

图1 样本点劳动力比例

(2)家庭年总收入情况

在抽样调查中,四个民族旅游村寨旅游经济收入情况由高到低依次排列为肇兴侗寨、隆里古镇、三宝侗寨、岜沙苗寨。肇兴侗寨中家庭年总收入情况较为良好,63%的比重主要集中于10 000元以上;隆里古镇的家庭年总收入情况比较均匀,10 000元以上占33%,5 000~10 000元的占37%;三宝侗寨中家庭年总收入情况存在较大的贫富差距,主要集中在2 000~5 000元,占50%,年总收入在10 000元以上者仅有29%;岜沙苗寨在四个村寨中是经济收入最差的,依然有54%的居民年收入在2 000元以下,23%的居民年收入在2 000~5 000元,仅有8%的居民年收入在10 000元以上。(详见图2)

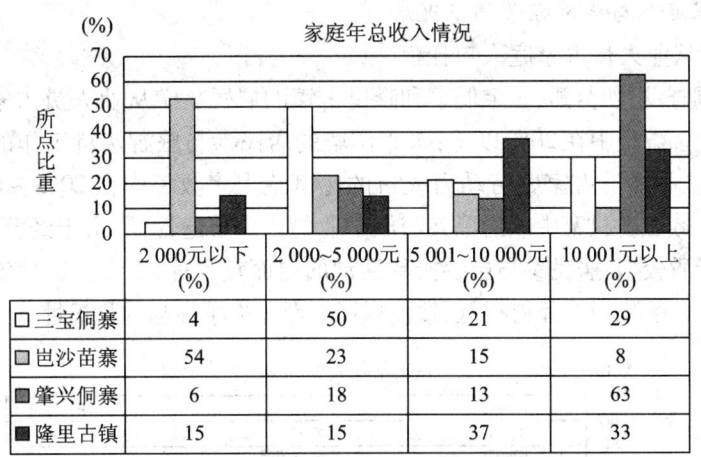

图2 样本点居民年总收入情况

（3）家庭主要经济来源

抽样调查的民族村寨中，62%～79%的家庭仍然通过农耕稻作来获得家庭的主要经济收入，同时家庭成员还通过旅游接待、外出打工、做小生意、在单位工作等方式获得经济收益。从图3中我们可以发现以下特点：①传统农业仍然是旅游区内农民从事的主要产业。②居民外出打工也成为家庭收入的主要来源之一，然而外出打工人员中部分是当地有民俗文化传承能力的民俗文化传承者，如何让旅游发展来留守部分人员，从而使当地民俗文化得以保存并延续是值得关注的问题。

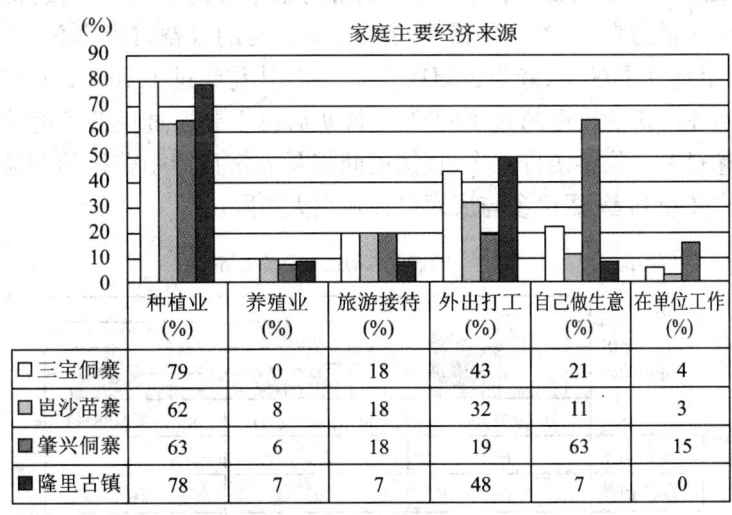

图3 样本点居民家庭主要经济来源

2. 村民家庭参与旅游经营的情况

(1)旅游从业人员占家庭人口比例

据笔者调查,岜沙苗寨、三宝侗寨和隆里古镇的居民旅游从业人员占家庭劳动力人口的比例绝大多数集中在20%以下;肇兴侗寨的居民参与旅游接待工作的情况稍微乐观一些,旅游从业人员占家庭劳动力人口的比例绝大多数集中在20%~60%(详见图4)。黔东南民族旅游村寨中的居民参与旅游业的比重普遍偏低,由于经营管理不善、政府与居民的矛盾较多、居民参与旅游接待活动的层面较少等,导致民族旅游村寨居民对参与旅游业经营的积极性降得很低,致使居民逐渐丧失了参与的积极性。

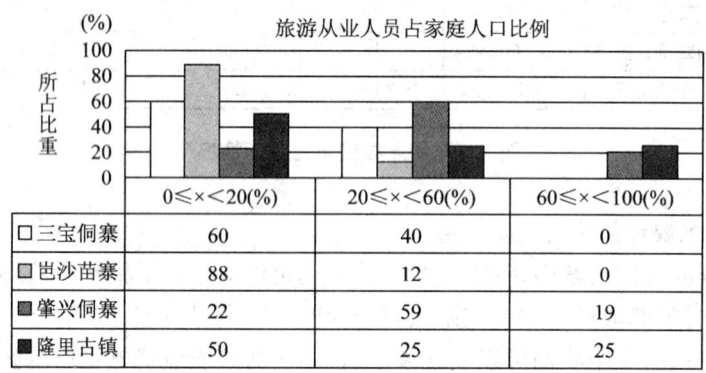

图4 样本点旅游从业人员占家庭总人口的比重

(2)旅游收入的比重及参与情况

从图5、图6中可以看出,黔东南民族旅游村寨中居民参与旅游接待工作的收益情况以肇兴侗寨最为良好,参与旅游接待工作中获得的收益占家庭总收入的比重较大,41%的比重超过了60%;隆里古镇次之,25%的比重超过了60%;岜沙苗寨和三宝侗寨仅有10%和7%的比重超过了60%。村寨居民主要通过经营家庭旅馆、餐馆及手工艺品的途径参与旅游接待工作,直接或间接从旅游接待中获得的利益较小,政府和投资商是主要获利者,居民参与层面仍存在很大局限。

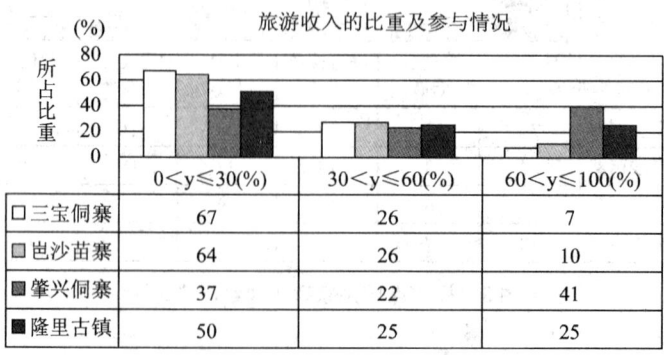

图5 样本点旅游收入占家庭总收入的比重

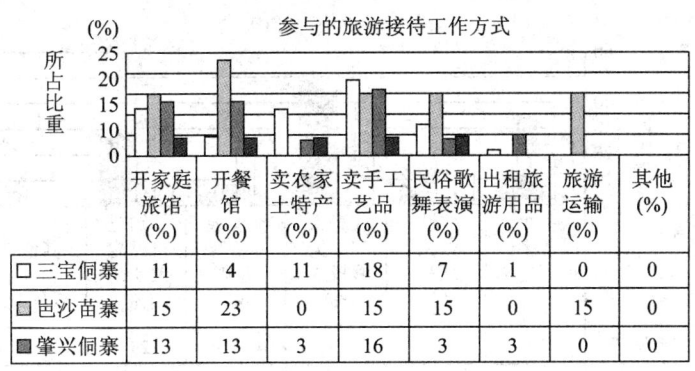

图6 样本点参与的旅游接待工作

3. 居民家庭参与旅游业的动机

从图7可以看出,黔东南民族旅游村寨中大部分经营户认为,参与旅游接待工作比以前种田、种地、干农活和其他行业要轻松很多,赚钱容易一些;而参与旅游接待工作的经营户则由于旅游业给他们带来了一定的经济收益,因此,对旅游业的兴致很高,非常感兴趣,参与旅游业的积极性也比较高一些。

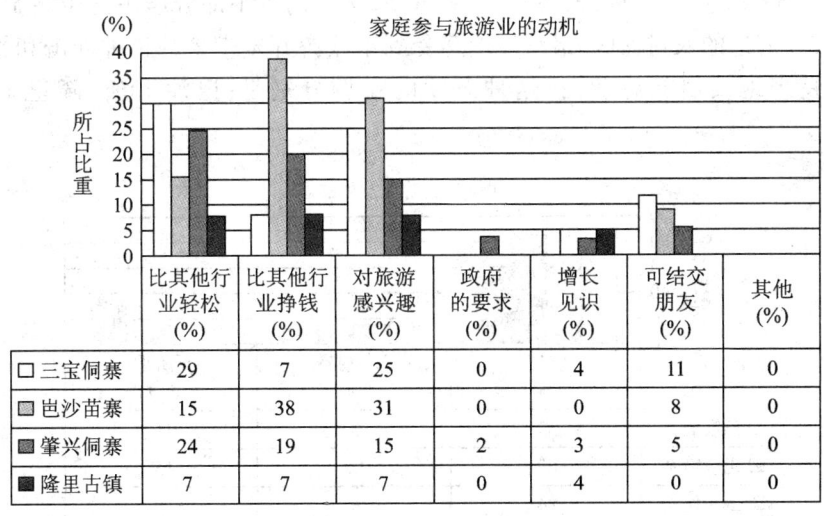

图7 样本点参与旅游业的动机

4. 未参与的主要原因

图8中调查数据说明,从未参与过旅游接待工作的家庭,没有参与旅游接待工作的原因很多,绝大部分居民由于家里住房比较狭窄,家里经济收入状况差而无法投入旅游经营;其次,仍有部分居民由于文化水平较低,对旅游的认知不清楚,对自身能否参与到旅游业中感到非常疑惑,所以不知道自己能做些什么;少部分居民由于家里劳动力少、住址偏僻、不善于跟游客交流等原因而未参与到旅游接待的工作当中。

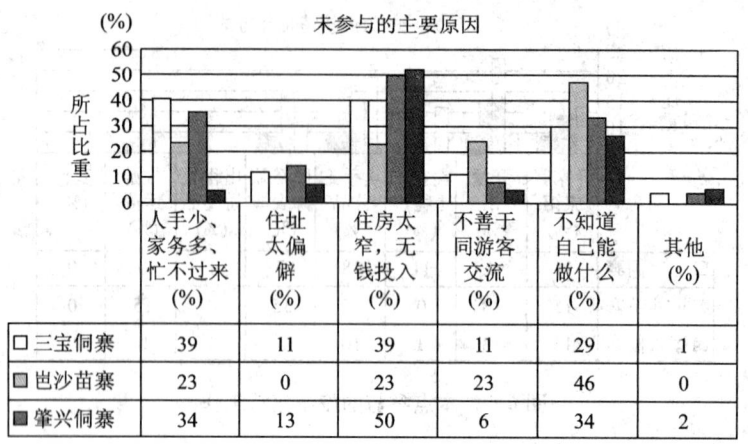

图 8　样本点未参加旅游业的原因

5. 居民对旅游业发展的态度

黔东南民族村寨旅游的开发为居民改变劳动环境、提高经济收入及改善生活条件创造了机遇,农村居民对旅游发展所持的态度普遍处于正面,表示支持态度的比例分别是:三宝89%,岜沙69%,肇兴84%,隆里52%。仍有小部分居民处于旅游开发地区内部或者周边的农村社区,最清晰地感受到了旅游开发带来的种种冲击和影响,因此,不支持当地发展旅游业,持这种态度的比例分别是:岜沙15%,隆里11%,肇兴6%。

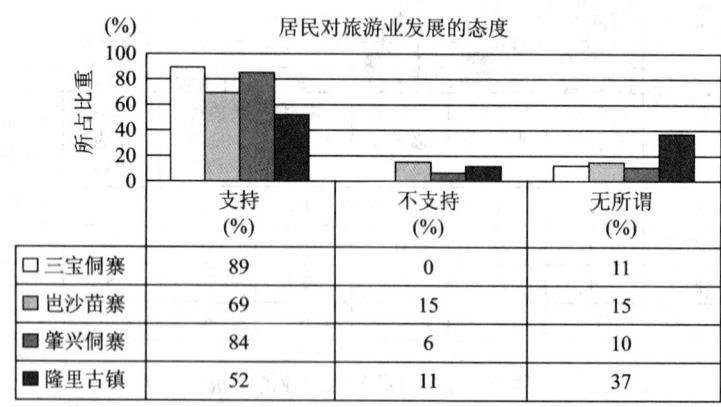

图 9　对当地发展旅游业的态度

(四)乡村旅游业发展对黔东南州重点村镇农村劳动力就业的综合表现

由于旅游开发处于不同发展阶段的景区,农户从业结构不同,旅游对地区的效益影响也不同,旅游人均收入增长率也不一样,因此,居民参与旅游业的程度呈现出较大差异。根据笔者的调查结果,将其归纳为成熟型、潜力发展型、滞后型三类。

第一,成熟型以雷山县西江千户苗寨为代表,西江居民参与旅游业的积极性高涨,参与度较高。调查表明,自2007年开始,西江千户苗寨的旅游收入以1 632.04%的速度迅猛增长(详见表1),随着旅游经济收入的增长,居民人均收入的增加,当地居民纷纷开始参与旅游接待工作,参与积极性高涨,甚至产生了外出打工人员的回流现象,居民参与旅游业的比重达58.5%,仅有862人外出打工。

表1 西江千户苗寨景区近5年旅游接待情况表

年份	旅游营业总收入(万元)	环比增长(%)	接待国内游客(人次)	环比增长(%)
2006	33.24	20.74	13 520	16.35
2007	575.73	1 632.04	115 000	750.60
2008	3 164.16	449.60	452 000	293.04
2009	1 000	342.46	646 495	43.03
2010上半年	8 739.88		334 163	

第二,潜力发展型以肇兴侗寨为代表。肇兴侗寨景区2008年接待游客23.5万人次,总收入4 710万元,接待海外游客3万多人次。当地居民直接参与旅游接待工作的劳动力占肇兴总人口的10%,间接参与旅游接待工作的劳动力占肇兴总人口的75%,经营餐馆和旅馆的数量共计46家。

第三,岜沙、三宝、隆里古镇则被归为滞后型,这些村寨的旅游开发带有较强的"官方色彩",当地居民始终处在一种"与君同乐"的陪衬状态,因此,居民在旅游接待工作中参与的积极性较低、对旅游业发展存在较大争议。这三个村镇居民参与旅游业的劳动力比重很小,岜沙参与旅游业的劳动力比重为5.11%,三宝参与旅游业的劳动力比重为1.52%,隆里古镇参与旅游业的劳动力比重仅为0.76%。经调查,当地居民几乎都愿意参与到旅游的开发当中,而且随着旅游开发的深入和发展,居民会越来越多地参与到旅游业当中来,但是因为自身素质以及行业要求的限制,大部分居民只能有限地参与到一些技术含量比较小的领域,参与机会不是太多,旅游收入较少,而导致居民对参与旅游业的积极性日趋下降,发展民族村寨旅游业成了一种负担。(详见表2)

表2 样本点居民参与旅游业情况统计表

项目 村寨名	居民户数（户）	人口总数（人）	参与旅游的劳动力（人）	参与旅游业的劳动力比重	旅游收益情况（收入、接待量）	旅游商户数量
西江	1 575	3 593	2 100	58.45%	2009年33.42万人次,总收入1.4亿元,海外游客1680人次	农家乐138户,工艺品销售28户,民族服饰出租26户,小吃餐饮29户。
肇兴	1 000	4 000	400 直接参与 3 000 间接参与	10%直接参与 75%间接参与	2008年23.5万人次,总收入4 710万元,海外游客3万多人次	46家餐馆和旅馆
岜沙	499	2 350	120 左右	5.11%	2008年,岜沙景区游客量增至6.87万人次,实现旅游综合收入1 719.95万元,年增长率41.01%和86.69%	12户小卖部和旅馆
隆里古城	760	3 280	50	1.52%	—	11家旅馆,160个床位
三宝	2 467	13 197	100	0.76%	农家旅社1万多元/年,工艺品是2~3万元/年	30多户

三、黔东南重点村镇居民参与旅游业存在的主要问题

结合居民调查问卷分析与深入黔东南重点村镇访谈,笔者总结出黔东南重点村镇当地居民作为主体参与旅游,所面临的几个突出问题如下:

(一)居民参与意识薄弱,政府官员对社区参与重视不够

由于村寨政治、经济、文化的弱势地位,村民对旅游缺乏足够的理解,对自身在旅游发展中的地位和作用认识不足,使当地居民参与旅游接待活动的意识淡薄,参与能力低下。笔者在黔东南重点村镇深入访谈过程中发现,黔东南州大多数民族村寨在发展经验欠缺的情况下,旅游仓促上阵,导致政府、公司与当地村民之间出现了难以避免的若干刚性矛盾。居民的抱怨主要集中于:第一,厦蓉高速公路和贵广高速铁路的修建,巨量的建材运输极大地破坏了原有的柏油马路,使从黎平到肇兴、凯里到榕江三宝的一路上非常颠簸,交通不便造成了大量游客流失,影响了居民的旅游收益。第二,地方政府在投入和扶持旅游建设中,没有按照原有承诺办事,当地旅游业的发展受限制,

并且导致村民对参与旅游业致富的期望减弱。第三,在干燥炎热的情况下,民族村寨全木质结构的房屋极易引发火灾,因此,村民们纷纷开始将木房改建成水泥房屋,在这个过程中,政府没有做好村寨新房改造的统一规划,而村民在新建了水泥房后被政府强行拆除,村民损失惨重。

(二)经济利益的分配不合理,造成居民贫富差距拉大,引起居民不满

根据笔者实地调查结果表明,村寨在旅游开发以后,村民之间的收入差距明显拉大。黔东南州重点旅游村镇部分经营户年收入可达3万元,个别经营户甚至达5~6万元,而有的农户年收入依旧在2 000~5 000元徘徊。这种旅游收益在农户间的分配不均,其主要原因有以下几个方面:

(1)个别经营户通过自身的社交关系将自己经营的餐馆或旅馆变为政府部门或旅游团队的定点接待点,因此,能够保持较为稳定和充足的客源;而其他接待户只能通过接待零散的客人来获得旅游接待收入,客源相当不稳定,存在很明显的季节性(此种情况隆里古镇较为明显)经营。

(2)外来投资者进驻村寨开展旅游接待,他们在信息、资本、经验等方面的优势使当地居民投资者难以与外来投资者抗衡和竞争,客观上造成社区居民参与的权利被剥夺。而大部分当地居民经营户却因缺少投入资金,没有做生意的经验等,无法与外来经营户竞争,只能面临生意惨淡,最终只能眼睁睁地看着外人赚大钱。真正在旅游开发过程中获得利益的当地居民极少,家庭经济状况并没有因开发旅游业而得到改善,当地居民的参与(此种情况岜沙苗寨较明显)受到了直接限制和阻碍。

(3)民族村寨旅游门票、民族歌舞表演的经济利益主要被政府、公司、旅行社剥夺,当地居民只能拿到很小部分的利润。

(三)黔东南州乡村旅游业发展的规模和水平,影响了居民社区参与层面

2008年,据旅游部门统计,全年全州接待境外游客共计9.78万人次,比2007年增长3.3%。其中包括中国香港特别行政区、澳门特别行政区、台湾省同胞2.70万人次。接待中国内地旅游者1 378.59万人次,比2007年增长57.7%。实际上,黔东南州现有乡村旅游发展仍然处于浅层次的开发阶段,旅游产品以民族文化景观和自然观光为主,产品结构单一,接待与服务设施落后。村寨旅游商品开发也明显不足,旅游经济体量(旅游经济体量=旅游人次×人均停留天数×旅游消费额)低下。这不仅制约旅游乘数效应的发挥,还导致社区参与广度和深度的不足,影响黔东南州乡村旅游业的可持续发展。我们在调研中不难发现,黔东南州重点村镇中为数不多的居民通过投资开餐馆、开旅馆、卖手工艺品、租借民族服饰给旅游者照相等来获取旅游经济利益,大部分居民由于经济、文化水平的限制,只能通过民族歌舞表演参与到旅游接待工作中来。因此,要改变现状,应在现有旅游项目的基础上,结合当地的实际,深入挖掘具有苗族、侗族特色的民族旅游商品,增加旅游参与项目,以增加村民参与旅游的机会。

四、进一步促进民族村寨农村劳动力参与旅游业发展的建议

(一)观念引导,提高当地居民参与旅游经营的积极性

少数民族乡村社区由于很少与外界接触和无法接受到更多的教育,村民观念落后、思想保守、"不富即安",缺乏致富意识、风险意识等。针对此现象,政府应加大宣传、教育力度,引导少数民族乡村居民树立劳动致富光荣的观念,摒弃安于现状、知足常乐的思想,提高他们参与乡村旅游经营的积极性。

乡村旅游的发展离不开当地居民的支持和参与。政府和乡村旅游开发企业一定要认识到当地居民的积极参与对于乡村旅游健康、快速发展的重要意义,并在制度建构中注意做到两点。其一,制定相关措施,降低进入乡村旅游的门槛,引导、鼓励和支持本地居民参与乡村旅游经营活动;其二,建立民主的社区参与机制、科学的社区协调管理机制和公平的收入分配机制,不断提高乡村旅游经营者的社会地位和收入水平,增强乡村旅游对于其他农村富余劳动力的吸引力。

(二)加大培训力度,提高农村旅游参与者的文化素质和经营管理技能

旅游业属于倒金字塔结构的组织形式,面对游客的一线服务人员是决定整个旅游产品体系质量的最关键因素,是旅游业发展的根本保证。村寨居民不仅仅是黔东南州侗族、苗族文化的组成部分,还是直接面对游客的一线服务人员。在黔东南州民族村寨旅游开发经营过程中,当地村寨居民始终扮演着旅游产品体系中最关键的角色。目前,黔东南州少数民族村寨居民的文化教育水平都相对较低,同时也缺乏旅游开发经营的经验。规划中,对有意参与旅游开发的村寨居民进行一定的知识培训是很必要的。笔者认为,每年聘请旅游专家来各村寨进行定期、不定期的岗位培训,培训采取讲授、案例分析、现场模拟、教学课件展示等方式进行。

(三)实施六要素综合开发战略,拓宽民族村寨旅游社区参与层面

在空间上尽量开发更多的景点,不同的村寨可以结合自身的资源特点,从食、住、行、游、购、娱诸方面优化和提炼出一批深度体验旅游项目,为村寨提供其他方面的就业机会,促进当地旅游业的发展。

1. 旅游景区的"食"要素优化

将黔东南各民族的特色饮食集中呈现出来,将景区形象与某一特色菜结合起来,打响特色菜知名品牌,给游客造成来该景点必尝此菜的意向,以此培育景区餐饮业的核心吸引物,如:苗族的酸汤系列、侗族的腌味系列、牛瘪羊瘪系列等。同时有关部门可以举行一些旅游文化餐饮活动,如开发拦门酒、歌舞伴餐和歌舞宴,每年举办美食节和烹饪大赛,举行厨师比赛等,力争每年都培育出 1~2 个餐饮精品。

2. 旅游景区的"住"要素优化

依笔者之见,民居的外部立面可以统一沿用苗族或者侗族的木质结构建筑风格,房屋内部根据实用和安全的需要,用水泥建造。大多数旅游者来村寨旅游虽不是找星级酒店享受的,但基本的陈设、淋浴、水冲式厕所等卫生配套设施都是必不可少的。同

时可以将当地的生产生活起居、工艺品、民族特色等特色元素设计在屋内家具和设备中,增强民族文化氛围和地方特色,强化游客的感受。

3. 旅游景区的"行"要素优化

在游客经过飞机、火车、骑车等现代交通工具的长途跋涉之后,可以向他们开发和提供一些原始的交通工具,供他们享用,使其更加有新鲜感。开发特色短途旅游交通工具,如人力型的滑竿、轿子、竹筏等,或自助型的骑马、自行车等。因地制宜地开发黔东南特色旅游交通,提高旅游综合效益。

4. 旅游景区的"游"要素优化

目前,黔东南的旅游景点小而分散,旅游产品结构单一,在旅游产品开发方面应该注入文化考察、探险、医疗保健、商务会议等多功能元素,以丰富旅游产品的类型,延长旅游停留时间。在旅游产品开发和线路设计中,以"资源共享、客源互流、整体促销、共同发展"为原则,选择并开发好一个个村寨旅游点,待其发展到一定程度并呈现出良好的发展态势时,就可以采取措施慢慢扩大它们的辐射范围,逐渐把临近村寨纳入其中,吸引临近村寨的农民直接或间接地参与到乡村旅游经营中来,此所谓"以点带面"。而"连点成线"则是把距离较近或者同属一个交通主干道的村寨旅游示范点连起来,使其互补余缺、互相促进,从而形成一个比较完整、多姿多彩、内容丰富的旅游线路。这对提高村寨旅游的美誉度和扩大其发展规模是非常有效的举措。

5. 旅游景区的"购"要素优化

黔东南地区拥有浓厚的文化底蕴和特色民族工艺品,笔者认为,在整合旅游购物业的资源方面,要注意建立地方、民族工艺品、旅游商品加工生产展览基地,完善和提高旅游工艺品、特色商品开发设计制作的推广与奖励机制。充分利用现代科技成果和现代经营管理知识,挖掘和培养一批地方、民族旅游商品创作人才,建立从事旅游商品开发、设计与市场开拓的专业队伍,引进创新机制,进一步加快旅游商品的开发、生产和销售。将黔东南地区丰富的服饰、银饰、蜡染和刺绣工艺品、竹木模型、民间乐器、土特产、保健食品、民族医药产品等打造成黔东南的民族品牌,提高黔东南民族旅游商品的市场影响力和国内外竞争力,从而满足黔东南旅游发展对民族旅游商品的迫切需求。

6. 旅游景区的"娱"要素优化

黔东南有"百节之乡、歌舞之州"的美誉,因此,政府和投资商应该重点将黔东南各种民俗节日、传统体育竞技、民族歌舞、民族音乐、婚俗等文化资源整合展现在游客面前,创造旅游消费的热点和亮点。

(四)完善社区参与机制,为民族村寨旅游社区参与提供强有力的保障

1. 成立村寨社区居民的自我组织,协调组织社区旅游工作

在居民的调查和访谈中,笔者了解到在黎平县地扪乡已有一个非正式的旅游组织,由于该组织以合作社的形式,由村民自发组织形成,其结构松散,人员配备也比较

少,暂时还不能就村民对旅游发展过程中遇到的问题和相关利益主体进行协商。对此,笔者建议在每个开发旅游的村镇组建旅游管理委员会,并设立旅游发展基金。在旅游发展过程中能维护村民的利益,并就旅游发展过程中村民遇到的问题和相关利益者进行磋商协调。该组织需要得到政府的认可,但和现在的村委会不冲突,它是专门负责村民旅游发展事务的组织,作为村民的利益代表同开发商和政府进行协调与沟通。同时,协调各个旅游方面开展活动,负责组织面向团队的欢迎仪式和传统歌舞表演,搞好各项接待安排,和旅行社及导游人员联系并商讨日程安排、费用的定价和收入,避免私人交易、特别是回扣现象,规范和管理村民的工艺品制作和销售,组织村寨居民进行村镇环境、建筑及其他文化遗产的保护,完善村寨保护规章,并负责监督实施等。

2. 完善征地、拆迁补偿制度

旅游开发不可避免地要发生征地、拆迁。民族村寨旅游的非商业化取向使它不可能像历史城镇的旅游商业化那样遵循城市地租理论实现自由的利益最大化选择。在政府主导的村寨旅游开发中,村民在拆迁和征地中几乎别无选择,必须服从政府安排,补偿多少、何时到位都由政府说了算。而制度的缺失常常不能保证补偿的公正和到位。因此,完善征地拆迁补偿制度,并采取相应措施确保补偿的正常实现,辅以优先就业、引导参与等措施确保失地村民的基本生活,是避免旅游开发负面影响,维持社区正常参与的必要措施。

3. 制定公平合理的分工机制,均衡社区居民的参与机会

以"工分制"为基础,适当调整分配方案,适当向一线演员倾斜,以鼓励青年人成才和留住人才。同时,针对各种旅游项目的参与状况引入"轮流制"、"奖惩制"、"竞争制"、"补偿制"等多种参与机制。对以户为接待单位的项目,比如居民接待项目实行"轮流制"以保证各户有均等机会,同时辅以"奖励制"和"竞争制"。对村寨环境保护和村寨卫生、民族文化传承等方面实行"工分制"或者"补偿制"。

4. 建立以股份制为基础的收益分配机制

不合理的收益分配制度常常是引发旅游开发矛盾与冲突的直接原因。目前,处于开发初期的村寨大多采用收益分成的利益分享方式,即门票收入按一定比例在政府、公司、村民委和村民中进行分配。但建立股份合作制被普遍认为是促进社区参与、确保合理收益分配的有效措施。股份制是采取国家、公司、集体和村(寨)民合作的方式,把土地、旅游资源、设施、资本、技术、民族文化禀赋等量化为股本入股参与旅游开发,收益则按股分红与按劳分红相结合。企业通过提取公积金进行村寨基础设施建设与维护、旅游产品的开发与营销、民族文化传承与保护、环境保护与景观整治等,确保扩大再生产。通过提取公益金用于村寨公益事业(技能培训、教育、社会保障体系等)以及维护社区居民参与机制的运行。通过股金分红支付股东的股利分配。该模式把各利益主体的责、权、利有机结合起来,也促进了当地社区对旅游业的控制。

参考文献

[1] 罗永常. 乡村旅游社区参与研究——以黔东南苗族侗族自治州雷山县郎德村为例. 贵州师范大学学报(自然科学版),2005(4):112-115.

[2] 刘怀廉. 农村剩余劳动力转移新论. 北京:中国经济出版社,2004:319.

[3] 黔东南州统计局. 黔东南统计年鉴2008. 北京:中国统计出版社,2008:396-397.

[4] 王雅丽. 发展乡村旅游与促进农村劳动力就业. 商场现代化,2007(18):388.

[5] 邱云美. 乡村旅游发展与农村产业结构调整的互动关系研究. 农业经济,2005(12):39-41.

民族旅游内在矛盾与民族旅游规划管理研究
——以长阳土家族旅游为例

马晓京

(中南民族大学管理学院 武汉)

【摘　要】 20世纪90年代以来,民族旅游已成为我国许多地区推进现代化的手段之一。虽然民族旅游影响研究已是学界近年来的热点议题,但少有学者关注民族旅游的规划管理问题。本文以长阳土家族旅游为例,分析民族旅游的内在矛盾,比较民族旅游中主要利益相关者的立场,探讨与民族旅游有关的社会文化问题,尝试构建民族旅游规划的框架,探索科学的民族旅游规划战略。本文认为,民族旅游的内在矛盾难以完全解决,需要在理性认知基础上进行科学规划与管理。

【关键词】 民族旅游;民族旅游内在矛盾;旅游规划;长阳土家族

20世纪90年代以来,开发少数民族文化,发展民族旅游,已成为我国许多民族地区现代化的手段之一。令人"好恶交织"的是,通过文化展示,民族旅游在促进当地经济发展,复兴传统,保护文化遗产,激活被开发族群的内聚力、自信心和自豪感,强化族群认同的同时,民族旅游也裹挟着一股引人深虑的潜在破坏力,稍有不慎,民族文化的商品化和市场化就会生成一系列社会文化问题,对当地被开发族群的社会文化、生活方式和族群认同产生不良影响。既涉及社区族群文化的保存和保护,也关乎族群认同的重构和价值观念的变迁。如何使民族旅游开发和文化保护之间的关系实现和谐,推动民族地区社会文化变迁的良性发展,已成为学界近年来的热点议题,并积累了丰富资料。[①]

如果民族旅游对民族地区社会文化变迁效应的两面性是一种本质属性,[②] 在"加快发展旅游业,把旅游业培育成国民经济的战略性支柱产业"国策指导下,民族旅游的扩大化和深化都将是未来许多民族面临的必然趋势。对民族旅游的研究,在思想观

[作者简介] 马晓京,女,中南民族大学管理学院旅游系教授。maxiaojing6688@yahoo.com.cn.

① 孙九霞. 旅游人类学在中国. 广西民族大学学报(哲社版),2007(6):2-11.
② 彭文斌. 中国民俗旅游的发展及中国学术界的参与趋势——兼论西方人类学界对民俗旅游发展"后效应"的思考. 王筑生. 人类学与西南民族. 昆明:云南大学出版社,1998:267-294.

念上应尽早超越鼓吹、警示、适应阶段，进入以知识为基础的阶段。① 沿此思路，如何规划构建以更全面、使知识进一步综合为基础的民族旅游，就成为一个新的重要议题。

根据布迪厄的场域理论，如果视旅游为一个场域，卷入民族旅游场域的社会关系众多，旅游与民族地区社会文化变迁的互动关系，并非长期笼罩学界的单纯"东道主与游客"关系。在我国政府主导型旅游业的发展背景下，卷入民族旅游场域的的社会角色和社会关系，或者用管理学的术语"利益相关者"表述，如政府、企业、旅游者和民族地区民众等，对旅游与民族文化变迁的互动关系及其走向，各自发挥不同的作用。这些社会角色之间错综复杂的关系所形成的合力方向就是旅游与民族地区社会文化互动、变迁的方向。因此，民族旅游要实现良性、可持续发展的目标，在最初的旅游规划阶段，就要全面了解各主要利益相关者参与民族旅游的利益诉求和目标，及对民族旅游社会文化效应的看法，在协调平衡各方立场的基础上，制定科学的民族旅游规划。

笔者在检索民族旅游文献时发现，少有学者根据利益相关者理论将民族旅游效应纳入民族旅游的规划过程中，研究各利益相关者对民族旅游的不同立场，探索科学的民族旅游规划框架。本文将作初步尝试，并以长阳土家族旅游为例，做一说明。

一、民族旅游规划的框架设想

本框架受美国旅游人类学家斯温（Swain）②的启发，用来探索民族旅游场域中旅游与民族地区社会文化的互动问题，比较各利益相关者的态度与立场，展望民族旅游的科学发展战略。本框架由三部分构成：主要利益相关者、民族旅游内在矛盾、对策。

（一）主要利益相关者

所谓利益相关者，指任何能影响组织目标实现或被该目标影响的群体或个人。在我国，关于民族旅游的利益相关者研究很少，结合其他几位学者的研究③，笔者认为，民族旅游场域中的利益相关者最突出的有四个：各级政府、旅游企业、旅游者、民族地区民众。各利益相关者抱着不同动机和目的投身民族旅游业，所处地位各不相同，利益诉求也不一样，涉及政治、经济、社会和文化等多方面内容。每种利益对不同的利益相关者影响有别，如对政府而言，政治利益诉求高于其他利益相关者；对旅游企业而言，经济利益诉求高于其他利益相关者。

（二）民族旅游内在矛盾

在民族旅游早期规划阶段，要高度重视民族旅游发展的内在矛盾，预警民族旅游发展可能出现的各种社会文化问题，要特别重视少数民族的文化保护。在实践中，民族旅游经常生成以下几种紧张关系：

---

① 彭兆荣. 旅游人类学. 北京：民族出版社，2004：403.
② Swain, M. Developing ethnic tourism in Yunnan, China: Shilin Sani. Tourism Recreation Research, 1989 (1): 33-39. 另见黄建明主编. 外人人心目中的阿诗玛故乡. 中国旅游出版社，2004，109-128.
③ 吕宛青. 利益相关者共同参与的民族旅游区家庭旅馆经营及管理模式研究. 思想战线，2007：(5)；张补宏，徐施. 基于利益相关者理论的民族旅游研究. 中央民族大学学报，2008：(6).

1. 国家控制与民族自治

相对其他旅游产品类型,民族旅游的特质之一是在国家控制与民族自治之间存在冲突。许多国家在开发民族旅游时并非毫无顾虑。政治影响旅游,旅游影响政治,这种博弈关系在许多国家民族旅游中表现得特别明显。民族旅游有利于唤醒民族意识,增强民族自信与认同,同时又会对该民族的政治目标产生重要影响。西方学者卡拉汉(Callahan)通过研究英国谢德兰群岛(Shetland)的民族旅游,发现谢德兰群岛出现了一种特殊认同现象,为小岛民众提供了具有政治意义的归属感。①

2. 文化独特性与现代性

民族旅游的主要内涵是异域风情,即对异地、异民族、异文化所产生的一种深层的集体或个人心理和情感。遗憾的是,旅游者对独具民族文化特色的旅游体验需求与东道主社区民众对现代化的热切盼望之间存在一种对立关系。对于民族地区而言,独具特色的民族文化是最大吸引力,也是民族旅游发展的基础。但是,又有另一股强大力量渗透民族地区各级政府,促使他们对民族地区实施政治、经济和文化等多方面的开发,导致文化独特性日渐消融,被纳入主流社会。在媒体宣介和市场经济的影响下,民族地区当地民众也越来越渴望现代化。

3. 经济发展与文化保护

旅游是民族地区经济发展的有效工具之一。有发展,就有变化,尽管不是所有的变化都受欢迎。当民族地区社会发生急剧的重大变迁时,文化保护问题变得至关重要。为何保护、为谁保护、由谁保护、如何保护、保护什么等问题,无论在理论还是在实践层面,都需要深入探讨。

4. 原真性与商品化

民族旅游是"人们远离现代社会而去追求原真性的世俗朝圣"②。为了满足旅游者对原真性的需求,展现民族文化的吸引力,旅游生产者与民族社区东道主选择民族文化的某些元素,进行包装,创造了大量舞台化、商品化、标准化的文化表征和文化表演,或者说"舞台化的原真性"。但是,民族文化的商品化可能引诱当地人改变其文化行为,使原真性的民族文化日渐衰落。

明了上述几方面的紧张关系,有助于深入认识民族旅游发展的内在矛盾,全面理解民族旅游的社会文化效应。

(三)对策

在民族旅游的前期规划阶段,要重视上述几方面的紧张关系,弄清各利益相关者在诸种矛盾关系中的位置,综合考量各自立场,力求尽可能减轻民族旅游的负面影响,实现经济利益、生态环境和社会文化的和谐发展。

---

① Callahan,R. Ethnic politics and tourism:A British case study. Annals of tourism research,1998(4):818—836.
② MacCannell,D. (1976). The tourist:A new theory of the leisure class. New York:Schocken Books.

二、长阳民族旅游场域中各利益相关者观点之比较

长阳土家族自治县位于湖北省西南部的清江中下游,全县总人口 41 万,其中土家族占 50.3%。长阳旅游资源丰富,在《中国旅游资源普查规范》列出的 6 类 74 种基本旅游资源类型中,就有 6 类 45 种。长阳山水秀丽,风景优美,"八百里清江美如画,三百里长阳似画廊"。长阳历史悠久,文化灿烂,是土家族的摇篮,巴人的故乡,数千年来,上古巴人及其后裔,创造出独具特色的巴土文化,其中山歌、南曲、"撒叶尔嗬"(跳丧的土家语)素有"土家三宝"之称,是著名的"歌舞之乡"。长阳的吸引力,借用长阳县委书记马尚云充满诗意的话语,就是"长阳之美,美在清江一泓水,美在文化惹人醉"。

长阳土家民族旅游业始于 20 世纪 90 年代初。经过近 20 年的发展,已逐步成为长阳国民经济的支柱产业。截至 2009 年年底,长阳旅游企业职工数已达 3510 人,开发了 9 大景区 31 个小区 46 个景点,形成一点(龙舟坪镇)三线(清江线、中武线、丹水线)的格局,可接待游客的宾馆饭店的床位 6 000 余张,星级宾馆 4 家、国内旅行社 3 家、游船 69 艘,旅游车辆 363 辆,旅游商品 62 种,以土家西兰卡普、清江奇石、根艺盆景、香椿、清江银鱼等为突出代表。"巴人故里·清江长阳"、"清江天下秀·长阳歌舞乡"、"中华巴土圣山"等旅游品牌在国内外享有盛誉,清江画廊风景区已成为国家 4A 级景区、国家森林公园、省级风景名胜区、省级旅游度假区、全省四大甲级旅游风景区、"全国民族文化旅游十大新兴品牌"。客源市场由以省内市场为主,迈向以省内市场为基础、华中市场为重点、北方市场和华东市场为新增长点的新阶段。

长阳已成为湖北著名的旅游强县,旅游业呈现出持续、快速发展的良好态势。2007 年接待游客 108.8 万人次,同比增长 15.4%;实现旅游综合收入 42 148 万元,同比增长 23.8%。2008 年接待游客 122 万人次,同比增长 12.1%;实现旅游综合收入 50 375 万元,同比增长 19.5%。2009 年长阳县旅游接待总人数达 135.8 万人次,同比增长 11.32%;实现旅游综合收入 5.8 亿元,同比增长 15.31%,其中清江画廊风景区游客接待数和经营收入均同比增长 80%,旅游经济发展水平实现了新突破,步入了省县级地区旅游业发展的前列,被省人民政府表彰为"2009 年度全省旅游发展先进县"。2010 年计划实现旅游接待总人数 165 万人次,旅游综合收入 9 亿元,分别比 2009 年度增长 21.5% 和 55%,全面推进"生态文化旅游名县"战略,"把长阳建设成为湖北民族旅游第一县和中国旅游强县"。

有观点认为,民族旅游与社区社会文化发展之间很难建立起一种真正的合作伙伴关系。民族旅游的历史,特别是在初始阶段,或是旅游全面快速发展的阶段,一直是经济利益占主导地位,以牺牲文化价值换取旅游收益最大化的历史[1]。那么,长阳的民

---

[1] Bob Mckercher[加]鲍勃·麦克切尔(Bob Mckercher),[澳]希拉里·迪克罗斯(Hilaryducros). 文化旅游与文化遗产管理. 朱路平译. 天津:南开大学出版社,2006:15.

族旅游能否跳出这一怪圈？笔者试就这一问题作如下探讨。

（一）国家控制与民族自治

加快发展旅游业是我国的一项基本国策，包括民族地区在内的各级地方政府坚决响应中央政府的决策，积极发展旅游业。在长阳民族旅游发展中，长阳县政府起着决定性的主导作用，直接推动并参与民族旅游发展，不仅是当地民族旅游的倡导者、鼓动者、规划者、投资者，而且是民族旅游的监管控制者，在引导、规划、调控和规范层面发挥积极作用。仅在2009年内，长阳县政府召开研究旅游工作的会议就多达17次，并利用民族区域自治的优势，启动《长阳土家族自治县旅游条例》的立法工作，并于2010年5月27日由省人大全票通过。在我国，政府不仅是民族旅游业的发起者和控制者，也是少数民族身份的识别者和认定者。长阳县政府在鼓励当地民众积极参与民族旅游业的同时，对少数民族的自治权也进行了严格限制。长阳一家民族文化艺术表演团负责人在接受笔者采访时明确表示，他们"主要在县里表演。对于外出活动，县里是有限制的。主要用于对外宣传。"

旅游企业非常支持政府主导下的民族旅游开发。几乎所有被调查的旅游企业家都认为，能否获得政府的支持，直接决定了他们的旅游投资能否取得成功。不论是国资、集体、个人还是外资，都竞相与政府合作，以获取土地、税费方面的优惠或减免。对于少数民族自治问题，绝大多数外来的旅游企业持反对态度，在他们眼中，少数民族文化只是一种具有利用价值、可以获得利润的资源，只要有钱，谁都可以开发，他们基本上不愿意或是被迫与当地民众分享经济利益。

绝大多数旅游者认为，民族旅游的开发，离不开政府的宏观控制，只有政府加强管理，才能保证民族旅游业的产品质量，体验到"原生态的"、"土滋土味的"土家族文化。对于少数民族自治问题，绝大多数旅游者表示没有意识到这个问题，甚至有人回答从来就不知道还有此类问题。经提醒，有些人表示知道该问题的存在。只有极少数旅游者表示知道该问题，并明确表示少数民族自治不应该违反国家政策。

当地土家族民众一般都很支持政府主导下的民族旅游开发，但对由外族人开发土家族文化发展旅游则持保留意见。由于不具备资金和相关知识，民众对本地的民族旅游业发展基本没有或只有非常微弱的掌控能力，但是，当地民族群众还是有一种日渐增长的自治意识和愿望，希望政府能够与他们进行更有效的沟通，多听取他们的意见，赋予他们更多的自治权利，由他们自己来管理社区的资源，如赋予他们土家族旅游的独占经营权。调查中有老百姓不解地说："如果不是我们土家人自己搞，为什么还要打土家族的旗号？"当然，有些老百姓也表示，在自己不具备资金条件时，也不反对外族人开发土家族文化。

（二）文化独特性与现代性

"保护和发展少数民族文化"、"加快少数民族和民族地区经济社会发展"是我国在新时期的民族政策，各级地方政府在政策上既鼓励少数民族利用独具特色的民族文化发展旅游业，加快现代化建设，也鼓励保持文化特色，保护民族文化。在处理文化独特性的开发利用与发展现代化的关系时,长阳县政府经过了一段从"文化搭台、经贸唱戏"到"文化经济化,经济文化化,文化经济一体化模式"的探索过程。在长阳旅游开发的起步阶段,县政府依托长阳得天独厚的历史文化、民族文化资源与自然风光,确立"清江为体、文化为魂"的发展思路,以"人人都是环境,处处都是文化"为口号,开发以土家族族源神话廪君神话发源地武落钟离山为中心的民族文化旅游产业,全面开发包括历史、考古、自然、民俗、民间歌舞表演等内容的土家民族文化资源。经过近20年的发展,长阳不仅是"中国民间艺术之乡"、"全国文化先进县",而且是湖北省的旅游经济强县。

调查表明,在民族旅游场域中,对于界定少数民族文化原真性、选择复兴、开发和保存民族文化等问题,旅游企业发挥着主导作用。旅游企业对少数民族地区外在文化风貌,如当地的建筑风格是否为传统的吊脚楼,当地人是否穿民族服饰等很重视,而对当地社会风尚是否健康,是否良性发展,并不关注。

在旅游者心中,欣赏和体验独具特色的土家族文化是他们选择到长阳旅游的重要原因之一。他们对土家族文化的认识是一种典型浪漫的"他者"想象。在回答"您了解土家族文化吗?"绝大多数旅游者要么直接回答不了解土家族文化;要么就是回答原始的、乡村的、传统的,甚至是落后的;只有少量游客回答听说过土家族的哭嫁和跳丧民俗;还有极少数游客回答通过长阳籍的流行歌手王丹萍知道长阳的山歌。由于绝大多数旅游者都是参团旅游,很少有机会和当地民众直接互动,对土家族文化的体验,多为观看舞台化的文化表演,主要是欣赏文化村的"下里巴人"歌舞表演,对活生生的土家族传统文化与生活,基本上没有直接体验。

在当地老百姓看来,当前最迫切的愿望是赚钱和追求现代化的生活方式。只要可能,独具特色的民族文化资源都能成为当地民众创收的方式。随着长阳跳"撒叶儿嗬",2006年入选中国第一批国家级非物质文化遗产保护名录,近年来,在长阳县城和乡下个别集镇,兴起跳撒叶儿嗬的人统一着装,承包灵堂舞场的现象。他们一般都穿一身黄色或者绿色带花边的对襟装,活跃在灵堂舞场,孝家除供吃供喝供烟外,还给每人支付50~100元劳务费,报销交通费。据调查,有的艺人一年可以挣3 000~5 000元①。当地艺人甚至开始利用自己所拥有的民族文化优势,走上文化打工之路,在三峡地区的旅游景区、宾馆饭店等地,到处可见长阳土家族艺人的身影。长阳贺家坪村的土家族农民王纯成演唱的《我为游客喊山歌》被录制成电台节目后,曾在十多家媒体播放。②

(三)经济发展与文化保护

旅游以其"资源消耗低,带动系数大,就业机会多,综合效益好"的特质,被写进中国政府报告,也因其"保增长、扩内需、调结构"等方面的积极作用而受到各级地方政

---

① 戴曾群. 对土家族撒叶儿嗬传承保护的思考. 中国长阳网论坛. http://bbs.sxcynews.com/forumdisplay.php? fid = 2.
② 向祖文. 长阳土家族自治县全面实施传统文化抢救保护综述. 民族工作研究,2007(5).

府的追捧。经济利益是地方政府发展旅游业最重要的驱动力,而独具地方民族特色的文化则是发展旅游业的最重要吸引物。地方政府无论是在关于旅游的工作报告还是在对外宣传中,都高调突出当地的民族文化特色。长阳县委书记马尚云多次发表文章认为:"长阳文化是旅游业发展的重要载体,更是旅游可持续发展的灵魂和生命,这也是长阳旅游发展的一个重要优势。"马尚云在对外宣传时更是激情洋溢地表示:"真正使旅游具有竞争力的是文化,我们将以灿烂的巴土文化为内核,着力打造清江旅游的航空母舰,让清江旅游成为一项富民富县的朝阳产业。"①为此,长阳县政府在民族民间文化保护方面,也是不遗余力,采取了一系列措施,如颁布了中国第一部县级传统文化保护条例《长阳土家族自治县民族民间传统文化保护条例》②,制定了《长阳土家族传统文化生态保护区总体规划》,积极开展"申遗"工作等,文化保护工作开展得风生水起,有声有色,取得了累累硕果。2006 年,"撒叶尔嗬"被国务院列入中国第一批非物质文化遗产保护名录,以土家族撒叶儿嗬为创作元素的大型广场舞蹈《土家族撒叶儿嗬》获文化部第十四届广场舞蹈比赛群星奖。2009 年,孙家香、王爱民被评为第三批国家级非物质文化遗产项目代表性传承人。

毫无疑问,经济利益是驱动旅游企业投身民族旅游的内驱力。旅游企业是地方民族旅游发展的支柱,也是当地财政收入的来源之一。旅游企业在民族旅游发展中投入资本,其目的是获得利润,同时促进民族旅游的发展。从理论上讲,旅游企业从民族旅游中获利最多,理所当然地应积极参与当地的文化保护工作,但是,作为外来经济资本的代表,因价值规律的自发作用,旅游企业以在短期内追求利润最大化为目标,对自然资源和文化方面的成本不承担任何直接责任,在资源保护方面缺乏强制约束和有效激励,并存在过度开发民族旅游资源的现象,有使民族文化过度商业化和庸俗化的倾向。在民族旅游经营管理中,旅游企业对少数民族文化保护的强调,只是停留在口头和书面文件上。与他们交谈时,一些旅游企业家甚至直言:"文化保护,那是政府的事。"

如果说政府、企业参与民族旅游的驱动力是经济利益,那么,旅游者则是出于娱乐、休闲、体验异域风情等文化利益而参与民族旅游。旅游者在旅游过程中,关注旅游经历的"质量"和"满意感"。对旅游者来说,旅游活动中的文化表演,看起来是真的、有趣、好玩,关系到他们对自己旅游体验质量的评价。换言之,"在旅游业中描述一件文化或往事时,再制造某些使人相信的事件比某些事件的真实性往往更重要"。旅游者通过参与当地旅游活动和购买当地纪念品,为民族地区经济发展作出了重要贡献。至于文化保护方面,"由于作为临时观光客的旅游观看是非功利的、审美的、浪漫的、好奇的、欣赏的。这种旅游眼光之后潜藏着一种旅游者对某种异乎寻常的新奇之物或者是对某个可以短暂逃离并可纵情享受的'乐土'的渴望与欲求。旅游者最关心

---

① 肖敏."长阳土家文化周"暨清江画廊旅游推介新闻发布会在汉隆重召开. 宜昌日报,2005 - 04 - 19.
② 覃立荣. 全国第一部县级传统文化保护条例在长阳出台. 中国民族报,2006 - 4 - 4.

的是自己在旅游途中的感受,如是否快乐愉悦,是否拥有高质量的服务,是否能度过一段美好的时光。因此,旅游者对目的地的观看是以旅游者自我为中心的,本质上是高度的自私自利"[2]①,对当地少数民族文化持的是消费态度,基本上不关心民族文化的保护问题。

总体说来,当地老百姓比较认可旅游的经济效应,绝大多数人都认为旅游促进了当地的经济发展,在当地经济生活中发挥了越来越重要的作用,也给他们提供了更多的赚钱机会。被访谈对象中,无论家人、亲戚或本人是否参与旅游业,绝大多数都表示如果不是开发旅游,来旅游的外地人越来越多,长阳除了原有的文艺演出队外,根本就不会出现奇石村、根艺盆景村这样的新鲜事物,更不会像现在这样红火。当地人普遍认为旅游开发令长阳的基础设施和城镇面貌得到了改善。当然,也有不少人认为外来人的增多,令长阳的环境质量有所下降,如一些人提到清江边的许多酒店宾馆直接向清江倾倒未经处理的生活拉圾,清江的水没有以前清亮透明。对于当地发生的许多新现象、新变化,如每天晚上一部分群众在县城文化广场跳撒叶儿嗬,老年人比较关心,希望政府能够出面制止。当地一些知识精英,也比较困惑。但是,对于年轻人来说,他们就觉得无所谓,因为在他们心中,挣钱是第一位的事,有操别人跳撒叶儿嗬的心,不如想想挣钱发财的办法。

(四)原真性与文化商品化

大力推进文化商品化,发展文化产业,是我国进入21世纪以来的一项基本国策。在民族地区,对具有产业和市场潜力的传统文化资源,各级地方政府鼓励在国家政策支持下,运用市场和产业的手段进行保护、传承和发展,特别是和发展旅游业紧密结合,开发文化产品。在民族文化商业化的过程中,政府充当平衡调节旅游企业、旅游者和当地民众利益纷争的角色。政府严格监管民族文化的表征形式,在民族旅游的表述中,"政府呈现的是生活在统一国家里的不同文化交融的民族主义形象。"与学者观念有异,地方政府并不认为民族文化的原真性和民族文化商品化是一对矛盾。

旅游企业一般与政府关系紧密,是实施民族文化商品化的主力军,他们控制着民族文化旅游资源,直接决定民族文化的旅游表达。在打造构建"原真性"民族文化形象的过程中,旅游企业是选择决定民族文化要素的最关键力量,其标准是娱乐性和吸引力。旅游企业对于民族文化的真正内涵并不关心,而最关心的则是能否满足旅游者的需求。为了满足旅游者对异域、异民族、异文化的浪漫想象,他们在对外宣传和推广中,总是将当地民族文化描述为原始的、原生态的、性感的,连花巨资修建的度假山庄中的温泉洗浴都号称"野浴",并配上几个丰乳肥臀、裹着土家族头巾的女子洗澡的裸体照片。② 在一本名为《中国最美的山水画卷:清江画廊》的旅游宣传册中,打开封面,首先映入眼帘的就是:"读书看'皮':神秘的她!惊艳的她!",书中引诱旅游者的香艳

---

① 马晓京. 旅游观看方式与旅游形象塑造. 旅游学刊,2006(1).
② 中共长阳土家族自治县委员会,长阳土家族自治县人民政府主编. 中国土家族摇篮·长阳. 95.

之词和照片时有出现,许诺如果参与当地的"生态运动休闲游","人生的艳遇从清江开始!"并毫不例外地配上与内容没有任何关系的裸女照片。① 为了适应特殊的旅游场景,旅游企业对民族文化要素进行了置换和重组,只有那些满足旅游者需求的文化要素才符合旅游企业家心中的原真性标准。换言之,对于旅游企业家来说,原真性没有标准,或者只有一个标准,即能够吸引和使旅游者娱乐,能够卖钱的文化要素就是原真的。否则,就不是原真的。

绝大多数旅游者对土家族文化知之甚少,对文化的原真性要么不关心,要么根本就不知如何判断。如许多游客对土家族的认知停留在只知其名的水平上,但对于民俗村的文化表演和西兰卡普纪念品,他们又表现出极高的认可度,认为其背景虽然是人工的,演员的表演还是很真实的,表现了土家族的特色,他们从中得到了娱乐和放松。当然,也有一些游客表示,"管它真不真呢,好玩就行了呗。"

在民族社区,民众对文化原真性的问题,有强烈的感知。虽然绝大多数少数民族民众认为旅游使其文化商品化程度提高,但只有极少一部分人,主要是老人,担心舞台化的表演会降低文化价值。绝大多数人,对文化商品过程中出现的新现象,或称"发明的传统"有比较高的认同度。如长阳自古以来就被认为是土家族先祖廪君的故乡,但在旅游开发前,"廪君神话传说在民间流传的并不多,它实际上有很多东西是文化人杜撰出来的。特别是关于廪君和盐水女神的这个故事,它只是在文化界、文化人中间知道,在民间,人们并不清楚。"旅游开发后,"当地老百姓不仅向游客讲廪君故事,他们也讲给自己听,讲多了,慢慢地讲的人就越来越多了。"那些困扰研究者的所谓原真性问题,对当地人根本就不存在,他们认为越来越多的旅游者到长阳旅游,这本身就是长阳土家族文化中的"民族性"和"原真性"得以持续发展的一种证明。②

三、对民族旅游规划的启示

以上调查研究结果显示:各利益相关者出于不同诉求而投身民族旅游,立场各异。政府主要聚焦旅游开发的宏观控制与政策制定,旅游企业则将创造利润放在首位。旅游者因向往异域风情的少数民族文化而参与民族旅游,而民族地区民众则将发展经济和提高生活质量放在首位。旅游者对异域风情文化的向往与民族地区民众对现代生活方式的渴望形成鲜明对比,由此生成民族地区旅游开发的两难处境。旅游者希望体验民族传统文化,但随着旅游等现代化开发的日渐深入而带来的当地文化变迁,反过来又可能会降低旅游者的兴趣。

政府、旅游企业和民族地区的民众都积极投身民族旅游开发,过滤和筛选民族文化中的各种元素,生产"原真性"民族文化,以满足旅游市场需求。但是,政府、旅游企业和民族地区民众之间明显存在着不平等的权力关系。政府与旅游企业在民族旅游

---

① 刘洪进等主编. 中国最美的山水画卷——清江画廊. 8.
② 马晓京. 旅游商品化与长阳土家族廪君神话的复活. 中南民族大学学报,2007(2).

开发中权力最大，他们实施的行政管理措施与经济资本投入深刻影响景区景点民族文化的包装、表征及舞台化呈现方式，并进一步影响民族地区的旅游实践。民族文化的原真性因素不是由民族文化的主体——民族地区民众自身来决定，而是由政府和旅游企业来决定。民族文化的商品化和民族文化旅游产品的生产是为了追逐经济利益，民族地区的民众对民族文化资源和旅游活动的影响力非常有限，经常处于边缘化或政治、经济方面的不利地位。

民族旅游中，异域风情特质的民族文化是核心最脆弱的旅游资源，在旅游规划中要特别注意。但是，民族地区的许多旅游规划都是以经济利益为导向，将关注点集中于鼓励投资，不太重视环境与社会文化问题。虽然环境问题已被逐渐纳入规划过程，但社会文化问题经常被忽略。总体看来，我国民族地区的旅游发展具有巨大潜力，日渐佳境，但只有经过仔细规划、开发和管理，才有可能保证民族地区的传统文化免受致命性破坏，并保证民族地区的民众从中分享公平利益。

为了提供高质量的民族文化旅游体验，民族地区需要采取切实有效的文化保护措施，监控当地社会文化的变迁，定期追踪旅游发展效应，总结经验教训，以便及时或提前应对各种问题。由于各利益相关者之间是一种不平衡的权力关系，未来民族旅游在规划之前，需要加强对各利益相关者的教育，增加信息交流，协商不同观点，制约强势利益相关者的权力。自上而下和等级森严的规划思路应该由自下而上和参与式的规划思路取代。地方政府应该为不同利益相关者提供机会，特别是应该邀请当地的居民、少数民族群体、私营企业代表等参与规划和决策的过程。

为了更好地发挥旅游的积极效应，政府应该仔细审视自己在民族旅游开发中的作用，制定更为有效的政策和未来发展规划，要特别重视民族地区民众对资源的控制、文化保护、公众参与规划和决策的过程。因为民族地区的民众能否从旅游发展中获利及获利多少，与其对旅游业的影响力及所有权直接相关。文化商品化与文化资源所有权之间相互作用的形式，对身处边缘、弱势的民族地区民众赢得或是保持对旅游发展的控制至关重要。虽然开发民族文化产品能够提高自我意识，增强民族认同和自豪感，但是，比开发文化产品更重要的却是要弄清这些文化产品属于谁，谁能从中获利，谁在付出代价等问题。相比那些受教育程度更高、资金更为雄厚、更有市场经济经验的外来民族开发者来说，民族地区的民众并无优势。政府应该为民族地区的民众提供更多的培训和教育机会，帮助他们掌握与旅游相关的种种知识与技能，妥善处理因参与市场经济而出现的文化变迁问题，确保民族文化传统的延续。同时，政府还应该帮助民族地区民众的个体旅游企业与外来旅游企业的合作，生产多样化和高质量的民族旅游产品。当地民众从民族旅游中获利越多，自信心就会越强，也越能承担责任，保护并传承其文化传统，维护其独具特色的文化认同。

民族旅游相关概念辨析

刘 晖

（浙江旅游职业学院　杭州）

【摘　要】 本文对民族旅游的概念进行了界定，认为民族旅游是指游客被异域具有独特的自然生态和民族文化的少数民族所吸引，而前往"异文化"人群去体验异域风情的一种短暂旅游经历。民族旅游与民俗旅游（民族风情旅游）、民族文化旅游、少数民族地区旅游是几个不同的概念，它们有各自不同的内涵和外延。并对民族旅游资源的概念及其分类进行了探讨，认为少数民族文化是民族旅游资源的核心内涵，少数民族文化和少数民族文化旅游资源是两个不同的概念，它们既相互联系，又相互区别。

【关键词】 民族旅游；民族旅游资源；少数民族文化；少数民族文化旅游资源

史密斯在《主人和客人》中，曾把旅游分为五种形式，民族旅游就是其中一种。民族地区的自然风光、人文景观、习俗、民族艺术和手工制品等都有独特的特点，对游客有特殊的吸引力。而这些"独特"之处往往又正是"脆弱"之处，在外来文化的压力下，很容易发生变化。因此，民族旅游及其引发的"旅游民族"的身份重塑、族群认同意识、民族社会文化变迁自然就成为民族学者关注的焦点。

遗憾的是，虽然"民族旅游"是近几年来国内学术界和政府报告的发展规划中出现频率很高的一个词，但是目前尚无专门的文章对民族旅游的概念进行论述，更谈不上对它的系统研究。这与我国旅游民族学的发展滞后有很大关系。对于"什么是民族旅游"，人们并没有一个很清晰的概念。在使用中，"民族旅游"与"民俗旅游"、"民族文化旅游"、"民族风情旅游"、"少数民族风情旅游"、"民族地区旅游开发"等概念基本上混淆不清、往往相提并论。事实上，阐明"民族旅游"这一概念不仅非常必要，而且是研究"民族旅游"所涉及的各种权利关系、动态状况及政策困境的第一步。所以，有必要对民族旅游这一概念进行详细的阐述。

一、民族旅游及相关概念辨析

（一）民族旅游的概念界定

目前，国内外学者有关民族旅游的论述主要有以下几种：

[作者简介] 刘晖，女，浙江旅游职业学院，系副主任、副教授。lhui@tczj.net。

1. "民族旅游就是把古雅的土著风俗以及土著居民包装成旅游商品,以满足旅游者的消费需求。"[1]

2. "民族旅游主要是以土著居民的奇特风俗来吸引外国或外面的游客。"[2]

3. "民族旅游涉指这样一些情形:从外国或本地来的旅游者在旅游中可以观察其他民族,这些民族不仅被认为有明显的身份特性、独特文化和生活方式,而且通常被贴上种族、民族、原始的、部落的、乡下的或农民的标签。"[3]

4. "民族旅游是:(1)观光旅游的一种变体。(2)其目标群体在文化上、社会上或政治上不完全属于他们所居住国的主体民族。(3)他们由于自然生态和文化方面的独特性、差异性而被贴上旅游的标签。"[4]

5. 国内学者潘盛之[5]将旅游划分为两种类型:民族旅游和族内旅游。民族旅游,是指游客和旅游对象分处于两种以上的不同文化氛围之下,换句话说,游客和旅游对象分属于不同的民族,游客是一个民族的成员,而各旅游对象则是另一个甚至另外几个民族文化的产物。而族内旅游则是指游客和旅游对象同处于一种文化氛围,或者说他们同属于一个民族。① 民族旅游的概念相当于跨民族旅游。这是广义上的民族旅游。

6. "民族旅游的内容包括以民族文化为特色的观赏活动、商品及服务,开发方式可以从建立民族旅游点(主体园、民族村)、开辟民族旅游线直至规划民族旅游区。"[6]

7. 民族旅游是指旅游者通过对某一民族的独特文化或生活方式的参与、观察和体验,来实现其审美需求的过程。一般来说,这一民族常常是历史形成的边缘性"少数"族群,或者是在当代民族国家的政治—经济框架中处于相对弱势的文化群体。而民族旅游的本质也相应体现为一种族际的交流或一种跨文化的观察与体验。[7]

笔者认为:

1. 民族旅游是旅游的一种类型,在概念上介于自然旅游和文化旅游之间,是两者的结合。它与自然旅游之间是有区别的。后者主要指的是游客对环境资源的娱乐性和审美性感兴趣。而民族文化是民族旅游的主要内涵。但民族旅游又不仅是单纯的文化旅游,它还涉及对"目标群体"所处的生态环境的审美需求。

2. 民族旅游与其他旅游类型的最大区别在于:民族旅游客体或民族旅游对象的核心指向是"人",是生活在特定环境中创造、演绎、体现和代表着独特生产生活方式、民族风情与文化的"目标群体"。"在一些发展中国家,特定群体的传统文化行为就构成了旅游业的核心"[8]。少数民族往往因为其独特的习俗,文化而被贴上了"旅游标签",成为游客的旅游对象。

3. 民族旅游客体(民族旅游资源)与民族旅游主体(民族旅游者)分属不同的民族、不同的文化氛围,而地域和文化差异性本身就构成了一种旅游资源。

4. 民族旅游的"目标群体"相对于主流社会处于文化的边缘地带,主要体现在其

---

① 潘盛之. 旅游民族学. 贵阳:贵州民族出版社,1997:25.

经济相对封闭落后的发展状态,空间上远离发达地区,时间上远离现代文明,他们在一个较大的文化和社会系统中,无论是在社会文化、政治地位,还是人口数量上都不处于主体地位。

据此,笔者将民族旅游界定为:民族旅游是指游客被异域具有独特的自然生态和民族文化的少数民族所吸引,而前往"异文化"人群去体验异域风情的一种短暂旅游经历。这里有几个基本要件:①民族旅游统属于旅游,它是一种特殊的旅游经历或旅游体验。②民族旅游资源是特定的地域、特定的人群和特定的文化。③民族旅游目的地即民族旅游地位于少数民族聚居区。④民族是文化的民族,文化是民族的文化[9]。两者的不可分离性决定了民族旅游特定的文化内涵,不存在非文化内涵的民族旅游。⑤特定的环境造就了特定的文化,少数民族地区的文化生态环境构筑了民族旅游发生地的场景。从这个意义上说,民族旅游既是文化旅游,也是自然旅游,是二者的结合物。

(二) 相关概念辨析

民族旅游与民俗旅游(民族风情旅游)、民族文化旅游、少数民族地区旅游是几个不同的概念,它们具有各自不同的内涵和外延。

首先,民族旅游主要发生在少数民族地区,但民族旅游不完全等同于少数民族地区旅游,比如在深圳的锦绣中华,也属于民族旅游产品,但不属于少数民族地区旅游,这主要是由于民族文化旅游资源的可移置性,使其可以异地开发。

其次,民族旅游与民俗旅游、民族文化旅游是三个完全不同的概念。"民俗即民间风俗,指一个国家或民族中广大民众所创造、享用和传承的生活文化。"[10]民俗旅游,即以一个国家或地区的民俗事务或民俗活动为开发对象的旅游类型。民族文化旅游,则是以一个国家或地区的民族文化为旅游资源,利用民族文化开发旅游项目。在使用上民族文化有狭义和广义之分,狭义的民族文化等同于少数民族文化,而广义的民族文化还包括主体民族文化。可见,广义的民族文化旅游与民俗旅游是两个兼容概念,由于民俗是一个国家或一个民族传统文化的承载体,民俗文化是民族文化较直接、外在的表现形式,是较易观察到的文化现象,所以民俗旅游的开发也就成为民族文化旅游开发的重点和热点。如上所述,民族旅游的开发对象是对旅游者有吸引力的"少数民族",包括少数民族特有的风俗、文化及其生活的社会环境和自然环境,因此,民族旅游包含民族文化旅游和民俗旅游的部分内容,但又不仅限于此,少数民族文化旅游资源仅是民族旅游资源的一个主要部分,而非全部。

最后,民俗旅游和民族文化旅游都属于文化旅游,所谓"文化旅游""主要是以参与和感受地方文化为主的旅游"[2],"文化旅游实际上就是去亲自接触异质文化,了解异地人的生活方式、艺术工艺品、文化遗迹等。因为这些东西真正代表了东道国和地区的文化及历史,换句话说,文化旅游的目的,就是去接受教育,扩大知识面和开拓眼界,但同时又获得了许多的乐趣,满足精神生活的需要。"[11]而民族旅游除了包括文化旅游的内容,还涉及自然旅游的内容,是文化旅游和自然旅游的结合[12]。

二、民族旅游资源的概念、分类与核心内涵

(一) 民族旅游资源的概念

"民族旅游资源",是指能吸引游客前往旅游目的地参加民族旅游的旅游资源。所谓的"旅游资源",则是指"凡能激发旅游者动机,并能产生经济效益、社会效益和生态效益的自然的、人工的和精神的事物和现象"[13]。旅游资源概念就其内涵而言,具有以下特点:①旅游资源相对于旅游主体而言,处于旅游客体位置。因为旅游资源是旅游活动中显示的客观存在,它是被旅游主体实践活动和认识活动指向的对象。②旅游资源是自然创造物和人工创造物,它存在于旅游现象之前。③旅游资源不是单一性的专门类资源,而是复合型的专门类资源,其复合程度之大,可以囊括自然界和人类历史文化。④旅游资源之所以成为旅游主体的实践和认识对象,因为它具备一种特殊的美学功能,成为主体的吸引物。⑤旅游资源被旅游业(旅游媒体)所利用,产生经济效益、社会效益和环境效益。

(二) 民族旅游资源的类别

民族旅游资源涉及自然旅游资源、人文旅游资源和社会旅游资源。其中,自然旅游资源指少数民族地区的自然条件和自然风光,即能使游客产生美感的自然环境和物象的地域组合,它是民族旅游活动发生的自然环境。人文旅游资源泛指少数民族群众在历史进程中认识和积累起来的文明成果,是其物质财富和精神财富的总和,在一定条件下可以被利用来转化成旅游活动中所需的产品,人文旅游资源是民族旅游活动发生的历史文化环境;而社会旅游资源是指在特定社会文化区域中,对旅游者产生吸引力的人群及与其生活有紧密联系的事物和活动[14],它构成了民族旅游活动发生的社会环境。如果说人文旅游资源是以物为载体,用静态的物来反映动态的历史,强调的是过去,体现的是历史上人们的才智,那么社会旅游资源就主要以人为载体,它强调的是现在,体现的是当代人的生活与文化,不过其往往包含深厚的历史文化内涵[13]。如龙舟是一种工艺美术品,赛龙舟则属于社会旅游资源的范畴。不过,任何旅游资源的类别都只是相对的,有些旅游资源很难界定其归属。如丽江古城,其建筑本身应属于人文旅游资源,而古城的人物活动及其场景反映的是纳西族的民俗风情,又是社会旅游景观,玉龙雪山则是自然风景。所以,"无论从哪个角度对旅游资源进行分类,都只是相对而言"[15]。

(三) 少数民族文化是民族旅游资源的核心内涵

民族旅游,实质上是以民族文化为主体资源的旅游,通过民族文化类产品将旅游消费者与旅游供给者连接起来,形成旅游活动,并由此构成民族地区的旅游产业。因此,少数民族文化、尤其是少数民族传统文化构成民族旅游资源的核心内涵。这是因为:其一,从旅游者的需求来看,就整体意义而言,一项民族旅游活动就是一次文化交流活动,就是透过本国、本土或本地的文化氛围去审视和观察异国、异地、异族文化的新奇特质与品性,民族旅游资源之所以能够吸引旅游者,关键就在于它的文化内涵满

足了人们求新、求奇、求异、求美的精神文化需求,从而激发了人们的旅游动机。其二,从民族旅游资源的形成来看,人文旅游资源和社会旅游资源事实上就是指少数民族文化的运作过程和运作产物,换句话说,没有千差万别的少数民族文化的客观存在,没有各民族文化差异的存在,就绝对不可能有人文旅游资源和社会旅游资源的存在;此外,民族旅游资源的人文要素和自然要素是互相渗透的两个方面,一切自然要素都不可避免的要被特定的民族文化赋予一定的社会含义,在民族旅游过程中,并不是单纯的自然要素对游客产生作用,而是按照特定民族文化的理解和诠释,加工和改造赋予了其特定的娱乐和消遣价值。"自然美固然有着永久的魅力,但人文精神的注入必然使得自然美具有了更深远的意蕴。"有鉴于此,无论是对人文要素还是对自然要素,要从旅游的角度正确地作出评估,都得以民族文化作为客观依据。其三,从划分民族的标准来看,斯大林认为,"民族是人们在历史上形成的有共同语言、共同地域、共同经济生活以及表现于共同的民族文化特点上的共同心理素质这四个基本特征的稳定的共同体。"虽然学术界对此划分标准存在着不同的看法,但是有一点是一致的,即"共同文化特点上的共同心理素质"是一个民族区别于其他民族的基本特征。民族身份之所以能够成为旅游标签,关键就在于其所代表的独特风俗与文化。人类的任何文化都是在协调人与人、人与社会、人与自然关系的过程中逐渐发展起来的,由于所处的历史、地理环境的不同,现实经历的不同,各种文化都获得了自己特有的内涵,孕育、塑造了自己特有的民族和人民,同时又为自己的民族和人民所塑造,形成了自己的特质,越是民族的,也就越是世界的,"地域和文化的差异性是旅游产生的核心动因"[16]。正是我国西部地区少数民族在漫长的历史发展进程中创造的异彩纷呈、各具特色的民族文化,满足了异族旅游者求新、求异、求美的精神文化需求,激发了他们千里迢迢前来游览观光的动机。少数民族文化是民族旅游的核心吸引物。少数民族文化特质的传承与发扬,是民族旅游得以可持续发展的根基。在此必须明确两个最基本的概念,即少数民族文化与少数民族文化旅游资源。

三、少数民族文化与少数民族文化旅游资源

(一) 概念界定

少数民族文化,是指各少数民族在其历史发展进程中创造和发展起来的具有本民族特点的物质文化和精神文化的总和。它主要包括以下六个门类:①衣食住行方面的生活文化;②婚姻家庭和人生礼仪文化;③民间传承文化,包括民间文学艺术、民间歌舞、民间游乐等;④科技工艺文化;⑤信仰、巫术文化;⑥节日文化。[17]

少数民族文化旅游资源,则是指对旅游者具有吸引力的少数民族文化因素,且这部分文化因素能够为旅游业所利用,能够产生经济效应、社会效应和生态效应。它既可以是有具体形态的物质实体,如富于民族特色的服饰、饮食、器皿、民居、寺庙、交通工具、生产工具等;也可以是无具体物质形态的精神文化因素,如少数民族的节日礼仪、习俗等。

少数民族文化和少数民族文化旅游资源是两个不同的概念，后者是从旅游业或说是从经济产业的角度予以界定的，它们既相联系，又相区别。

（二）两者的联系

少数民族文化与少数民族文化旅游资源有密不可分的联系。可以说没有丰富多彩的少数民族文化，就没有丰富多彩的少数民族文化旅游资源。少数民族文化一旦失去了其传统与特色，少数民族文化旅游资源也就成了无源之水、无本之木。正是少数民族在漫长的历史进程中创造的异彩纷呈、各具特色的民族文化，满足了旅游者求新、求异、求美的精神文化需求，激发了他们前来游览观光的动机。

所以在利用民族文化发展旅游业时，必须注重对民族文化的保护，避免因发展旅游过程中的失误而导致民族文化的消亡。

（三）两者的区别

少数民族文化与少数民族文化旅游资源的区别在于：

1. 概念的内涵与外延不同

如上所述，少数民族文化是一个相当广泛的概念，是少数民族创造活动的总和。而少数民族文化旅游资源仅是指少数民族文化中能对旅游者产生吸引力的部分，且这部分文化因素的客观存在往往是非旅游资源性的，只有被人们认识后，特别在开发后方能成为旅游资源。少数民族文化是少数民族文化旅游资源的源泉，但少数民族文化旅游资源并不等同于少数民族文化。人类学家赫斯科维茨提出：文化是人类环境的人造部分。它包括显露在外的、人们可以直接感知的所谓"显在文化"和不表现在外的由知识、态度、价值观等构成的所谓"隐在文化"。对于普通旅游者而言，最能引起他们的兴趣和吸引他们注意力的往往是"显在文化"。有学者认为任何一种民族文化，从旅游开发的角度划分，其内在构成部分都可以分为四类：文化的物化形式、显性构成要素、混合性构成要素和隐性构成要素。其中前三类往往与特定物质关系紧密，有明确的物质形态与之对应，譬如：实物、住房、服饰、交通设施、生产工具、寺院、语言、文字、风俗、礼仪等。因此，它们也常常易于被异族旅游者所感知，可以被直接开发为旅游对象。第四类隐性构成要素主要作用于人们的精神生活，并不以特定的物质形态显露出来，例如一个民族的伦理观念、价值取向、认知模式、审美情趣等。隐性构成要素通常情况下难于被异族游客所感知，因此往往也难以被开发为旅游对象。[5]不过隐性构成要素往往直接或间接作用于当地少数民族群众的日常生活和社会交往，它对民族旅游社区社会氛围的营造往往有不可低估的作用。

2. 两者的运行机制和运行目标不同

任何一种民族文化都是一个独立完整的体系，都是该民族改造自然和利用自然的特有工具。文化最基本的功用就是使人作为个体可以生存，作为人类可以延续。民族文化的运行目标与民族文化旅游资源的运行目标是有差距的。前者的运行目标主要是为了民族的延续和发展；而后者的运行目标则主要是为了获得经济效益。因此，民族文化按照文化特有的机制运行，沿着历史所提供的特定条件和环境发展、演变，"不为尧存,不为桀亡"。而民族文化旅游资源的开发、经营则遵从市场经济的游戏规则。在旅游开发中,往往根据市场的需求而对原有的文化资源进行"加工"、"再生产"。这时,呈现在旅游者面前的"传统"已经不是原来意义上的传统,而是在面对"全球化"过程中本土文化的重构和表达。

正是由于少数民族文化和少数民族文化旅游资源是两个完全不同的概念,因此,我们只能是利用现在的少数民族文化现象,以及少数民族文化沉淀所形成的物化形式为旅游服务而不是整个文化。在民族旅游业的发展过程中,如何合理地利用、开发民族文化旅游资源,使其既能够"真实地"反映少数民族文化,又能对民族文化尤其是民族传统文化予以妥善的保护和传承,是我们必须予以重视的问题。

参考文献

[1] Smith D. 1989. Relating to Wales. In T. Eagleton. eds. Raymond Williams: Critical perspectives. Cambridge: Policy Press, pp. 34 – 53.

[2] Smith V L. Hosts and guests: The anthropology of tourism. Univ of Pennsylvania Pr, 1989.

[3] 布鲁纳爱德华. 民族旅游:一个族群,三种场景. 杨慧,等. 旅游、人类学与中国社会. 昆明:云南大学出版社,2001:44 – 45.

[4] 科恩. 东南亚的民族旅游. 杨慧等. 旅游、人类学与中国社会. 昆明:云南大学出版社,2001:19 – 37.

[5] 潘盛之. 旅游民族学. 贵阳:贵州民族出版社,1997:559.

[6] 徐新建. 人类学眼光:旅游与中国社会——以一次旅游与人类学国际研讨会为个案的评述和分析. 旅游学刊,2000(2):62 – 69.

[7] 光映炯. 旅游人类学再认识——兼论旅游人类学理论研究现状. 思想战线,2002,28(6):43 – 47.

[8] [美]威廉·瑟厄波德(William Theobald)主编. 全球旅游新论. 张广瑞,等译. 北京:中国旅游出版社,2001.

[9] 林耀华,金天明,陈克进. 民族学通论. 北京:中央民族大学出版社,1997.

[10] 钟敬文主编. 民俗学概论. 上海:上海文艺出版社,1998:494.

[11] 张晓萍. 文化旅游资源开发的人类学透视. 思想战线,2002,28(1):31 – 34.

[12] Graburn, N. 1989. Tourism: The Sacred Journey. In Hosts and Guests: The Anthropology of Tourism (2nd ed.), V. Smith, ed., pp. 21 – 36. Philadelphia, PA: University of Pennsylvania Press.

[13] 丁季华. 旅游资源学. 上海:读书·新知·生活三联书店,1999.

[14] 王克起. 浅谈社会旅游资源. 中南民族学院学报(哲学社会科学版),1998.

[15] 陈传康,刘振礼. 旅游资源鉴赏与开发. 上海:同济大学出版社,1990.

[16] 李蕾蕾. 跨文化传播及其对旅游目的地地方文化认同的影响. 深圳大学学报(人文社会科学版),2000,17(2):95-100.

[17] 徐万邦,祁庆富. 中国少数民族文化通论. 北京:中央民族大学出版社,1996.

正确处理生态博物馆文化保护和旅游开发的关系

金颖若

(贵州大学人文学院　贵阳)

【摘　要】 生态博物馆的宗旨是在文化的原生地保护文化,且由文化的主人来保护自己的文化,而我国的生态博物馆在实施过程中在很大程度上实际上成为了一种旅游开发方式。由于目标的错位,游客大规模涌入以及过度的商业化,造成了生态博物馆所在地文化的加速变异。这导致保护的本意不能实现,旅游"开发"的目的也很难达到。本文认为,生态博物馆不是适宜的民族文化旅游开发方式,但生态博物馆可以有控制地适当发展旅游。

【关键词】 生态博物馆;旅游开发;错位;统筹

一、生态博物馆的基本理念

生态博物馆,是一种由全新的博物馆理念带来的全新的博物馆形态。1971年,国际博物馆协会第九次全体会议提出生态博物馆的概念,之后出现了以巴黎"克勒索蒙特索矿区生态博物馆"为代表的第一批生态博物馆。到20世纪末,生态博物馆作为文化遗产保护和保存的一种特殊形式被广泛接受,全世界共建立了300多座。1998年,贵州六枝梭戛长角苗生态博物馆成立,标志着生态博物馆进入中国,梭戛馆也是亚洲第一座生态博物馆。

传统博物馆拥有特定的博物馆建筑,收藏一定数量的藏品。生态博物馆则突破了藏品和建筑的界定,保护对象扩大为物质文化遗产和非物质文化遗产,保护范围扩大到文化遗产留存的整个区域,并且,社区居民是文化和生态博物馆的主人,保护的目的在于文化的延续。

依据这个理解,生态博物馆应有以下几方面的含义:

第一,特定的社区整体上成为生态博物馆,自然和文化遗产原状、动态地保存在其所属社区及环境之中,各种层面的物质与非物质文化,以及文化所生存的自然和社会环境都是生态博物馆的"藏品"、"展品"。

[作者简介]　金颖若,贵州大学人文学院(旅游与文化产业学院)教授,从事旅游、文化产业的教学研究。0851-8292032;E-mail:yrjin@gzu.edu.cn。

第二,社区的居民是文化的承载者,他们不能从生态博物馆的社区里分离出去,他们在专业人员的指导与政府的支持下参与和管理生态博物馆,通过生态博物馆了解并继承他们的传统。

第三,生态博物馆并不排斥发展,社区有权在自己文化传统的基础上发展自己的文化,生态博物馆不是封闭的文化保留地,不能截取一个文化的片断凝固起来供人猎奇。

第四,生态博物馆并不排斥文化交流,生态博物馆强调不同背景下的文化应互相尊重,推动自身和外界的文化交流。

总而言之,生态博物馆注重保存地方知识,本土记忆,要求生态博物馆社区在原来的文化生态下,沿着原来的轨迹发展,保留文化的特质,保持自己的文化个性。生态博物馆对经济有促进作用,但绝不以获取近期经济效益最大化为主要目的。

二、生态博物馆在中国的改造

生态博物馆进入中国,必然要发生中国化的改造,与它在发源地欧洲是有所差别的。在西方世界,建立生态博物馆的社区已经比较发达,人们是在物质需求已经得到满足或基本满足的前提下,产生的一种文化的自觉,社区的居民,真正地热爱、关怀自己文化的过去和未来,他们不指望利用生态博物馆这种形式来实现经济目的,虽然生态博物馆也能带来经济收益。而且,由于受教育程度高,基层社会自治组织、制度完善,生态博物馆都是以社区自我管理为主,成为所在地居民真正的精神家园。

而在中国,不论是最早开始生态博物馆实践的贵州,还是后来积极跟进的广西、内蒙古、云南,几乎所有生态博物馆都建立在落后社区,甚至是极端贫困的社区。这一方面缘于生态博物馆理念对弱势文化的关注;另一方面缘于弱势文化社区鲜明的文化特征。[1]文化弱势,自然条件较差,交通闭塞,经济落后,教育不昌,这几条互为因果,造成了与"主流"社会的文化差异,彰显了文化的多样性,贫困社区因而成为生态博物馆的首选之地。

也正因为如此,一些人士认为,国情决定,促进社区经济发展变成了生态博物馆的"首要任务"。[2]而地方政府,更是把生态博物馆看做要项目、搞经济建设的金字招牌,以脱贫致富为唯一目的。

有一种普遍的看法,生态博物馆社区发展经济,完成脱贫的最好方法是旅游;换一个角度说,认为生态博物馆是民族文化保护与旅游开发的好办法,[3]而且是可持续的旅游发展方式。[4]

三、生态博物馆是不适宜的民族文化旅游开发方式

笔者认为,生态博物馆是不适宜的民族文化旅游开发方式。

理由主要是诉求的差异。生态博物馆的目的,是遗产保护、文化教育和科学研究;而旅游开发、旅游产业,主要追求经济效益。在中国,传统文化和旅游业的发展并不总

是矛盾的,旅游往往可以成为保护、发展传统文化的重要动力,增强继承、发展民族传统文化的能力。[5]但两种目的放在生态博物馆这个特定的载体上,则很难统一。

如果旅游业要取得很好的经济效益,需要有大规模的客流。在生态博物馆所在的村寨,由于产品的单价不可能太高,即使是所谓高端的文化体验性产品,也必须有相当规模的客流支撑。如上所述,建立生态博物馆的村寨原来经济总量很小,成功的旅游业将带来产业结构的根本变化,这促使生产、生活方式的改变,随之是文化的变异、甚至在较短时间内出现转型,比如,由农耕型转为商业型。也就是说,成功的旅游开发、大规模的旅游活动会带来文化生态的破坏或者改变。

经济收益很好的旅游业还会带来一种情形:文化为了旅游而商品化。文化的商品化并不都是坏事,这意味着文化的主人不仅出售自己生产的有形产品,还能够出售自己的艺术和生产、生活方式。但在村寨中出于旅游目的而进行的文化商品化,则不能避免表演式的陈列展示。表演式的陈列展示,许多文化活动脱离了特定的时间,改变了本来的意图,文化为了旅游而商品化,为游客的需要而上演,打乱了文化的自然进程,文化活动的本来意蕴也就消失了。这恐怕也有违生态博物馆的本意。本段的论述,并不反对一般旅游村寨的"文化商品化"。

大规模的旅游活动带来的文化交流是外来的强势文化冲击,文化趋同难以避免。生态博物馆社区居民在这种形势下很难对自己的文化产生真正的自豪感,他们多数人会冒着丧失自己文化的特色,同时丧失旅游吸引力的风险,欣然主动依附于强势文化。

生态博物馆,是非大众化的旅游吸引物。如果改变增长方式,控制游客进入,以高质量(高消费)的游客获取高效益,有兴致到访的可能只有研究者,生态博物馆只是人类学者的田野工作地、露天实验室,生态博物馆社区居民获得的少量经济收益与其说是旅游收入,不如说是科研合作费。

贵州已建立了梭戛、镇山、隆里、堂安四座生态博物馆组成的生态博物馆群,广西已经建成南丹里湖白裤瑶生态博物馆、三江侗族生态博物馆、旧州壮族生态博物馆。实践证明,文化保护和旅游开发二者很难兼得。本文以开办生态博物馆最早的梭戛、旅游最成功的镇山为例加以说明。

位于六盘水市六枝特区的梭戛生态博物馆,保护对象为一支仅4 000多人的苗族——长角苗。因为梭戛地处偏僻,对长角苗的特殊妆饰有兴趣的只有少量特殊兴趣游客,因而游人太少,每年的旅游总收入,算上资料中心和农户,不过数万元而已,不能得到满意的经济收益。曾经有旅游界人士议论,以梭戛的区位和本身的旅游吸引力,不具备旅游开发条件,因而认为梭戛不应该建立生态博物馆。梭戛几年来建馆和旅游业的实践,让多数旅游界人士称建立生态博物馆是失败的"开发"。而同时文化界人士却认为,梭戛村已经彻底旅游化了,传统文化艺术没能保留下来,社区居民对除了穿上传统服装陪客人照相收钱和出卖手工艺品之外的事都不感兴趣,生态博物馆严重走样、变形,有违建立的初衷。[6]两种想法真是方枘圆凿,而两方面的目的都没有实现,两方面都十分不满意。

镇山布依族生态博物馆。镇山村距省会贵阳市中心不到30公里,地处花溪风景名胜区核心区,区位优良,加之湖光山色,风光秀美,因而游人如织,近年来每年都接待游客十多万人次,旅游业收入占全村总收入的90%,全村已经靠旅游业脱贫。但镇山旅游产品已完全转型,游客并非为文化而来,绝大多数是贵阳的休闲客人,来玩玩牌、划划船、喝喝小酒,属标准的城郊游憩。如今的镇山村,村民为了扩大接待规模,修建了大量违章建筑,村寨风貌严重改变;日常劳作,以旅游服务为中心,农业生产降为附庸;传统习俗,只为收费而表演……旅游界人士认为,镇山旅游取得了极大成功,但经营管理有待改善,也希望能继续看到"原汁原味"的传统文化。文化界人士一方面为生态博物馆能帮助村寨脱贫致富而欣喜;另一方面则为传统文化的迅速变异而忧心忡忡,生态博物馆是在保护传统文化?还是在加速传统文化的消亡?这或许是生态博物馆的另一种失败,或者叫尴尬。

贵州等地的实践表明,在文化价值较高而旅游开发条件不甚理想的地方,民族文化旅游如果按照生态博物馆的标准进行开发,则投入不经济,市场效果不佳。在开发条件较好的地方建立生态博物馆,并以此为载体进行旅游开发,游客大量进入,传统文化过度商业化,则带来文化生态的破坏,文化多样性的丧失。旅游开发和文化保护双重目的难以得兼,生态博物馆旅游开发的结果与宗旨背道而驰。

四、正确处理生态博物馆和民族文化旅游开发的关系

现阶段的中国国情,生态博物馆当然要促进社区经济发展,忽视经济使命在现阶段的中国,特别是在有热情建立生态博物馆的欠发达地区,很难得到基层政府和村民的支持。而利用生态博物馆获取经济收益的最好方式是旅游。

生态博物馆所在地具备发展旅游的有利条件:首先,旅游资源优良。生态博物馆的文化特色是优质文化体验旅游资源,有的还同时具有良好的观光、度假资源,而在通常情况下,生态博物馆所在地的其他资源条件是比较差的。其次,基础设施共享。建馆必然要改善基础设施,这些是旅游业可以共享的。再次,集中展示的条件良好。生态博物馆的资料信息中心或展览中心是高水准的文化集中展示场所,符合游客的需求。最后,文化项目创造的知名度。生态博物馆建设的所有活动都是软广告,有良好营销作用。

要避免"文化保留地"主义,拒绝以生态博物馆的名义,截取一个鲜活的文化断面加以凝固以传久远,变成供研究和凭吊的遗物。为了满足"多样性"的文化追求、学问家求知的欲望、特殊兴趣游客的好奇心,剥夺生态博物馆社区的发展权利是不道德的,且是不人道的。那么,怎么处理经济发展和文化保护的矛盾,在生态博物馆这个载体上怎样正确处理文化保护和旅游开发的关系呢?生态博物馆要回归本来的意义,生态博物馆的宗旨是在社区保护文化,而不是旅游开发。生态博物馆可以有控制地开发旅游,但要把握"度",克服文化的浮躁和急功近利。大规模旅游商业活动必将带来文化个性的丧失,这将导致生态博物馆社区从根本上减弱,直至失去旅游吸引力。

广西"1+10"计划是中国特色生态博物馆的有益尝试,计划建立10座生态博物馆,作为广西民族博物馆的田野工作站和研究基地。苏东海先生指出:中国生态博物馆从传统博物馆中走出来,在文化的原生地建立了第一代生态博物馆,实现了文化保护社区化和民主化的博物馆新理念;中国第二代生态博物馆在遗产保护社区化的基础上,正向遗产保护的专业化、博物馆化方向前进,使之可持续发展下去。[7]

中国生态博物馆的发展应遵循这样的路线,提升其文化保护水平,强化它的文化展示传播功能。同时,适度开展文化体验旅游活动,限制大流量的观光旅游,使生态博物馆社区在延续其本来的生产、生活方式的同时获得经济的较快发展,这也是确保民族文化旅游可持续发展的路径。

参考文献

[1] 黄春雨. 中国生态博物馆生存与发展思考. 中国博物馆,2001(3):2-9.

[2] 胡朝相. 论生态博物馆社区的文化遗产保护. 中国博物馆,2001(4):19-22.

[3] 茹静. 实现双重责任的途径——浅析生态博物馆与发展旅游. 中国博物馆,2001(3):19-26.

[4] 余青,吴必虎. 生态博物馆:一种民族文化持续旅游发展模式. 人文地理,2001(6):40-43.

[5] 金颖若. 旅游开发中民族艺术的作用与自身发展. 民族艺术研究,2002(4):76-79.

[6] 潘年英. 梭戛生态博物馆再考察. 理论与当代,2005(3):7-10.

[7] 苏东海. 中国生态博物馆的道路. 中国博物馆,2005(3):16-18.

西南民族村镇旅游模式探究

石 坚

（贵州大学人文学院 贵阳）

【摘 要】 西南地区民族村镇的旅游开发模式有多种分类法，本文从运作管理角度进行分类，梳理各利益集团在民族村镇旅游开发中的合力作用，对下列主要模式进行了描述和分析，主要有"政府主导型"、"社区自主型"、"企业主营型"、"政府＋协会＋农户"复合型四大类型，它们将会长期存在，但从可持续发展的角度总体上会向复合模式过渡。

【关键词】 民族旅游；运作模式；多方利益集团；可持续发展

20世纪80年代以来，我国西南地区相继开发民族村镇旅游活动，民族村镇旅游以其独特的行业发展优势和特色在民族地区的经济社会发展中担当着越来越重要的角色。民族村镇旅游开发成为近年来学术界争论较多的问题，而围绕旅游开发所产生的对民族地区文化、经济和生态的影响等问题，延伸至对旅游模式的探索逐渐成为焦点，梳理民族村镇的运作管理经营模式有助于对比不同模式的优劣，探寻较好的多方利益集团合作的发展模式，以实现民族旅游地区经济、社会和生态的可持续协调发展。

一、民族旅游开发模式的分类概要

学界对民族村镇旅游业的分类繁多，在不同的分类标准下产生不同的分类情况。从国内学者的分类研究看来，牟维珍将民族旅游分为五类，分别是：本原式、主题公园式、资源凝聚式、节会式、物品式。[①]丁健、彭华提出了从空间上将民族村镇旅游分为原地开发模式和异地开发模式（原地开发模式又可以分为原生自然式及原地浓缩式）；从开发时间上分短期节庆模式和长期固定模式；[②]张华明、滕健提出从经营主体上可以分为政府主导型、企业主导型和村寨自主开发型；从开发形态上可分为梭嘎模式、民

［基金项目］ 2007国家社科基金项目"西南民族村镇旅游业模式与新农村建设研究"（07BJY139）成果之一。

［作者简介］ 石坚，女，贵州大学人文学院副教授，gzdxsj2006@126.com。

① 牟维珍. 民族民俗文化与民俗旅游. 黑龙江社会科学，2006（6）：88–90.

② 丁健，彭华. 民族旅游开发的影响因素及开发模式. 中南民族学院学报（人文社会科学版），2002（2）：98–101.

俗村模式和朗德上寨模式;从社区参与的程度上分为高度参与模式、适度参与模式和低度参与模式。① 金毅从对资源的利用方式上又分为直接利用型模式、整合提升型模式和复原历史型模式。② 其他还有从经营主体和主题来划分,又可以分为:①景区带动型,如黄果树瀑布带动四周村寨的农民加入旅游活动中;②发展村寨旅游,如朗德、石板寨、镇山村成了经济发展支柱;③企业加农户生产旅游产品,如台江民族刺绣厂,带动千家万户在搞民族刺绣和蜡染。周边乡村景区带动型、乡村组织型、"公司+农户"型、产业依托型和综合开发型等民族村镇旅游组织发展模式。

以上分类,各有利弊,从不同角度探索了民族旅游。有的显得趋于简单,不能涵盖和突出旅游地的独特性优势,比如从空间上和时间上的分类;有的从经济学角度梳理出各种运作模式的内部机制;有的从经营主体的分类看,不能体现出旅游文化的内涵。

本文从运作和管理角度梳理民族村镇的旅游业模式,是基于作为第三产业的旅游业运作的内部机制,以便更加充分地考察和对比各种运作机制的特点与优势,以及此模式下所产生的社会效益、经济效益和生态效益。同时需要指出,本分类不是一成不变的,它只是对现有民族村镇旅游业模式较为科学和客观的归纳描述,力求兼顾旅游作为产业和作为现代旅游文化行为中的内涵,此分类具有交叉性、相对性、可变性(动态性)。随着西南民族村镇旅游业的发展,这个分类将会进一步的延伸、创新和拓展。

二、西南民族村镇旅游业运作管理模式形成的背景及原因

运作管理的分类,更注重从内部机制和主体构成角度探讨民族村镇旅游的开发和发展模式状况。西南民族村镇旅游业运作管理形成的基础主要由政策先导性、市场机制灵活性、资源独特性几个方面决定的。

西南地区的旅游产业兴起于20世纪70年代末,发展于90年代,真正形成高潮的时期是在中央提出实现西部大开发战略以来的最近几年。社会经济的不断发展、西部大开发的逐步实施,以及《国务院关于进一步加快旅游业发展的通知》的贯彻实施,为西南民族地区发展旅游业带来了极大的机遇。为此,国家制定了一系列政策来扶持西南民族地区的旅游发展,四川省、广西壮族自治区都提出了建设旅游强省和自治区的目标,云南提出了全面推进云南旅游"二次创业",贵州制定了全国第一个省级旅游规划《贵州省旅游发展规划》,国家和地方的一系列政策及优惠措施的出台,给西南民族地区民族村镇的旅游发展带来了不可错失的良机,各地纷纷在积极探索民族村镇旅游发展的最佳模式。

西南民族村镇旅游业由于旅游地区位的限制,民族旅游文化资源和自然资源都极其丰富,但是准入性较差,缺乏旅游开发所需的配套设施,现实的经济、历史和自然条件等状况使民族村镇旅游发展产生对政府的依赖。政府的先导作用对民族村镇开发

---

① 张华明,滕健. 民族村寨旅游开发的 CCTV 模式———以西双版纳"中缅第一寨"勐景来为例. 广西民族研究,2006(3):197-203.

② 金毅. 论民族文化旅游的开发. 中南民族大学学报(人文社会科学版),2005(4):67-70.

起着重要作用,政府主导的程度一般都比较高,可以缩短时间,提高效益。政府可以通过产业和金融等政策推动大型的旅游集团的形成,也可以通过组织一些大型的旅游促销宣传提高旅游地的知名度。由于旅游资源的独特性,旅游产品的不可移动性特点,使旅游者无法事先看到他所选择的旅游产品,这些都需要政府积极投入对外宣传,才可能迅速提高西南民族地区在国内甚至国际旅游市场上的竞争力。由于很多民族村寨都处于比较落后的边远地区,社会经济条件较差,可进入性不强;而且基础设施不完善,资金成为这些地区和村寨发展旅游业的最大瓶颈。单靠政府的投入非常有限,企业的介入则较好地解决了这个难题,因而企业资金的融入成为现实民族村镇旅游进一步发展的路径选择。

西南民族村镇旅游业的最大卖点是村镇资源的独特性和唯一性。民族村镇一旦成为旅游地,就由一般资源变成了具有经济价值的文化资本。当地的民风民俗活动等文化资源被赋予了旅游经济价值,能够提高民族村镇居民的财富创造能力。因此,保留完好的自然资源和人文资源,展示独具风貌的民族文化是西南民族村镇旅游持续发展的前提。在民族村镇旅游中,村民及其生活本身既是旅游资源的重要组成部分,也是民族文化鲜活生动的载体。村民的参与能真正提高村民对本民族地区文化和生态的认识,能增强本民族的文化认同感,从而自觉地传承、保护和发展民族文化,成为旅游发展真正的动力和主力军。因此,在旅游开发过程中,如果居民日常生活状态形成的文化资源得不到"激活",会影响到社区居民参与旅游开发的热情,甚至会导致他们对旅游开发的抵触,并导致当地社区民风、民俗的改变,最终使民族村镇旅游难以维系,严重影响民族村镇旅游资源的旅游价值。正是这些诸多原因形成了西南民族村镇旅游业运作管理模式中的三个核心力量:政府、企业和村民。由于合作的方式、各自担当的角色以及参与的程度不同,因而形成以下相应的几种基本运作模式:政府主导型、村民自主型、企业主营型,以及"政府+企业+农户+协会"复合型。

三、西南民族村镇旅游运作管理模式的基本类型

(一)政府主导型

政府主导型,主要是指在旅游资源丰富的民族地区,通过政府在各个时期所制定的旅游产业发展规划或旅游产业政策,有组织地引导农民经营户,按照一定的规划和建设要求,来实现旅游经济发展的一种发展模式。政府主导型具体主要包括政府对旅游开发在观念上的主导、政策上的主导、管理上的主导和资金上的主导等方面的内容。[①] 这种模式以政府推动为特征,地方政府为了给本地区经济发展增加新的活力和元素,拓展经济发展渠道,在政府规划的指导下,参与管理与推销策划等活动,采取各种措施来发展民族村镇旅游,在注重经济效益的同时,更注重社会效益。政府主导型的优势在于弥补了村民分散不具备市场运作经验和抗风险能力低的不足,通过政府主

---

① 贾银忠主编.西南民族地区旅游经济发展研究.北京:民族出版社,2007:276.

导可以充分调动资源、招商引资,起到整合利用的作用。政府主导型宜于在早期直接引导,在资金和管理上早期介入。但是在发展之后,政府主导型在人力、财力投入上会出现欠缺,这时需要转向,由直接的主导转为管理、服务等方面的支持,最终交给市场运作,在竞争中发展。这种模式,如贵州花溪镇山村,是一座400多年历史的以布依族为主的古老自然村寨。1995年被贵州省人民政府批准为省级文物保护单位和民族文化村,在政府的扶持和引导下开发民族文化村寨旅游。政府投资100多万元修建公路,投资300多万元建设污水处理池。1999年,镇山村被列为中国第一批露天生态博物馆,并向游客开放。村寨门票2元,旅游项目有村寨观光、游船和农家乐,村民大都参与到旅游接待中,村民收入从开发前的年收入人均不到600元发展到人均3 000元。[①] 这样的实例还有沧源县翁丁村、云南大理诺邓村等。大部分村镇早期的旅游开发需要由政府主导,之后过渡到复合模式。

(二)社区自主型

此种模式是一般在有关部门和专家的支持与指导下,一般有某个特殊人物、特殊事件作为契机,促使村民自主开发,发展旅游,村寨旅游的决策由村寨村民自主决定,管理也主要由村寨自主管理,并且制定有严格的接待管理制度,有一套自主制订的利益分配方案。典型的例子有贵州雷山朗德,全民参与旅游接待,或者表演、或者参与工艺品出售,部分参与经营农家饭、家庭旅馆等。旅游地不收取门票,表演费按工分制分配,确保村寨获益和公平。在管理方面,2002年前,上郎德苗寨的旅游管理工作由村委会负责,现在由旅游接待办公室管理,办公室成员由村民自己选出,是自主管理旅游的全权机构。歌舞表演是社区最主要的旅游项目,全村村民都可以参加表演和参与分配。凭分计酬,按劳分配。每次表演以每家实际出工人数记工分,工分数根据参演的"角色"和"服装"的不同而工分值有别。每月结账一次,旅游收入和分配情况定期公布,受村民监督。云南沧源的翁丁村也是采用这样的工分制来管理和推进社区参与旅游的发展。此种模式能全面调动村民参与旅游开发和旅游活动,有利于村民关心民族文化的开发内容和开发前景,对民族文化的保护起到积极作用,但是工分制的管理和分配方式也显出其不足之处。缺乏激励机制和竞争机制,导致经济发展缓慢。四川北川羌族自治县乌龙寨也是成功的范例,从2000年9月村民杨华武率先带领村民自主开发旅游以来,累计接待游客12万人次,村民的收入迅速增长。村民们的经济收入快速增加,杨华武在发展的过程中成立了由村民主导的公司管理经营,但由于不是社区外部公司的进入方式,其根本模式仍然是社区自主型模式的成功典范。

社区自主型有利于充分尊重社区居民的意愿,自主经营,自主管理,内部监督,结合当地实际,亦农亦旅,充分保证村民利益,管理成本较低,灵活多样。其缺点是前期基础设施投入资金短缺,效率相对较低,经营发展缓慢,接待能力有限,市场营销能力

---

① 梁玉华. 少数民族村寨生态旅游开发与旅游可持续发展探讨——以贵阳花溪镇山村旅游开发为例. 生态经济,2007(5):113-117.

欠缺,抗风险能力弱。"社区参与"旅游在乡村旅游中被广泛讨论,且在理论上探讨内部分配的公平性、社区参与机制等。

(三)企业主营型

企业参与经营和管理是很多民族村寨、镇(乡)的首选方式。即社区农户提供资源,公司以资金形式投入开发,公司利用资金和管理的优势,围绕开发地民族文化,开发一系列旅游产品,另一方面引导社区农户多渠道参与景区的旅游发展,通过公司运作,将农户作为旅游资源和人力资源的优势整合利用,投资开发。公司以收门票方式赢利,同时又为旅游发展不断投入新的资金。这类管理类型发挥了企业具有的旅游经营管理优势,在资金投入、运作管理上具有相对成熟的经验,能够克服政府和社区单一经营管理的诸多缺点。但这一模式往往忽视社区自然资源、人文资源以及历史文化资源的重要价值,在旅游开发过程中若不能更好地体现社区居民的利益,不能更好地了解并渗透社区居民的旅游开发意愿,就会引发社区的不满和矛盾,从而导致社区居民对旅游开发企业的不满和反感,进而影响社区民风,影响旅游开发的顺利进行。因此,企业经营也离不开当地政府在整合社会资源方面的重要作用,特别是涉及土地、建筑等公共管理等方面发挥的重要作用。独立的企业运作管理在一段时间后都将过渡到与政府、社区居民合作开发管理的模式上来,形成利益共享,共同管理开发的形式。在未来村镇的旅游发展中,现代企业的大规模进入是一种必然趋势。一味批评其负面影响,并不能抵挡住历史发展的潮流,所以,对现代企业如何参与民族村镇旅游开发作深入理性的研究显得十分必要。

(四)"政府+企业+协会+农户"复合型

"政府+企业+农户+协会"复合型是民族村镇旅游的主要模式和成熟模式,代表着趋势和方向。在此种类型中,还可以细分为"公司+农户"、"公司+政府+农户"、"公司+政府+旅游协会+农户"、"公司+政府+基层组织+农户"等模式。此模式克服了单一经营模式的诸多缺点,使各种资源得到有效整合,提高管理效率,降低管理成本,共同管理,利益共享。在内部管理中还存在管理不善、利益分配不合理等问题,将随着当地的发展情况逐渐过渡到多方参与的股份合作制,即形成企业、政府、社区、村民通过资金、固定资产、人力等形式共同投入,企业经营、政府服务、社区村民参与管理,按照投入股份分红获益的现代企业制度。

安顺"天龙屯堡模式"就是这样的"政府+公司+旅游协会+农户"模式。即政府负责规划和基础设施建设,优化发展环境;公司负责经营管理和商业运作;农民协会负责组织村民参与表演、导游、工艺品制作,提供住宿、餐饮等,并负责维护和修缮各自的传统民居、协调公司与村民的利益;旅行社负责开拓市场,组织客源,各方面按照分工各负其责。这样就有效地避免了村民从事旅游业可能造成的过度商业化,最大限度地保持当地文化的真实性。以云南西双版纳傣族园为例,村民提供村寨资源,以其世代所居的干栏式竹楼建筑群落、自然生态环境、田园风光以及古老的佛教文化,长期生活劳作中所形成的丰富多彩的民族文化构成景区的主要背景,公司以资金形式投入对景区的基础设施、接待环境进行改造。公司投资开发利用,统一策划、统一包装、统一宣传,公司与农户共同参与,走向市场,互惠互利,共同发展,走旅游致富之路。① 四川桃坪羌寨("五一二"地震前)也是公司加农户的模式,村民以房屋面积的大小以及每户人口的数量作为股份入股,公司收取门票,每年每股根据入股的多少从门票收入中分红。

这种模式发挥了产业链中各个环节的优势,城市企业与地方合资合作,利益共享,形成"经营者共生化"。外来经营者和本地经营者通过提供不同等级和类别的旅游产品吸引不同的旅游市场,互相依存,避免同质化恶性竞争,达到合资、合作开发民族村镇旅游。此模式还能够使产业链本地化,利用本地资源包括原材料和人力资源等,以旅游为龙头,优化配置相关产业,在本地生产和销售产品,形成完整的产业链,最大限度地使旅游收益留在本地,有效安置当地居民就业,达到扶贫的效果。

四、基本模式的相互关联性

民族村镇旅游开发展期间,各种模式不是一步到位的,也不是决然分离的。总是要随着民族村镇旅游的不同发展阶段的需要而发生变化。政府主导型在多年发展中对于健全各种管理体制和机制,完善各种基础设施等公共工程的建设,加强旅游发展的总体规划等方面起到了巨大作用。但是从国际和国内的实践证明,发展旅游主要不能靠政府,最终必须发挥企业的主体作用,要实现大的发展,必须依靠强有力的旅游企业群体作支撑。同时,作为旅游资源所在地的社区,也应成为旅游开发的主体,更应该是旅游开发的受益者,尤其是民族村镇旅游的资源特殊性更加决定了民族村镇旅游业中社区参与的重要作用。社区自主开发充分考虑社区利益和社区发展,尊重社区文化持有者。1997年6月颁布的由世界旅游组织、世界旅游理事会与地球理事会联合制定的《关于旅游业的21世纪议程》中,明确提出了旅游业可持续发展应将居民作为关怀对象。并把居民参与当做旅游发展中的一项重要内容和不可缺少的环节。只有社区的积极参与,才能更好地保护民族文化、促进民族村镇的农村建设,实现旅游产品的深度开发和持续发展。但是社区自主型会受到社区居民综合素质和能力的制约,还有资金、管理上的不足等因素,从而影响旅游发展,最终影响社区发展。因此,实行政府、社区和企业合作的模式,理顺三者在开发中的位置和利益关系,是民族村镇旅游业发展应当积极思考的问题。三者间的配合、实现开发主体的多元化合作,使资本和资源的结合能力与渠道多元化。三种基本模式中,从发展所需的资金实力和行业优势来看,公司主营型是最具有优势的一种开发模式,走股份制发展的道路,是能够协调各个方面矛盾的一种有效途径。用村民入股的方式来实现利益分配,确定旅游开发中村民居住地和自身作为旅游资源的现实利益,具有人文的关注和可持续理念。在利益分配中体现社区居民作为资源主体、文化主体的身份,是民族村镇旅游可以持续发展的根本前提。

---

① 罗平,和少英. 旅游开发进程中民族文化的保护与传承——以西双版纳傣族园为例. 云南民族大学学报(哲社版),2006(1):70-76.

景点与社区叠合式旅游开发模式研究
——以云南省玉溪市新平县南村为个案

辛立波　杨　慧

（云南大学民族研究院　昆明）

【摘　要】本文以云南省玉溪市新平县南村花腰傣的旅游开发为案例，试图通过对该村旅游景点开发的具体过程进行人类学分析。南村依托其得天独厚的区位优势和自然、文化旅游资源，围绕"聂耳母亲的祖籍故乡"做文章；社区居民是花腰傣文化资源的载体，他们的日常生产、生活成了景区的主要构景要素，从而展示了南村景区与村寨一体化，形成了景点与社区叠合式的旅游开发模式。民族地区开发旅游，社区景点的建构，离不开当地社区居民的参与，且少数民族社区居民也有能力开发本民族的资源，这不仅有利于本民族传统文化的传承和保留，也能催生本民族的文化自觉意识。

【关键词】景点与社区；叠合式旅游开发；花腰傣

一、研究缘起

1990年以来，中国政府加大了对旅游业的重视，明确将其列为"国民经济新的增长点"以及"有利于推动区域经济特别是中西部地区经济发展"的措施之一。[①]可见，旅游正在成为拉动国民经济快速发展最为重要的"发动机"之一。旅游，就其行为本身而言，它成了改善国民生活质量、促进人类与自然的和谐相处、改变人与人相互关系的重要说明和途径。[②]此后，旅游已成为备受全社会关注的热点话题，特别是民族旅游及其所引起的影响更是旅游人类学研究的热点。

民族旅游，是我国少数民族地区兴起的一种旅游形式，主要指以民族文化为特色的旅游，而民族村寨则是展示民族文化的最集中和最真实的空间载体。随着"锦绣中华"和"深圳民俗村"的成功经营，大大刺激了民族旅游的发展，以至于在20世纪90年代中后期出现了一个开发的高潮。

[作者简介]　辛利波，女，云南大学民族研究院，硕士研究生。xlb_ynu.edu@163.com。杨慧，女，云南大学民族研究院，教授、博导。huiy55@126.com。

① 参见国家旅游局局长何光伟的讲话. 再接再厉，奋进开拓，积极培育和发展旅游业这个新的经济增长点. 中国旅游报，1999-01-07.

② 彭兆荣."体验差异"：民族志旅游与人类学知识，133.

本科阶段,笔者第一次来到聂耳母亲的祖籍故乡——南村,通过这次田野实践,笔者关注到南村的旅游开发问题。南村从 2006 年开始"搞"旅游开发,三年多的时间,南村的旅游基础设施慢慢地发生了改变,但这种改变比较缓慢,不仅来该村的游客较少,而且多是以考察学习为主。为了探讨南村的旅游开发,自 2009 年 9 月至 2010 年 10 月,笔者先后五次进入田野点——新平县漠沙镇南村进行田野调查。

二、问题的提出

20 世纪 70 年代以来,随着全球化进程的加快,民族旅游不仅被视为拉动民族地区经济的"马车",也成为宣传少数民族文化、实现全球化诉求的途径。在这些因素的推动下,国家与民族地区开始了轰轰烈烈的"民族旅游开发运动"。为了迎合游客的需要,民族地区在旅游开发中利用各种资源打造景点,以吸引游客。

旅游开发的过程,从某种意义上说是建构游客凝视对象——旅游景点的过程,在这种特定的时空领域中,所建构的凝视物是与日常社会生活不同的、异常的东西,通过观察、分析这些异常的东西,可以更好地思考日常社会生活中的方方面面,包括当地人为什么要开发旅游。人类学倡导自下而上的社区参与旅游开发,在开发中要关注社区居民的声音,考虑他们的利益,这样的民族旅游开发,不仅能够促进社区经济的发展,还有利于少数民族社区传统文化的传承和保护,从而实现旅游的可持续发展。

鉴于此,笔者拟以云南省玉溪市新平县漠沙镇南村花腰傣的旅游开发为个案,试图通过对南村旅游开发的具体过程进行人类学分析,以期充实民族旅游开发模式的相关理论,并对民族地区居民如何建构旅游景点进行初步探讨。

三、田野点介绍

(一)地理环境

南村位于新平县南部,距漠沙江①600 余米,距元康国际大道 20 公里,红河穿境而过,海拔 422 米,是新平县海拔最低的村庄,也是花腰傣聚居区最古老的村庄之一。从新平县城出发,行驶 100 公里便可到南村。南村是红河流域一带典型的花腰傣傣雅古寨,现有 40 户人家,168 人,除了有汉族 1 人(娶进来的媳妇)、彝族 1 人(娶进来的媳妇)以外,其他人均为傣雅。

(二)历史沿革

关于元江傣族的历史渊源,江应樑先生在其《傣族史》一书中有所介绍:"唐代黄河流域的僚人,都分布在甘棠州(今屏边)以下一带,到了宋代,即不断溯红河向北迁徙,他们被称为'白衣',也称'白夷'。这部分白夷首先迁入的地区就是元江。其实元江早就有白夷部落分布……"②。谢光庭在《关于聂耳的外祖父是元江傣族的调查始

---

① 红河在漠沙境内的称呼。
② 江应樑. 傣族史. 成都:四川民族出版社,1983:28.

末》一文中提到:元江傣族为当地的土著民族之一,自称均为傣族,按居住地域划分共有8个支系,即"傣喇"(又称"水傣")、"傣仲"、"傣雅"、"汉傣"、"傣章"、"傣朗"(又称"黑傣")、"傣撮科"、"傣南岔"。在这8个支系中,除"傣喇"外,其他7个支系均为"花腰傣"①。"花腰傣"是其他民族对主要分布在红河流域的傣族的一种称呼。其被称为花腰傣,是因为傣雅妇女的服饰别具一格,腰间所缠锦带如彩虹,因此,被其他民族形象地称为"花腰傣"。

四、南村旅游开发的优势

(一)丰富的自然与文化旅游资源

"旅游资源是客观存在的自然和文化现象,当这些现象能对游客产生吸引力时,它们就能构成旅游业开发利用的旅游资源。"②从这个概念来看,旅游资源可以划分为自然旅游资源与文化旅游资源两大类。南村花腰傣社区不仅拥有丰富的自然旅游资源,还有独具特色的文化旅游资源。因此,南村的旅游开发依托该村得天独厚的区位优势和丰富的自然、文化旅游资源,并围绕"聂耳母亲祖籍故乡"这一品牌做文章。

(二)南村的旅游开发机制

南村的旅游开发实际上是"当地文化精英主导,社区民众积极参与"的一种自下而上的"社区主导"模式。

1. 文化精英——杨村长与旅游开发

可以说,南村的旅游开发与杨村长的努力分不开,无论是从他担任南村村长之前还是当了村长之后,杨村长应该称得上是南村的一位精英,这可以从其个人经历中表现出来:

我从15岁就开始帮村里记工役了,比如今天下午开会,明天去犁田、栽秧几个、耙田几个……晚上就记工役。我在1979年的时候就当会计了,到1984年1月时选我当生产队队长,选上了,但是村上又叫我去干文书,所以我就去干文书了,一直到1990年8月。1991年10月我去当村长,干到1995年12月,1995年12月到1998年12月当支书,后来就没有干什么工作,一直到2007年我才来干南村村长。我1984年、1985年就开始栽柑果,我是文书,老百姓相信我,于是我就带动大家栽柑果……。

2005年11月28日,知晓彭寂宽女士祖籍的李国祥(彭保)多次来向我反映真实情况后,当时我什么都不是(既不是组长,也不是村干部),但是作为一名中共党员和花腰傣的儿女,深入调查落实彭寂宽女士祖籍的责任感油然而生,并且随着调查的不断深入,这种责任感越来越强烈。从此以后,历经半年多的时间,我对3个县7个村委会共14个村民小组20多位彭家后辈和知情人进行了反复的走访调查,并写了《彭寂宽在新平县漠沙的家族谱系调查》一文……

---

① 云南省民族学会傣学研究委员会. 云南元江傣族研究文集. 昆明:云南民族出版社,2007,6-156.
② 潘盛之. 旅游民族学. 贵阳:贵州民族出版社,1997,117.

因为杨村长的努力,再加上村民的积极参与,2006年8月9日上午10时,新平县漠沙镇曼线村委会花腰傣古寨南村举行"纪念人民音乐家聂耳与母亲彭寂宽女士图片资料展览室"落成典礼。自此,确立了南村是聂耳母亲的祖籍故乡。

2. 社区居民与旅游开发

南村的旅游开发是景区与村寨一体化,景区与社区叠合在一起的,因此,社区居民是花腰傣文化资源的载体,也是南村旅游开发系统中的内在变量,他们的日常生产、生活成了景区的主要构景要素。因此,南村村民是旅游开发中的文化主体,也应该成为旅游开发的参与主体与利益主体。

南村村民是以"记工役"的形式参与该村旅游开发的。工分制是集体经济时期落实"按劳分配"制度的一项具体措施。从农业合作化初起,也就是互助组开始,各种各样的工分制就在各地广泛展开。① 而"记工役"是南村村民在旅游开发过程中利用其在长期生产、生活实践中对"工分制"这一观念、组织和制度的继承。按工分计酬,是为了补偿村民因参与本社区开发旅游所建设的旅游设施和村民因接待游客造成的误工。制度规定,村里的旅游设施建设需要"出工",所有村民都要参与,如果家有事的村民也可不去。这一制度贯穿了"家家都出力,户户都受益"的原则。如修公房需要石头,村民就到漠沙江边拿石头,以2010年6月9日上午为例:

表1②

户主	出工内容	工役个数(个)
杨建周	江边拿石头1人=1天	1
杨世文	江边拿石头1人=1天	1
李文林	江边拿石头1人=1天	1
杨明生	江边拿石头2人=1天	2
……	……	……

一般来说,一个上午的事只记半个工,但这天拿石头的人少,且拿的石头总量是一天拿的石头总量,为了公平,村长决定给这天拿石头的人记一个工。

又如村里有游客来,需要全村接待的,所有村民均可参与接待,并按贡献大小进行记工。以2009年2月11日下午加拿大游客来游为例:

---

① 张江华. 工分制下的劳动激励与集体行动的效率. 社会学研究,2007(5):1-20.
② 资料来源:根据调查材料整理。

表 2①

户主	出工内容	工役个数（个）
李文林	迎接加拿大旅游团 1 人 = 半天	0.5
亚汉庭	迎接加拿大旅游团 2 人 = 半天	1
杨明生	迎接加拿大旅游团 3 人 = 1 天	3
杨志永	迎接加拿大旅游团 1 人 = 半天	0.5
……	……	……

每户单独有一个"工役本"，不论是参与村子的建设还是接待游客都要记工，每次记多少个工，是根据参与事务的贡献大小来定，由副村长记录。村长有一个"总工役本"，记录每家每户一年的"总工役"，等到年底时，每户将自己的"工役本"交给村长，村长将每户的"工役本"记录与"总工役本"的记录进行核查，如果少记的要补上。每年年底结算一次，收入和分配受全村村民的监督。以 2009 年为例：

表 3②　南村 2009 年度农户投义务工日结算表

项目 姓名	承包人口（人）	应投工日		实投工日		找补工日实数		备注
		工日数（个）	金额（元）	工日数（个）	金额（元）	应补交款（元）	应得款（元）	
罗文光	2	7.5	75	9.5	95		20	
罗文义	4	15	150	21	210		60	
罗文青	4.5	16.9	169	1.5	15	154		
范学关	4.5	16.9	169	9.5	95	74		
范学祥	2.5	9.4	94			94		
李永华	3	11.3	113	14	140		27	
李永明	4.5	16.9	169	22.5	225		56	
白世林	6	22.5	225	8.5	85	140		
杨明生	3	11.3	113	36.5	365		252	
杨志永	3	11.3	113	14	140		27	
……	……	……	……	……	……	……	……	
小计	80	300.6	3 006.00	380.5	3 805.00			
总合计	168	631	6 310	631	6 310	1 345	1 345	

---

① 资料来源：根据调查材料整理。
② 资料来源：根据调查材料整理。

计算方法是:一年的义务工等于这一年度该村40户村民所投义务工的总和。2009年南村总投义务工631个,由168个承包人承担,即631÷168=3.756,也就是人均(指承包土地的人口)应投工3.756个,如杨志永家共有3个土地承包人口,那他家在2009年度就应该投3.756×3=11.3个义务工,如果他家在该年度所投的义务工多于11.3个,那就用所投的实际义务工减去应该要投的义务工,所剩的即是他家这一年度多的义务工钱。每年每个义务工多少钱要根据这一年度的物价水平来定,如2009年度,每个义务工按10元结算。那么杨志永家多投义务工的应得款即14×10-11.3×10=27元。以此类推,如果义务工不够的,就要拿出钱来。

"大体上说,一个社区的人民对那些和他们传统价值观念及组织形式有连续性的或相似的促进因素最容易接受。即使他们是在探求一种全新的事物,他们也常用其所熟悉的旧的结构和原则来表示他们的新的组织结构。"①南村的旅游开发,由村民投工投劳、自主规划,不仅对南村花腰傣村民,在55个少数民族地区来说都是一件新鲜的事物。对这种新事物的探索,南村村民利用了社区熟悉的、旧的社会组织方式,对他们而言,赋予"工分制"新的内容是一个自然而然的过程。南村的旅游开发在形式上借用了集体时期的"工分制"进行开发和分配,但也并非全部照搬,而是有所改进。两种"工分制"的差别关键在于在旅游开发场域下运用的"工分制"的基本原则是"自愿参与,出力多的多得,出力少的少得";而集体时期的"工分制"是强制性的,农民除了参与别无选择,规则也是国家定好的,是国家意志的体现。而南村的"工分制"是自愿的,规则是大家讨论出来的,是社区居民参与旅游开发能动性的表现,也是社区花腰傣文化自觉的表现。

五、景区旅游景点的建构

(一)祭竜节的恢复

"祭竜",傣语叫"等蛇",即掌管全村的鬼神所栖息之地。"等蛇"有等级之分,最大的是掌管全村,其下有专管人之生老病死的,管家禽(如鸡、鸭、鹅等)的,管牲畜(如猪、牛、狗等)的,管农作物的等,但"祭竜"节,一般是祭祀掌管全村的"等蛇"。

"祭竜"节是红河流域花腰傣的一个传统节日,于每年农历二月的第一个属牛日举行。

居住在红河流域的花腰傣以种植水稻为主,可以说水稻就是他们的生命之本。相传,很久以前,有很多像老鼠一样的动物经常到田地里损坏庄稼,花腰傣先民认为这些损坏庄稼的动物是住在树上,它们的灵魂也在树上,于是,就请"雅摩"②来念经,选出一棵树作为该村的"竜树",在农历二月的第一个属牛日这一天去祭祀,祭祀后,就不再有动物之类的东西来损坏庄稼了,花腰傣先民获得了大丰收。从此以后,每村每寨

---

① 张江华. 工分制下的劳动激励与集体行动的效率. 社会学研究,2007(5):1-20.
② 傣话,即巫婆,是当地专门驱鬼的神职人员。——作者

的花腰傣在每年农历二月的第一个属牛日都要"祭竜",并把这一天定为"祭竜"节,这样世代相传,一直延续至今。

南村的祭竜节具体从什么时候开始无人知晓,熟悉当地历史的老人告诉笔者:"解放前,就开始祭竜了。解放后到1953年前后,大部分人去搞建设了,在家的人少,这段时间祭竜节中断了,到20世纪60年代的前几年又开始搞;1965年"文化大革命"开始,又中断了;到1977年、1978年的时候,政策开始好起来,又开始过祭竜节,搞了三四年,后来没有人搞,又中断了,一直到2008年又重新开始过祭竜节"。

在2008年农历二月的第一个属牛日,南村又一次开始过祭竜节。

"祭竜"节历时2天。农历二月第一个属牛日是最主要的一天,所有的祭祀活动都在这一天举行。而前一天主要是筹备祭祀当天需要的东西,如祭祀用的猪头、鸡、鸭、酒以及村民集体吃饭所需的物品,等等。"祭竜"主要由"竜头"来主持,所谓"竜头",就是主持"祭竜"仪式的人,共三人,一个"大竜头",两个"小妖"。在祭祀的前两三天,要选出这一年的"竜头"。那么,"竜头"怎样选出来的呢?规则是每户任意拿一件衣服来前一任"大竜头"家称,以最重的衣服为标准,不够重量的要拿米加进去,使每家拿来的衣服一样重。过两三分钟后,按照第一次称衣服的次序,"大竜头"重新把每户的衣服再称一次,同样,两个"小竜头"负责记录每户所称衣服的重量,称完后,就会出现有些人家第二次所称衣服的重量比第一次所校正的标准重量要重,那么"大竜头"就由衣服最重的这一家男主人担任,然后依次再选出两个"小妖"。"竜头"的任务就是持刀杀牺牲、献贡品,而"小妖"主要是协助"大竜头"。在经济全球化的今天,南村花腰傣人的思想认识逐步提高,大家对之前选"竜头"的方式都产生了怀疑;此外,村民们认为以前的选举方式很麻烦,且浪费时间,于是,从2008年的"祭竜"节开始,当地村民就重新制定选举竜头的方式,即按照门牌号数来定,比如去年是1号家做"大竜头",那么2号、3号家就做"小竜头",这样类推下去。

祭祀前一天,筹集财务。"祭竜"的费用由全村各户平均分担。筹集规则就所处年份的经济情况而定,一般是根据当地最低人均消费水平而定。筹集的钱主要用来购买一头肥猪和其他祭品。猪是主祭的牺牲,猪头要供在竜树下,剩下的猪肉供参加"祭竜"的人聚餐用,如果有剩下的就平均分配由各户带回去。钱筹集好以后由村长派人到集市上去买第二天祭祀所需物品以及食用物品。

"祭竜"仪式由"竜头"主持。祭祀当天,即农历二月属牛日这一天早上十点之前,要把已备好的祭祀用品放在祭桌上。此外,每户还要用塑料袋装一两斤大米,里面放一两块钱,拿给"雅摩",如果做竜粑的人家,还要装上一小袋,一并拿给"雅摩"。十点时,"雅摩"就坐在祭桌前念,大意是:请掌管全村的鬼神,保佑全村人平安、无病无灾,牲畜兴旺,五谷丰登,等等。在这期间,"竜头"要把祭品拿到竜树那里准备好,等到"雅摩"念到可以杀鸡、杀鸭的时候,"竜头"就将鸡、鸭杀来祭祀竜树。三五个男村民负责制作"达寮",而其余的村民则准备中午要吃的饭菜。

祭完竜树后,还要把祭品拿到村子中心,祭祀村子,即祭寨神,乞求全村人平安,无病无灾、牲畜兴旺、五谷丰登等。祭祀完后,全村人便在竜树附近找一片干净之地,集体吃午饭。聚餐后,"竜头"将"达寮"拿到田边的水源口。南村花腰傣的"祭竜"节除了要祭祀竜树和村子以外,还要去当地的土地庙祭祀。这样,"祭竜"仪式就到此结束了。

南村村民根据他们的记忆,重新恢复祭竜节,不仅保存了本民族的文化传统,还为该村的旅游开发提供了文化资源。正如学者白莲所说:"历史记忆如何帮助一个族群发现可作为旅游资源的人文景观,而这些人文景观又反过来服务于该族群的文化形象的塑造。"①

(二)聂耳母亲节

1. 聂耳母亲节的确立

2005年11月28日,知晓彭寂宽女士祖籍的村民——李国祥(彭保)多次对杨建舟说:"彭寂宽的祖先是从我们村出去的……"当时既不是组长,也不是村干部的村民杨建舟,历经半年多的时间,对玉溪市3个县7个村委会共14个村民小组的20多位彭家后辈和知情人进行反复的走访调查,并写了《彭寂宽在新平县漠沙的家族谱系调查》一文,调查所得的相关材料、情况与研究聂耳的专家谢光庭老师和崎松先生的调查材料相吻合,证实了彭家祖先曾居住在曼线片区的花腰傣古寨南村,且在南村找到了聂耳的外曾祖父故居,这一事实,促成了南村聂耳母亲节的确立。因此,2006年8月9日上午10时,新平县漠沙镇曼线村委会花腰傣古寨南村举行"纪念人民音乐家聂耳与母亲彭寂宽女士图片资料展览室"落成典礼,聂耳研究专家崎松教授亲临现场;漠沙镇人民政府、镇文化站和村委会领导也到南村祝贺;此外,南村附近村庄的傣族群众也参加了落成典礼,并观看展室的图片资料,以及南村村民自发组织的民间文艺表演活动。自此,确定了南村是聂耳母亲祖籍故乡,并将12月23日定为聂耳母亲节。

到目前为止,南村一共举办了4次纪念聂耳母亲节活动,分别是2006年12月23日,2007年12月23日,2008年9月27日,2009年9月27日。之所以选在这两天,是因为12月23日是聂耳母亲的祭日,而9月27日是其诞辰日。

2. 聂耳母亲节仪式

笔者在调查期间,有幸参加了2009年度聂耳母亲节。在节日的前一天就要开始准备第二天需要用的东西,比如烟、酒水、菜,等等。

9月27日凌晨4点过后,在这伸手不见五指的时候,只听见村民们说话的声音,突然,一阵牛叫声,才知道牛被杀死了。离杀牛不远的地方,有三四个男人将两口大铁锅架在前一天挖好的"灶"上,并向锅里灌水。牛杀死以后,就用小锅或桶将烧开的水舀来浇到牛身上,把皮毛软化。花腰傣是一个勤俭、节约的民族,也是一个爱护环境卫生的民族。杀一头牛,牛身上的东西一点都不浪费。之所以要将牛拖到杧果树下,一是避免牛流出来的血溅到地板上;二是可以将牛毛埋在杧果树下,这样一来,不仅可以肥土,还保护了环境卫生。天慢慢地亮起来,村民们都出来了,五六个小伙子手中提着

---

① 白莲.历史记忆与民族旅游——满族身份重新建构的个案研究.147.

十多只鸡、鸭,正向大杧果树下走来。五六个中年妇女拿着扫帚开始打扫卫生,一直从村口打扫到村尾;杀牛的男人们仍然在忙着将牛肉切好;而妇女分成两群,一群人拣菜,一群人洗菜;最清闲的要数小孩子了,他们则是打闹、嬉戏……好一副繁忙的景象。准备饭菜的、准备表演的,等等,大家各行其是。随着主持人"各位领导、各位来宾和南村朋友们,大家上午好……"的开场白话语完毕后,表演开始了,首先是南村歌舞协会表演的舞蹈——银铃操;之后是镇老年文艺队的表演;接着是……最后,客人及村民一起娱乐,就这样,早上的表演结束了。此时已接近中午一点,客人和村民共享午餐。

南村花腰傣是一个热情好客的民族,无论是远方的客人还是近邻,只要来到傣家,他们都会热情地款待你。这种热情主要表现在饭桌上,如果是平时到南村做客,村民们会杀鸡、宰鸭来招待你;如果是过节,还要杀牛,全村人一起招待客人。一桌桌美酒佳肴,让客人感觉到南村花腰傣人的热情、好客。尽管午饭吃得晚,但晚餐还是不能省去的。下午7点多时开始吃晚饭,由于晚餐吃得晚,有些人还没有吃好,主持人就开始请演员准备,晚会即将开始。晚上的节目主要有:

表4①

节目序号	表演形式	表演名称	演出单位
1	花灯歌舞	游新平	滇花艺术团
2	民族小调	聂耳母亲的故乡	漠沙镇文艺队
3	花灯小戏	骗赌	滇花艺术团
4	独唱	彝族歌曲《映山红》	玉溪市民宗局普福
5	歌舞	开门红	漠沙镇老年文艺队
6	舞蹈	傣乡情韵	南村文艺队
7	独唱	母亲	滇花艺术团
8	烟盒舞	彝山情歌	漠沙镇老年文艺队
9	民族小调	傣家姑娘跟着党	漠沙镇文艺队
10	花灯小戏	催花轿	滇花艺术团
11	二人唱	朝鲜歌曲《一个护士的故事》	县文联任老师、方老师

南村的旅游开发是在"聂耳母亲祖籍故乡"这个旅游品牌确认以后才开始搞的,可以说,"聂耳母亲祖籍故乡"这一旅游凝视物的建构为该村的旅游开发注入了生命力。此外,这种"名人效应"不仅可以激发本地和外地游客、甚至国外游客对南村花腰傣文化的了解,对东道主来说则可能激发其族群认同意识和对本民族文化保护的意识,并进一步激发社区居民的文化自觉意识。

---

① 资料来源:根据调查材料整理。

（三）南村文化展览室

为了开发旅游,南村村长和村民一起建构了社区旅游景点——南村文化展览室。文化展览室于2009年1月28日开始修建,计划到2010年9月底完全竣工。南村文化展览室共两层,第一层有四间:一间用来展示纺车、织布机,村民可以在里面纺纱、织布,墙上还可以挂村民自己织的布;一间墙上展示聂耳及其母亲的图片资料,白天时南村妇女可以在里面刺绣;一间展示花腰傣服饰;一间用来展示花腰傣的生产、生活的用具;一间用来搞农村书屋,墙上还可以展示南村的自然风光,村民可以自由地在里面看书。第二层有三间:一间用来做支部、计划生育、歌舞协会的办公室;一间做组委会议室;一间是组长、副组长办公室。

保继刚指出,区域经济背景部分决定了旅游投资和区域经济的发达程度,直接影响到投资能力、开放规模和方向。正如保继刚所说,南村经济发展水平低,经济普遍落后,财政拨款十分有限,再加上缺乏必要的融资手段和措施,因而用于旅游开发的资金非常匮乏,导致文化展览室里的展示品暂时还不能设置,使举办2010年聂耳母亲节时开放文化展览室这一计划化为泡影。

（四）开设农家乐

旅游景区的开发与游客出行的目的——食、住、行、游、购、娱——是密切相关的,南村的旅游开发也是在这个框架下进行的。因此,除了要有吸引游客来南村旅游的文化展览室、祭龙节、聂耳母亲节、民间表演等,还要有供游客吃、住的地方。为了满足游客的需求,南村建构了"农家乐"。

1. 第一批农家乐

2008年,南村建构了8家农家乐,即第一批农家乐。这批农家乐完全是用当地的民居作为接待游客的地方,没有经过任何的装修,游客可以体验原汁原味的花腰傣传统民居生活。

2. 第二批农家乐

2010年3月,南村开始建构第二批农家乐,每户村民都可以申请。经过村民自愿参与,再结合县旅游局的安排,此次一共新建了3家农家乐。其中有2家是在原来农家乐的基础上再继续打造。在前期,给每家3吨水泥,用来粉刷墙面。农家乐搞好以后,请镇上管旅游工作的领导来参观,达标后,镇上每家补贴一万元钱。这钱不直接给村民,而是拨给镇上专管旅游工作的封主席,由他买来冰箱(但是其中有两家以前就给过了,这次就不再给了)、空调、太阳能以及消毒柜,并分发给3家农家乐,剩余的钱才给村民。搞农家乐的这几家每家至少要配一个水冲厕和一个浴室,水冲厕、浴室都要用瓷砖贴。此外,厨房也要用瓷砖贴,至于具体施工还是由村民自己决定。

事实上,在旅游业中描述一种文化或往事时,再制造某些能使人相信的事件比某些事件的真实性往往更重要。① 因此,打造南村花腰傣民族旅游生态村,建构聂耳母

---

① 杨慧,陈志明,张展鸿. 旅游、人类学与中国社会. 昆明:云南大学出版社,2001,5.

亲祖籍故乡、恢复祭竜节、修建文化展览室等,不在于这些东西到底是真实的还是建构的,重要的是这些景点能够吸引游客,且游客相信这些东西。

六、结语

实践已充分证明:政府主导型旅游发展战略符合作为发展中国家的国情和我国旅游产业发展的实际。因此,这一战略也成为行业认同、部门认同、地方认同、深入人心的选择。而事实上,旅游社区居民是其文化的创造者和拥有者,同时又是旅游开发社会成本的主要承担者,那么,随着当地社会经济的发展水平和居民文化程度的提高,主体意识的觉醒,居民会越来越强调维护自己日常生活、保护生活隐私的权利。因此,让村民参与决定"开发什么,怎样开发",听取社区居民在旅游开发中的声音,保障社区居民在旅游开发中的应得利益,为其民族文化的传承和生态环境的保护提供经济保护动力和文化心理动力,是民族地区旅游业可持续发展的关键。[1]

南村的旅游开发尚处于初始阶段,因此,没有明显的经济收入。其经济收入只是镶嵌于"义务工"中,也就是当有客人来南村游玩的时候,村民以各种方式参与到游客接待当中,如妇女穿本民族服饰在村口用传统方式——过红线来迎接客人;如果客人留下来吃饭,则是全村接待,一些妇女就穿着本民族服饰去敬酒;继而是游客观看南村文艺队的表演等,按照参与的不同方式,以及每户参与人数的多少记不等的"义务工",待到年底时结算。南村开发旅游,尽管经济上尚没有多少收入,但是村民的民族文化自觉意识逐渐提高了。从环保意识层面来说,村民不仅把自家门前的卫生打扫干净,就是整个村寨的卫生大家都很爱护,一些妇女还经常自觉打扫村寨卫生。从民族文化传承方面来说,花腰傣是一个能歌善舞的民族,尤其是花腰傣的小调,非常优美。正如当地村民罗文桂所说:"我们花腰傣的小调非常好听,我们花腰傣人人都爱唱。"罗文桂不仅自己唱,还经常编一些新的花腰傣小调,教她女儿(罗凯茜,在曼线小学读五年级)唱,还唱给其他村民听,慢慢地,其他村民也会唱了。此外,为了开发旅游,南村村民自发成立了"南村文艺表演队",在表演队队长的带动下,不仅是表演队队员在晚上编练舞蹈,其他村民、甚至是一些小女孩如罗凯茜、罗凯华等都参与进来,就连只有十一二岁的罗凯茜、罗凯华都说:"……虽然我们不参加大人们表演,但是我们还是喜欢晚上的时候和她们一起学跳,等到长大以后就可以参加跳了。"

在民族旅游开发中,社区居民从"文化代理"到"文化自理",不仅需要政府和专家的引导,更重要的是村民的文化自觉。[2] 如卢西诺·密纳彼(Luciano Minerbi)所言及的关于旅游和夏威夷的土著,"旅游应该是小规模的,具有生态和文化导向的,及更多属于本土的。"[3]南村的旅游开发正像卢西诺·密纳彼所说的那样,且该村旅游景点的建构,都是在村民自觉参与开发的前提下进行的,这种开发模式,不仅有利于本民族传

---

[1] 刘晖. 旅游民族学. 北京:民族出版社,2006,357.
[2] 刘晖. 旅游民族学. 北京:民族出版社,2006:357.
[3] 杨慧,陈志明,张展鸿. 旅游、人类学与中国社会. 昆明:云南大学出版社. 2001,5.

统文化的传承和保护,且有利于该村旅游业的可持续发展。

综上所述,本文对南村旅游开发具体过程的分析,展示了南村景区与村寨一体化、景点与社区叠合在一起的、一种自下而上的旅游开发模式。该社区居民是花腰傣文化资源的载体,他们的日常生产、生活成了景区的主要构景要素,应成为旅游开发的参与主体与利益主体。民族地区开发旅游,社区景点的建构,离不开当地社区居民的参与,少数民族社区居民也有能力开发本民族的资源,这不仅有利于本民族传统文化的传承和保留,也能催生本民族的文化自觉意识生发。

延龙图区域一体化旅游发展战略研究

孙丽坤

(大连民族学院经济管理学院　辽宁　大连)

【摘　要】 本文基于延龙图区域一体化旅游发展的重要性,从宏观层面提出了用行政手段解决旅游发展障碍,用规划手段进行总体布局,用资本手段实现利益共享,用区内市场合作带动区外市场合作的旅游发展战略框架。并从微观角度讨论了延龙图区域一体化旅游的深度发展思路和旅游服务支撑体系的运行策略。

【关键词】 区域一体化旅游;发展战略;延龙图

引言

区域经济一体化,即按照自然地域的经济内在联系、商品流向、民族文化传统,以及社会发展需要而形成区域经济的联合体。区域经济一体化同时也是建立在区域分工与协作基础上,通过生产要素的区域流动,推动区域经济整体协调发展的过程。延龙图是位于吉林省东部的延吉市、龙井市和图们市的简称。从区位看,三市地缘优势突出,经济一体化格局易于形成。三市总面积5 073平方公里,总人口80.5万,分别占全州的12%和36%。历史上曾属于一个县市的辖区,是县市之间最短的距离之一,铁路、高速公路可以形成三市的一小时经济圈,这种得天独厚的区位优势为三市经济一体化发展创造了不可多得的机遇和条件。

延龙图地区经济一体化概念的实质主要有四点:①打破旧的行政区划界线,构筑延龙图经济、社会一体化发展的平台;②通过体制、机制的创新,整合三个城市的经济、社会资源,在体制、机制上形成三个城市一体化发展的内在机制;③运用经济纽带和市场化的方式,形成三个城市经济社会发展互相依存、互相促进的格局;④通过综合发展和区划调整,最终形成一个功能完善、规模较大、实力增强、形象优美的吉林省东部中心城市[1]。因此,研究延龙图区域一体化旅游开发十分重要。

[基金项目] 国家民族事务管理委员会社科基金项目(09DL09);中央高校基本科研业务费专项资金资助项目(DC10030203)。

[作者简介] 孙丽坤(1962—),女,哈尔滨人,副教授,主要研究方向为民族旅游发展。辽宁省大连开发区辽河西路18号大连民族学院经管学院,116605;E-mail:slk@dlnu.edu.cn;0411-87530673。

一、延龙图主要旅游资源

延龙图地区以山体景观为主，主要城市分布于盆地之中。布尔哈通河、嘎呀河、海兰江等图们江支流，以及图们江流经这一区域。人文旅游资源以朝鲜族民俗风情为主，并留有多处古代和现代的历史遗迹[2]，见表1。

表1 延龙图三市主要旅游资源情况分析

项目	主要旅游资源
地文景观	山地景观、地文景观复杂多样。有延吉的帽儿山，龙井市的平顶山、九龙岩、鳌池岩等地可观赏性很强的山峰。
水域风光	图们江及其支流，包括布尔哈通河、嘎呀河和海兰江等以及一些观光价值较高的水库，如枫梧水库等。
生物景观	茂盛的森林、肥美的草原。900余种经济植物和数十种珍贵野生动物。生长苹果梨、烟叶、人参、鹿茸等土特产品和多种山野菜。帽儿山珍贵动植物园、万亩果园等都具有观赏价值。
遗址与遗迹	渤海时期东夏国的"南京"城，即城子山古城遗址及其他散布在周边区域的文物古迹，龙井光开船口山城遗址，延吉市"延边道务督办公署"旧址等，城子山战争遗址，以及一松亭、凉水镇窟窿山遗址、位于图们江流境线上的"龙虎石刻"，月晴镇马牌"二十四块石"，枫梧水库的洪范道烈士纪念碑、凉水镇的亭岩山城、日光山等古迹。
建筑与设施	延吉市的基督教堂等宗教建筑。图们、开山屯、三合等边境口岸，可组织跨国旅游活动、边境旅游贸易等。龙井龙山村、海兰湖等特色民俗村。三市城市风光，休闲度假区如高尔夫球场等。
旅游商品	主要有冷面、狗肉等为代表的民族饮食；以人参、鹿茸为代表的中药及其制品。
人文活动	朝鲜族民俗风情。民博会、冰雪节等旅游节庆活动。

资料来源：根据2006—2020年《延边州旅游发展总体规划》整理。

二、延龙图旅游发展态势良好

延边州的核心旅游产品大部分集中在延龙图，该地区拥有较长的边境线资源以及口岸优势，便于组织沿边境线的旅游项目以及跨国旅游活动。到2007年延吉已经接待国内外游客85.17万人次，达到近5年内的最高接待纪录。2007年，三市旅游业以及旅游相关行业从业人员占总就业人员的比重中，延吉为37.4%、龙井为9.3%、图们为7.0%，均占相当的分量。旅游业在三个城市中对经济发展具有较大的拉动作用。延吉、龙井、图们由于旅游职能突出，各市在编制的城市总体规划中都将旅游职能纳入城市的发展中[1]，见表2[2,3]。

表2　延龙图三市总体规划中对城市性质的规定

城市	城市性质
延吉	延边朝鲜族自治州首府,以"工、贸、旅"为主的中国图们江地区中心城市。具有民族特色的东北亚地区重要旅游城市。
龙井	以轻化工、高新农业、旅游业为主的综合性园林山水型小城市。
图们	吉林省东部交通枢纽,具有朝鲜族民族特色的绿色生态型口岸城市。

三、延龙图旅游发展的总体目标与战略

延龙图旅游经济发展战略的定位是:中国长白山和朝鲜族文化旅游的综合服务基地;东北地区具有长白山自然文化和朝鲜族文化的生态园林宜居区;吉林省东部地区的城镇聚集区。图们江区域开发、开放的支撑点,切实突出"图"字的战略地位。其中,图们江是龙头和招牌。

(一)总体目标

将延龙图一体化区域建设成为以延边都市休闲旅游、朝鲜族民俗风情旅游、边境商贸旅游为三大核心品牌,森林生态为重点,集自然与文化观光、历史文化、度假休闲和特种旅游等多种产品为一体的,国内著名生态旅游目的地,形成较完整、具有旅游可持续发展能力的旅游产品体系,并将延龙图建设成为延边州国际、国内游客集散基地,力争成为东北亚地区旅游中心,全国特色民俗风情示范区之一。旅游收入以年均约20%的增长率递增,旅游收入达50亿元,相当于区域内国内生产总值的12%左右,旅游业成为一体化区域内国民经济的重要支柱产业。顺应当前国际、国内区域经济一体化的发展趋势,设计并将全力打造延边州境内前沿旅游支点。着力培育构筑一个具有较强旅游竞争力的旅游区域,引领延边州旅游经济融入东北亚经济一体化、甚至全球经济一体化之中。

(二)发展战略

1. 政府出面,清除旅游发展的障碍

无论是国际还是国内,在发展区域旅游方面已有成功典型。其主要做法是,区域内各级政府主动清除制约旅游发展的藩篱和障碍,创造一个良好的旅游发展大环境。延龙图地区可以借鉴并加以改进。在其范围内设立联合旅游信息中心,相互为游客或潜在的旅游者提供区域旅游信息,做到联合提供旅游服务设施的预订,而不必各个城市各自设立单独的旅游办事处;旅游企业经营全部开放,取消企业经营的属地限制;可以为旅游经营部门创造条件,使旅游车专线的经营更加合理、方便;可以制定统一的旅游者投诉程序,实现区域内处理投诉的联合机制,提高整个区域旅游的形象和可信度。

2. 总体规划,把握全局

由于旅游发展规划主要是依据行政区划的范围制定的,一个城市制定一个城市的总体规划,一个县(或区)制定一个县(或区)域的发展规划,虽然在一些规划中也考虑

了周边地区的旅游资源和产品,但是,多从竞争的角度采取应对策略,而很少从联合的角度整合资源。因此,在延龙图这种地域关系如此紧密的区域,很有必要联合编制一个区域旅游发展总体规划,从全局发展出发,而不是从地域均衡的角度,对产品开发进行合理布局,科学安排开发时序。这件事宜早,不宜迟,以避免宏观决策上的失误。

3. 统筹资金,利益共享

近年来,党中央提出按照统筹城乡发展、统筹区域发展、统筹社会发展、统筹人与自然和谐发展、统筹国内发展和对外开放的要求,更大程度地发挥市场在资源配置中的基础作用,为全面建设小康社会提供强有力的体制保障。并强调,产权是所有制的核心和主要内容。建立归属清晰、责权明确、保护严格、流转顺畅的现代产权制度,是完善基本经济制度的内在要求,是构建现代企业制度的重要基础。这就要求在政府层面联合编制规划的基础上,要充分利用资本手段来整合资源,联合开发,集团化经营,扭转旅游发展中各自为战的局面。首先,可以在这三个市区范围内融资,利用资金的纽带把三个市区联系在一起,实现利益共享。要在重大旅游项目的开发和经营上实现联手。其次,在旅游经营方面,创造条件,协调政策,运用资本手段,打破所有制的界限,充分发挥国家和民营经济的积极性,促进建立跨行政区域的旅游企业,并形成具有竞争力的旅游经营体系,向更大的区域范围扩展[4]。

4. 区内市场合作带动区外市场合作

延龙图区域旅游合作首先要解决区内市场合作问题,通过互相开放市场,促进区内旅游者和旅游业资金、资产、人才、知识、管理、品牌等生产要素的自由流动,形成一个生动、流畅的区域旅游发展局面,通过区内市场合作,为共推产品、联合促销、进行区外市场合作创造条件,最终实现一体化区域旅游业整体发展的目标。各城市要为旅游者在区内旅游活动创造条件,给予一视同仁的区域公民地位,不要人为设置障碍;要为旅游企业在区内业务拓展创造条件,鼓励开设分支机构或特许经营机构,鼓励兼并、收购,以及各种方式的联盟与合作,做到资源共享、产品共推、互为市场、互相提供产业支持[5]。

(三)围绕旅游产品体系合理布局

主要依托图们口岸、开山屯以及图们江沿岸布局边境跨国旅游产品;依托海兰平原、海兰湖、帽儿山森林公园、龙山朝鲜族民俗文化村、布局都市郊野旅游产品、休闲度假旅游产品、民俗风情旅游产品;依托三峰山、日光山森林公园、黄草沟森林公园布局森林生态旅游产品;依托龙井苹果梨生态区布局生态农业旅游产品[6]。

(四)实施文化品牌化战略

实施旅游产品品牌化战略,开发的旅游产品具有综合化方向,保证旅游竞争力的维系[6]。

1. 朝鲜族原生态文化精品开发

深入挖掘朝鲜族的民族文化底蕴,通过民族建筑、节庆娱乐、传统风俗以及饮食等多方面展示民俗风情。将民俗旅游开发的重点放在延吉市小营镇、帽儿山朝鲜族民俗村、图们日光民俗村等地,并注意重点突出、开发主题各异的开发原则。注意在旅游商品、餐饮等方面展示朝鲜族传统特色,从物质和文化风貌等多方面体现朝鲜族的传统民俗风情。

2. 中朝边境风光旅游产品双向开发

图们、龙井都是边境县市,与朝鲜邻接。口岸国门、边境接线、图们江沿岸风光,以及历史遗留下来的各种遗迹、遗址均为可以开发的旅游资源。另外,还可以利用口岸优势,组织各种跨国游览线路,丰富旅游产品内容。通过旅游带动商贸活动,不仅使国内游客进入朝鲜、俄罗斯,而且更重要的是吸引国外游客入境旅游[3]。

3. 朝鲜族小城镇风情及休闲度假旅游产品开发

利用延边旅游服务中心优越,做大、做强延吉的第三产业。通过都市风光游览,以及特色商品的开发提高旅游收入。通过在城市周边高尔夫球场、滑雪场的建设丰富旅游休闲娱乐内容,提高旅游的品质与形象。

四、区域旅游服务支撑体系运行策略

(一)打通区域内交通通道

从长吉图的高度组织延龙图旅游交通线路,满足旅游交通线路组织的便捷性要求。加强延吉与图们、龙井的交通联系,同时做好与区域外珲春、敦化以及安图、二道白河等旅游交通节点的联系。扩大延吉机场的规模,提高旅游接待量,保证全州旅游发展的通道畅通。

(二)强化以延吉为中心的旅游设施建设

继续加强延吉的旅游服务设施建设,在旅游餐饮、住宿及旅行社等硬件方面,扩大规模,并注意与民俗风情相结合的并独具特色的度假村、家庭旅馆等多样化服务设施的建设。

(三)与国际服务体系接轨

建立国际化服务平台,与国际服务标准接轨,提供国际化的服务。延边作为一个旅游目的地,目标市场不仅仅局限在国内市场,而国际市场则是未来发展的重点。从目前韩国、日本、俄罗斯等主打国际市场的情况来看,服务的国际化成为必然趋势。只有将国际化作为一项"软环境"战略长期推行,以产品和服务质量的全面提升、提高顾客满意度为手段,才能提高延边州旅游目的地的吸引力和市场占有率。

参考文献

[1] 吉林省人民政府办公厅. 延龙图一体化打造吉林新经济增长点[EB/OL]. http://www.jl.gov.cn,2008 - 07 - 04.

[2] 陈田等. 延边州旅游发展总体规划. 中国科学院地理科学与资源研究所,延边朝鲜族自治州旅游局,2006:19 - 20.

[3] 孙丽坤等. 图们市旅游发展总体规划. 大连民族学院, 图们市旅游局, 2007.

[4] 孙丽坤. 民族地区旅游业可持续发展中的问题与对策. 大连民族学院学报, 2006, 8(4): 23-25.

[5] 杨丽娥. 旅游产业链刍议. 经济问题探索, 2008(6): 122-124.

[6] 赵立新. 浅谈生态旅游与延边旅游业的可持续发展. 延边大学学报(社科版), 2003, 36(3): 22-24.

基于WebGIS技术的中国民族地区旅游网建设构想
——以西部六省区民族地区为例

孔敬 马爽

(中国社会科学院民族学与人类学研究所 北京)

【摘　要】WebGIS是互联网技术应用于地理信息系统(GIS)开发的产物,随着互联网技术的不断发展和人们对地理信息系统的需求,利用互联网在网络(Web)上发布地理空间数据,为用户提供基于地图的信息浏览、查询和分析功能,已经成为地理信息系统发展的必然趋势。本文在介绍WebGIS技术的概念及特点的基础上,提出运用网络地理信息系统技术来构建中国民族地区旅游网的设想规划,以中国西部六省区民族自治地区范围内的重点文物保护单位、自然保护区、历史文化名城名镇、民族节日、民族服饰、民居、民族文艺(如音乐、舞蹈、戏剧等非物质文化遗产)等地理分布空间数据为基础,对旅游资源进行空间分析,拟实现对景点位置、民族文化、民族风俗、民族历史、人口密度等相关旅游信息的查询功能,并对旅游发展条件、客源市场、资源环境等因素进行旅游开发与规划分析。该构想的实现对民族地区旅游的可视化、形象化展示,以及民族地区的景观资源保护、生态旅游规划等工作具有重要意义。

【关键词】网络地理信息系统技术;民族地区;民族旅游;旅游信息系统

引言

旅游业是全球最具活力的朝阳产业之一,随着全球经济一体化的发展和我国产业结构的逐步调整升级,旅游业成为国民经济新的增长点和支柱产业之一。我国民族地区拥有丰富多彩的旅游资源,旅游业的发展更是民族地区经济发展繁荣的支撑力量。随着互联网络和信息化的发展,网络信息化成为推动世界经济和社会发展的关键因素,也成为旅游信息网迅速发展的根本动力。旅游信息网,即基于互联网技术开发的旅游信息系统,是旅游管理、旅游信息发布与查询的重要平台,是大众旅游者获取旅游信息的首选方式。近年来,将地理信息系统技术特别是网络地理信息系统技术引入到

[作者简介]　孔敬,女,中国社会科学院民族学与人类学研究所,kongjing@cass.org.cn。马爽,男,中国社会科学院民族学与人类学研究所,mashuang@cass.org.cn。

旅游信息系统中，借助地理信息系统在采集、模拟、查询、分析和表达地理空间数据方面的强大优势，为区域旅游业的持续发展提供更加有效的规划、管理和决策模型，成为旅游信息系统开发与研究的新兴热点。目前，有关地理信息系统应用于民族地区旅游业的研究与开发主要有"新疆旅游地理信息系统"[①]、"基于电子地图的乌鲁木齐旅游地理信息系统"[②]、"基于 CNGI 环境下的云南省旅游地理信息系统"[③]、"基于地理信息系统的桂林旅游地理信息系统"[④]、"九寨沟旅游景观资源保护和规划中 GIS 的应用"[⑤]等。从这些研究与开发可见当前地理信息系统应用于民族地区旅游信息系统已经起步，但大多数只是停留在初级应用和系统设计阶段；系统功能多是旅游信息查询，只有少数系统涉及旅游空间分析与规划；系统覆盖的地理空间通常只是省级或某一景区，而未见跨省区的旅游地理信息系统开发；系统开发的形式主要是采用光盘形式开发，而不是基于网络发布的地理信息系统，即多数系统未采用网络地理信息系统进行开发。鉴于此，本文提出了运用网络地理信息系统技术来构建中国民族地区旅游网的设想规划。以中国西部民族地区范围内丰富多彩的民族旅游资源的地理分布数据为实例，对旅游资源进行空间分析，拟实现对景点位置、民族文化、民族风俗、民族历史、人口密度等相关旅游信息的查询功能，并对旅游发展条件、客源市场、资源环境等因素进行旅游开发与规划分析。此系统的构建，将对中国民族地区的旅游资源全球化、网络化综合展示、路线日程规划、资源整合等发挥重大作用，对促进我国民族地区旅游业的发展具有重要意义。

一、WebGIS 技术概述

（一）WebGIS 概念

网络地理信息系统是在网络环境下的一种存储、处理和分析地理信息的计算机系统，是因特网（Internet）技术应用于地理信息系统开发的产物，网络地理信息系统技术将网络信息服务与地理信息系统技术相结合，基于因特网平台实现互联网环境下的空间信息管理、查询、分析等功能。从因特网任意一个节点，因特网用户可浏览网络地理信息系统网站中的地理空间数据、制作专题图，以及进行各种地理空间检索和地理空间分析，从而使地理信息系统进入千家万户。

（二）网络地理信息系统的特点

（1）全球化、网络化。世界任何地方的因特网用户，均可通过互联网获得采用网络地理信息系统技术开发的网站所提供的各种地理信息查询与分析服务。

---

① 王江江,王永乐. 新疆旅游地理信息系统设计与应用. 测绘科学,2009,34(增刊)：186-188.
② 杨雪峰,张素红. 基于电子地图的乌鲁木齐旅游地理信息系统研究. 新疆师范大学学报(自然科学版),2004,(1):66-69,74.
③ 马张宝,齐清文. 基于 CNGI 环境下的云南省旅游地理信息系统的设计与开发. 测绘通报,2008(4)：38-41.
④ 张晓磊,方堃. 基于 GIS 的桂林旅游地理信息系统开发研究. 黑龙江对外经贸,2007(7)：90-91,94.
⑤ 幸寄蓉,范晓. 九寨沟旅游景观资源保护和规划中 GIS 的应用. 地球信息科学,2002(2)：100-103.

(2)方便使用。用户只需通过网页浏览器,就可使用网络地理信息系统提供的地理信息服务。

(3)基于地图的信息查询。用户一方面可从地图上查询某一地区的相关信息;另一方面可通过输入感兴趣的信息定位其具体的地理位置。

(4)可视化。地理信息系统将信息以地图、图形等可视化形式展示,使信息的表达更直观,便于查阅、分析与决策。

(5)地图及信息的实时动态更新。基于网络地理信息系统网上发布的网络电子地图可根据后台数据维护进行实时动态更新,以便用户获取最新的信息。

(三)网络地理信息系统在旅游网开发中的应用

目前运用网络地理信息系统技术建立旅游网已有一些实例,如:广西壮族自治区的"八桂信息通"[①],该系统可对广西各地区的景区、景点、汽车、火车、加油站、特色小吃等进行分类查询,并可查看目标地点的网站、基本信息、图片、视频,以及周边信息;武夷山市政府的"数字武夷山三维旅游信息服务平台"[②],该系统平台整合遥感影像、地形数据、地名数据、景观数据、旅游及其相关信息,以三维地图方式展现武夷山的景点、旅游线路,以及吃住游玩购等多种专题信息,并提供旅游服务、交通出行、公共服务等地理信息查询功能;"数字峨眉山地理信息系统"[③]为峨眉山景区智能指挥大厅、无线景管通、地理信息系统平台、生态保护系统等提供基础地理信息服务,同时提供标准地理信息系统功能模块,实现基本的地图浏览、地图查询、数据检索和输出等功能。从上述实例可知,目前我国应用网络地理信息系统建设旅游网仍处于起步阶段,实例少,实际广泛应用的功能不多,只有少数系统涉及旅游空间分析与规划,系统多面向省级或某一景区,未见跨省区旅游地理信息系统的开发。实际应用中,网速是制约其发展的瓶颈。此外,当前如火如荼开展的"数字城市"项目,将网络地理信息系统和3D技术应用到数字城市建设中,其部分功能可视为一种新型的城市旅游网。

(四)应用网络地理信息系统技术开发民族旅游网的前景与意义

随着网络技术和地理信息技术的飞速发展,人们逐渐认识到网络地理信息系统技术应用于旅游业信息化发展的重要意义。基于网络地理信息系统开发的旅游信息网可使人们通过互联网,利用地理信息系统在空间地理方面的展示、分析、查询、模拟和管理优势,实现基于地图的旅游资源可视化查询、旅游线路动态模拟、旅游资源分析评估、旅游环境分析评估、旅游发展规划等目标。对于游客,可以通过地图搜索自己感兴趣的景区、景点、酒店、餐饮和娱乐设施,以及相关的图片、视频信息,并可通过专家决策系统模拟旅游线路,快速安排个性化出行计划。对于旅游管理者,可用于旅游开发规划分析、旅游线路设计、景观资源保护等工作。可见,WebGIS技术在旅游信息网中

---

① http://map.gxi.gov.cn。

② http://gis.wuyishan.gov.cn。

③ http://www.supermap.com.cn/gb/application/0zhyy/DZYY/shuziemeishan。

有广泛的应用前景。

二、基于WebGIS的中国民族地区旅游网建设——以西部六省区为例

我国民族地区多数分布在西部地区,以新疆、西藏、青海、甘肃、四川和云南西部六省区为例,六省区中有两个民族自治区,30个民族自治州中六省区所辖24个,120个民族自治县中六省区所辖53个。全国少数民族中有42个分布于西部六省区,形成丰富多彩的民族文化,其独特的人文环境加上西部六省区复杂多样的地貌格局,是民族旅游地理研究的典型实例。由此,我们收集了上述西部六省区的民族旅游资源数据,并以此为例,探讨基于WebGIS构建中国民族地区旅游网的可行性与功能规划。根据我们调研的情况,目前拟构建基于网络电子地图的旅游信息展示、信息综合查询、空间分析与旅游规划功能。

(一)基于网络电子地图的民族旅游信息展示

本部分基于中国西部六省区旅游资源讨论基于WebGIS可展示的民族旅游信息,包括民族风情、历史文化、自然景观和文化艺术四个方面的内容。

1. 民族风情游

在现代人们多样化的消费需求推动下,民俗旅游成为一种新型的乡村价值实现模式,民俗所形成的旅游景观和文化,具有多种形式,相对于城市而言,具有各种审美意义。尤其是少数民族地区,拥有非主流化的独特文化内涵,表现为差异化的劳动工具、耕作制度、建筑服饰、生活方式、禁忌及祭祀等,集合成一种具有特殊性和多样性的人文景观。这种多样化的文化景观,对于都市里远离乡村的人群来说,是一种异文化的诱惑。这种诱惑与需求促使相应旅游形式的出现,如民族地区的民俗文化游。在现代旅游背景下,民俗文化被打造成一件件产品,成为一种能带来经济收入的旅游资源。①西部六省区分布有42个少数民族,是少数民族语言集中分布地区,共分布87种少数民族语言,占全国130种的70%。其独特多样的少数民族节日、服饰、民居和语言等构成了吸引大众游客的旅游资源。图1展示了我们基于GIS系统动态生成的"西部六省区民族风情之民族节日分布"示意图(局部)。

---

① 卢鹏. 现代旅游中的民俗功能. 昆明:云南大学,2006.

图1 西部六省区民族风情之民族节日分布示意图(局部)

2.历史文化游

长久以来,名胜古迹、历史文物遗址就是经典旅游项目之一,中国西部民族地区有丰厚的历史文化沉淀,历史上曾有多个民族在西部地域分别建立了少数民族政权,例如吐蕃、突厥、回鹘和南诏等,留下了丰富多彩且文化差异极大的历史文化古迹和遗址,如拉萨布达拉宫、大理白塔、西双版纳曼飞龙佛塔、新疆高昌故城、楼兰古国等。这些历史文物古迹和遗址,成为人们凭古吊今、感怀历史沧桑的历史文化旅游胜地。据调查统计,西部六省区民族自治地方经国务院批准的第一至第五批的全国重点文物保护单位有113个(根据"国家文物局网站公布的全国重点文物保护单位名单"整理统计,未统计第六批)①。来自《中国民族统计年鉴》(2008年)的统计数据表明,西部六省区民族自治区域所辖的历史文化名城及名镇有14个②。根据上述调查数据,我们基于GIS系统动态生成了"西部六省区民族自治地区历史文化古迹"分布示意图,如图2所示,因图比例较小,部分历史文化古迹名称与邻近古迹名称的显示位置相冲突未能显示。

---

① http://www.sach.gov.cn/tabid/96/InfoID/16/frtid/96/Default.aspx。
② 国家民族事务委员会经济发展司.中国民族统计年鉴(2008).民族出版社,2009.

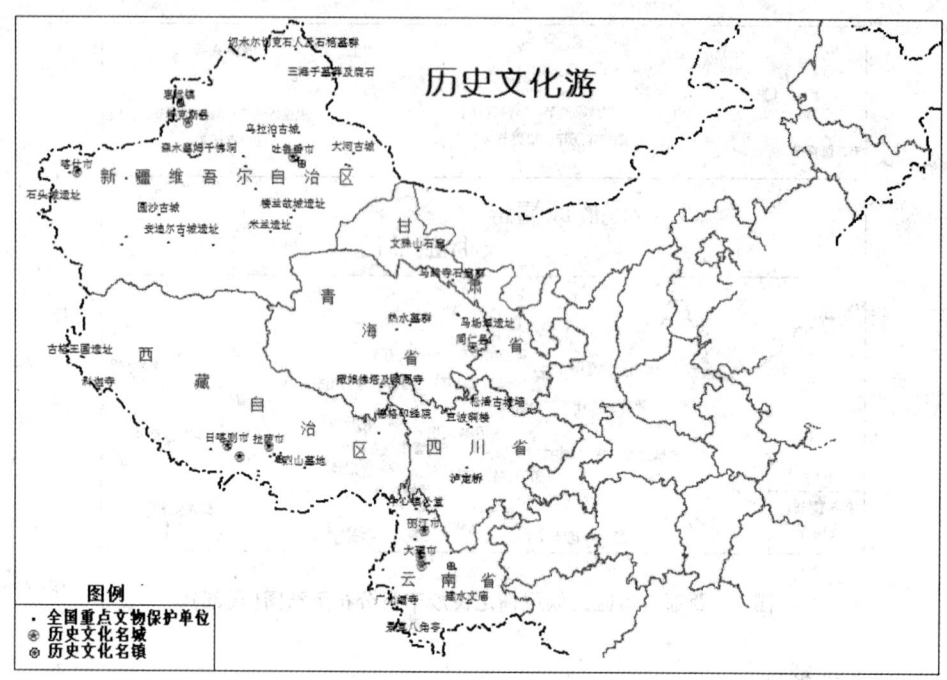

图2 西部六省区民族自治地区历史文化古迹示意图

3. 自然风光游

中国西部六省区地貌格局复杂多样,各种独特地貌和植被景观并存。大致可分为西北、西南和青藏高原地区。西北地区主要为沙漠、草原、戈壁、黄土高原,其植被稀疏、降水少;西南地区地处横断山脉,地形崎岖,十里不同天,以深而长的峡谷地貌著称,川西、滇西山地,岷江、大渡河、雅砻江、金沙江、澜沧江、怒江等大河及其支流纵向构造谷地,以峡谷占优势,此外,还有喀斯特地貌、盆地和高原;青藏高原地区海拔超高,空气稀薄,冰川雪山纵横,又有河谷地带。西部六省区气候复杂,从南至北大致可分为北热带、南亚热带、中亚热带、北亚热带、暖温带以及高原温带、高原严寒带等;此外,从南至北有热带雨林、亚热带丛林、温带落叶阔叶林、草甸、草本沼泽、温带草原、高寒草原、温带沙漠和戈壁植被、亚寒带针叶林等植被景观。来自《中国民族统计年鉴》(2008年)的统计数据表明,西部六省区民族自治区域所辖的国家5A级、4A级和3A级风景名胜区分别有6、63、48个,共计117个,有国家级自然保护区53个,有世界自然遗产5个①。图3展示了我们结合上述统计数据基于地理信息系统动态生成的"西部六省区民族自治地区自然景观分布"示意图(以自然保护区和世界自然遗产为例)。

---

① 国家民族事务委员会经济发展司.中国民族统计年鉴(2008).民族出版社,2009。

图3　西部六省区民族自治地区自然景观示意图(以自然保护区和世界自然遗产为例)

4. 文化艺术游

西部六省区分布的46个少数民族拥有灿烂多姿的少数民族文化艺术,包括各少数民族的美术、手工艺、文学、戏剧、曲艺、音乐和舞蹈等类型的文化艺术形式。我们初步调查整理了106项民族美术项目、41种民族手工艺、27部传统民族文学、26种民族曲艺、23种民族戏剧、40种民族音乐和58种民族舞蹈的地理分布情况(数据来源主要依据第一、二批国家级非物质文化遗产及扩展名录、部分省级非物质文化遗产,以及相关文献)。在民族美术方面有:西藏唐卡、龟兹石窟遗址壁画、藏族傣族佛寺壁画等;在民族手工艺方面有:傣族贝叶经制作技艺、藏香制作技艺、白族扎染技艺、纳西族东巴纸制作技艺等;在民族文学方面有:江格尔、格萨尔、阿诗玛等;在民族戏剧方面有:藏戏、白剧、彝剧等;在民族曲艺方面有:纳西族东巴、蒙古族好来宝、哈尼族哈巴、新疆曲子等;在民族音乐方面有:十二木卡姆、花儿、藏族民歌、傈僳族民歌等;在民族舞蹈方面有:藏族弦子舞、锅庄舞、苗族芦笙舞、傣族孔雀舞等。图4展示了我们基于地理信息系统动态生成的"西部六省区民族自治地区少数民族文化艺术分布"示意图(局部图,因篇幅有限,内容分布太集中,图中省略了各种少数民族文艺名称)。

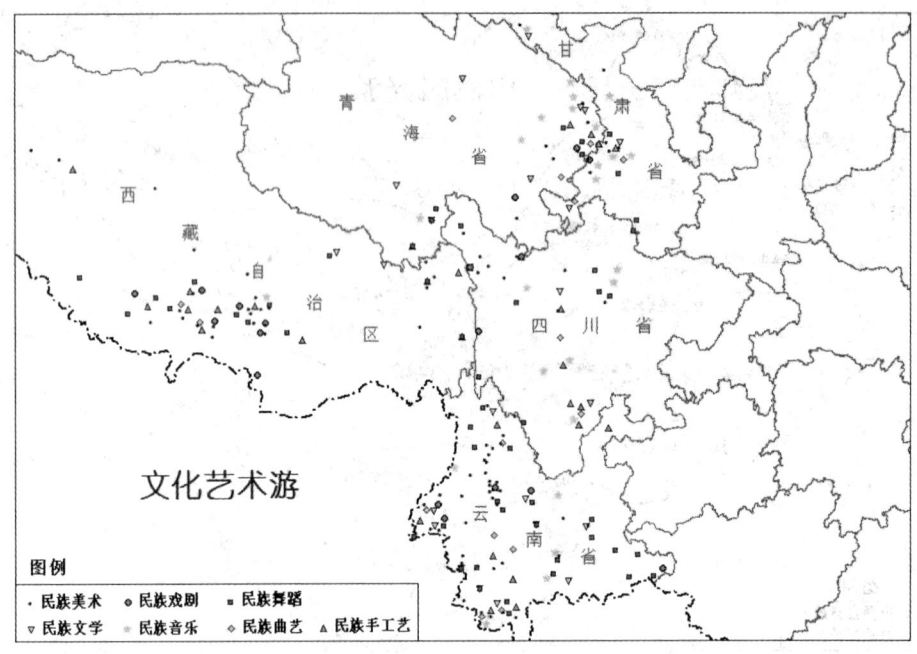

图 4 西部六省区民族自治地区少数民族文化艺术分布示意图(局部)

以上内容我们已全部采用 GIS 系统进行采集和管理,部分内容已在中国社会科学综合地理信息服务平台中发布应用。

上述民族地理信息系统的建设不但实现了基于地图形式可视化、形象化地宣传了我国民族自治地区丰厚、独特的民族文化与旅游资源,同时也展示了我国多民族融合发展的历史,以及不同民族的丰富文化和语言多样性。除上述民族风情、历史文化、自然景观和文化艺术四个方面的内容外,我们还拟将民族地区的民族人口、交通、地形、地貌、经济和社会发展等多种信息加入到基于网络地理信息系统开发的旅游网中,一方面对游客提供更加丰富的相关信息,另一方面便于对民族地区旅游资源进行空间分析、评估与规划。

(二)民族旅游信息综合查询

提供跨省区、全方面、多层次的旅游信息检索功能,是本文提出的构建中国民族地区旅游网的设计目标之一。以下分别从地图查属性(通过点选地图区域查询该区域相关的旅游信息)、从属性查图(通过输入旅游资源文本信息定位到该信息所在地理位置),以及从地图信息出发对其他多媒体旅游信息资源的整合查询三部分进行介绍。

1. 通过点选地图区域查询旅游信息

通过点选电子地图中旅游景点、景区或用户感兴趣的地区进行相关信息查询,如该地区的特色旅游资源描述、各景点间的行进路线、使用时间等信息的查询,并可结合电子地图为用户动态模拟景区内各旅游线路,如:一日、二日、三日游的线路、各旅行社提供的经典线路、以及自助游线路等,也可计算用户点选的景区、景点间的距离。

2. 通过输入旅游文本信息定位其地理位置

系统根据输入的用户感兴趣信息的查询词,如旅游景区、景点名称,民族名称、民族风俗、民族文化等,显示出该项目分布于地图上的所有位置,并定位于地图上高亮显示。

3. 整合查询旅游资源相关多媒体信息

从地图信息出发,查询与地理信息系统相整合的其他多媒体旅游信息数据库,如该区域相关的风景图片或视频宣传片,以及相关的历史文化背景、衣食住行情况、民族人口分布等。

(三) 基于 GIS 空间分析的民族旅游资源的评估与规划

基于网络地理信息系统构建的中国民族地区旅游网,可用于民族地区旅游分析评估和旅游发展规划,如区域内旅游资源的价值分析评估、环境分析评估、线路分析、路程分析、交通分析,并对该地区旅游进行规划。

1. 旅游资源的价值分析评估

基于网络地理信息系统构建的民族地区旅游信息网,可采用地理信息系统提供的地理空间分析方法,选择某一区域对该地区单位面积内测量其民族风俗文化、民族历史文化、民族艺术文化和自然景观等旅游资源的数量,计算其密度,显示其布局。对该区域内旅游资源的艺术价值、文化价值、历史价值、美学价值和经济价值等进行综合评估。

2. 旅游资源的环境分析评估

基于网络地理信息系统构建的民族地区旅游信息网,可采用地理信息系统提供的地理空间分析方法,选择某一区域对该地区的自然环境、社会环境、交通环境和经济环境进行综合分析评估,并计算旅游资源的环境容量和承载力。自然环境包括区域内的地质、地貌、气象、水文、生物等;社会环境包括区域内的政治局势、社会治安、医疗保健、餐饮住宿等;交通环境包括航空、水运、铁路、公路等;经济环境来源于该地区的经济统计指数。

3. 旅游线路的辅助分析

基于网络地理信息系统构建的民族地区旅游信息网,可采用地理信息系统提供的地理空间分析、查询和模拟功能,可根据用户输入的旅游需求信息为用户提供可参考的旅游路线、费用情况,以及相关的注意事项。如:根据用户输入的景点名称、交通工具等信息,系统自动生成用户所需的旅游路线图和日程表等;实时计算用户点选景点间的距离;搜索用户点选地点和指定半径间的旅游资源及相关信息。

4. 民族旅游发展规划

基于网络地理信息系统构建的民族地区旅游信息网,可利用地理信息系统的图层叠加功能,将环境图层(地形、地质、气候、交通等)与上述各种旅游资源分析评估图层叠加起来分析优先规划开发区域；运用地理信息系统的网络分析功能来设置旅游线路及宾馆、饭店、交通等基础设施布局；采用地理信息系统的缓冲区分析功能来确定旅游区的保护范围；还可利用地理信息系统数字高程模型来检验某一景点相对周围区域的可视性，以便于规划时从整体上考虑景点之间的连通性，特别是跨省区之间景区的整合与连接。

四、结语

本文以中国西部六省区民族自治地区范围内的重点文物保护单位、自然保护区、历史文化名城和名镇、民族节日、民族服饰、民居、民族文艺（如音乐、舞蹈、戏剧等非物质文化遗产）等地理分布空间数据为基础，对其丰富的民族历史、文化、风俗、自然景观等旅游资源进行基于地图的综合展示和信息查询，拟采用网络地理信息系统技术实现对景点位置、民族文化、民族风俗、民族历史、人口密度等相关旅游信息的可视化浏览查询功能，并对这些旅游资源进行空间分析，对民族地区旅游发展条件、客源市场、资源环境等因素进行旅游开发与规划分析。该构想的实现对民族地区旅游的可视化、形象化展示，旅游线路规划，旅游资源宣传推广，以及民族地区的景观资源保护、生态旅游规划等工作具有重要作用，从而促进民族地区旅游业的繁荣发展。

旅游人类学视野下的旅游者行为研究

高 姗

(云南民族大学管理学院 云南 昆明)

【摘 要】旅游者行为研究是旅游人类学中的一个研究重点,本文梳理和归纳了这一研究重点中的两类主要研究趋向,即借用人类学通过仪式理论的"旅游——仪式"观点和"从个人经历转换的视角看旅游"观点,揭示出人类学在旅游者的旅游动机、旅游体验和旅游对游客的影响等方面的研究视角。

【关键词】旅游人类学;旅游者行为

旅游者行为是一个集合的名称,它包括旅游前的决策行为、旅游景点的体验、体验评价和旅游后行为趋向等内容。旅游者行为研究的对象是流动着的或者有流动意向的旅游者个体或群体。自20世纪70年代开始,旅游者行为的研究进入扩散式发展时期,表现为多学科的实证研究和各类模型的建立。进入21世纪,基于旅游者行为的一些专题研究开始逐渐形成,学者们试图建立旅游者行为研究的理论框架和研究体系。相对其他社会科学分支学科而言,人类学更重视旅游对目的地社会的影响研究,同时也非常关注对旅游者行为的研究。可以说,从旅游者这一视角出发,研究游客的旅游动机、旅游体验,并分析旅游对游客的影响是旅游人类学中旅游者行为研究的总体趋向。

一、"旅游——神圣的旅程"

纳尔逊·格雷本把旅游活动看成一种与人们日常生活相对的生活方式,因此,他的研究是从这一活动的主体——旅游者出发。他认为,旅游与人类的其他文化事项一样,被赋予了一定的文化内涵。格雷本提出"旅游——神圣的旅程"的观点,其实是探索旅游的本质,分析旅游者旅游的根本原因,解读旅游者行为内涵的符号意义。

(一)旅游者行为模式的逆转

格雷本深受范·盖内普和维克多·特纳的仪式理论的影响,从而提出旅游是具有"仪式"性质的行为模式与游览的结合。首先,他分析比较了旅游与仪式在结构、功能等方面的相似性,认为旅游是一种非常突出的现代世俗仪式,在当代社会中,旅游实现

[作者简介] 高姗(1974—),女,云南民族大学管理学院讲师。

了从前由神圣的宗教仪式完成的功能。一方面,旅游把人们的生活分成若干片段;另一方面,旅游使人们的精神进入一个新的状态。格雷本认为,旅游者在旅游过程中的活动与日常生活的状态常常形成逆转关系,有些常见行为的意义和规则发生了变化,有些消失了,有些则完全发生了反向转变,这也就是旅游者行为模式的逆转。在此期间,旅游者处于一种阈限状态,感受也将是非同寻常的。他提出"世俗—神圣—世俗"的旅游过程的观点,认为旅游者在回到日常的、世俗的、一般的存在状态之前,经历了一个与平常不同的、神圣的"高点"。因此,旅游有一种神圣的意义,使人激动,使人更新,使人自我完善。

（二）旅游者行为的推动因素

对于旅游者旅游的根本原因,格雷本提出"可支配收入"和"文化自信"是旅游者形成的两个条件,同时"怀旧"和"倒换生活体验的需要"也是两个重要因素。经济收入决定了人们是否能旅游,而文化自信的关键在于旅游者的受教育程度。有了必要的时间、可支配收入和文化自信以后,旅游的愿望就会变得强烈。"怀旧"的情绪常常激励和吸引旅游者,它可以被看做是对现实生活的不满,对真朴生活的向往。旅游行为反映出一种人类普遍存在的消遣、玩乐的需要,正是这一需要促使人们进行旅游,也就是"倒换生活体验"的需要。

二、"多元体验"

艾瑞克·科恩从旅游体验的角度揭示旅游者行为的差异,以及导致差异产生的原因。科恩认为:不同的人渴望不同模式的旅游体验,因此,旅游者也不止一种类型。

（一）五种类型游客

科恩将旅游者以及游客体验划分为五种类型,即:休闲娱乐型模式、转移型模式、体验型模式、实验型模式和存在型模式。他将这五种体验置于一个连续体上,连续体的一端代表大众旅游者的娱乐体验,中间分别是转移型模式、体验型模式、实验型模式,在连续体的另一端是存在型旅游者的朝圣体验。

（二）"中心"与"旅游真实性"

科恩认为,个人与其"中心"存在不同的关系,即个人对"中心"的诉求程度不同,从而存在不同的体验模式。"中心"主要涉及个人的精神领域,无论是文化或宗教,这个中心对于个人而言,象征着其人生的终极意义。这个观点有些类似于"旅游真实性"。或者我们可以理解为,旅游对于不同的人具有不同的意义,个人从而采取相应的不同态度与行为,并最终体会差异的旅游体验。按照科恩的旅游者分类的连续体,从娱乐到朝圣,旅游者对"中心"的认可程度逐渐提高,旅游者对旅游真实性的重视程度也在增强。同时,不同模式的旅游体验也因其实现机会的难易程度而异,体验模式越"深刻",其实现的机会相对就越小。

三、"从个人经历转换的视角看旅游"

丹尼逊·纳什更注重旅游对目的地社会的影响研究,他超越了对具体的旅游过程的研究,把旅游活动视为一种文化接触和交往的方式。在对旅游者行为的研究方面,纳什提出"从个人经历转换的视角看旅游"的观点,以游客为研究中心,注重分析作为接触方之一的旅游者,接触的真正本质以及接触给旅游者带来的影响。

(一)接触状况和游客反应

纳什认为,对旅游者行为的研究,应该关注各种各样可见的游客体验和反应,并分析其社会原因和结果。首先,旅游的种类,也就是游客游览期间的活动,会造成不同的游客体验类型。其次,游客是独自一人还是集体行动,也会形成不同的旅游体验。如果游客是集体行动,就可以减少与目的地社会及文化的碰撞。游客如何评价集体体验,对他们之后的满意度有很大影响。再次,导游员对游客的旅游体验也有一定影响。导游员最重要的作用之一就是促成游客与目的地社会的交流,游客对这个交流过程的评价其实就是游客旅游体验的反映。影响游客经历的另外因素是目的地社会的特点,以及游客与这个社会的关系。如果目的地社会和文化对外来人员有更大的兼容性,则游客可能与之相处融洽,旅游体验也较为满意。如果游客的文化适应能力较强的话,也会产生同样效果。此外,游客所处原社会的特点,以及游客对自己原社会的态度也会影响到旅游的经历和反应。游客的性格也会使旅游体验有所差异,例如挑剔的游客和宽容的游客对同一次旅游体验的评价就可能完全不同。

(二)旅游对游客的影响

纳什认为,研究旅游对游客的影响应从多方面、多角度来考量。单次的旅游对游客的影响力是有限的,但是一段长时间的旅游,或者多次相同或类似的旅游则会有不同的效果。研究旅游对游客的影响,其实是研究游客适应的问题,我们需要了解旅游活动的类型、旅游发生的背景等。有关旅游后游客态度变化的研究不乏其例,但是,此类研究还是应该以游客原来所处社会及其规则为基础和检测标准,或者说,应该重视游客在旅游前对此类问题的认识。

四、结语

对现代人而言,旅游是否具有仪式的功能,是否会成为现代人的宗教替代品,这是见仁见智的问题。因为,是否人人都有转换生活体验的需要,或者说,是否所有去旅游的人都是为转换体验,这一点很难得到确认。每个人是否都有或者都能明确自己的精神中心,这个中心能否影响并引导其各领域的态度和行为,个人的旅游行为是否都是其内心诉求的真实投影,这些都有待于深入研究。将旅游视为仪式,或者研究旅游体验的差异及成因,或者从个人经历转换的视角看旅游,并不能全面解释旅游者行为的多样性。但是,毋庸置疑,上述旅游人类学中对旅游者行为的研究,是具有理论价值和实践指导意义的。旅游者生成社会的变化与旅游者行为模式的演变,将带给目的地社会与早期旅游不一样的影响,这是不容忽视的一个研究焦点。在强调"以人为本"的现代社会,旅游业的发展必须高度关注人类的精神需求与文化体验。同时,旅游业亦将接受这一变化而相应改变其生产和营销的策略。

按照詹姆斯·雷特的观点,人类学的研究大概分为两类:一类是研究"人类生活的维持体系",为了满足人类生存需要的活动属于这一体系。另一类是对"人类认同的维持体系"的研究,用来界定和区分人们身份的活动,以及体现了人类喜欢赋予世界一定的符号意义的行为都属于"人类认同体系"。旅游作为一种复杂的文化现象,可以说同时兼具两个体系的特点。因此,对旅游进行多学科、多视角、多层次的研究是颇有裨益的。

参考文献

[1] 史密斯,张晓萍,何昌邑. 东道主与游客:旅游人类学研究. 云南大学出版社,2007.

[2] 纳什·丹尼逊. 旅游人类学. 宗晓莲译. 昆明:云南大学出版社,2004.

[3] 郭亚军等. 国外旅游者行为研究述评. 旅游科学,2009,23(2).

[4] James Lett, Epilogue. In Hosts and Guests: The Anthropology of Tourism (2nd ed), Philadelphia, PA: University of Pennsylvania Press, 1989.

西南民族村镇旅游促进民族社区可持续生计[①]研究

邢启顺

(贵州省社会科学院民族研究所 贵州)

【摘 要】西南民族村镇旅游在一定程度上有效地促进了民族社区可持续生计的实现,集中表现在促进民族社区自然资源产业价值的实现,促进民族社区人力资源的合理配置,促进民族社区社会资源价值的整合,促进物质资产的积累及运用,促进城乡资金流转渠道的搭建等方面。

【关键词】民族村镇旅游;社区发展;可持续生计

一、促进民族社区自然资源产业价值的实现

(一)民族社区自然资源的价值特征

在改革开放近30年的实践过程中,特别是在我国农村现代化的进程中,农村社区自然资源为农村发展贡献了力量,并为国家建设贡献了宝贵资源,但也出现一些问题。在新的历史条件下进行新农村建设,应准确认识和把握民族社区资源价值的时代特征,更好地进行社区资源的挖掘利用。总体上相对于中东部区域而言,西南民族地区社区自然资源具有以下特征:总体丰富多样,社区各具特色,产业价值实现途径单一而传统,开发空间广阔,民族村镇的旅游开发有利于社区自然资源可持续利用。

西南民族地区大多地处热带及亚热带高原山区,大小坝子分布于高山峡谷中,立体气候明显多样。这造就了西南民族赖以居住的自然环境生物资源多样,社区自然资源丰富多样,生产生活方式多样,民族文化多样。丰富的自然资源和丰富的民族文化相互作用,在不同历史时期产生了不同的价值。

民族社区村寨坐落在西南山区,又产生相对独特的民族特色、地区特色、社区特色。居住在青藏高原的藏族、羌族社区大多以畜牧业为主,牦牛、青稞及高原药材为当

[①] 可持续生计总体上属于人类可持续发展大目标,指人们特别是贫困人群的个人、家庭、社区等获得有用的自然资源权利、知识技能、社会资本、资金、土地等,用于维持较为长期稳定的生产和生活。概念最早来源于发展领域理论,指出:"消除贫困的大目标在于发展个体、家庭和社区改善生计系统的能力。"见纳列什·辛格,乔纳森·吉尔曼.让生计可持续.国际社会科学杂志(中文版)第17卷第4期(2000年11月),123—124.

[作者简介] 邢启顺(1976—),男,汉族,贵州省社会科学院民族研究所助理研究员,主要研究方向为人类学与西南民族、旅游人类学、农村发展。

地村民熟知,几乎天天不离,每天的酥油茶成为日常生活的一部分。云贵高原坝子分布于高山之间,形成独特的坝子文化,仅一个小区域就有多种资源分布。如云南楚雄彝族地区盛产马樱花,在彝族生活中视之为美,村村寨寨都有种植,彝族村寨还各具特色,有以养蜂出名的,也有以产核桃为主的,还有以产板栗扬名的。如大姚县湾碧乡大村坐落在一山谷中,全村核桃种植已经有一定的历史和规模,享有核桃谷之名。有的中药材如三七需要特殊的地理环境,文山地区的壮族、苗族村寨以三七种植维持生计。贵州雷山县格头苗族村地处雷公山区,除了普遍生长的杉木树外,还生长有国家一级保护植物水杉,并形成利用传统苗族文化进行自觉保护的良好机制。

独特的社区自然资源包括水(河流、湖泊、地下水、山泉水等)、土地、森林、草原草甸、矿藏、野生动物、药材、花卉植物等。各个民族或地域范围内乃至某个民族村镇社区由于历史文化的差异,形成了独特的信仰、管理利用制度及相关的生活习惯等社会文化系统。如贵州雷公山区等地形成的水牌管理制度、广西壮族和瑶族的石牌制度、云南哈尼族森林生态及水资源的利用。民族村镇独特的自然资源丰富多样,生态文化多样,生态知识多样,本土特色显著。有的以奇山怪石出名,有的因秀水风光闻名,还有的以某种动植物著称,成为传统自然风光旅游的知名景点,受到青睐。这些资源在当地生产和生活中发挥了重要作用,是民族社区赖以生活的基础,具有重要价值。

西南山区丰富多样的自然资源在不同时期显示出不同的价值,但靠山吃山的传统一直在延续。在以农业生产为主的时代,丰富的自然资源为人们的农业生产提供生产和生活来源,利用森林提供木材、野生动物、药材,利用土地提供粮食,利用河流提供灌溉用水和大量水产品,每个民族村镇社区就是一个农业生态系统,这也曾经被当成小农经济受到批判,认为以家庭、社区为单位的小农经济生产效率低下。20世纪80年代改革开放后,现代化不断冲击各个大小民族村镇,其生产和生活方式发生重大变化,自然资源仍然发挥了重要作用。总体上看,丰富的自然资源主要服务于农业生产,部分农产品通过企业转换成农副产品和土特产品进入市场,少数资源转换为国家工业发展材料,部分自然资源转换为旅游资源,产业价值实现的途径单一而传统,没有完全发挥出来,开发空间依然广阔。

随着人们生活水平的提高,很多自然资源被开发成为重要旅游景点,在景点周边生活的民族村镇,依托自然风光旅游,开始经营农家乐等社区生态文化旅游,将民族文化纳入文化旅游的内容,充实旅游市场,也为当地村民带来了各方面的效益。民族村镇旅游也在新的旅游消费理念引领下走向旅游市场,使社区自然资源的产业价值得以实现,是一种全新的社区可持续生计途径。

(二)民族村镇旅游与社区自然资源的产业价值实现

早期的民族村镇旅游业依托自然景观旅游带动发展起来,主要是满足游客旅途中的"文化需求",农家饭、农家乐、吃住在农家等休闲消费首先在城市周边产生,随即扩展到"民族(民俗)风情游"、"民族文化体验旅游"等具有地方民族特色的旅游模式。具有民族文化特色的民族村镇依赖其独有民族文化资源得以独立发展,民族村镇的自然资源也被同时作为社区旅游资源发挥作用,促进民族村镇的旅游业发展。

贵州黄果树旅游景区一直都以黄果树瀑布吸引着国内外游客来观光。在景区所在地黄果树镇及紧邻黄果树瀑布的黄果树村、石头寨布依族村、平坝县天龙屯堡等,依托黄果树景区旅游的发展,从事旅游服务业,并经营民族文化体验旅游,使当地的民族村镇旅游得到带动和发展。云南西双版纳热带雨林旅游带动傣族民族村镇旅游,大理苍山洱海旅游带动当地白族村镇旅游,香格里拉及三江并流景区旅游带动区域内藏族、彝族、纳西族等民族村镇旅游,四川九寨沟旅游带动当地藏、羌民族文化村镇旅游,贵州梵净山旅游带动当地苗族、土家族民族村镇文化旅游。

民族村镇文化独特的地方,民族风情游反过来带动了当地自然风光旅游,使社区自然资源发挥积极价值。云南、贵州以其多样的民族文化,在全省范围内掀起以文化带旅游的局面,古镇、古村落、民族村、文化名乡镇、文化名村寨的旅游成为主导当地旅游市场的"品牌"。比较典型的是云南丽江宁蒗县摩梭人走婚习俗吸引了世界游客,使环泸沽湖区域成为令人向往的旅游胜地,洛水村(又写做"落水村")是典型代表。

> 洛水村旅游
>
> 洛水村现有 624 户、3 067 人,90% 以上是摩梭人,11 个自然村寨/村民小组,耕地 3 872 亩,全是旱地,没有水田,乡村从业人员 1 605 人。粮食作物以小麦、玉米为主,兼作少数谷物,如燕麦、荞麦、大麦、豆类、薯类、油料等。同时林产品包括花椒、青梅、松茸、香菇、杂菌、青刺果、人工菌。养殖猪、牛等家畜,还有羊等。摩梭人实行"男不娶、女不嫁、结合自愿、离散自由"的母系氏族婚姻制度,走婚习俗一直作为"民族风情旅游资源"吸引了大量游客,带动了环泸沽湖民族村镇的旅游。泸沽湖被当地摩梭人奉为"母亲湖",其自然景观也受到游客青睐,在"摩梭文化游"中作用巨大,促进了民族风情旅游的发展。
>
> 其中,洛水自然村(组)85 户,543 人,耕地 766 亩。洛水村有 120 人从事住宿和餐饮业,其中洛水村民组就占 80 人。目前是泸沽湖景区主要的旅游接待点,大部分房屋根据景区规划在原来的基础上扩大和装修,商铺大部分出租给外地商人,出售旅游产品,少部分由落水村房主自己经营。已发展成为集游、住、娱和民俗观光、风景游览为一体的旅游示范点。
>
> 资料来源:《2004 年农牧渔业综合统计年报表》(洛水村)及 2007 年 12 月调查资料

具有民族风情独特性的村镇在旅游发展中,一般都非常重视社区自然环境的作用,旅游的发展使社区自然资源价值更加充分地发挥出来。部分农副产品在旅游带动下扩大生产,作为特色旅游产品,走向产业化的发展道路。

二、促进民族社区人力资源合理配置

(一)民族社区人力资源结构失衡

20 世纪 80 年代以来的农村发展史,在某种意义上是农村劳动力移民城市的历史,直到现在还在继续,往后还可能继续。城市化主导我国经济发展是一个历史必然,这个历程引导工业发展突飞猛进,带动整个国民经济的大发展。以城市带乡村、以工业带农业、以先富带后富是我国处理城乡关系、工农关系、局部与整体关系的基本发展策略,城乡二元结构造成农村人力资源长期处于半工、半农的状态,大量农村劳动力在城市大多还是低技能劳动者。新农村建设中,农村人力资源成为一个突出问题,是解决"三农"问题的重要突破口。农村人力资源结构失衡的现状未得到根本改变,不能解决新农村建设中人力资源可持续发展的问题,在西南民族地区则更为明显,具有区域特殊性,也有历史特殊性,概括起来主要包括:内部结构失衡,流入和流出比例失衡。

我国西南民族地区农村人力资源数量大、质量低,存在大量富余劳动力,内部结构严重失衡。内部结构主要包括农村从业人员总数、技能结构、知识结构、综合素质结构、年龄结构、性别结构、民族结构等方面。由于我国是农业大国的基本国情决定农村从业人数基数较大,需要时间来解决。由于大量青壮年农村劳动力通过升学、劳务输出等途径从农村转向城市,从事非农业生产,真正农业从业人员的技能结构、知识结构、综合素质结构普遍不合理,导致整体质量偏低。城乡劳动力受教育情况比较[①](参见图1):1982年农村劳动力的平均受教育程度为5.01年;而城镇劳动力的平均受教育程度为7.93年。到2000年农村劳动力的平均受教育程度仅为7.33年;而城镇劳动力的平均受教育程度为10.2年。

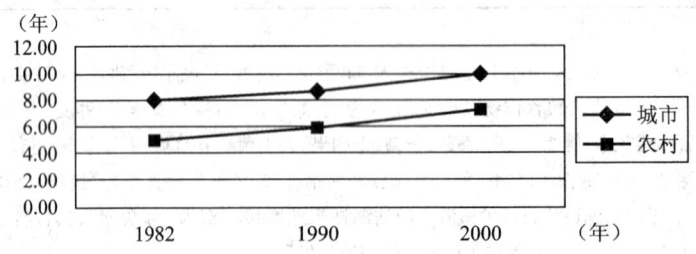

图1 城乡人力资本积累速度差异

资料来源:全国第三、四、五次人口普查资料。

在农村从业人员中,主要是妇女、老人和儿童,导致年龄结构、性别结构严重不合理。西南山区少数民族种类多、数量也大,民族地区农村从业人员中,少数民族所占比例也较大。

要解决农村人力资源问题,比较普遍的观点是:"农村剩余劳动力转移的根本途径在于农村城市化和农业产业化的发展"[②],应该"发展农村教育,加强农村劳动力培养,增加农村人力资本投资,多途径开发农村人力资源,造就新型农民"[③],一般做法是:进一步扩大农村人力资源输出,改善和提高农村专业技术中长期教育和短期培训,其目的是增加农民工的收入,提高农村劳动者的农业生产技能,提高农村劳动者的素质,深层而言,依然是服务于城市化和工业化的发展。

新农村建设要求"城乡一体化",其目的在于消解城乡二元结构,解决城乡发展的不平衡问题。人力资源作为民族地区可持续生计的基础,存在流出与流入结构比例不

---

① 苏力华,刘后根,林斌. 矛盾与对策:农村劳动力素质现状及分析. 农业经济,2007(1): 55-56.
② 王知桂. 中国人力资源结构大调整. 社会科学文献出版社,2006.
③ 苏力华,刘后根,林斌. 矛盾与对策:农村劳动力素质现状及分析. 农业经济,2007(1): 55-56.

平衡问题。首先是数量不平衡,流出人力远远大于流入人力,甚至只有流出,没有流入。农村发展需要的高技能、高素质、高知识人才流向城镇,而城镇这方面人才几乎很少到农村。农村青壮年人力大量流向城市从事非农业生产活动,剩下老年、妇女和孩子从事农业生产;而农村农业生产活动需要的青壮年人力严重缺失。

城乡人力资源需要对等发展,而不是牺牲农村。从目前的状况来看,无论从总量,还是从质量来看,农村人力资源与城镇人力资源流动不平衡,还需要人力资源结构流动中的平衡发展。虽然在一段时间内,流出大于流入,但需要建立城乡人力资源自由平等流动的机制,以应对未来的平衡发展状况。

从社区发展层面看,社区高素质人才缺乏,外流现状严重,只出不进,传统农业生产技术无人学习继承。本民族经济发展局限于传统,现代先进农业生产技术难以在社区推广,生产力水平进步慢,农业生产成本高。生活中有饭吃,缺钱花,打工虽然挣钱多,但难以持续一辈子,过了黄金年龄还必须返回农村,重新学习农业生产技术,从事传统的农业生产活动。

(二)民族村镇旅游中人力资源配置形式和贡献

西南地区民族村镇旅游在发展过程中,能促进农村民族社区人力资源合理配置,一方面将留住本土优质人力资源,为家乡建设作贡献,另一方面能吸纳外地人力资源投入,为新农村建设服务。因而,民族村镇旅游业模式将对民族地区农村人力资源建设作出积极贡献。

农村从事农业生产的农民素质普遍低下,但不等于农村缺乏优质人力资源。农村优质人力资源在近30年中基本上服务于城市化和工业化的发展需要,从基础教育到高等教育培育的农村人力资源通过升学、城市就业、外出打工等形式,从事非农业生产活动,造成农村农业从业人员普遍素质低下。

民族村镇旅游业的发展历程昭示一个普遍情况,几乎每个发展相对成熟的旅游民族村镇都有一个当地"带头人"发挥了重要作用,这个"带头人"所带领的一群人就是农村具有一定素质的优质人力资源。在民族村镇旅游的发展中,当地政府和部分企业起了重要作用,但不可忽视当地"带头人"所起的作用。如果说民族村镇旅游业得以发展是市场机遇等因素综合作用的结果,当地"带头人"也是其中重要因素之一。

旅游民族村镇"带头人"具有一些共同特征:熟悉当地的经济、社会、文化,并有一技之长,在当地社区有一定威信,对外部世界充分了解,具有在外工作、学习的经历和工作经验,一般具有高中(含职业高中)、中专乃至大学学历,有一定的组织管理能力,在社区旅游发展中懂得经营,能起到带头示范作用,并具有一定的社会活动能力,熟知外来人的需要,有能力将当地的旅游资源推荐给不同的客人。

在各个旅游村镇形成适合当地发展需要的发展模式中,主要有社区自主管理型、企业主导型、政府主导型,无论哪一种类型都有当地社区的参与,"带头人"便自然成为社区的代表,参与到旅游经营管理中。特别是社区自主型村镇,当地"带头人"发挥着巨大作用,在"带头人"的带领下组织经营管理。在"公司+农户"经营模式中,大多旅游公司组成人员乃至主要负责人就是当地人,他们能够将现代企业制度与民族传统文化制度结合起来进行经营管理,吸纳当地各种年龄层次的人参与,特别是青壮年农民从事旅游相关工作,让当地人足不出村实现非农化转向,对农村的产业结构调整发挥重要作用。

人力资源本土化是西南农村民族村镇旅游业中的代表模式,是农村人力资源开发的实践案例,符合当地实际,开创了农村人力资源本土化利用典型,突破了农村人力资源单向外流模式。大量流向城市的农村富余劳动力实际是农村优质人力资源,应该让他们发挥新农村建设的主力军作用。

民族村镇旅游业吸引外地相关商家进驻民族社区,通过租赁当地社区住房,从事工艺品等旅游纪念品、乡村旅馆、通信、餐饮、交通等经营活动。民族村镇旅游业发展越充分的社区,外来人所占比例越高。云南丽江古城、大理古城中,外来人员所占比例超过了当地人。在一定意义上冲击了当地人从业的机会,在客观上促进当地第三产业的尽快发育,实现农村人力资源由外入内的反向流动,促进人力资源的城乡一体化发展。新农村人力资源建设中,不应该忽视外来人员对当地人力资源建设所发挥的作用,应该主动吸纳外来人才进入农村,完善人力资源城乡自由流动机制。

民族村镇旅游业一方面让本土优质人力资源本土化发展,另一方面吸纳外来人力资源,促进了西南农村人力资源的城乡双向自由流动,走出把农村优质人力资源当作农村富余劳动力的误区,实现民族村镇人力资源的合理配置。

三、促进民族社区社会资源价值整合

(一)民族地区社会资源及其价值

民族地区的社会资源是社区拓展可持续生计的重要途径,是区别于社区内部人力资源主要来自外部的社会促进力量的综合。可用来实现其生计目标的社会资源可以转化为社会资本,来自内部的人力资源可以转化为人力资本,社会资源与人力资源作为社区可持续生计中"人"的要素,是民族地区可持续生计的推动力量。

民族地区社会资源分为以下几类:①基于民族传统的亲属、亲戚、家族、宗族、民族社团组织、朋友、社区成员间稳定的、相互团结、互信互助,非正式的社会网络;②具有共同民族心理和族群认同的血缘、地缘正式社会团体组织;③代表政府直接领导的基于社区民主自治的正式组织机关。

西南民族地区社会资源具有其独有的类型和特征,表现出独特的社会价值。民族的多样使西南地区社会资源形成内部各不相同的单元,彼此间具有相对独立性;民族群体相对较小,分布相对集中,民族传统浓郁,血缘、地缘的网络相对稳定,互助基础较好,非正式的血缘、地缘网络在当地社会具有重要作用;政府代表机关一般会同当地社会中已然形成的权威人物和组织共同进行社会治理,而不能相互脱离。历史上存在的农村精英人物在农村治理中具有一定作用,能够增加社会凝聚力,使农村相对稳定。20世纪80年代后,农村精英大多离开本土,进城谋生,谋求更大的发展空间,这部分外出的精英主要不是当地人力资源,相对成为当地社会经济发展的外部社会资源。新农村建设中,需要整合包括当地外出精英在内的社会资源,开辟可持续生计途径。

这些社会资源通过协调人际关系,形成相互信任,情感交融,团结互助的社会关系网络,并在本民族权威(如寨老、长老、族长等)和当地社会组织领袖及基层政府机关的影响下,整合社会力量,规范信息网络,加强社会组织,提高社会效率,形成具有社会凝聚力的社会环境,以此转化为社会资本。

(二)促进社会资源价值整合的方式和贡献

西南民族地区村镇旅游业作为第三产业的重要组成部分,促进农村社会资源整合具有独特的方式,对社区可持续生计发挥了重要作用,为新农村建设作出了重要而独特的贡献。民族村镇旅游业模式整合社会资源的方式可以概括为:传统与现代的社会资源整合、纵向与横向的社会资源整合、内部与外部的社会资源整合。

西南民族地区基于民族传统的社会网络是非正式的,从形式上看非常松散。由血缘和地缘关系为主的亲戚、亲属长期共处,相互之间比较了解,历史上形成一个组织严密的社会网络,有比较完善的文化制度,相互团结,互信互助。民族村镇旅游发展中,作为旅游资源的民族民俗文化必须依赖于传统社会组织进行整合,文化资本通过社会资本转化为经济资本,传统社会文化制度和组织形式在文化资本转化为经济资本过程中充当组织者的角色,常常也被当作人力资本。这样的社会资源在民族发展过程中形成和发展,是历史的延续,在新的历史条件下,在全球经济一体化冲击下,面对新的经济模式而发生剧烈的社会文化变迁,是社会组织形式适应经济发展而发生的革新。传统的社会组织制度适应新经济发展需求转化为社会资本形式,传统社会文化的展演必须依托传统社会组织来实现,在既保存传统也适应现代的过渡中实现社会资源的资本价值。传统社会的寨老、头人、长老,以及宗教领袖和地方社会精英也同时是传统社会资源的典型代表,诸多具有神圣性质的宗教仪式、婚礼仪式、歌舞表演等在转化为文化资源时,传统社会资源的代表者也成为实践者,由传统社会的服务者转化为文化展演的实践者,他们与现代社会经济发展的组织者形成新的经济同盟,这样的经济同盟同时具有传统社会与现代社会的双重特征,社区参与正是基于此才显得非常必要。从这个意义上讲,民族村镇旅游实现了民族社区社会资源传统与现代的资源价值整合。

以传统农业为基础的民族村镇在相对较小的区域内进行生产经营活动,特别在全球化和现代化未深入发展时期,这一特征尤其明显,也即常常用"小农经济"来进行概括。在西南山区民族村镇,虽然已经被纳入全球市场,这一特征仍然显著,横向联系较少,纵向联系主要体现在国家行政管理下的半计划、半市场经济状态,只有在靠近大、中城市周边的村镇有所改观。民族村镇旅游从传统农业向旅游服务业的转换,发挥了纵向和横向社会资源整合的作用。横向看,与村镇旅游服务相关的人才可以进行流动,如歌舞演员、餐饮接待人员、民族文化精英、农村商业精英、市场营销管理人才等可以在附近进行配置,带动相关信息服务、交通运输等人才依靠周边社会资源的参与,地域范围小到周边村寨,大到全省范围乃至全国范围。如贵州雷山县郎德上寨的旅游接待中,歌舞表演主要是本村的村民参与,但县域范围的表演也常常选择在此村寨进行,村民及周边可以从中受益,辐射范围也随之扩大;纵向看,民族村镇旅游发展得到跨越几个行政级的关注,发展得越早越突出,这一特征越明显,大量的社会资源向个别村镇集中,村镇得到的发展机遇越大,所收到的社会效益和经济效益也越大。

大部分民族村镇旅游处于经营初期的村镇,在半农、半旅的状态下,仍然以家庭为经营单位。随着村镇旅游经营比较成熟,就不再局限于家庭范围内的经营管理,而需要村、镇乃至县、省范围内的整体经营管理,家庭个体经营已经不能满足村镇旅游发展的需要。村镇内部与外部形成一个互相不可分割的市场统一体,村镇内部社会资源逐渐与外部社会资源整合。家庭、社区、村镇与外部经营实体如旅游公司、旅游接待点、旅游产品销售点等主动寻找契合点进行合作,形成互利共赢的体系。

民族村镇旅游促进社区可持续目标,支持和形成具有凝聚力的社会环境。通过改进传统社会的社区内部功能,扩大当地民族社区组织与外部的联系,从而直接支持资本积累的形成;通过对社区组织和网络的建立,形成稳定的社会结构,形成和发展开放的政策环境,帮助贫困户和民间团队之间建立互助的联系和组织,也帮助社区形成范围更广泛的组织机构和规则;增强对各种资源的管理组织,自我关系得到加强,增加农户收入,实现民族地区生计成果的良性循环。

四、促进物质资产的积累及运用

民族村镇旅游的发展促进贫困地区脱贫致富,收入也明显增加,为民族地区的发展奠定了物质基础,从而促进了民族地区物质资产的积累,为实现民族地区可持续生计创造了物质条件。主要表现在公共基础设施建设明显改善,家庭物质积累增加,总体生产力提高。

民族村镇旅游业的发展离不开旅游基础设施建设的支撑,具有旅游开发条件的民族村镇率先得到当地政府的支持,从旅游规划到实施,将公共基础设施建设摆在首位,包括道路交通条件、饮水、电力、通信、环境治理、公共娱乐场所、公益场馆等。政府的目的在于,通过政府投入基础设施建设,创造村镇旅游开发需要的基本环境,客观上促进了地区物质资产的积累。一般来说,创造一个达到基本条件的旅游村镇,需要的前期投入远远超出当地数年的收入,而一次恰当的投入却可以奠定一个地方数十年的发展基础。另一种方式是企业投入,通过政府招商引资,商家进行前期旅游基础设施投入,通过门票收入等共同分享收益,如云南西双版纳傣族园、云南保山腾冲和顺乡(镇)、贵州安顺天龙屯堡等村镇都采取这样的方式,促进了旅游村镇的物质资产积累,为以后的生产、生活奠定了物质基础。

在旅游开发比较成熟的村镇,家庭物质资产积累显著增加。在民族村镇旅游中,主要是以家庭为单位经营,在进行住宿接待和餐饮接待中,增加的收入一般用于房舍修建等。在四川郫县农科村,某农户进行餐饮接待的面积达 2 000 平方米,大多私人农家大院各具特色,形同别墅。诸多农家接待点达到中小酒店的接待能力,如四川理县桃坪羌寨小琼羌家。云南大理鹤庆县草海镇新华村依靠银器制作,许多工匠家庭年收入近10万元,家庭住房面积兼作坊达1 000平方米。云南大理喜洲镇严家民居依靠白族三道茶表演,收入丰富,修建白族民居建筑房屋达3 066平方米。相关家庭生计所需要的基础设施、生产工具、饮水和卫生设施、交通、信息,以及从事农业生产的生产资料、生产工具、化肥、种子、农药、农具等都有了积累。民族村镇旅游带来家庭物质资产积累,并产生连锁效应,一而十,十而百,带动整个村镇物质资产的积累,生产力水平显著提高,为新农村的生产发展奠定了物质基础。

五、促进城乡资金流转渠道的搭建

传统农业生产中,农村资金主要靠农产品的销售收入达到资金流转目标,甚至仅仅满足小区域内的市场流动。在大量农村劳动力外流变成半工、半农的劳动者时,农村的资金主要靠打工收入,将城市资金极其有限地转向农村,但也主要仅用于建房等,而不是进行农业生产性投资。民族村镇旅游业则搭建了城乡资金的双向流动,一方面,农村从第一产业转向第三产业,由农业转向旅游服务业,农产品直接转化成消费品;另一方面,城市投资者以旅游企业为代表,通过政府招商引资项目将资金投向农村,这大大减轻了农村建设投资完全依靠政府的局面。

城市外来资金投入主要分为公司投入、个人投入、游客投入三个主要部分,各自有不同的渠道和用途,一般根据投资者的期望进行,通过当地政府作为村镇法人代表,进行合作经营。

公司投入的民族村镇一般采用"公司+农户+政府"的经营模式,前期投资由公司承担,分为一次或几次投入,用于基础旅游设施建设等,包括规划、设计、运营、道路交通、经营场所、通信设施、接待设施等。政府作为村镇的法人代表,也承担相关的管理责任。投资经营过程中,公司一般都是经营主体,获益也最大,当地村民通过各种渠道参与到经营管理中,从中获得收益。采用这种模式的如云南西双版纳傣族园、四川理县桃坪羌寨、贵州安顺天龙屯堡、云南腾冲和顺镇等。企业收成主要是门票收入和企业投资的经营场所,村民除了参与门票收入分成及旅游个体服务收入外,还包括餐饮住宿接待、旅游商品、歌舞表演收入,等等。企业的规模化投入和直接参与经营管理,有利于避免村镇旅游粗放型经营和无序经营,特别是克服村镇大额投资的难题。

个人投入,主要是外地个体商户或家在本地、人在外地者,在村镇旅游开发中以经营某一方面擅长,有的兼营各种门类生意,在村镇开展旅游服务经营活动,一般以旅游商品加工制作生意、农家旅馆餐饮住宿接待、商务会所等为主。这些个体商户在经营期间会根据经营项目和个体实力进行一定的投资,包括固定资产和非固定资产。对当地来说,个体商户的投资行为对当地旅游服务有一定的冲击,会直接或间接影响当地的生产和生活,这些影响中有正面的,也有负面的。从客观上看,个体商户的固定资产投资一旦投入,当地就有了财富的累积,对地方发展非常有利。从长远来看,将促进当地旅游服务的水平,增加旅游服务的内容,促进当地旅游的发展。

游客的资金投入主要是消费型投入,包括吃、住、行、游、娱、购诸多方面。民族村镇所有投资都是由游客的消费型投资拉动的,没有游客的消费就没有村镇的各种投入。游客的资金通过旅游消费间接转化为乡村建设的资金投入,客观上促进了乡村建设。

民族村镇旅游业促进当地社区村民增加了收入以后,作为一种再投资,当地居民也选择到外地投资兴业,出现民族社区的本地资金外流,外出投资办企业等情况。如贵州靠蜡染刺绣民族工艺品加工制作的民间艺术家,其艺术品除了占有当地一定的市场份额外,还依靠家族企业等力量,将销售企业办到其他旅游景点,以及国内许多大中城市、乃至国外。云南大理鹤庆县新华村有外出经营的传统,主要靠银器、铜器、铁器制作为生,旅游兴起以后,全村成为当地著名的旅游村寨,还带动了所在的草海镇的旅游,许多当地工匠不满足于当地商业的发展,将银器加工制作生意做到和顺、丽江、贵州等地。

以家庭为基本单位的经营实体也吸引了一些外来投资,实现了资金回流,很多是外出打工挣钱后回乡投资搞旅游。纯粹靠到城市打工的村寨很难实现资金回流,农村的家庭只是农民们打工生涯结束后最后的养老保障性住所。部分外出归来的当地人和长期从事经营活动的商户将人力、物力、财力注入村寨,客观上增加了农村的综合投入,避免农村大量人力、物力、财力流入城市后的虚空状态。

城乡一体化既需要政策支持,也需要具备客观条件,特别是市场体制的完善,更需要资金支持。民族村镇旅游业搭建了城乡资金流动渠道,是城乡一体化发展值得借鉴的模式。

民族旅游地的旅游商品开发探讨
——以丽江古城为例

光映炯　张晓萍　和灿芬

（云南大学　昆明）

【摘　要】 民族旅游地的旅游商品是民族地区旅游经济的重要组成部分。旅游商品的开发不仅与民族旅游地形象息息相关，更影响到当地的旅游收入，同时涉及与旅游相关产业的发展。本文以丽江为例，从旅游商品的特点入手，分析在旅游商品开发方面存在的问题，提出开发有民族特色和地方特色的旅游商品系列，结合民族艺术的提炼和创新，以旅游市场的需求为导向，实现旅游商品的品牌化开发与营销理念。

【关键词】 民族旅游；旅游商品；民族文化品牌

旅游购物在旅游总消费中所占的比重大小一直被旅游界视为衡量旅游消费水平层次高低的重要尺度，而旅游商品是发展旅游购物的基础，旅游商品的开发创新是旅游购物可持续发展的关键。[①]在旅游产业中，旅游购物属于非基本需求，需求弹性系数最大，具有相当的可塑性和拓展空间。在发达国家，旅游购物的收入约占旅游总收入的50%，2007年国家旅游局统计数据表明，我国旅游商品仅占旅游总收入的25%，民族地区还远低于这个数字。

丽江从20世纪80年代开始发展旅游业，到1995年进入高速发展期。旅游业的年均增速超过16%，已成为丽江毋庸置疑的支柱产业。随着丽江旅游业的蓬勃发展，旅游收入在地方经济的发展中起的作用也越来越明显。然而，目前丽江旅游商品消费比重偏低，丽江旅游商品收入与旅游经济增长不协调的现象明显，旅游商品市场存在不少问题，旅游商品营销成为旅游业发展的短板，严重制约着丽江旅游业的可持续发展。

因此，分析和解决丽江旅游商品市场存在的问题，对于增加丽江旅游商品的销售收入，提升丽江旅游的竞争力，为丽江创造更多的就业机会和经济收入，使旅游商品消

［作者简介］光映炯（1975— ），女，博士，云南红河人，云南大学商旅学院讲师，主要研究方向为旅游人类学、民俗学。张晓萍（1957— ），女，云南大理人，云南大学工商管理与旅游管理学院教授、硕导，主要研究方向为旅游人类学、旅游文化学。和灿芬（1988— ），女，云南丽江人，云南大学工商管理学院助教。

① 钟志平. 我国旅游商品市场诊断及旅游商品开发创新能力分析. 经济·管理，2003，3.

费成为丽江新的经济增长点,促进丽江旅游业的可持续发展,具有积极意义。

一、旅游商品的地方化与民族性

目前理论界对旅游商品的界定尚未达成共识,争论主要集中在旅游产品与旅游商品的名称、旅游商品与一般商品的区别、以及旅游购物发生的时间和空间的确定等方面。比较有代表性的观点认为,"旅游商品是特指旅游者因旅游而产生购买的,其所有权发生转移的,含有旅游信息或旅游地文化内涵的劳动产品,不包括以商业性或投资性的购买对象[①]"。

一般认为,旅游商品具有纪念性、艺术性和实用性的特点。旅游商品选择分类的标志不同,其分类方法也不一样,以旅游商品的属性为分类标志,旅游商品可分为以下五类:旅游纪念品、旅游工艺品、旅游用品、旅游食品、其他商品等。

旅游商品与一般商品有联系,也有区别,它们都是用于交换的劳动产品,都具有价值和使用价值。而区别在于旅游商品的购买者是旅游者,或者说旅游商品是专门为旅游者设计的,具有地方、民族文化特色的商品。而且,在旅游商品市场中,"越是民族的就越是世界的",在民族地区,越是有强大的竞争力和效益,如具有东巴特色、纳西特色的旅游纪念品、旅游工艺品就最受游客青睐。

二、丽江旅游商品的开发现状及存在的问题

1996年以后,丽江旅游开始迅猛发展,三项世界文化遗产的成功申报,也使丽江的知名度和美誉度得到提升。如今,丽江旅游已成为云南甚至我国旅游业中的一只领头羊,而且在呈现不断发展的态势,接待旅游人数年年攀升,旅游收入不断提高,旅游产业规模不断壮大,旅游收入持续增长,但旅游商品的销售收入占旅游总收入的比重较低。

(一)旅游商品的开发现状

丽江古城主要由大研古城和束河古镇组成,笔者对丽江古城旅游商品销售种类、销售商铺进行了调查,发现丽江古城旅游商品市场上的商品种类很多,基本上可以概括为以上五类,其中旅游纪念品、旅游工艺品比较多。如以东巴文化为主要内容的东巴纸产品、东巴绘画、木雕、木刻、蜡染、铃铛(铜铃和木铃)、小装饰品、纳西彩色土布、银制品、首饰等;旅游用品也较常见,如具有纳西特色、异域风情浓郁的服饰;还有蜜饯、牦牛肉等旅游食品。

丽江古城商铺的租金较高,每平方米商铺月租金平均已达400元,黄金旺铺的月租金高达900元。绝大多数商家均经营两种以上商品类型,也有不少店铺是由两三户出售不同品类的商家共同经营,以分担高房租的压力,所以专卖一个品类的商铺非常少。调查结果如图1、图2、图3和图4所示。

---

① 钟志平. 旅游商品学. 中国旅游出版社,2005.

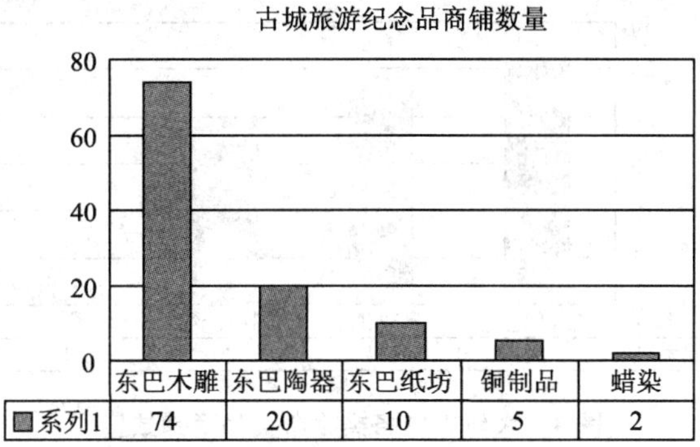

古城旅游纪念品商铺数量

	东巴木雕	东巴陶器	东巴纸坊	铜制品	蜡染
系列1	74	20	10	5	2

图1 古城旅游纪念品商铺数量

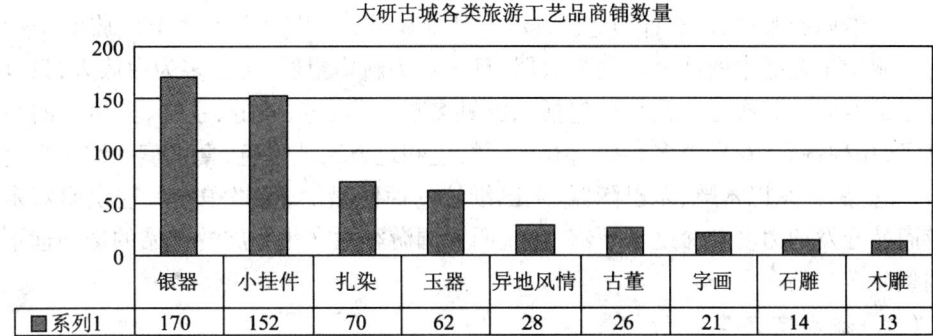

图2 大研古城各类旅游工艺品商铺数量

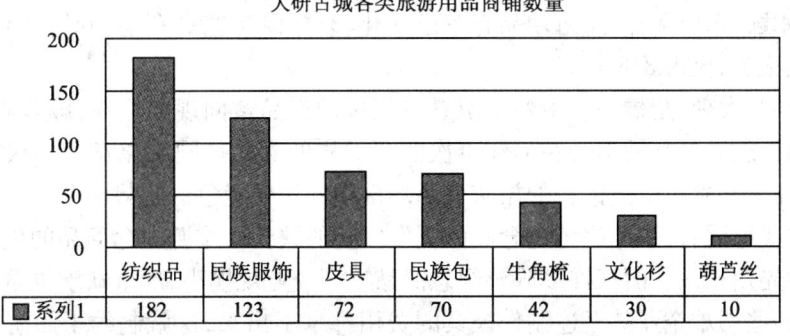

图3 大研古城各类旅游用品商铺数量

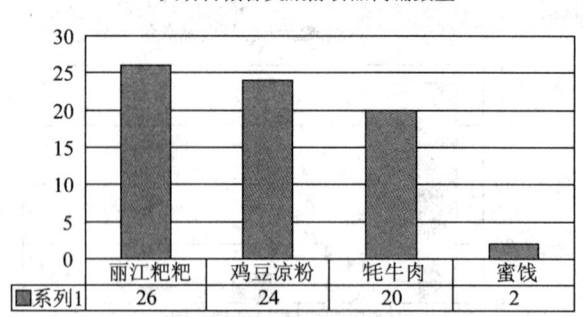

图4　大研古城各类旅游食品商铺数量

从图中数据可以看出，古城内旅游工艺品和旅游用品数量最多，其中最多的是旅游用品中的纺织品。主要是披肩、围巾、桌布、茶几布、床单、头巾、裙子等。这说明家庭主妇是购买旅游用品的主要人群，实用性是购买商品的主要动机。其次是民族服饰。除了纳西族服饰，还有印度、尼泊尔等其他民族，以及融合了多个民族的个性服饰。在旅游工艺品中商铺最多的为银器，且多数为新华银器，店主多为白族人，只有少部分是纳西族。其次是小挂件。包括东巴姓名链、手机链、项链、手链、挎包上的装饰小件等，品种各异，花样繁多。而富有纳西特色和地方工艺特色，真正蕴含纳西文化的旅游纪念品，如东巴木雕、东巴陶器、东巴纸坊的商铺最少，价格稍贵。这说明对东巴旅游商品开发的力度和深度都不够，还说明我国游客对文化型旅游产品的选购远不及实用型旅游产品多。

（二）旅游商品存在的问题

1. 旅游商品缺乏特色和创新，品种单一、同质化竞争严重

大研古城内众多商家经营的商品大同小异，"千店一面"，大多数商店都是卖同样的披肩、东巴铃、东巴T恤，写有东巴文的各式各样的包等，顾客选择余地不大，有当地特色的旅游纪念品很少。目前，市场上体现纳西特色的旅游纪念品主要有东巴纸产品、东巴木雕、东巴陶器；旅游用品有东巴文化衫；旅游工艺品有铜制品。但在市场上所占份额很少，仅占8.8%。

在昆明、大理、楚雄等云南各旅游景点销售的产品雷同现象严重，顾客在昆明、大理等地购买旅游商品后不会在丽江再次购买同样的商品。同质化竞争不仅在丽江本地严重，在云南旅游景点销售的旅游商品均出现同质化竞争的趋势。

其主要原因有：一是旅游纪念商品开发资金的缺乏。旅游纪念商品的生产经营需要较大的先期投入。丽江许多旅游纪念商品生产企业规模小，严重缺乏批量生产的启动资金，一些困难企业甚至连制作模具的费用都拿不出来，这就制约了旅游商品的开发。二是旅游纪念商品开发专业人才的缺乏。[1]　目前，丽江从事旅游纪念商品设计开

---

[1]　张鸿雁. 青海省旅游商品开发问题及其对策. 重庆科技学院学报（社科版），2008(11)：99-100.

发的人员,很少是系统地受过旅游专业教育的,大多是半路出家,而旅游院校又鲜有设置旅游纪念商品工艺专业的,这就导致旅游纪念商品开发专业人才的缺乏。这是制约旅游纪念商品开发上档次、出特色的一个重要因素。三是商品生产企业少,有些出售的商品并不是丽江生产的,谈不上独特性、地方性和纪念性。商家都去同一个地方跟同样的产家批发,导致同质化竞争严重。四是旅游商品经营者大都为来自农村的民间艺人,生产多处于小作坊式生产经营状态,规模小、设备简陋、产品技术含量不高、品种少、设计制作粗糙,艺术品位不高,缺乏地方特色及民俗含量。生产经营处于相互模仿阶段,缺乏设计创新能力。[①] 商品生产者素质过低,没能以发展的眼光看待发展的市场,往往以追求短期效益为主,使商品生产停留在一种维持状态,缺乏创新观念。

2. 旅游商品市场缺乏有效的激励和规范机制

旅游商品容易被模仿,对产品创新的保护需要法律来规范。目前,市场上缺乏有效的法律规范和对旅游企业的行为进行激励或规范,旅游商品市场混乱。[②] 大多数旅游产品生产和销售商选择短期经营,生产和销售低档的旅游商品,不利于选择长期经营的企业的发展,其花费很大代价研发的新产品,一旦市场反映良好,在短时间内就被其他企业仿冒。在不规范的市场上,经过一段时间后,高质量创新旅游商品研发将陷入困境。

目前,丽江旅游商品销售的一窝蜂现象比较严重。《一米阳光》热播后,一夜之间,阿夏驼铃遍地开花;民族音乐碟子畅销,其他店铺也开始经营"淘碟";东巴文化衫热卖,其他店铺也开始加卖东巴文化衫,一家销售店经营的产品畅销后,其他商铺也纷纷效仿,卖该类产品,导致市场上产品同质竞争严重,一家商铺卖多种商品。由此引发压价竞争,导致古城里的旅游商品店几乎都亏本。不仅造成商品贬值,也失去了旅游商品的纪念意义。

3. 旅游商品价格差异大

丽江旅游市场上的旅游商品基本没有明码标价,质价不符现象突出。同样的商品在不同地点或跟不同的人购买,价格相差几倍到几十倍之多,降低了游客对商品价格的信任度,影响游客的购买量。更严重的是还存在假冒伪劣商品,假银、假玉、假牦牛皮、假东巴纸普遍存在,不仅导致商家信誉的缺失,还严重影响整个丽江的旅游形象,使游客在购物时更加小心翼翼,且增添了更多的顾虑,担心买到假货而直接不消费,也影响旅游购物花费比重在旅游消费中的提升。

出现上述问题的主要原因是丽江旅游存在明显的淡旺季,"五一"、"十一"、寒假和暑假是旺季,而在其他季节则游客稀少。商品经营者普遍抱有卖一季吃一年的心理,导致旅游购物市场宰客现象严重,价格不一,有时相差甚远,同样一件商品在淡季卖几元,而在块旺季喊价几百元。

---

① 李勇,沈苏霞. 论旅游商品市场培育中的政府行为. 产业观察,2007(34):86 - 87.
② 徐升艳,戴继洲. 对旅游商品市场的深度分析. 广西财经学院学报,2007,20(6).

4. 旅游商品的品牌意识薄弱

丽江旅游商品的销售者多是个体经营者，价格取向使他们选择短期行为，谁的东西便宜、好卖就进谁的货，并非长期经营一种产品，缺乏品牌意识。而品牌是商家无形的资产，一个良好品牌能提升商家的竞争实力，占领更多的销售市场，为商家带来源源不断的利润。

丽江旅游市场上尚缺乏有知名度、美誉度和品牌度的旅游商品，只有金钥匙系列产品稍有知名度，打造丽江品牌的旅游商品将会是一个长期过程，需要政府、企业、个人共同努力。

5. 对传统工艺缺乏应有的开发、重视与保护

丽江民间工艺众多，主要有永胜瓷器、丽江皮鞋(皮匠街)、东巴挂毯、东巴蜡染、永胜他留人的火绒土布、木质工艺品、丽江铜器、丽江银器、纳西木雕、剪纸等。目前的旅游商品中，丽江民族工艺品较少，只有少部分的东巴饰品、铜器、银器，而火绒土布、永胜瓷器几乎没有。

银器在丽江旅游工艺品中比例最高，丽江纯银含银量高，硬度低，亮度高，但名气不如新华银器。在市场上遍地开花的银器店中，多数为新华银器，店主多为白族。而本地人开的很少，百岁坊纯银店及分店，算是土生土长、时间较长、信誉很好的一家。市场上丽江铜器店也屈指可数，大研古城有五家，白沙四方街有一家，束河古镇则没有。

近年来受到商品经济的发展和现代文化的冲击，以及生产传统工艺的企业自身资金、人才等种种原因，经济效益不佳，传统工艺品缺乏创新，人才流失，影响了这些企业朝着专业化的方向发展。而掌握民族工艺的艺人越来越少，也影响了民族工艺品的开发。在此，以丽江土布为例。丽江土布多彩而不艳，坚持用纯棉原料；纹理稍粗。这种过去认为土气的土布，在现在的旅游市场上受到青睐。可是，目前丽江土布潜伏着三个致命的危机。一是出卖原材料，价格低廉。产家只卖原材料，而这原材料又由两个产家竞争出售，价格压得很低，工厂和工人并没有真正获利。二是无创新产品。厂内无高素质设计人才，织机老化，没有更新的机种出台，加之要低价竞争，厂内无力研发新产品，厂内的发展形成渐退之势。三是优质产品在消失。部分老产品，由于工艺烦琐，低价出售难以收回成本，产家就作放弃处理。

三、民族旅游地旅游商品的开发对策

(一)充分挖掘地方化和民族文化的特色旅游商品

有特色，满足市场需求的旅游商品才具有生命力。旅游纪念商品地方特色越浓，纪念价值越大，对旅游者的吸引力越强，而现在民族资源的优势运用得不够、不活、不精、不深、不透。只有加强商品多样性和特色商品的开发，改变目前旅游商品单一、缺乏特色旅游商品、同质化竞争严重的局面，让丽江旅游商品市场保持生机和活力，构建一个良性的竞争市场。

首先,要以旅游地的民族文化为主调,大力开发文化承载型系列旅游商品。[①] 要高度重视旅游商品开发中民族元素的挖掘,组建专门的研究机构,研究丽江特有的民族文化(东巴文化)、习俗、传统工艺特色(火绒土布、永胜瓷器、纳西木雕、丽江银器、丽江铜器),并与旅游商品开发有效结合,开发能够彰显民族特色的旅游商品。此外,还可依托丽江农副产品,开发特色旅游食品。如对丽江的雪桃、梅子、松子、青刺果进行深加工,提高产品附加值。依托当地农副产品,开发旅游商品,不仅能生产具有鲜明特色的旅游商品,而且能够带动区域农业、制造业和旅游业的平衡发展,有利于实现旅游扶贫。

(二)提高政府的重视程度

1. 提高对旅游商品开发重视性的认识

旅游商品在整个旅游收入中弹性最大、潜力最大、购物消费对旅游总体效应影响大。但相对于丽江发展迅速的旅游业而言,目前,旅游商品的发展比较落后,旅游购物中旅游商品的消费所占比重常年较低,影响了丽江旅游总收入的提升,以及丽江旅游的可持续发展。各级领导要充分认识到开发旅游商品的重要性,旅游购物在旅游创收中发挥的巨大作用。因此,要将旅游商品的产、销纳入各类建设发展规划,充分发挥政府的宏观调控作用,在政策上要给予一定的重视和优惠,努力改变丽江旅游购物落后的现状。

2. 加大政府对有关政策、资金的倾斜力度

资金倾斜方面:①政府应从财政支出中划出一定资金建立"旅游纪念商品开发专项基金"。改善当前旅游纪念商品开发、生产企业规模小、资金筹借能力弱的状况,以促进对旅游商品的开发和生产,奖励对丽江旅游商品有重大贡献的设计、生产、销售人员,激发公众对旅游购物品开发创新的积极性。②对有发展前途的中小旅游商品生产企业,在经济上给予税收优惠政策。政策倾斜方面:调整旅游商品市场的产业结构,整合企业资源,扶持重点旅游商品企业,推动旅游商品产业的发展;对本市有特色的旅游工艺品要完善商标品牌的注册措施,并颁布相关法规加以保护,以保障工艺品生产企业的合法利益。

(三)激励和规范旅游商品市场

旅游业的持续健康发展,离不开良好的旅游市场秩序,规范旅游商品市场秩序,是优化丽江旅游市场环境,提高旅游服务质量和旅游者的满意程度,树立该市良好旅游形象的重要保障。而激励旅游产品创新,有利于提高该市旅游商品的竞争力,提高市场占有率。

1. 规范旅游商品市场,保护游客利益

政府主管部门颁布旅游商品市场的法律规范,加强对旅游商品市场的监管,打击非法的盗版仿冒,保护正规旅游商品生产企业的利益。引导旅游产品创品牌,申请专

[①] 谢兆元,尹敏. 江西旅游商品开发的比较优势及市场拓展. 商场现代化,2008(32):212-213.

利,保护旅游商品生产企业的品牌,保护旅游商品的创新,对产、销假冒伪劣旅游商品的企业和个人进行惩罚。维护旅游者的权益,对游客购物侵权的投诉,建立合理的处理机制。

2. 对旅游商品市场进行合理定价

旅游市场环境直接影响到旅游者购买的欲望,一个规范的旅游环境能使旅游者在消费时做到心中放心,买得开心;反之,一个分不清真假,质价不符的购物环境,直接影响旅游者的购物情绪,甚至败兴而归。因此,必须规范与整顿旅游商品市场,为游客提供一个有序、放心的购物环境。

3. 整顿旅游商品市场秩序,加大对旅游商品市场的监管力度,建立合理、透明的旅游商品价格体系,提供质价相符的旅游商品

旅游行政管理部门、税务、工商、物价管理等部门要加强分工合作,对旅游商店进行明查暗访,监督旅游商店是否明码标价。[①] 治理购物环境,打击假冒伪劣商品和强卖行为。[②] 同时,对旅游商店也要加强管理,旅游商店设立信誉牌,使游客能在挂牌的旅游店购买到质优且价格适中的旅游纪念精品。

(四)提高民族文化品牌意识,打造品牌旅游商品

1999年年底,中国丽江国际东巴文化艺术节期间,香港非一般商科设计学校校长——廖仲旋先生借用纳西民族东巴象形文字与现代商品市场相结合的方法:如对东巴象形符号的演变与转换,形成了纳西民族文化的系列产品——眼镜、领带、围巾、化妆品、灯具等,这反映出设计者在融合东西方文化中注重把区域特色和现代商业包装巧妙地结合。值得一提的是,当时有不少游客到处打听想购买这些物件,当他们得知这些东西是样品的解释后才遗憾地离去。

丽江政府相关部门应加强研究旅游商品的开发、生产和营销,制定发展旅游商品的目标、规划,打响"丽江制造"的品牌,注重营销宣传,提升品牌形象,使旅游商品成为新的经济增长点。还要重视对旅游商品的品牌宣传。一方面各地进行旅游促销宣传时,加强对地方优秀旅游商品和地方名优产品的宣传,改变目前只重视对美景历史文化民俗风情等方面进行宣传的状况。在地方的旅游宣传网页和旅游手册中,加入对旅游商品和地方名优产品以及优秀生产和销售企业的介绍。通过宣传使旅游者认识当地的旅游商品,减少旅游者的信息不对称,增加旅游者的消费。另一方面,要多方面、多渠道充分利用各种媒体进行宣传。如广播、电视、报刊杂志、图书等,特别是互联网平台,扩大丽江旅游商品宣传力度;利用各种文化节庆活动,展销丽江的旅游商品,参加旅游商品交易会、旅游节等,提高知名度;除导游等人员宣传促销外,还要加大对广告的投入,扩大宣传。

(五)加强民族旅游工艺品的保护与开发力度

丽江民间传统特色工艺众多,但由于资金、政策等原因,民间传统工艺的研究和保

[①] 慎丽华,张华丽. 青岛旅游纪念商品开发策略研究. 金卡工程:经济与法,2009,13(11):11-12.

[②] 李勇,沈苏霞. 论旅游商品市场培育中的政府行为. 产业观察,2007(34):86-87.

护力度不够,同时专门人才流失,青黄不接的现象非常严重。因此,加强传统民间工艺的保护力度迫在眉睫,研发旅游特色工艺品成为传承民间传统工艺的重要途径。

首先,应制定特殊政策,对铜器、木雕等传统工艺以及民间艺人加强保护,鼓励这些技术的传播和发展。在对传统工艺品进行现代化开发、保持其艺术和工艺特色的同时,要融入现代思想观念和消费观念,使之适应现代旅游者的生活消费方式和纪念方式的需要。但在开发过程中要特别注意保持民间工艺所承载的核心文化,不使其文化变质、变味。对丽江土布,应培养或聘请服装设计师与营销人员,向服装化发展;引进专业人才,开发新产品,更新机种。

其次,要加大保护传统工艺资金的投入力度。对民间艺人进行物质和精神上的奖励,让他们有资金保障进行民族工艺的生产,有精神动力继续去传承民族工艺。

再次,提高保护民间传统工艺意识。文化是旅游的灵魂,传统工艺作为文化的重要组成部分,只有得到传承与延续,旅游才会有生命力,作为文化载体的旅游商品也才有生命力。

最后,加大对创意人才的培养。政府要加大资金的投入力度,企业要重视人才的培训,个人要加强学习,从旅游商品的开发、设计、生产、销售等各个环节加强创新。

(六)提升民族文化品牌的创新意识与效度

要使民族旅游地的旅游商品市场实现可持续发展,除了地方化与民族化的内核外,独创性是增强其长久活力的重要保证要素。而现在,旅游商品在制作过程中较为突出的一个问题是设计和加工手段比较传统,纸上谈兵多,具体深入研究怎样制造的人少。因此,激励旅游商品企业创新,积极引导新旅游商品开发。各地方可以采取切实措施鼓励和支持旅游商品生产的企业进行产品创新,不断开发具有文化底蕴和地方特色,以及把纪念性和实用性结合的旅游商品;引导地方名优产品的生产企业开拓旅游市场,把地方名优产品开发成旅游商品。可以对积极进行旅游商品创新的企业给予资金和税收方面的支持;鼓励企业和个人进行旅游商品的生产和销售,每年对地方旅游商品产销作出重大贡献的企业和个人进行奖励,等等。

此外,加强对旅游纪念商品开发、设计人才的培养。一是旅游纪念商品生产企业可以与旅游科研单位联合组建旅游纪念商品开发机构,与现有工艺美术研究、设计、生产单位合作,成立旅游商品研制机构,从研制力量上加强旅游商品生产、更新、换代的能力,加大旅游商品的开发力度。二是采取旅游院校与旅游工艺品生产企业联合办学的形式,改变理论教学与市场实际脱节的现状,使旅游工艺品人才培养模式走产学结合之路。三是加力挖掘民间工匠和艺人在传统地方特色的商品、土特产品、纪念品制作和开发方面的能力。

民族地区文化遗产景观的保护与旅游开发研究
——以青藏铁路沿线及周边地区为例

邸平伟

（青海民族大学工商管理学院　西宁）

【摘　要】青藏铁路不仅是一条政治线、经济线，更是一条文化线，一条朝圣旅游遗产线。这里民族众多，文化灿烂，以丰富的少数民族文化遗产为核心的旅游资源使青藏铁路沿线及周边地区正逐渐向世界级旅游黄金带迈进。与此同时，如何保护好青藏线周边丰富的少数民族文化遗产，在保护前提下发展高原旅游业便引起了有关方面的关注。本文在文献研究和实地调研的基础上，从旅游学、文化学、人类学的角度出发，对青藏铁路周边多民族文化遗产的类型、生存现状、价值、旅游开发的利用程度等进行了描述及分析，在此基础上提出了对多民族文化遗产如何进行有效保护，如何利用多民族文化遗产这一特有资源打造青藏铁路世界级旅游黄金带的对策与思路。

【关键词】青藏铁路；文化遗产；旅游景观；保护

近年来，我国广大民族地区的旅游业得到了飞速发展，无论其规模、经济效益、社会效益和环境效益均得到了全面提升与发展，可以说其发展外延进一步拓展，内涵得到进一步充实，一个和谐、健康、有序、特色鲜明的西部旅游越来越受到众多中外游客的关注与青睐。总结我国民族地区旅游业快速发展的成功经验，不难发现，各地大力发展以独具特色的本地和本民族的内容丰富、形式多样的文化遗产为旅游景观而构成的民族文化旅游是最大亮点之一。

文化遗产景观，是指由历史文化遗存、文物、历史遗址、遗迹等人类文化遗产构成的景观，在我国习惯称为"文物"，国际上通常称为"文化遗产"。联合国教科文组织1972年11月在法国巴黎举行的第十七次会议通过的《保护世界文化遗产和自然遗产公约》（简称《世界遗产公约》）中，把文化遗产分为物质文化遗产和非物质文化遗产两大类，列入《世界遗产名录》的文化遗产为世界文化遗产。

[基金项目]　2007年度国家社科基金艺术学项目——"青藏铁路周边多民族非物质文化遗产保护与旅游发展研究——以西宁至格尔木段为例"阶段性成果之一，(07EG82)。

[作者简介]　邸平伟(1964—　　)，男，蒙古族，青海海晏人，青海民族大学工商管理学院教授、硕导，主要研究方向为旅游管理及旅游文化。

《世界遗产公约》对文化遗产的定义有文物、建筑群、遗址三条,这都是所谓物质文化遗产。物质文化遗产应当有这么几个特点:一是具有实体的概念,也就是看得见,摸得着;二是具有历史价值或审美价值,是前人通过卓越的智慧和创造能力,留给后人的珍贵文化遗产;三是这些文化遗产能够代表一个地区、一个民族的历史文化精髓,具有唯一性和不可再生性。[1]

"非物质文化遗产"一词最早正式出现于1998年联合国教科文组织颁布的《人类口头和非物质遗产代表作条例》。2003年10月联合国教科文组织的《保护非物质文化遗产公约》提出"非物质文化遗产"(简称"非遗")的概念,它指各群体、团体,有时为个人视为其文化遗产的各种实践、表演、表现形式、知识和技能及其有关的工具、实物、工艺品和文化场所。其范围包括:①口头传说和表述,包括作为非遗媒介的语言;②表演艺术;③社会风俗、礼仪、节庆;④有关自然界和宇宙的知识与实践;⑤传统的手工艺技能。

物质文化遗产与非遗共同承载着人类社会的文明,是世界文化多样性的体现。我国非遗所蕴含的中华民族特有的精神价值思维方式,想象力、文化意识、审美意识,是维护我国文化身份和文化主权的基本依据。加强物质文化遗产特别是非遗的保护,不仅是国家和民族稳定发展的需要,也是国际社会文明对话和人类社会可持续发展的必然要求。

青海和西藏同处青藏高原,特殊的地理位置及地理结构、悠久的历史、众多的民族、多元的高原文化造就了两省区众多的具有世界级并独具高原特色的文化遗产旅游景观,这些文化遗产旅游景观俨然成为青藏高原的文化标志和旅游标志。2006年建成并开通的青藏铁路线像一根珍珠项链恰好串联起了两省区极具代表性的众多文化遗产旅游景观,由此,青藏铁路线不仅仅是一条连接西藏与内地的交通大动脉,更是一条横亘于青藏高原的文化遗产线,一条蜿蜒于青藏高原的世界级的文化遗产旅游景观旅游带。

一、青藏铁路沿线及周边地区少数民族文化遗产旅游景观的分布及类型

全长1 956公里的青藏铁路从总起点青海省西宁市出发,依次经过德令哈市、格尔木市、安多地区、那曲直至目前的终点站拉萨市,几乎连接起了青藏高原的主要城市和人口密集地区,由此,沿线及周边地区经济较为发达、民族众多、民族文化精彩纷呈,尤其是民族文化遗产类型多、数量广、价值高,以此而构成的旅游景观魅力无穷。

1. 世界级文化遗产旅游景观:黄教圣地塔尔寺、布达拉宫、罗布林卡、大昭寺等。
2. 世界级非遗旅游景观:2009年列入世界《人类非物质文化遗产代表作名录》的《格萨尔》史诗、青海热贡艺术、藏戏3项文化遗产项目。
3. 具有深远影响的世界级文化线路遗产旅游景观:丝绸之路南线(青海道);象征民族团结的唐蕃古道;多条宗教朝圣线路。

4. 现代文化遗产旅游景观如下:

(1) 博物馆类。青海省境内有青海省博物馆、青海原子城国家级爱国主义教育示范基地纪念馆、柳湾彩陶博物馆、中国藏医药文化博物馆、马步芳公馆、青藏文化馆等。西藏境内有西藏博物馆、西藏革命展览馆等。

(2) 工业遗址类。我国第一个核武器研制基地——原子城221退役基地。

5. 古文化遗产旅游景观如下:

青海境内的史前文化遗产景观有柳湾彩陶遗址、民和喇家遗址等;象征中华民族精神的昆仑文化;古文化遗迹景观有:海晏县西海郡城遗址,共和县伏俟城遗址,湟源丹噶尔古城、都兰古墓群、天峻县西王母石室遗址,刚察县境内的舍布齐岩画、哈龙岩画,天峻县卢山岩画、野牛沟岩画、勒巴沟岩画,西藏境内的当雄古代洞穴岩壁画、绒玛岩画、藏王墓等。

6. 多民族文化遗产(物质文化遗产和非遗)旅游景观如下:

民族文化遗产旅游景观:藏族、回族、土族、撒拉族、蒙古族、门巴族等。

多宗教文化遗产旅游景观:藏传佛教文化、伊斯兰教文化、道教文化、基督教文化等,其中宗教寺院文化(藏传佛教寺院为代表)旅游景观是青藏高原文化遗产旅游景观的代表,包括各寺院的建筑文化、次数不等的"法会"、活佛转世制度、"扎仓"文化等。

独具特色的民俗文化遗产旅游景观诸如:以藏族、回族、土族、撒拉族、蒙古族等世居少数民族为代表的婚俗文化、饮食文化、居住文化、服饰文化、歌舞文化、丧葬文化、民间信仰文化、劳作文化、医药和天文为代表的科技文化等。

7. 民族节庆文化遗产旅游景观诸如:青海河湟地区"六月六花儿会"、民和"纳顿"节、同仁"六月会"、於菟节、藏历年、穆斯林"开斋节"、环青海湖地区的"祭海"活动、康巴艺术节、玉树赛马会、西藏境内的那曲赛马会、当雄赛马节、藏历年、雪顿节、林卡节、沐浴节等。

8. 由独特高原地貌与民族文化遗产的有机融合而成的旅游景观如下:充满传说色彩的日月山及其文成公主;美丽的青海湖与"祭海";青海湖与西王母瑶池的传说;雄伟的昆仑山与博大而神秘的昆仑文化;神奇的三江源与康巴文化;离青藏铁路最近的被藏族群众奉为"天湖"和"神湖"的措那湖;羌塘草原上色彩斑斓的游牧文化、远古岩画、古象雄国的遗址、英雄格萨尔王的足迹及随处可见的玛尼堆、经幡、古塔,著名的唐蕃古道贯穿南北;念青唐古拉山和纳木错不仅是西藏最引人注目的神山圣湖,而且是民歌和传说里生死相依的情人和夫妇,已是世界屋脊上最大的宗教圣地和旅游景观之一。

9. 灾难遗迹旅游景观:史前人类活动灾难遗址——喇家遗址;昆仑山大地震裂缝带;"四·一四"玉树地震遗迹。

当然,青藏铁路沿线及周边地区并非所有的文化遗产资产都必然是文化旅游产品。所选取的文化遗产景观首先必须具备旅游资源的核心特征——吸引力;其次,可进入性要强;最后,要使游客满足其体验感,产生系列旅游消费。

二、青藏铁路沿线及周边地区少数民族文化遗产旅游景观的价值及特点

1. 历史悠久,内容丰富,形式多样,民族性突出

该线路所经地区众多的少数民族文化遗产,是伴随着世居于青藏高原各民族不断传承、光大、融合和不断变革而形成的,它凝聚着高原各民族数千年的智慧结晶,其内容博大精深,包含民族文化、宗教文化、民俗文化、考古遗迹、民间工艺等各文化层面,尤其是许多非遗,内容更丰富、民族形式更多样,无疑是全人类宝贵的文化财富。可以肯定,青藏线是一条名副其实的蕴含浓郁高原地域文化特色的少数民族文化艺术走廊。

2. 具有极高的历史文化价值和深远的社会影响

因为悠久的历史和丰富的民族文化内涵,挖掘、研究、保护这些文化遗产,对研究青藏线所经地区各民族的历史渊源、文化特质、文化交融等均具有极其重要的参考价值。以青藏线周边丰富的少数民族非遗为例,每一项非遗都是高原各民族在某一项领域中历史活态的体现,"是认识这些民族、种群文化史的活化石"[2],原生态地反映着每一民族的文化身份和民族特色,从不同层面显现每一民族独具特色的历史文化发展轨迹,通过这些非遗,我们可以了解青藏高原各少数民族在特定历史时期的生产发展水平、生活习俗、精神世界、审美情趣等,因而,它们都具有极高的、非常丰富的历史文化价值;此外,"许多非物质文化遗产又在不同民族的交往过程中,通过不断的碰撞、渗透、交叉、融合,形成了文化的特异性与适应性并存共生的'合而不同'"[3]甚至是相互交融的局面,青海省黄南州同仁县的"热贡六月会"遗产项目就是典型例子。可以说,保护并弘扬青藏线周边众多少数民族的优秀文化遗产,对促进该线路所经地区乃至更大范围内的民族团结、社会和谐发展具有非常重要的支撑作用。

3. 旅游经济效益潜质巨大

青藏铁路沿线及周边地区众多的多民族文化遗产,由于其内容与形式的独特性、种类的丰富性,以及所呈现的神秘、神奇、原始等特征,使其观赏价值、人文科考价值均很高,由此构成的众多现实人文旅游景观,以及旅游线路堪称国内外一流。而且,铁路沿线及周边地区历史上就是藏传佛教诞生及弘扬发展之地,著名的宗教寺院、古城、古镇多分布于此,形成了多条著名的宗教朝觐线路。由此,完全可以把青藏铁路沿线及周边地区打造成当今国际上非常推崇的民族文化遗产旅游景观带。随着青藏铁路国际旅游观光列车的开通,以及青藏两地旅游基础设施的不断完善,其潜在旅游经济效益将会逐渐凸显出来,青藏线必将成为我国不可多得的世界级旅游品牌。

三、青藏铁路沿线及周边地区多民族文化遗产旅游景观的管理

青藏高原海拔高(平均在4 000米以上)、空气稀薄、气候干燥、太阳辐射比较强、

气温比较低、降雨比较少,生态环境异常脆弱,人文生存环境条件艰苦。因此,对青藏铁路沿线及周边地区众多的民族文化遗产旅游景观的管理难度大,必须体现出其特殊性。

(一)加大对构成文化旅游的资产——文化遗产的科学有效的保护力度

文化遗产管理的一条潜在原则是从遗产的保护中获得"社会效益"。[4]

1. 制定保护青藏铁路周边地区多民族文化遗产资源的地方性法规和实施细则

从法律角度约束、制止人们的破坏行为,并以此从宏观上指导、监督今后青藏线进一步实施经济深度发展的开发行为,保障该地区众多民族文化遗产的安全性。

2. 尽快开展青藏铁路沿线及周边地区多民族文化遗产资源的普查清理工作

进行名录登记,这不仅是采取保护措施的主要依据来源,事实上该行为本身就是一种保护措施,也是今后对文化遗产进行深一步研究并进行开发利用的出发点,其意义非常深远。

3. 重视文化遗产的节庆活动,为遗产项目及遗产拥有者提供集中展示的平台,以此得到有效的保护

这样做的好处在于节庆场所"会成为人群的聚集点,让那些可能分散在很大地理范围内的人们相聚在一起。而且,表演者和工匠所做的以及他们所知道的东西能够在这里被记录下来并能够获得重新验证",[4]让来自民间的艺人或表演者无论在物质上还是精神上收获不小,对保护自身文化积极性很高。

4. 强化研究机构,建立系统教育培训体系

这一工作分两个层面进行,一是地方文化主管部门和群众文化馆等单位深入基层组织开展某项遗产的教育培训工作,即开办培训班;二是通过各地大中专院校及职业技术学校,开设培养体系各不相同的相关专业,让一些珍贵的文化遗产走进学校,通过专业教学使之得到保护与发展。

5. 根据物质文化遗产与非遗不同的特征,其保护模式应加以区别

青藏线周边多民族文化遗产包括物质文化遗产和非遗,物质文化遗产保护的对象是物质载体本身,需要大量自然科学技术手段,在这里人扮演着保护者的角色;非遗保护的重点却是对遗产持有人。因此,对重要的非遗可采用确立传承人,以及对传承组织和个人予以经费资助等办法。

6. 沿线设立重点保护基地及重点保护项目

案例

青海省黄南州热贡文化成为中国继闽南、徽州之后第三个国家级文化生态保护实验区。青海省黄南藏族自治州的热贡地区融合了汉传佛教、藏传佛教、儒家文化等多个元素,以及古代西羌文化、吐蕃文化、蒙古文化等几十个民族文化成分,使热贡艺术呈现出异彩纷呈、多姿多彩、博大精深的特色文化生态。是青海省非遗最集中,文化资源最丰富,文化形态最具多样性、唯一性和独特性的一个地区,极具文化代表性和保护价值,在全国乃至全世界具有广泛影响。近些年来,青海省探索出了一条既符合人类

文化遗产保护和国家有关部门专业规定要求,又有利于热贡文化后续发展的新途径,使热贡艺术、热贡六月会、於菟、藏戏等热贡文化得到了有效保护,促成了当地文化产业的形成与发展。

7. 以旅游开发促文化遗产保护

青藏线已显现出世界级旅游黄金线的品牌价值,依据此品牌价值,应抓紧对沿线及周边地区弥足珍贵的少数民族文化遗产资源的深度开发,如此,青藏沿线文化遗产的多数传承者和拥有者因开展旅游而增加自身收入,改善生活,甚至脱贫致富,使他们感受到自身文化的经济价值,促使他们提高保护自身文化的自觉性,加入到保护文化遗产的行列,这是在经济欠发达地区最有效的文化遗产保护措施之一。

采取以上保护性举措,其意义不仅仅是对青藏线周边地区多民族文化遗产的珍惜与尊重,更深远的意义则反映了我们人类的进步,反映了我们对自身的尊重即对人类精神家园的呵护,这是当今世界各国的一种自觉行为,是我国当今倡导构建和谐社会这一治国方略内涵与形式的一种具体体现。

(二)基于旅游人类学视野下的青藏铁路沿线及周边地区多民族文化遗产的旅游开发理念及措施

1. 进行旅游规划与开发时必须突出青藏铁路沿线及周边地区多民族文化遗产的"真实性"。

青藏铁路的全线开通激活了沿线及周边地区的旅游业,成倍的国内外游客使当地政府及广大农牧民对发展旅游业信心倍增,大兴土木、包装文化、展演文化等蔚然成风,旅游经济提速上扬,但随之一些负面影响接踵而至,如部分景区、景点的游客承载量严重超标,部分景区、景点过于现代化,民俗演出趋于商业化等。正如美国旅游人类学家格雷本认为:在旅游经济中,出于赚钱的目的,任何可以合法地吸引外来游客的文化因素,都可以被包装、被定价、作为商品提供和出售给游客,文化被当作商品来买卖(Nelson H·Graburn,1976)。舞台化是商品化的重要形式之一。另外,众多游客持续不断地涌进,众多外来文化、不同制度下的价值观、不同生活背景下的生活观等对当地居民及当地文化势必会造成一定的冲击和影响,会使一些文化的表层象征逐渐弱化[5]。长此以往,沿线丰富而珍贵的多民族文化遗产旅游资源也将势必受到程度不同的破坏,失去文化的真实性,导致青藏线旅游的形象受损。因此,如何尽最大努力保护好青藏线周边多民族创造的珍贵文化遗产,把其"真实性"的一面供游客体验欣赏,并对游客体现出持续的吸引力,进而做到本地旅游业可持续发展是旅游规划与开发工作的关键。

旅游的真实性大致可以从三个方面得到体现和认识:一是"客观性真实"(Objective authenticity),二是"建构性真实"(Constructive authenticity),三是"存在性真实"(Existential authenticity)[6]。因此,凸显青藏线周边多民族文化遗产的"真实性"是一项系统工程,一方面要进一步加强旅游目的地政府主管部门在旅游业中的主导行为,发挥引领、监管、督导、教育、协调等职能,教育旅游地居民尊重、保护自身文化,旅游活动中保证尽量给游客提供原汁原味的民族文化。同时,组织人员编制好具有战略性的各项旅游规划,保证旅游开发工作依法有序进行。一方面,引导各旅游企业从游客必须的吃、住、行、游、购、娱等各环节设计生产具有"真实性"的文化遗产旅游产品,加大旅游产品的文化内涵,提供高质量旅游产品。另一方面,制定相关规章制度,控制来青藏高原的旅游者的行为,引导他们理解、尊重旅游地的文化遗产,正如《国际文化旅游宪章》(重要文化古迹遗址旅游管理原则和指南,1999年10月)中第三项原则所指出的:确保带给游客一段有价值的、满意的和愉悦的经历,古迹保护和旅游的计划应该提供给游客高质量的信息,以确保游客最清楚地了解遗产的重要特征和保护其需要,使他们能够以恰当的方式享受在当地的旅游。

此外,在对文化遗产景观进行旅游规划与开发时必须处理好另一层关系,即"真实性"与"现实性"间的关系。许多旅游者都需要"真实性",但它却不必是现实性。真实性是一种社会结构,它是部分地由个体本身的知识及其参照系所决定的。[4]许多旅游者都对文化遗产感兴趣,但其中大多数人对于过去、对于一些少数民族只有很少的知识,因此,他们愿意通过一次旅行来感知、体验某一地模式化或场景化的对某些文化遗产景观(这里主要指的是很多非遗项目)的再现。所以,民族地区的旅游主管部门在与旅游规划部门,以及旅游投资商、特别是当地居民经协商达成统一意见后,可选取可进入性强、符合旅游接待点要求的地方,建立遗产类主题公园、遗产类主题博物馆等,构成旅游景观。

2. 在规划开发青藏铁路沿线及周边地区多民族文化遗产旅游中,必须保护当地社区居民的利益

旅游发达国家和地区的成功经验告诉我们,当地居民是旅游业发展的最终受益人;而且,当地居民是旅游资源的一部分,从国际旅游发展的趋势来看,当地居民的文化、生活、生产方式构成的人文景观是以自然风光为基础的旅游地最好的互补资源。当地居民参与管理、得到利益,才能根除居民、发展商、游客的潜在冲突,消除旅游业发展的潜在阻碍。青藏线所经地区的大多数农牧民受教育程度低,掌握的生产技术有限,从事生产活动单一,经济收入水平普遍低下。在此情况下,靠代代传承的民族文化遗产从事旅游,以增加收入来源,可以说这是非常可靠且成本较低的创收渠道,深受农牧民欢迎。因此,要打造青藏铁路旅游品牌,沿线及周边地区的政府部门从政策制定、资金投入、技术扶持、人员培训等各方面首先必须关注当地居民,激发他们的积极性、创造性,保护他们的合法权益,保证他们的利益得到满足。因为他们是青藏线珍贵和丰富文化遗产的传承者、拥有者、守护者和传播者,他们的态度决定着打造青藏线多民族文化遗产旅游带的成功与否。

3. 选择青藏铁路沿线及周边地区有影响的朝圣旅游线路,争取早日将其申请列入世界遗产名录

2003年世界遗产委员会第27次大会在巴黎总部召开,要求为加入有关文化线路而修改"行动指南"。2005年最新版的公约操作指南在"文化景观"的概念旁附注了

附件三"特殊类型遗产提名的指南"(Annex 3: Guidelines on the inscription of specific types of properties on the World Heritage List),其中提出了四种特殊的可列入世界遗产名录的遗产类型:

(1) 文化景观(Cultural Landscapes);

(2) 历史城镇及城镇中心(Historic Towns and Town Centres);

(3) 运河遗产(Heritage Canals);

(4) 线路遗产(Heritage Routes)。[8]

实际上早在1993年,世界遗产委员会第17次大会上,西班牙圣地亚哥—德孔波斯特拉朝圣之路(The Route of Santiago de Compostela)被列入世界遗产名录。

青藏铁路沿线及周边地区民族众多,宗教文化源远流长,历史上该地区就是藏传佛教诞生及弘扬发展之地,著名的宗教寺院、古城古镇多分布于此,形成了多条著名的宗教朝觐线路,在时机成熟时,积极申报世界遗产名录,这对加大对该地区范围内的多民族文化遗产的保护,扩大、提升该铁路沿线及周边地区作为旅游线路的知名度,会产生非同寻常的积极影响。

4. 选择沿线旅游开发重点地区,推出地方代表性文化遗产旅游项目,以点带面,点面结合,走青藏线旅游逐级发展之路

青藏铁路从总起点西宁至终点拉萨近2 000公里的线路,沿途依次经西宁、格尔木、安多、那曲、拉萨等主要旅游地段,可概括为青藏线三大旅游圈,即大西宁旅游圈、格尔木旅游圈和拉萨旅游圈。三大旅游圈是青藏线最主要旅游集散地和旅游目的地,高原文化遗产资源集中,旅游基础设施相对配套完善,而且每一旅游圈因各自所处地理环境的不同,气候的差异,民族成分的不同,生产方式的不同,呈现着不同的地方民族文化特色。为此,青藏线将西宁、格尔木、拉萨三大文化旅游圈为发展旅游的中心区域,努力挖掘三地特色鲜明的文化遗产资源,打造出三大文化遗产旅游品牌,以此吸引中外游客。

据此,大西宁旅游圈应主推以藏族、回族、土族、撒拉族等民族创造的多宗教、多民族、多文化为特征的旅游地形象;格尔木旅游圈则应突出昆仑文化及蒙古族民俗风情为特征的旅游形象;拉萨旅游圈主打藏民族文化及藏传佛教为主体的雪域圣地旅游形象。而且每一旅游圈内设计出丰富多彩的旅游线路,在此基础上逐步向周边地区延伸,把更多、更神秘的文化遗产展现于世人,使青藏线成为一条真正意义上的文化遗产旅游线。

5. 根据不同游客需求,策划多样文化遗产旅游产品,并适度突出文化遗产旅游产品的组合特点

经济的发展、旅游经验的丰富已使当下很多游客的消费模式跨入感性消费阶段,他们更加注重旅游消费的个性化,注重追求旅游产品所具有的精神和文化内涵,注重选择适合自己需求的旅游活动方式。因此,围绕青藏铁路沿线及周边地区丰富的多民族文化遗产旅游资源,设计规划出多种不同主题、不同内容、不同形式的、针对不同游

客需求的旅游产品。如青藏高原少数民族节庆观赏游,青藏高原少数民族艺术采风游,青藏高原农家游、牧家游,以青藏高原藏传佛教寺院游为主的高原多民族宗教文化游,青藏高原文化遗迹科考游,青藏高原历史文化名城游等。总之,形式要多样,内容要丰富,特别提倡游客体验游,即突出旅游中游客的参与性,使游客亲身感受高原少数民族文化遗产的魅力。

为避免某些文化遗产旅游产品的单一性,应因地制宜,加强资源组合,包括文化景观与自然景观的组合,不同民族文化的组合,主题不同的文化遗产景观组合等。

6. 倡导可持续发展的青藏铁路沿线文化遗产旅游发展模式

第一,以规划为行动指南,避免开发中的盲目行为、无序行为乃至对文化旅游资源的破坏行为。这里所说的规划应是青藏线旅游整体规划,因此,规划要突出青藏线作为一条反映青藏高原多民族、多样文化遗产为主题的文化旅游线路特点。

第二,对青藏线多民族文化遗产旅游黄金带的游客承载量要有一个科学估算,要控制好青藏线旅游发展的规模,在注重经济效益的同时,兼顾社会效益和生态环境效益。

第三,两地相关政府部门要加大对青藏线旅游市场的监管力度,整治规范旅游市场,维护旅游者的权益,创造良好的旅游市场环境。

四、结语

从现状来看,虽然青藏铁路沿线各级政府和职能部门已经意识到保护多民族文化遗产,以及实施"可持续性发展"战略的重要性,但我们也不得不指出,目前开展的许多工作还停留在政治和官方的宣传层面,在具体实施时难以有效、整合性地、最大限度地发挥青藏线"文化遗产旅游景观"走廊的优势,缺乏具有国际水准的、符合国际惯例的集保护、利用、开发于一体的高规格旅游项目。据此,按照国际相关组织和我国对遗产保护的相关要求和指标,对青藏沿线及周边地区开展调查、评估、分析、整合和规划是当务之急。同时要以我国发达省区在保护人类文化与自然遗产,以及旅游开发方面的研究和经验为参照,一定要以青藏两地省(区)情为出发点,保证青藏线成为一条永久的幸福线、文化线、旅游线。

参考文献

[1] 李志超. 文化遗产学的基本概念及大学责任. 教育与现代化,2007,3(3).

[2] 王文章. 非物质文化遗产概论. 文化艺术出版社,2006.

[3] 宗晓莲. 旅游开发与文化变迁:以云南省丽江县纳西族文化为例. 中国旅游出版社,2006.

[4] Mckercher B., Du Cros H. 文化旅游与文化遗产管理. 朱路平,译. 天津:南开大学出版社,2006.

[5] 郭万平. 世界自然与文化遗产. 浙江大学出版社, 2006.
[6] 彭兆荣. 旅游人类学. 民族出版社, 2004.
[7] UNESCO. Operational Guidelines for the Implementation of the World Heritage Convention. 2005. 83. Data sources: http://whc.unesco.org/archive/opguide05-en.pdf.

民族地区旅游投资开发模式研究

梁福兴 覃 澄

(桂林理工大学 桂林)

【摘 要】 经济的不断发展使更多资金开始投向旅游业,民族地区旅游业的发展也离不开各类旅游投资注入,民族地区各类旅游投资只有在互相协调发展的情况下,才能使民族旅游业更好、更快地合理发展。

【关键词】 民族旅游;旅游投资;投资模式

一、民族地区旅游投资开发的现状分析

(一)东部地区

中国东部地区,是指黑龙江、吉林、辽宁、河北、北京、天津、山东、江苏、上海、浙江、福建、广东、海南(香港、澳门、台湾)等地区。这些地区的经济发展水平相对中部地区和西部地区高,具有优越的地理优势,旅游业发展基础良好。因此,不管是政府对民族旅游的财政支持还是各类企业投资、外资投资,畲族、高山族等地区的投资数量和质量,相较都高于中部和西部地区;旅游投资的方式也更为成熟,基本实现了多元化的旅游投资发展,不再是单一的计划经济的政府主导性投资。由于经济的发展,以及国家投资政策的放宽,外资对东部民族旅游的投资越来越多,旅游投资呈现市场经济的特点。

(二)中部地区

中部地区,包括河南、湖北、湖南、安徽、江西和山西六省市。这些省市的民族旅游业发展有一定的基础,也有优秀的代表,如湖北的长江三峡游、湖南的张家界景区、安徽的黄山国家风景名胜区、江西的红色旅游等。这些经验,为旅游开发起到了示范作用,更为民族旅游投资起到了良好的带动作用。

(三)西部地区

西部地区,包括重庆、四川、贵州、云南、西藏、陕西、甘肃、青海、宁夏、新疆、内蒙古和广西十二个省、市、自治区。西部地区自然资源丰富,民族旅游资源具有原生态、多元化的特点,但是由于地理环境的限制、交通不便、投资力度有限等种种原因,西部地

[作者简介] 梁福兴,男,桂林理工大学旅游学院副教授。1137785183@qq.com。

区的旅游经济相较于东部地区落后,在资金上表现相对稀缺,造成了对旅游业的投资开发受到了一定的限制。此外,西部地区的旅游开发较晚、旅游基础较差。所以,相对旅游业较发达的东部和中部地区,需要合理的、强有力的旅游投资,方可加快其提升和发展的速度。

西部地区也有旅游开发的典型,如云南省和四川省的旅游业发展可以与东部地区的旅游业发展相媲美。这都得益于两个省在旅游业发展过程中不盲目效仿旅游业发达地区的成功模式,对自身进行了有针对性的符合地方特色、条件的规划和策划,并成功地吸引了各类旅游投资商的资金注入,促进了当地旅游业的快速发展,为西部地区的旅游业发展树立了榜样。

二、民族地区旅游投资开发模式的探讨

(一)政府投资型

国务院规定了旅游资源属于国家资源(《风景名胜区管理条例》,国务院2006年颁布),因此,一旦旅游资源的属性得到认定,该项旅游资源就属于国家所有。各级政府作为资源所有人代理,有效行使管理和开发的权力。旅游资源国家所有的表现,主要在于政府对旅游资源开发和经营的许可权。现有政府投资型一般表现为政府对旅游业的财政拨款,通常用于旅游基础设施的建设。但是,由于各级政府的财政状况不同,对民族旅游投资的力度也各有不同。经济相对发达的东部地区,政府对旅游基础设施建设的投入也相对雄厚得多。

旅游基础设施的投入,是一项高投资、收益回报期长、收益低的项目。因此,在一些经济不够发达的中西部地区,政府对旅游基础设施建设的投入,往往达不到成功吸引外来旅游投资的目的,造成了中西部地区的旅游业发展相对缓慢。

(二)外来投资型

外来投资型的民族旅游投资,多数以企业投资形式为主。这种外来投资型民族旅游投资,可以解决政府投资型的民族旅游投资所存在的资金投入不足和资金投入时间过长的问题。这种类型的外来投资,除了带来基础设施建设资金外,同时还将一些先进的管理经验和企业文化带入所投资的民族地区。但是,同时外来投资带来的文化,也会对民族地区的原生文化和旅游经济环境带来冲击,造成民族文化同化程度越来越高,不利于地方特色文化在民族旅游过程中的体现和传承。此外,外来企业投资往往容易造成垄断现象,使当地社区居民较少享有旅游开发的利益。

(三)地方自筹型

地方自筹资金投资型,包括集体组织型和个体投资型两种。地方自筹资金进行民族旅游投资,可以充分发挥民族旅游地区社区居民在旅游开发过程中的作用,避免了外来企业投资与当地社区居民可能产生的利益冲突和矛盾。但是,地方自筹资金,无论是集体组织,还是个人投资,对于西部经济不发达的民族地区,从数量上和质量上来说,都是很难与外来企业投资相比拟。

由于缺乏先进的管理经验和管理模式,加之受资金投入能力限制,地方自筹资金投入对民族地区旅游开发往往忽略了项目可行性评估和旅游资源整合,容易造成民族旅游投资开发的盲目性和短视性,造成民族旅游资源不可挽回的破坏。

(四)多方合资型

多方合资型民族旅游投资,是指外来旅游投资与民族地方政府、集体、个人和社会集团等投资共同进行民族旅游开发。多方合资型民族旅游开发,可以很好地将企业与民族地区经济实体、民族社区居民联合起来,避免出现单一性外来经济实体投资造成的文化冲击和文化同化的风险。同时,也可以规避外来企业独资所造成的民族旅游资源垄断。

三、民族地区旅游投资开发模式的改进

(一)现代管理理念

随着经济的不断发展,国家更注重作为民族地区软实力的第三产业发展。旅游业作为第三产业中一个"引领产业",更要起到很好的多产发展的带头作用。除了民族旅游业自身发展之外,亦可联合推动其他相关产业的共同发展。民族地区旅游业,可以结合民族文化产业和其他经济产业实现共同进步,同时促进民族传统特色文化的传承和发展。

民族地区的旅游发展注重引进新型现代管理理念尤为重要,现代新型管理理念有助于协调各方旅游投资在民族地区旅游业发展中的各种关系,使政府、社区、投资者、经营者等各方作用和利益达到最大化,促进民族地区旅游业的发展。

(二)模式的改进途径

东部地区和中西部地区的发展程度差距较大,西部民族旅游的发展,可以与中东部地区结成合作伙伴关系,在稳定民族旅游特色模式的基础上,促使旅游投资商更加关注西部地区的民族特色旅游资源的保护性和持续性,促进可持续发展。

在经济政策宽松的情况下,注重鼓励外资向西部民族地区引进。例如,广西作为一个沿海沿边有着良好区位、交通优势的地区,可以充分利用其民族特色文化旅游资源的优势,在中国—东盟博览会永久落户广西的基础上,加强与东盟各国之间的密切关系联合,在民族旅游产业间进行更广泛的投资交流和往来发展,使之成为广西民族旅游业发展的宝贵资源。新加坡、泰国、马来西亚等国家的民族旅游业发展基础较好,可以引进其外资和经验,加大对广西民族旅游业的投资和发展。同时鼓励有实力的广西地方民族旅游企业向东盟地区发展。

在原有的民族地区旅游投资过程中,民族地区社区居民往往没有作为一个重要的旅游开发参与成员,因此在旅游投资开发过程中,往往会造成投资者和社区居民间的矛盾和冲突。强调民族地区社区居民参与是今后民族地区旅游投资开发的必然趋势。

(三)新型模式的建构

在民族旅游业不断发展的过程中,原有的计划经济型投资模式应向市场经济型模

式转变。中西部民族旅游投资开发的过程,可以以东部地区的旅游投资开发模式作为参考,但不是完全照搬,尤其是大规模实力型投资模式不宜在民族旅游投资模式中推广。立足实际经济实力与外来投资实力相融合,是民族地区制定一套符合自身旅游发展模式的前提和基础。

首先,政府在旅游投资开发过程中,更重要的作用是引导和监督,而不是超能力的借贷投资。对于中西部经济不发达的民族地区,政府可以对民族旅游基础设施建设进行前期财政扶持,在旅游基础设施相对完善的基础上,更多倾向于外来企业投资和本地社会资本投入的结合。政府对外来投资进行严格把关,尤其是对民族旅游项目投资可行性的严格审查和把关,注重确保民族地区特色、稀缺民族旅游资源,尤其是传统民族文化旅游资源的保护性开发与利用。

随着地区民族经济的不断发展,越来越多的社会游资开始注入民族地区旅游业,尤其是拥有特殊政策支持的旅游景观房地产业的发展,非旅游企业投资大量转移到了民族旅游业。需要民族地区政府在给予外来旅游投资和地方自筹旅游投资在土地、税收等政策优惠的同时,更加注重吸引外来资金对民族旅游资源开发的投资,而不是对民族旅游地土地和资源的垄断与炒作。

其次,加大对民族地区社区居民参与旅游投资开发的支持力度。民族社区居民在旅游开发过程中,对基础设施建设、环境保护、文化传承等方面都起着不可替代的作用。同时,民族社区居民与外来旅游投资的合作,对民族旅游开发、旅游经济发展和民族社会和谐起着至关重要的作用。民族社区居民的参与,可以使外来旅游投资开发更容易操作,避免外来文化与民族原生文化发生矛盾和冲突。

再次,促进外来企业投资和民族地区自有资金合作的民族旅游投资开发模式。这种开放性合作模式,不仅能发扬外来旅游企业投资在资金和管理上的优势,还能充分调动民族地区自有资金对旅游投资的积极性,有效避免外来旅游企业投资对民族旅游业的控制和垄断,也可有效避免单纯民族旅游投资对当地民族旅游资源的粗放开发利用,使投资双方共享旅游投资开发带来的更好成果。

最后,促进外来投资对民族地区综合旅游产业的延伸发展。利用民族地区特色、稀缺旅游资源,结合国家经济政策,促进外资投入民族旅游业发展的同时,鼓励其对民族旅游相关产业的综合投资,促进农、林、牧、副、渔、商贸、城建、社会文化等相关产业的投资发展,增强民族旅游业对相关产业的促进作用。

参考文献

黄郁成,张国平,李金波. 乡村旅游投资主体关系研究. 旅游学刊,2007,22(6):75-79.

大学生入藏旅游风险认知研究

章杰宽　朱普选

(西藏民族学院　陕西　咸阳)

【摘　要】 大学生旅游市场随着高校的进一步扩张,已经成为我国旅游市场的重要组成部分。西藏旅游业的迅猛发展,使越来越多的专家学者把目光投向这一区域。立足于旅游风险认知的研究,把西安市大学生与西藏旅游结合在一起,文章着重考察了影响西安大学生对西藏旅游风险认知的主要维度,分析了大学生对不同维度风险的认知程度,并且进行了不同特征下大学生旅游风险认知的相关研究,最后提出了如何将这些因素纳入西藏旅游管理的建议。

【关键词】 西安;大学生;西藏;旅游风险认知

一、问题的提出

随着高校的扩招以及大学生消费观念的转变,大学生逐渐成长为我国游客群体的重要组成部分,对大学生旅游市场的研究也聚集了众多的专家和学者的目光。一项调查中发现(杨瑞,2006:35),西藏自治区是我国大学生们最向往的旅游地,把西藏作为旅游目的地的大学生占全部被调查对象的比例达30.5%。在笔者的走访过程中,发现也有相当一部分大学生对西藏怀有浓厚的兴趣。但由于西藏独特的高原自然环境和人文环境,大学生对赴藏旅游总是有较多的忧虑。基于此,笔者将国内旅游业的这两个热点结合在一起,以大学生对入藏旅游的旅游风险认知作为研究对象,来探讨我国大学生对赴西藏旅游风险认知的相关理论,以期为大学生旅游市场的研究提供一个新的切入点,为西藏旅游业的发展提供决策参考。限于研究的时间及精力,本文所选取的研究对象仅为西安大学生。

二、关于旅游风险认知研究

风险指的是"决策中可能的重要结果和(或)不想要的结果有不确定性的存在"(Sitkin、Weingart,1995:1573-1590),即无论是期望的结果还是不期望的结果,它的发生都有一定的不确定性。国内学者将风险定义为所有影响目标实现的客观不确定性

[作者简介]　朱普选,男,西藏民族学院管理学院副院长、教授。zhupuxuan@yahoo.com.cn。

事件或因素的集合(安辉、付蓉,2005:196-200)。国内外学者都认为不确定性是风险的主要特征。因此,就旅游消费者而言,风险是指旅游者在其旅游消费行为中所认知的可能发生的负面结果,或者说,就是旅游者行为发生前的心理预期与不确定性的客观后果之间的偏差。这种偏差越大,说明风险越大,反之亦然。

风险认知是用来描述人们对风险的态度和直觉判断的一个概念。消费者的任何行为,都无法产生确定的预期后果,而且这些后果有可能会是不愉快的,因而消费者行为是一风险的承担,许多消费者的行为现象都可以用风险知觉的观念予以解释(Bauer,1960:389-398)。当消费者的主观知觉不能确定何种购买最能配合或满足他可接受的目标水准,或者从事购买后的结果不能达到预期目标时,就会产生风险知觉(Cox,1964:229-238)。因此,所谓旅游风险认知即指旅游者对旅游行为发生前的心理期望与旅游行为发生的客观效果之间的偏差的一种主观评价。

对旅游风险认知的研究,国内学者作出了很多有益的尝试,包括影响旅游者主观风险认知的因素研究(安辉、付蓉,2005:196-200),乡村旅游游客安全认知研究(高萍,2006:35-37),基于风险认知模型的旅游风险认知研究(刘春济、高静,2008:37-43),跨文化社会价值观和环境风险认知的研究(段红霞,2009:78-85),以及自我框架对风险决策的影响及其机制(张文慧、王晓田,2008:633-641)。通过上述文献,我们发现,国内的风险认知研究基本上是以普通旅游者在一般旅游环境下的认知作为研究对象,对大学生和西藏自治区而言,特殊群体和特殊地域、风险认知的研究是一种开拓性的。

三、大学生西藏旅游风险认知调查

(一)旅游风险认知的维度设计

风险认知涉及多个维度,有的学者将消费者认知的风险划分成了绩效风险、财务风险、身体风险、心理风险和社会风险5个维度(Jacoby、Kaplan,1972:382-392),也有的学者只将风险划分成了固有风险和可处理风险两个维度(Bettman,1973:184-190)。而具体到旅游服务业,风险认知的维度则相对丰富。旅游风险认知的维度包括财务风险、绩效风险、身体风险、心理风险、社会风险、延迟风险等(Boksbergera,2007:90-98)。为了更科学地考察大学生对赴藏旅游风险认知的维度,笔者从2009年10月至11月,利用一个多月时间走访了西安高校的众多大学生,他们在对赴藏旅游表现出极大兴趣的同时也提出了以下一些忧虑:高原环境、自然灾害、长途旅游费用、藏民族的神秘、旅游服务等方面,许多大学生还提到了2008年的"三·一四"事件。其中由于高海拔而产生的高原特殊环境和高原缺氧成为大学生最关注的问题。因此,在综合前人研究的成果基础上,结合大学生以及西藏旅游产业的实际,本文从6个维度分析大学生对西藏旅游的风险认知,详见表2。包括财务风险(Financial Risk),是指所购买旅游产品或服务的金钱成本超过预期时所感受到的风险,记作 r_1;绩效风险(Performance Risk)是指旅游产品质量不能达到期望值所感受到的风险,记

作 r_2;身体风险(Physical Risk),是指因环境变化、意外事件、治安等因素对身体造成伤害的风险,记作 r_3;社会心理风险(Social & Psychological Risk),是指选择的旅游产品不被别人认同而导致自我形象或自我概念受损带来的风险,记作 r_4;便利风险(Time Risk),是指消费者从事购买旅游产品以获得满足时,可能发生的时间精力不确定损失带来的风险,记作 r_5;设施设备风险(Equipment Risk),是指旅途中由各种设施设备的安全性引发的风险,记作 r_6。

(二) 旅游风险认知的衡量

风险认知的衡量模式可以用以下公式体现,即风险认知 = 风险发生的不确定性 × 风险发生后的危害性(Peter、Tarpey,1975:29 - 37)。并且,彼德(Peter)和塔佩(Tarpey)的研究中还将风险的几个维度一并纳入考量,得出以下模型:

$$TRP = \sum_{i=1}^{6}(PL_{ri} \times IL_{ri})$$

其中 TRP——旅游风险认知(Tourism Risk Perception);

r_i——各维度风险($i = 1,2,3,\cdots,6$);

PL_{ri}——各维度风险发生的可能性(Probability of Loss);

IL_{ri}——各维度风险发生的危害性(Importance of Loss)。

(三) 旅游风险认知调查问卷设计

问卷设计为两个部分。其一是针对大学生人口统计特征调查;其二是针对大学生入藏旅游的旅游风险认知评价量表,分为旅游风险发生的不确定性和危害性两个方面(曹胜雄、王丽娟,2001:1 - 26)。我们对问卷的最终确定又征询了众多心理学、行为学、旅游学和藏学专家的意见。量表属性共有 16 项(见表 2),涉及财务风险、绩效风险、身体风险、社会心理风险、便利风险和设施设备风险共 6 个维度。被调查者需从各项风险发生之不确定性和发生之危害性两个方面回答。问卷中每一风险状况发生之不确定程度,依五点尺度之李克特量表(Likert scale)加以衡量,由被调查者给予"非常不可能"(1 分)到"非常有可能"(5 分)的评价;风险发生之危害性,也依五点尺度之李克特量表加以衡量,由被调查者给予"非常严重"(5 分)到"完全无所谓"(1 分)的评价。

表 1 大学生赴藏旅游风险认知各维度之相关系数表

	r_1	r_2	r_3	r_4	r_5	r_6
r_1	1	.163	-.015	.054	.075	.096
r_2	.163	1	.235	.226	-.098	.287
r_3	-.015	.235	1	.137	-.019	.238
r_4	0.54	.226	-.137	1	.339	.138
r_5	0.75	-0.98	-.019	.339	1	.096
r_6	.096	.287	.238	.138	.096	1

本次调查问卷投放面向 4 所高校,分别是西安交通大学(本部)、陕西师范大学(长安校区)、西北工业大学(长安校区)和西京学院。在问卷投放过程中,为了保证研究对象的科学性,仅限于西藏自治区籍贯以外的本科生。在西安交通大学投放问卷 200 份,回收 184 份,其中有效问卷 172 份;在陕西师范大学投放 240 份,回收 230 份,其中有效问卷 212 份;在西北工业大学投放问卷 200 份,回收 178 份,其中有效问卷 168 份;在西京学院投放问卷 300 份,回收 240 份,其中有效问卷 202 份。因此,此次调查共投放问卷 940 份,回收 832 份,形成有效问卷 754 份,问卷有效率 80.21%。

本研究的知觉风险由 6 个维度的风险所构成,为了检测各维度风险间的独立性,用以确定问卷整体之效度,而利用相关分析计算各维度间的相关系数。如表 1 所示,表中各风险维度之间的相关系数均小于 0.5,说明各维度之间具有较好的独立性,即该问卷内部旅游风险认知各维度之间的区别有较高的效度。因此,这六项维度可以解释旅游风险知觉。

此外,问卷中知觉风险各维度发生不确定性的信度系数[①](Cronbach α 系数)为 0.808,各维度发生的危害性的信度系数(Cronbach α 系数)为 0.823,旅游知觉风险发生的不确定性与风险结果危害性相乘汇总后,旅游风险认知量表的信度系数(Cronbach α 系数)为 0.780,相关特征调查问题的信度系数(Cronbach α 系数)为 0.752。以上几个信度系数均位于 0.7 以上,符合指标要求,说明该问卷具有较好的信度,可以使用。

四、大学生入藏旅游风险认知调查分析

(一)旅游风险认知属性评价

表 2　大学生赴藏旅游风险认知属性评价表

旅游风险 认知维度	旅游风险认知各属性	旅游风险发生之 不确定性评价		旅游风险发生之 危害性评价	
		Mean	Std.	Mean	Std.
财务风险 r_1	旅游产品价格太高造成财务负担	4.176	.7827	3.770	.8201
	购买的旅游产品质价不符	4.027	.6405	3.514	.9103
绩效风险 r_2	入藏后旅游行程安排与期望不符	3.689	.8747	3.932	.9162
	食、宿、娱乐安排与期望不符	3.797	.9213	3.568	.9520
	导游人员提供的服务无法令人满意	3.500	1.076	3.405	1.146

---

① α 系数的值位于 0.95~0.99 之间,测验可靠性强;α 系数位于 0.9~0.94 之间时是通常的最佳结果;α 系数位于 0.8~0.9 之间,测量信度较好;α 系数位于 0.7~0.79 可以使用;α 系数位于 0.7 以下,表明误差太大,该测量不能使用。——作者

续表

旅游风险认知维度	旅游风险认知各属性	旅游风险发生之不确定性评价		旅游风险发生之危害性评价	
		Mean	Std.	Mean	Std.
身体风险 r_3	高原反应对身体的危害	4.027	1.072	4.081	1.084
	西藏的政治社会环境不稳定	3.560	1.125	3.757	1.004
	西藏会有自然灾害发生	3.189	1.056	3.568	1.087
社会心理风险 r_4	巨大的文化差异使人感到焦虑	3.216	1.185	2.838	1.086
	宗教氛围的心理压抑	2.865	1.162	2.824	1.038
	赴藏旅游无法得到亲朋好友的认同	2.956	1.128	2.473	1.173
	无法适应团体生活	1.473	1.100	2.919	1.156
便利风险 r_5	相关手续与票据的办理不顺利	3.230	1.105	2.419	.9217
	此次旅行要获得满意的结果会耗费大量的时间及精力	3.568	.9520	2.743	1.073
设备、设施风险 r_6	交通工具的安全性	3.189	1.056	3.089	.8877
	相关设备、设施的安全性	3.176	.9560	2.865	.8652

由表2可以发现,大学生对"旅游产品价格太高造成财务负担"、"购买的旅游产品质价不符"和"高原反应对身体的危害"三项风险的担忧最大,均值都在4以上。均值在3.5~4的有"入藏后旅游行程安排与期望不符"、"食、宿、娱乐安排与期望不符"、"导游人员提供的服务无法令人满意"、"西藏的政治社会环境不稳定"和"此次旅行要获得满意的结果会耗费大量的时间及精力"几项。其中"西藏的政治社会环境不稳定"一项基本上是因为2008年的"三·一四"事件给大学生心中留下了较为深刻的印象,直接影响他们去西藏旅游的动机强度。其他几项大多源于对西藏的陌生而引发的担忧。发生可能性得分最低的是"无法适应团体生活",均值只有1.473。在旅游风险发生之危害性评价方面,均值超过4的只有"高原反应"这一项,说明大学生们对西藏高原环境的忧虑和恐惧。"旅游产品价格太高造成财务负担"、"西藏的政治社会环境不稳定"、"购买的旅游产品质价不符"、"入藏后旅游行程安排与期望不符"、"食、宿、娱乐安排与期望不符"和"西藏会有自然灾害发生"均值在3.5~4,反映出大学生们对这些风险属性发生所带来危害的担忧。得分最低的是"相关手续与票据的办理不顺利",说明广大旅游者对此风险的发生表现出较低的担忧。同时,对于"财务风险"、"绩效风险"和"身体风险"的各个属性,广大游客对风险的可能性和危害性都给予了较高的评价,均值都在3以上。

（二）旅游风险认知总体评价

表3　大学生赴藏旅游风险认知总体评价表

旅游风险 认知维度	旅游风险发生的不确定性评价		旅游风险发生的危害性评价		旅游风险知觉总体评价	
	Mean	Std.	Mean	Std.	Mean	Std.
财务风险 r_1	4.101	.4895	3.642	.7380	15.01	3.843
绩效风险 r_2	3.662	.6655	3.414	.7661	12.63	3.989
身体风险 r_3	3.592	.6760	3.802	.7967	13.66	4.452
社会心理风险 r_4	2.628	.7038	2.764	.6671	7.264	3.018
便利风险 r_5	3.399	.7980	3.081	.7404	10.55	3.897
设备、设施风险 r_6	3.182	.8624	2.977	.7847	9.473	4.036

由表3得知，大学生对赴藏旅游的六项风险评价里，财务风险得分最高，其次是身体风险，继而依次是绩效风险、便利风险、设备设施风险，最低的是社会心理风险。其中财务风险发生的可能性最大，社会心理风险发生的可能性最小；身体风险的危害性最大，社会心理风险的危害性最小。同时，大学生对赴藏旅游的身体风险的危害性评价得分要高于可能性评价的得分，更加说明了高原环境对大学生赴藏旅游的影响。

（三）人口统计特征因素影响下的旅游风险认知分析

在有效回收的754份问卷中，人口统计方面的基本资料如下：性别方面，男：410名（占54.38%），女：344名（占45.62%）；专业方面，理工科的居多，共500人（占66.31%），文史类：354人（占33.69%）；家庭住址方面，城市：348人（占46.15%），农村：406人（占53.85%）；家庭结构方面，独生子女：462人（占61.27%），非独生子女：292人（占38.73%）；月收入方面，300元以下：190人（占25.14%），300～500元：378人（占50.23%），500～1000元：122人（占16.21%），1000元以上：64人（占8.42%）①。在人口统计特征方面，考虑旅游经历的差异对赴藏旅游风险认知的影响，故加入"旅游经历"一项。

表4所描述的是不同人口统计特征的大学生对各维度风险认知的具体评价。从中可以看出，女大学生对赴藏旅游的身体风险和便利风险认知较男生来说较高；在专业方面，理工科学生的绩效风险和身体风险认知要远高于文史类学生，主要原因在文史类学生对西藏的认识要比理工科学生更多一些；从家庭住址来看，农村学生的财务风险和便利风险认知高于城市学生，而城市学生的身体风险认知高于农村学生；在家庭结构方面，独生子女的各个维度风险认知几乎都高于非独生子女，尤其体现在财务风险认知、绩效风险认知和身体风险认知；月收入方面，基本上收入越高对财务风险的

---

① 西安大学生月收入数据等级划分参考杨瑞. 西安市大学生旅游行为模式研究. 硕士论文，2006.

认知程度越低,即月收入与财务风险认知度成反相关,月收入最高的大学生对社会心理风险的认知最低,均值只有7.309;旅游经历对大学生风险认知的影响体现出这样一个弱性负相关,大学生旅游次数越多,则其对赴藏旅游风险认知的程度越低,没有旅游经历的大学生在各个维度几乎都赋予了很高的均值。

表4 人口统计因素下的大学生赴藏旅游风险认知评价表

风险维度 人口特征		财务风险 r_1 Mean	绩效风险 r_2 Mean	身体风险 r_3 Mean	社会心理风险 r_4 Mean	便利风险 r_5 Mean	设备、设施风险 r_6 Mean
性别	男	15.17	12.50	12.04	7.750	8.995	9.021
	女	14.82	12.78	15.59	6.685	12.40	10.01
专业	理工科	15.25	14.33	14.47	7.563	10.38	9.167
	文史类	14.54	9.284	12.07	6.675	10.88	10.08
家庭住址	农村	16.26	13.11	12.59	7.019	11.36	9.435
	城市	13.55	12.07	14.91	7.550	9.605	9.517
家庭结构	独生	15.83	14.09	15.46	8.301	10.91	9.469
	非独生	13.71	10.32	10.81	5.624	9.980	9.479
月收入 (元)	500以下	17.00	14.37	13.74	7.210	12.42	10.15
	500~800	14.92	12.65	13.24	7.249	10.37	9.399
	800~1000	12.47	11.86	14.12	8.012	9.594	9.444
	1000以上	10.20	11.18	12.98	7.309	9.917	9.253
旅游经历	无	19.50	12.87	15.89	8.609	12.01	9.653
	1次	14.73	12.39	13.63	7.445	10.45	10.43
	2次	13.59	13.33	13.06	7.475	9.878	8.220
	3次及以上	14.08	13.33	13.17	7.145	10.25	10.11

表5所显示的是,不同人口统计特征的大学生对赴藏旅游风险认知差异性的显著性分析。分析表明,旅游者性别不同,对身体风险和便利风险具有比较显著的差异($P<0.05$),主要原因在于两个维度风险属性较男女而言,存在生理特征的区别,因而有认知差异。专业对大学生的影响反映在绩效风险方面十分明显($P<0.01$),身体风险方面比较明显($P<0.01$)。家庭住址和月收入对大学生财务风险的影响程度差异都很大,当然经济条件对大学生财务风险认知的影响很容易被观察到。同时我们发现,家庭结构对大学生风险认知的影响体现在绩效风险、身体风险和社会心理风险,而且差异性很大($P<0.01$),由此可见家庭环境对当代大学生心理成长的影响。

旅游经历对大学生赴藏旅游的风险影响差异性不大,只在财务风险认知上比较显著(P<0.05)。

表5 人口统计因素下的大学生赴藏旅游风险认知方差分析表

旅游风险认知维度	性别因素		专业因素		家庭住址		月收入		家庭结构		旅游经历	
	F	Std.	F	Std.	F	Std.	F	Std.	F	Std.	F	Std.
财务风险 r_1	.094	.498	1.475	.264	1.826	.024*	4.365	.001*	1.222	0.039	4.396	.034
绩效风险 r_2	.164	.317	6.359	.004*	.742	.686	.719	.597	1.664	.002**	.695	.579
身体风险 r_3	1.325	.027*	1.427	.017*	.151	.698	1.576	.290	2.930	.008**	1.624	.209
社会心理风险 r_4	.903	.305	3.342	0.077	.387	.627	2.736	0.069	2.379	.006**	4.578	.124
便利风险 r_5	1.739	.049*	4.270	.083	.120	.169	.288	.935	3.339	.507	6.028	.569
设备、设施风险 r_6	.380	.637	2.148	.399	1.719	.303	.901	.476	.795	.508	3.129	.065

注:"*"表示 P<0.05,"**"表示 P<0.01。

五、结语

文章运用定量研究方法对西安市大学生赴藏旅游风险认知作了深入的研究,认为大学生赴藏旅游风险认知应该包括6个维度、16个基本属性。基于研究的结论,笔者认为对西藏旅游业来说,应当做到以下几方面:

第一、特别关注大学生对赴藏旅游风险认知的结构问题,尤其进一步关注旅游者对赴藏旅游风险认知中的危害性评价,及早做好预防措施。尤其由于高海拔而产生的高原特殊生态环境和高原缺氧长期以来困扰着游客,也使众多大学生对赴藏旅游望而却步,不敢贸然进入(刘峰贵等,2006:22-24)。

第二、加强西藏旅游在全国的宣传力度。通过调查发现,大学生对赴藏旅游风险认知总体较高的一个重要原因就是对西藏自治区的陌生,而人们的风险认知与其对该事物的熟悉程度存在着负相关联系(胡卫中等,2008:53-56)。其实高原反应对大学生来说更多的是一种心理恐惧,从生理来说其影响程度远小于他们的恐惧程度。因此,作为西藏自治区旅游部门来说,提高内地大学生对西藏的感性认知就显得十分必要。

第三、政府、旅游企业和藏族同胞的积极参与。大学生在旅游之前,总是会利用多种渠道、尤其是网络来搜集旅游目的地的相关信息,因此,西藏政府与旅游企业公开信息的及时性、透明度都会影响大学生们的风险认知。这就需要西藏旅游部门重视旅游信息在旅游地和旅游者之间的传播,保持旅游地和旅游者之间信息的畅通。而这一切,都可以通过建立西藏旅游业危机管理系统来实现。此外,要注重提高西藏相关从业人员的自身素质,尤其是要培养一批具有较高服务技能和良好服务意识的导游队伍。另外重要的一点,就是提升藏族居民对旅游业的参与程度,使当地群众能够切实从旅游发展中获取利益,使他们认识到旅游业对西藏经济社会发展的重要性,从而更大程度地获得民众的支持,降低人为危机事件的发生概率,建立一个健康和谐的旅游社会政治环境。

当然我们在此文的研究也存在着不足之处,体现在三个方面。①大学生对西藏旅游的财务风险认知很高,在一定程度上与大学生的经济依赖性有关。不过,从大学生月收入对风险认知的影响来看,我们有理由相信,随着大学生工作之后收入的增加及经济独立性的加强,其财务风险认知会越来越低。②风险认知模型的各个维度在本文中是平等地进入模型的,各个风险维度对大学生风险认知的影响是否具有相同作用,是否应设定各自的权重,权重是多大,还有待进一步研究。③影响大学生风险认知的因素除了文中提到的之外,还应包含诸如大学生的性格、兴趣等,风险偏好型大学生与风险厌恶型大学生对赴藏旅游的风险认知所产生的影响应当有一定的差异。但限于篇幅,以及这些因素测量的实际难度,此文并没有进行深入的研究。

对西藏旅游业来说,大学生旅游市场目前只占一个很小的比例,但作为一个极具潜力的客源市场,理所当然地应该受到我们的重视。正如第一部分所提及的,大学生群体对西藏旅游的浓厚兴趣,会自然地使本文的研究具有现实意义。

参考文献

[1] 安辉,付蓉. 影响旅游者主观风险认知的因素及对旅游危机管理的启示. 浙江学刊,2005(1):196-200.

[2] 曹胜雄,王丽娟. 旅游产品知觉风险与降低风险策略之研究. 旅游管理研究,2001(1).

[3] 段红霞. 跨文化社会价值观和环境风险认知的研究. 社会科学,2009(6):78-85.

[4] 高萍,姚海情,周玲强. 乡村旅游游客安全认知实证. 经济地理,2006,2.

[5] 胡卫中,齐羽,华淑芳. 国外食品安全风险认知研究与进展. 安徽农业大学学报(社会科学版),2008,17(2):53-56.

[6] 刘春济,高静. 基于风险认知概念模型的旅游风险认知分析——以上海市民为例. 旅游科学,2008,22(5):37-43.

[7] 刘峰贵,张忠孝,侯光良等. 青藏高原"渐进阶梯式"旅游模式探讨. 人文地理,2006,21(5):22-24.

[8] 杨瑞. 西安市大学生旅游行为模式研究. 陕西师范大学,2006.

[9] 张文慧,王晓田. 自我框架,风险认知和风险选择. 心理学报,2008,40(6):633-641.

[10] Bauer, Ra. Consumer Behavior as Risk Taking: Dynamic Marketing for a Chan-

ging World[C]. Chicago: American Marketing Association, 1960.

[11] Bettman J. Perceived Risks and its Components: A Model and Empirical Test. Journal of Marketing Research, 1973, 10(2).

[12] Boksbergera P E, Biegerb T. Laesserb C. Multidimensional analysis of perceived risk in commercial air travel. Journal of Air Transport Management, 2007, 13(1).

[13] Coxdonald F, Richstuart U. Perceived Risk and Consumer Decision Making – The Case of Telephone Shopping[J]. Journal of Marketing Research, 1964, 1(1).

[14] Jacoby J, Kaplan L. The Components of Perceived Risk: Venkatesan M. Association for Consumer Research. Carolina: The University of North Carolina, 1972.

[15] Peterj P, Tarpeylawrence X. Comparative Analysis of Three Consumer Strategies. Journal of Consumer Research, 1975, 2(1).

[16] Sitkin S, Weingart L. Determinants of risky decision – making behavior: A test of the mediating role of perceptions and propensity. Academy of Management Journal, 1995, 38(6).

旅游与民俗文化再建构
——龙胜大寨红瑶村"晒衣节"考察

秦红增 胡宝华

(广西民族大学学报 广西 南宁)

【摘 要】民族旅游不仅促进了民族地区社会经济的发展,同时还推动了当地传统文化的复兴与再建构。本文通过对龙胜县龙脊梯田景区大寨红瑶村的田野调查,分析和讨论民族文化如何在民族旅游中由人们进行积极建构,从而实现民族传统文化的创新与发展。

【关键词】红瑶;民俗文化;建构;发展

旅游对民俗文化的影响,尤其是把民俗文化作为一种旅游资源并对其进行开发时,往往会遇到这样一个问题,即民俗文化在旅游中的商业化开发,以及民风民俗的舞台化展演具有多少文化的真实性?

许多西方旅游人类学家曾经就此进行了激烈而深入的讨论:反对者认为,舞台表演会破坏文化的真实性,是对传统文化真实性的"亵渎";支持者则认为,那些经过加工和提炼的歌舞虽然与原来的有较大的改变,但它们仍保留了民俗文化的基本内容和形式,其真实性并没有丧失,相反得以保持,而且十分吸引游客。[1]

在中国,进入21世纪后,关于旅游与文化的"真实性"的讨论也不断出现。而与早期国内外学者对商业化持剧烈的批评态度有所不同,最近的中国研究者一般认为,旅游所带来的文化变迁及商品化具有一定的积极意义,且认为,民俗旅游开发中的文化商品化和真实性并非完全对立,二者可以和谐统一,正确理解二者的关系有助于民俗旅游开发的可持续发展,并指出在现代化大潮的冲击下,传统文化也需要在保护的前提下不断创新、发展,并完成其自身的过渡与转型。[2]

笔者通过对广西龙胜各族自治县龙脊梯田景区大寨红瑶村的田野调查,尤其是对当地"晒衣节"活动的调查分析,认为民族地区的旅游开发在给当地带来了迅速增长的经济效益与促进当地社会文化发展变迁的同时,往往也推动了当地民俗文化的复兴与建构。因为在游客、旅游开发者、当地人的互动过程中,民俗文化成为了三者的对话

[作者简介] 秦红增,广西民族大学学报编辑部主任,《广西民族大学学报(哲社版)》执行主编。胡宝华,科技史专业硕士,广西民族大学学报编辑部。

点,即游客渴望观察和体验少数民族社会的民俗风情,而旅游开发者和当地人为吸引游客积极地复兴与再建构了传统的民俗文化。

一、大寨概况

红瑶是瑶族的一个支系,因该族群中妇女上身外衣的花纹图案以红为主色而得名。红瑶先民为养蚕制丝刺绣,作服饰而世代家家种桑,故龙胜古称"桑江"。现在,红瑶主要居住于龙胜县境内东南方位的越城岭支脉周边森林茂密的山谷、山腰。[3]

大寨村隶属龙胜县和平乡,位于县境内东部,地处桂北高寒山区,境内山体陡峭,地势险峻。大寨村土地总面积22.28平方公里,有水田746亩,旱地425亩,林地3 656亩。全村辖大寨、田头寨、新寨、壮界、大毛界和大虎山6个自然屯,15个村民小组,246户,共1 153人,其中瑶族(红瑶)占98%,汉族占2%。①

大寨村主要有两大姓氏,为潘姓和余姓,其中潘姓居多,余姓集中居住于壮界一个自然屯。关于大寨村的历史及"大寨"一名的由来,据大寨81岁师公潘广成现存手抄本《潘公传》(迁徙歌)描述:

> 我公不把哪处出身,山东青州大巷出身,不落哪里,落在金鸡窑洞路底江口,……(公头潘文鉴)赶到旧屋(地名)山头打望,望进金坑②白竹坪,好个密密村,好个密密洞,倒转三步,回转三方,有的上水抛,有的上水滩,人叫三声不听,狗叫三声不明,选得吉日,庚寅辛印(卯)年,二月初八打土进地,量山开圳,量水开田,开出上八塘试粘得吃,下八塘试糯得尝。钢天不动,钢地不移,永为定居,……

大寨是潘姓红瑶进入金坑创建的第一个村寨,故名"大寨",现在其东北面有小寨村,当初,是潘文鉴之弟潘文七分搬出去居住立寨③,即使其人口数量和村寨规模都比大寨村要大,但也只称为"小寨"。

大寨红瑶人世代耕种水稻,人们沿着山势开辟了水田,由山脚向山顶蜿蜒铺架而上,崇山间云雾蒸腾,层层叠叠的水田宛如天梯,蔚为壮观。

2003年,因旅游开发的需要,大寨村开通了通村四级沙石路;同年9月,开发了以农耕梯田和民居村寨相结合的自然人文和谐风景为依托的金坑红瑶梯田景观旅游。

二、民俗旅游:传统文化再建构的动力

到民族地区旅游可以达到多项旅游的目的和目标,比如,到云南的泸沽湖,贵州安顺的黄果树,广西龙胜的龙脊,四川的九寨沟,西藏的许多地方,游客不仅可以欣赏到神奇的自然景观,同时还可以了解、接触、体验、欣赏到其他民族的历史文化和民

---

① 参见:龙胜县和平乡大寨村旅游扶贫工作简介(2005年).大寨村委会宣传栏.
② 金坑是大寨及其邻近的小寨、中禄、江柳四个行政村所在区域的统称,据说因盛产金矿而得名。——作者
③ 由大寨村寨老潘福宏(80岁)口述提供。——作者

俗。[4]可见,在现代社会,同奇异的自然景观一样,民俗旅游对人们也具有巨大的吸引力和号召力。

大寨红瑶村旅游开发的定位是,以农耕梯田和民居村寨相结合的自然人文和谐风景为依托的红瑶梯田景观旅游。来自世界各地的旅游者,他们远道而至,并不仅仅是欣赏梯田这一静态的自然景观,其更深层次的是为了接触异民族的生活、生产状态,况且梯田也不完全是一种自然景观,而是反映了一个居于此地的民族与自然和谐相处的文化形貌。

因此,大寨的红瑶梯田景观旅游开发在很大程度上也是一种民俗旅游。民俗旅游是以特定地域或特定民族的传统风俗为资源而加以保护、开发的旅游产品,它赖以存在的基础是民俗,而且是以地方性或民族性为标志的民情风俗。[5]在此,民俗成为一种重要的资源,在游客、旅游开发者、当地人的互动过程中,红瑶民俗文化得以积极地再建构。

游客的满意程度直接关系着旅游区的可持续发展,因此,旅游开发者在对大寨红瑶村进行旅游规划时须充分参考游客的意见。为此,他们聘请专业旅游规划咨询公司开展问卷调查。在问卷设计中,旅游规划者考虑最多的,就是当地的红瑶风情能否满足游客的欣赏和体验要求。而游客对民俗文化的消费需求将直接推动红瑶民俗风情的再构。

目前,大寨村的旅游开发只有四年左右的时间,还没有发展成为一个"成熟"的民俗旅游区,就民族风情和民俗表演方面来说,尚未能够很好地满足游客的需求。所以,许多游客对此表示可惜。

游客个案1

男,重庆人,大学生。他认为,现在大寨旅游单一,没有融入民族风情,平时来的游客也比较单一和专业,像摄影的,而像我们这些来休闲的,没有什么玩法。游客如果可以玩,又可以购物,肯定会高兴,像藏族有篝火晚会,这里没有什么瑶族风情。还有设施比较差,像路不好,电网不好,但这里的人很好,淳朴。

游客个案2

男,海南人,20多岁。他反映,这里风景不错,但旅游方面单调,只有看梯田;住这个旅馆太商业化了;没有民族风情表演,有的话也要给钱,我去黔东南苗族地区的时候,他们穿民族服装表演给我们看是不要钱的,进寨也不收门票,他们是由政府扶持的,我们跟农民一起吃,他们吃什么,我们吃什么,晚上在他们家里睡,15元钱住一夜。

游客个案3

男,北京人,30岁。他说,(山)上面没意思,好看的还是一进门,一座桥,几座房子,这边上去一片梯田,太阳光一照,很有层次感,上面没什么意思。民族表演应该有,我们没有看到,像晚上应该有,现在晚上太单调,就睡觉。这里不错,整体环境不错,就是服务态度太差。

可见,游客对目前大寨村的旅游状况普遍认为比较单一,即唯有欣赏梯田景观,而没有看到"应该有"的民族风情,即使是表演的民族风情。

其实,为满足游客欣赏民俗风情的消费需求,大寨村在旅游开发后便成立了一支民俗歌舞表演队。该表演队组成人员为8个年龄在30岁左右的红瑶妇女,加上1个拉二胡配乐的(男性)共9人,他们都是大寨本村的农民。当有旅游团或游客较多且集中到来时,导游或接待老板就向游客推荐观看民俗歌舞表演,有时候也是游客自己提出要求观看民俗歌舞表演的。大寨村的这支民俗歌舞表演队便会应邀表演节目,表演一场的价格在150~200元。表演内容有采茶歌舞、迎新郎、长发瑶歌舞、恭喜大家发大财等四五个自编自导的节目。

村民个案1

男,80岁。他说,跳舞现在才学,以前不跳,是前年在河边有游客喊跳舞,后面就去学。

村民个案2

男,60多岁。我们这条公路通车那天,旅游公司在这里召开典礼要有跳舞,县文工团下来教点,我们自己也搜集些古老传统来排练,我们看电视里头他们怎么做就学。我们旅游开放有龙脊,有黄洛,黄洛也是我们红瑶的,她们都跳舞,以后我们也要开发,就喊她们妇女也要学点。现在有游客了,他们想看,像上海有两个人想看就给了150元;有一次是一个北京人,他一个人要看,给了100元。

村民个案3

女,40岁,曾经是表演队成员。当时,寨老讲,开发进来了,要学点舞,游客多了,要跳点舞给他们看。我们原来不懂跳舞,寨老教我们跳,开发那年才去学舞的,以前都不跳,都是唱调子。龙脊咖啡店里面的人讲游客多,要看表演,就喊我们上去跳;他们不喊,我们也不上去跳,没有空丢工日,我们是农民嘛,忙死了,丢一天工日就失去好多了,他们不喊,我们也不想去跳。我是在我妈去年过世以后就不跳了,如果要过三年才(能)跳的话,我就老咯。

可知,大寨村的民俗歌舞表演开始于四年前,即在大寨村开发旅游的当年,出于满足游客观赏民俗风情表演需求的考虑,当地妇女开始学习舞蹈,并向游客进行了表演。为突出地方性或民族性,民俗歌舞表演便"搜集些古老传统来排练",并对一些传统民俗事项,如迎新郎等进行表演化加工,同时以邀请游客扮新郎的互动形式,使游客亲身体验红瑶的传统民俗。

有意思的是,在调查中发现,在当地传统社会中,红瑶妇女不参与公众性的表演,更不会跳舞。

村民个案4

女,60多岁。瑶族没跳舞,我不懂跳舞,我们那时候穷呀!不像现在这么欢喜。以前有唱调子,蛮喜欢的,现在没有了,有电视看了。以前唱调子也有调子的好看之处,电视也有电视的好看之处,电视讲哪样赚得起钱啊,现在主要就是赚钱哦。调子热闹点,有讲看不起老人家的(节目),现在后生仔都看电视,电视没有调子那么热闹。

村民个案 5

女,60 多岁。以前我们这儿连饭都没得吃,还跳舞啊?不跳舞的。有唱调子的,我们就去看,现在不唱咯,看电视了啊。

村民个案 6

男,60 多岁。没开发以前只是唱调子,唱调子都是男的,要演女的也都是男扮女装。一个也古怪咯,这个舞自开发以来妇女自己热爱起来,妇女自己就热爱了这一套。

在此,人们说明女性以前不跳舞的原因时,总是强调"穷",因为穷,所以不参与娱乐项目。但是,当时"穷"也会有当时的娱乐活动,像"唱调子①"。在唱调子当中,表演者都为男性,要有女性角色时"都是男扮女装"。由此可见,在当地的传统社会中,女性不参与抛头露面的公众性活动,换言之,在公众性活动中,女性是旁观者。

自从旅游开发以后,当地妇女的公众性形象发生了巨变,开始"热爱"和积极参与表演活动,由过去的作为公众表演活动的旁观者转变成公众表演活动的主角。这种变化及其原因,当地人也很困惑,甚感"古怪"。而通过观察和分析这些变化,我们可以明显地感觉到,民俗旅游开发及游客的消费需求在积极推动着当地红瑶民俗文化的变迁与再建构。

三、木质民居:传统民俗的空间建构

在大寨,存在三种类型分明的传统木质民居建筑,分别是:老式民居、新式民居及处于两者之间的木质民居,且称其为中期民居。

老式民居在大寨为数不多,大概占 1/4,房屋共分 3 层:一楼饲养家畜、家禽,二楼住人,三楼存放粮食及杂物。老式民居大都有近百年的历史,房架稍斜,房屋破旧。

中期民居在大寨的数量相对要多,约占 1/2,房屋也是分为 3 层:一楼饲养家畜、家禽,二楼住人,三楼存放粮食及杂物。与老式民居不同的是,中期民居规模要大,房屋宽敞,装饰考究,如楼梯栏杆雕花等。中期民居大约有 20 年的历史,是 20 世纪 80 年代末淘金热时,一部分人赚了钱之后修建起来的。

新式民居则是在旅游开发的近几年新修建的木质建筑,大多作为农家旅社,房屋分 3 层:一楼为厨房和餐厅,二、三楼是主人卧室或客房。

从老式民居到新式民居,房屋的布局和楼层功能已有很大变化,不变的只是房屋外在的木瓦结构。木瓦结构建筑作为当地的传统民居,旅游规划部门出于维护景区传统民俗景观的考虑,禁止修建水泥楼房,从 2005 年 8 月 1 日起施行的《龙脊风景名胜区规划建设管理办法》中,第十条规定:

> 龙脊风景名胜区的各项开发、建设活动应当根据已经批准的龙脊风景名

---

① 唱调子,是当地的一种戏剧表演活动,内容大都来自现实生活,如反映看不起老人的,等等。唱调子是当地过年过节的一项娱乐活动,表演场地为寨子里的某一家较为宽敞、方便活动的房屋,届时,寨子里的人便集中于此观看。现在,唱调子这一活动已经消失。自从电视进入寨子里以后,人们都选择了看电视,因为在他们看来,电视里的节目比自己演的好看。——作者

胜区规划进行。建设项目的布局、造型、高度、体量、风格和色彩应当与周围景观和环境相协调。

龙脊风景名胜区内的民居必须在统一规划的居民点内建设。

龙脊风景名胜区民居必须是干栏结构,坡屋顶,青瓦盖面,木质外墙,建筑层数以2层为宜,最多不超过3层,建筑层高不超过3.0米,总高度不超过11.6米,占地面积(户或座)不超过150平方米,建筑面积不超过400平方米。

作为宾馆饭店使用的民居建筑应满足《建筑设计防火规范要求》,内设双梯(双出口),配备必要的防火设备,设置相应的消防栓。

旅游规划部门已经从布局、造型、高度、体量、风格和色彩等方面对当地的民居建筑进行了明确规定,要求民居"必须是干栏结构,坡屋顶,青瓦盖面,木质外墙"。对木质民居建筑的直观维护,可以有效保持景区的传统民俗特色。但是,在当地人看来,水泥建筑比木质建筑要坚固、耐用,他们更愿意居住水泥楼房。

村民个案7

男,65岁。他说,底下那个风雨桥,我们讲搞个拱桥,铺水泥板过去,上面再架棚,但是他(指旅游规划部门,下同)不给。现在搞的风雨桥(木瓦结构)用了40万元,是自治区扶贫办给的。

本来那个文化综合楼,自治区给我们10万元,那搞砖房还搞不得啊,但是旅游局不给搞,要搞木房,现在是25万元。

起个砖房万古千秋都在,哪个不愿意呀。现在搞那个木房坏得也快,但是他讲担心什么,坏了有钱给你们修。他讲搞什么民族特色,我们懂民族特色是什么啊!

那个老房子,他讲不要搞新的,搞干净点就得了,但是游客哪个愿意进克(去),黑黑的。

他讲村部(村委会)现在也要撤克(去),不能架在河上。他讲风景不好看。他现在已经买地基了,他讲从高头看下来桥不像桥,他说记者那么讲。

对旅游局的规划,我们讲得出什么啊。我们讲把房子起一路一路过克,高头呢,我们再开起梯田。把高头房子搬下来。在河边起一路一路过克,我们是这么设想的。

他来看了,他怎么捞得到钱就嫩子(如何)搞,他讲游客喜欢看我们民族旧习惯,旧习惯是嫩子的,就嫩子的。我们讲毛主席解放了,现在改革开放了,我们农村搞新鲜点嘛,改变点,好一点嘛,旧习惯自己感觉不好。

对门那个搞那个新房子他不给朝那边,要搬进克(去)。他嫩子布置就嫩子做。他讲如果你们不嫩的搞,游客没有来,你们还要困难。

村民个案8

男,80岁。他说,农村变化点好一点,我们80岁了,那个老房子(老式民居)还在那凯(那里),没有变。现在要是搞水泥路、水泥桥、水泥楼房要坚固,要好一些,木房容易坏得快,但是现在都由他们(指旅游规划部门)嫩子布置就嫩子做,不按照他的做,他就讲没有游客来,你们还要困难。

可见,旅游规划部门为了保持景区的"民族特色",要求当地人保持"旧习惯",如住木房,而这与当地人求发展的心态多少有些矛盾。但是,当地人也看到了旅游业是推动当地经济社会发展的主要力量,同时也意识到他们自身的传统民俗可以吸引游客。因此,在行动上他们还是响应旅游规划部门的规划要求。

村民个案9

女,60多岁,家里新起了一栋未完工的木楼。

问:家里面打算搞旅社?

答:现在还没钱,搞不起。(指着身边1岁的孙子)他妈妈出克打工挣钱克了,没人在屋。

问:新起房子的木材是哪来的?

答:从龙胜买来的,有人专门拿来卖。(木材)买来了就用马驮上来(山上)。

问:没有想过要起砖房?

答:想是想,砖房当然好咯。但是我们瑶族是不住砖房的,游客来了他们要住我们的木房,他们自己都是住砖房的。

四、晒衣节:民俗文化的集中建构

节日是一个民族在漫长的历史发展进程中,逐渐形成的一种与特定日期、特定仪式和特定意义相联系的群众性活动,具有鲜明的地方性或民族性。据大寨寨老潘福宏(80岁)老人介绍(村民个案10),大寨红瑶的地方性节日主要有:

二月初二(指农历,下同),小节,要开工,吃一餐好的去挖田挖地。

四月八,吃糯米饭,花花绿绿的。

六月初六,半年节,以前老人家开田到六月初六,就讲现在开来也种不得了,也就休息一天。六月初六要供(祭)田,在田中蹬(安插)个石头,供在那里。以前有一个人讲六月初六那一天晒衣服好哦,有好衣服的就拿来晒一下,免得发虫,所以(又)讲是晒衣节,是老人家传下来的。

七月半,老人家讲"死克(去)好,死克天凉地也凉,年年有个七月半,不得钱纸也得香",他们(有的人)讲也是半年节。别荡(其他地方)是七月十四过,我们七月十二做,(因为)要去看人家拔龙船,在旧屋(地名,从大寨走山路到旧屋需一天时间)那边克。

十二月二十六,年边节,在旧社会,吃一餐来就克当兵当夫了。

在大寨红瑶所有地方性节日中,最大节日当属六月初六"半年节",又称"晒衣节"。

村民个案11

村民,男,34岁。他介绍说,我们瑶族最大的节日是六月六晒衣节,在没有搞旅游之前,九、十点吃完早饭,到十一、十二点晌午到河边,这边一边,那边一边对歌,或者到山上唱歌。现在开发旅游了,县乡给钱,搞得隆重,有打球、拔河、唱歌。六月六每年都过,县乡给钱就隆重一些。

村民个案 12

村民,男,30 岁。他讲道,瑶族主要节日六月六,最大了,每年都搞活动。没开发之前,唱调子,彩调,现在有旅游了,搞点跳舞活动,瑶族舞。没开发之前没那么多人,瑶族人自己看,现在外地人从四面八方赶来看,现在人多,以前是本地人在看,变化就是人多了。

节日民俗作为一个民族综合性的文化事象,在传承过程中,整合了越来越多的内容,一些大的节日,"几乎是政治、经济、生产、生活(衣食住行)、宗教信仰、文化艺术、社会交往、民族心理等的综合反映,具有全息性"。[6]一个盛大的节日,恰如一个展示民族文化的舞台,是民族文化特色的浓缩和集中展现。[7]

晒衣节作为大寨红瑶人最大的一个地方性传统节日,在未进行旅游开发之前,当地人便开展了各种各样的节庆活动,如对山歌、唱调子等;而旅游开发以后,当地人为"弘扬红瑶的传统文化,推动旅游业的发展……推动金坑片区农业综合开发步伐,促进金坑的发展和进步"(2006 年、2007 年《龙胜金坑红瑶传统"晒衣节"活动倡议书》),通过向县、乡政府申请经费赞助("县乡给钱"),举办了更隆重的节庆活动,包括展示民族工艺、开展民族体育、表演民族歌舞等,向外人充分展演了红瑶的传统民俗文化。下面,我们将对旅游开发前后大寨村开展的晒衣节节庆活动进行考察和比较分析,进而探讨节日民俗在传承过程中的不断整合与变迁,以及旅游开发如何促进民俗文化的集中展现与建构。

(一)晒衣节的来历

晒衣节,瑶语称为"沙啊叠"。关于六月初六晒衣节的由来,据龙胜县民族局退休干部潘应达[①]老人搜集整理的文字材料描述:

> 红瑶"晒衣节"的由来,据红瑶祖辈的传说:因服饰的原因而形成,男装上衣而青粗布对扣衣厚实,女装上衫下裙,上身花衣全靠自己刺绣制作而成,花多厚实,人长年岁月都在深山密林中生活,见日光少,阴潮湿多,由于处境这样给他们造成衣物易呕霉烂,花衣易生虫花纹变色,给他们带来了困境。妇女整日刺绣一件花衣和配件制作要花二至三个多月时间才能完成。零星工日刺绣一件花衣要花二至三年时间才能制成一件花衣,人和衣物常年难见日光呕在家里,花衣三四年就会花质变色,花纹线断缺造成花纹破变,成了刺绣花衣时间多,一件花衣穿着期短,妇女在世要绣花衣五六件才能穿到终年,怎样才能解决他们这个难题,在古时某年六月六这一天天上太阳给他们一个办法,大晴天阳光四射,一家有个聪明伶俐中(年)妇女早上出门一看大好晴

---

① 据潘福文寨老介绍:"潘应达是我们大寨人,他出去当兵以后就麻直(一直)在外头工作了。他当兵 1957 年回来,去了 8 年,回来调到我们和平(乡政府),后又到龙胜镇(镇政府)、泗水(乡政府)等,后又调到龙胜县,到民族局当主任。他经常回来(大寨),看到社会形势好,什么都可以讲,他就麻直回来调查我们金坑,像金坑名字嫩子(如何)来的,等等,他都懂。"——作者

天,她感到心情开朗,赶快转身进屋把衣柜打开拿出花衣、花裙拿到房屋拦(栏)杆上和晒排打开晒一天,太阳落山后她去收衣,拿来一闻呕气消息(消失)没有了,一看花衣花纹颜色很鲜艳,她内心高兴大感天上阳光给他们带来了晒衣保质的福音。从此以后,红瑶人民每年六月六这一天家家户户都把自己的衣物拿出各自的门楼栏杆晒排来晒。晒过几年后真见成效,衣物少发霉呕烂了,妇女只要刺绣一两件花衣就可以穿到终年。因此,后来红瑶祖先们感谢太阳给她们妇女们少绣花(衣)也有花衣穿的益意(意义),为纪念这天保衣质吉日,在过六月六半年节日的同时过晒衣节,从古至今一天过两个节。(2005年7月)①

每年的农历六月初六作为大寨红瑶最隆重的节日,每到这一天,嫁出去的女儿,或出去上门的儿子都要携带家眷,挑上鸡鸭鱼肉、酒和礼物等回到娘家来过节;在这一天,家家户户都会翻箱倒柜的把花衣、花裙等服饰拿出来晒,寨子里条条晒排,串串衣裳,红红绿绿一大片。同时,在这一天,家家户户都要杀鸡、杀鸭,富有的人家还杀猪、宰羊,而平时有好吃的都留到了这一天。另外,家家户户还包粽子,吃粽子,所以,六月初六这一天又叫粽粑节。当地红瑶的粽粑颇具特色,两扇捆扎在一起,叫作一码,其意义"一是纪念红瑶先民日积月累开田造地的艰苦创业精神;二是表示红瑶群众夫妻团结友爱,互相帮助"(2006年、2007年《龙胜金坑红瑶传统"晒衣节"活动倡议书》)。

(二)旅游中筹办的晒衣节

六月初六晒衣节,作为大寨红瑶最盛大的地方性传统节日,在进行民俗旅游开发后,当地人看到了这一节日具有吸引游客的、潜在的巨大价值。于是,在2004年,即旅游开发的第二年,大寨村委会第一次有组织地筹办了六月初六晒衣节节庆活动。

村民个案13

男,40岁,村委副主任。(2004年)六月初六表演了很多红瑶的传统节目,如"抬金狗"、织布、纺纱、跳民族舞蹈等。2004年是第一届(有组织地筹办晒衣节),是村里宣传的,还没引起政府、媒体的注意。2005年村里(村委会)换届,没有搞。

2006年和2007年,大寨村委会通过向县、乡各级政府,以及各企、事业单位申请赞助,又举行了更为隆重的晒衣节节庆活动。

在筹办六月初六晒衣节的过程中,大寨村委会开展了积极的筹备工作,成立了晒衣节筹委会和筹备小组,制订晒衣节活动的详细方案。与此同时,晒衣节筹委会和筹备小组还向有关单位和个人发送参加晒衣节邀请函和关于举办晒衣节的倡议书。

2006年7月1日和2007年7月19日,即农历六月初六,大寨红瑶晒衣节如期举行:白天,展示民族工艺、开展民族体育、表演民族歌舞等,丰富多彩的红瑶传统民风民俗展演应接不暇;晚上,又在大寨村田头寨的"七星伴月"梯田景区点起数千火把,燃放烟花。

---

① 文字材料由潘福文寨老提供。——作者

晒衣节当天,有近 2 000 名中外游客、新闻记者和摄影爱好者集聚金坑大寨,农家旅馆全部爆满。第二天,区、市、县新闻媒体和许多网站、旅游论坛都对晒衣节的活动盛况进行了大篇幅报道。

(三)晒衣节与民俗的再建构

很明显,旅游开发后所筹办的晒衣节与旅游开发前的自发性过节有巨大区别。旅游开发后所举办的晒衣节,在规模、内容等方面都要大于和多于此前的晒衣节,尤其是2006 年和 2007 年这两年中所举办的晒衣节更是盛况空前。当地人也明显感觉到了这种变化。

就活动内容来看,旅游开发前是"九十点吃完早饭,十一十二点到河边或到山上,这一边,那一边的对歌"(见村民个案 11),而现在开发旅游了,就"搞得隆重,有打球、拔河、唱歌"(见村民个案 12);就参加节庆活动人数来说,在旅游开发后所举办的晒衣节有大量外地游客涌入,观看和参与到晒衣节活动中来。随着大量外地游客的观看和参与,大寨红瑶的晒衣节节庆活动已经不仅仅是当地人的自娱自乐了;同时,当地人认识到了自身的民俗传统文化可以吸引外来游客,也便像晒衣时翻箱倒柜地找出衣服来晒一样,他们"翻箱倒柜"地找出自己民族的传统民俗事项向游客进行展示与表演。而在此过程中,人们往往对民俗传统文化进行了有意或无意的再建构。

1. 民俗活动空间的转移

在晒衣节的诸多节庆活动中,可以发现:对山歌由原来的河边、山头对唱换成舞台对唱;纺纱、织布、绣花、包粽粑等由原来的单门独户作业整合为舞台表演性比赛;泥巴打仗由原来的田间地头转入操场"开战";等等。

可见,晒衣节上所进行的民风民俗活动已经转移出了其原来的活动场所。晒衣节的节庆活动安排,紧紧围绕游客的需求而展开,把大量的民俗事项集中于舞台和操场,在小空间范围内进行展示与表演,以便游客在有限的时间内能够尽量多地了解、接触、欣赏和体验到红瑶的传统文化。

2. 民俗活动时间的移植

在晒衣节节庆活动中,有"抬金狗"这一民俗活动项目。"抬金狗"是一项非常具有红瑶特色的民俗,关于"抬金狗"民俗的来历,当地的民间传说是:

> ……我们潘姓红瑶祖宗明朝年间原籍山东省青州俯大巷,因朝廷奸臣当道出大兵侵犯瑶族,红瑶群众反抗,因寡不敌众失败,被迫逃离家乡,辗转迁徙乘木船漂洋过海,家狗随同,海中忽遇狂风大浪翻船,人和狗冒生命危险游水挣扎到对岸,但谷种和其他物品全部沉没,时刻上让人沉思:没有谷种怎样耕种田地过日子,在万分焦急之时家狗聪明通解人意,忙跳下海不辞劳苦冒险游回对岸,趁着全身毛湿淋淋连忙窜进一家谷摊打滚滚,全身粘上谷粒,昂头翘尾跳下海,带谷种游回来,将头尾还粘有几粒的谷种献给主人。从此,红瑶祖先才又有谷种耕种阳春过日子。因此,红瑶祖先感谢家狗献谷种的功德世代要敬狗,每年耕种的农作物丰收后,在过农历年的晚上要和家狗共庆丰

收和同过肥年,祝福下年再得丰收。每年过农历年晚餐后要敬狗,抬狗拜年辞旧岁迎新年,以报答家狗献谷种的大功恩德。①

可知,"抬金狗"是当地红瑶群众为报答"家狗献谷种的功德",而在过大年期间进行的一项辞旧迎新的拜年习俗,其具体过程是:

> 每年腊月三十或二十九下午,由一中年男子按惯例召集几位家长商量除夕抬狗游寨拜年事宜,从各户挑选出白或黄色肥壮的一只公狗,梳毛喂饱,周身涂上大小不一的若干红色斑点,其意思家狗得来谷种,一年收得粮食丰收成果,过年要给家狗换上新装,到各家拜年表示祝福来年景象更好。涂成喂饱后,装进一大竹笼,组织串游队伍。除夕餐后开始活动,串游队伍由带队中年1人,提花灯儿童数人,抬狗笼后生2人,打锣鼓中年4人,挑木桶后生1人组成。串游时,提花灯在前引路,领队者、抬狗的居中,打锣鼓、挑木桶的及成群青少年随后,敲锣打鼓,放鞭炮,热热闹闹从寨头一家开始去拜年。
>
> 他们每进一家,由带队者先向主家问过年好,祝贵家人财两旺,主家出门迎接,领队者讲彩话:贵门开,金狗今晚向贵家来拜年,贵家荣华又富贵,大门左边立起摇钱树,右边立起聚宝盆,早落黄金夜落银。金狗一踩东,贵家出状元翁;金狗二踩南,贵家儿孙附马(驸马)中状元;金狗三踩西,贵家代代儿孙来登基;金狗四踩北,贵家一路求财十路得;金狗来踩五,踩进堂中成玉土,子孙能文又能武;金狗来踩六,贵家钱粮满屋,人延益寿幸福长……我们来时祝贵家常安乐,去时和贵家带去各瘟神,各种瘟神都带去,贵家安太平。我们共记狗恩同过肥年。户主答话:"依口!"并给笼中狗喂除夕美味,2人抬狗在堂屋香火前转了3圈(表示将瘟神带去),户主又向每人敬1杯酒,还送1块肉、1碗酒、1团糯饭、几个肉元豆腐,分别倒入两只桶,接着户主还在狗笼上披挂一小条红布或红纸,以表示感谢金狗来拜年,并祝金狗一路平安。抬狗拜年辞旧岁迎新年,如此挨家逐户拜年辞旧岁迎新年直到旧岁新年交接时辰,大家聚集于寨老家围炉取暖,畅谈金狗献谷种的经历和功劳,将所集得的酒、肉、糯饭先给狗吃一点,然后大家搭伙加餐,唱瑶歌,嬉闹,放鞭炮,到天明。大年初一家家户户禁忌骂狗打狗,以节日佳肴敬狗,共同欢庆新春佳节。(2003年12月)②

显然,"抬金狗"是作为当地辞旧迎新的一项重要拜年习俗。而现在,"抬金狗"习俗已经由除夕"移植"到了六月初六晒衣节中。

3. 传统民俗的复兴

在晒衣节节庆活动中,有一个"红瑶民间体育"项目叫作"泥巴打仗"。而关于"泥巴打仗"的起源,当地的老人家谁也说不清楚。

---

① 为潘应达搜集整理的文字材料,由潘福文寨老提供。——作者
② 为潘应达搜集整理的文字材料,由潘福文寨老提供。——作者

村民个案 14

男,60 多岁。他说,打泥巴仗可能是以前想不出什么锻炼身体的,搞娱乐。

村民个案 15

女,70 多岁。她说,我们不晓得为什么要打泥巴仗,我们从小就看着了,搞娱乐咯。

村民个案 16

男,70 多岁。他介绍道,以前四月八(农历)就打泥巴仗,我们跟小寨的人打,约去一个地方打,看谁打得厉害。不给打上面,不给打伤人,只给打脚,两个、两个的打,打不到的就换人来打。

村民个案 17

男,80 岁,寨老。他说,以前没有什么活动,拿泥巴来你打我,我打你,打来都爬不上茅厕了。现在改了,那个太傻了,打来也痛,现在不搞了。

"泥巴打仗"不但没有人知道其如何起源,而且是当地的一项已经消失了近百年的娱乐活动,在此前,只有那些六十岁以上的老人,才会在农历四月初八或正月看见和经历打泥巴仗这一传统活动。也许,正如寨老所说的,人们意识到打泥巴仗容易打伤人,"太傻了",后来就"不搞了"。由此,打泥巴仗便开始消失,至今已消失了近百年。

而现在,为了在游客面前展示民族的传统民俗文化,大寨当地人又从民族记忆的深处把"打泥巴仗"发掘了出来,复兴了这一传统的娱乐活动。

4. 民俗的夸张性展示

六月初六,也是大寨红瑶的粽粑节,这一天,人们都要包粽子,吃粽子。而 2006 年和 2007 年的六月初六,大寨人则制作了前所未有的,重达 20 多公斤的粽子王,由两名红瑶妇女抬着,展示在游客面前。

可见,在晒衣节节庆活动中,人们为了突出地方性的民俗特色,他们将一些民俗事项进行了"夸张性"的制作与展示。

5. 新民俗的创造

民俗可以被复兴,可以夸张展示,同时也可以进行新创造。

在 2006 年和 2007 年晒衣节节庆中又一盛大活动是,晒衣节当晚于大寨村田头寨"七星伴月"梯田景区进行的"星火衬月"梯田"火把节"。

村民个案 18

男,30 多岁。六月六白天来的人有 2 600 多,晚上搞火把节,也有 1 000 多人。由四五十个男子在梯田上点 4 000 多把火把。

晒衣节当晚七点半,在一声爆竹冲天爆炸后,火把便开始星星点点地一个一个点燃,连成了一条火链,火链又连成了一片。20 分钟后,4 000 支火把形成的一条条火龙把梯田勾勒成一幅闪光的图画,随后,"七星伴月"图中冲出了五光十色的烟花。千余名游客与当地人共度人们所称的梯田"火把节"。

五、讨论与结论

旅游开发的介入,对龙胜大寨红瑶社区的影响无疑是巨大的。首先,旅游开发作为一种扶贫手段,已经取得良好效果,使大部分村民摆脱了贫困,社区经济得到很大的发展。其次,在旅游开发过程中,游客、开发者、当地人三者的互动,使红瑶社区的传统文化得以保护和再建构,如以歌舞形式展示红瑶传统民俗,从形式与外观上维护民居的传统特质,而最突出的是通过隆重举办"晒衣节",以充分展示红瑶传统文化。

在大寨红瑶村,人们出于一个民族的传统习惯,每年都要过六月六这一传统节日。以往,人们过六月六节日时,所进行的节庆活动带有一种纪念性色彩,如祭田,以及包粽子和吃粽子,即是表示不忘祖辈开耕造田的艰辛,而晒衣服,除了是一种防霉消蛀的需要,也是人们出于对带领其摆脱衣服易发霉蛀困扰的先民的纪念。而现在,进行民族旅游开发后,由当地村委会积极组织筹办的晒衣节,其目的已经缺乏"原生性",而更多地具有一种商业化操作性质,最明显的是,与原来自娱自乐的、自发性的开展和参与六月六节庆活动不同,现在所筹办的每个节庆活动项目,给每一位参与者都安排了10~20元的"劳务费"或是"出场费"。

从大寨村委会关于举办晒衣节的倡议书和筹备方案可以看出,当地人已能够抓住"晒衣节"这一本土文化特质在现代民族旅游中的巨大价值。他们积极组织和筹办晒衣节节庆活动,"开展各种红瑶传统文化和体育活动",目的明确,即要向国内外"展示红瑶少数民族古老丰富的传统文化、浓郁的民族风情",并通过"弘扬红瑶的传统文化,推动旅游业的发展"。当地人已经认识到,除了梯田景观,还有自身的民族传统文化,也是旅游的一项重要资源。

在此,我们必须明确的是,一种文化或者一个社区不是自在的、同质的,而应当被视为不断流动的状态,是处于既外在于又内在于地方场合的广阔影响过程之中,保持着一种永恒的、具有历史敏感性的抵制和兼容状态。[8]因此,旅游开发对大寨红瑶民俗文化的影响并非是一件坏事,我们可以把旅游开发看作大寨红瑶民俗文化于外在积极推动和内在主观能动共同作用下的文化变迁与文化再建构。

更乐观地认为,大寨红瑶村的这种在现代民族旅游语境中由当地人和外来游客共同积极参与的文化建构,对民族传统文化不仅是非破坏性的,反而是有建设性的促进民族传统文化的发展与保护。在这一民族文化建构过程中,我们可以看到,一些传统民俗得以复兴,如打泥巴仗等;一些民俗文化和技艺得以强化,如"抬金狗"习俗、纺纱、织布、绣花、包粽粑等;一些新民俗事项得以创造,如梯田"火把节"等。民族文化通过当地人的这一自主性建构之后,不仅吸引大量游客,促进旅游发展,提高了当地的经济收益,而且使当地的许多民俗文化事项得以发展和创新,丰富了当地的民族传统文化。

参考文献

[1] 张晓萍. 旅游业与"舞台真实"———一种西方旅游人类学的观点. 载张晓萍主编. 民族旅游的人类学透视. 昆明:云南大学出版社,2005.

[2] 孙九霞. 旅游人类学在中国. 广西民族大学学报(哲社版),2007,29(6):2-11.

[3] 龙胜县民族局. 龙胜红瑶. 南宁:广西民族出版社,2002.

[4] 彭兆荣. 旅游人类学. 民族出版社,2004.

[5] 陶思炎. 略论民俗旅游. 旅游学刊,1997,2:37-39.

[6] 陶立璠. 民俗学概论. 北京:中央民族学院出版社,1987.

[7] 马东平,周传斌. 回族节日民俗及其社会功能. 甘肃社会科学,2000,3.

[8] [美]乔治,E·马尔库斯,米开尔·M.J.,费彻尔等. 作为文化批评的人类学:一个人文学科的实验时代. 北京:三联书店,1998.

民族旅游居民满意度与和谐社会构建
——来自桂黔湘边区的报告

吴忠军

(桂林理工大学民族旅游研究中心　桂林)

【摘　要】 旅游影响研究和居民旅游感知态度研究是重要的旅游研究议题,对目的地居民旅游满意度进行研究,能更深入地理解居民对旅游发展的态度,对社区旅游的发展具有重要意义。以桂黔湘边区的7个典型民族村寨为例,对居民旅游满意度进行多视角的比较研究。在问卷调查和访谈的基础上,研究者获得充足的研究数据和资料。在此基础上,对各民族村寨的旅游发展情况进行全面的比较分析:使用简单描述性统计分析对居民旅游满意度的不同方面进行比较分析和总结;对不同民族村寨的居民旅游满意度进行比较研究,并结合定性材料进行差异原因分析。在统计分析和田野调查的结果上,结合社会冲突理论对民族地区旅游发展中产生的不和谐现象进行解释和原因的探析,并提出民族地区和谐发展的利益相关者共同管理模式。

【关键词】 民族旅游;满意度;和谐社会

一、前言

中国西部民族地区的旅游业早在 20 世纪 80 年代初期就开始起步,是对旅游业的认识水平较高和国内旅游业发展较早的区域之一[①]。进入 21 世纪后,随着"西部大开发"战略的提出和中国加入世界贸易组织,民族地区的旅游业进入了一个机遇与挑战并存的战略发展期,不少民族地区纷纷提出要将旅游业作为优势产业和支柱产业进行建设。2009 年,国务院发布《关于加快发展旅游业的意见》,明确提出要"把旅游业培育成国民经济的战略性支柱产业",同时要把"促进区域旅游协调发展,中西部和边疆民族地区要利用自然、人文旅游资源,培育特色优势产业"作为主要工作任务之一,强调"中央政府投资重点支持中西部地区重点景区、红色旅游、乡村旅游等的基础设施建设"是重要的保

[基金项目]　国家社科基金项目"民族村寨旅游开发中的居民满意度与和谐社会建设研究——以桂黔湘边区为例"(07BMZ036)研究成果。

[作者简介]　吴忠军,课题主持人、桂林理工大学民族旅游研究中心主任、教授。

① 李柏文.中国旅游业发展研究:少数民族地区旅游发展 30 年. 2010 - 02 - 05. http://www.china.com.cn/travel/txt/2010 - 02/05/content_19373198.html。

障措施。2010年,公布的"十二五"规划中指出,加快发展服务业,积极发展旅游业。拓展服务业新领域,发展新业态,培育新热点,推进规模化、品牌化、网络化经营。这些政策措施的制定,必将为西部的民族旅游发展带来诸多发展机遇。民族村寨是西部民族旅游开发的主要旅游产品形式之一,作为一个人文景观和自然景观高度融合一体的文化生态系统,民族村寨在旅游开发过程中存在着许多难题,这涉及旅游发展的社会文化影响、民族文化的保护与传承、民族地区的和谐稳定发展等诸多错综复杂的问题。西部民族地区的旅游开发大多由政府"自上而下"推进,社区居民如何看待旅游发展及其影响、对旅游发展的态度和满意程度则往往被政策制定者和研究者所忽视。"南岭民族走廊"是我国少数民族人口分布最多、资源较丰富、环境较优越的地区,作为南岭民族走廊重要组成部分的桂黔湘边区是国内民族旅游发展较早,也较成熟的地区之一,其旅游发展过程中所取得成功经验和存在的一些问题都具有一定的代表性。在这种背景下,以桂黔湘边区为例对民族村寨旅游开发过程中居民旅游满意度进行研究就显得颇为重要。

虽然对居民旅游满意度的研究十分迫切,但国内外同类研究很少。本研究以桂黔湘边区的民族旅游村寨为研究对象,通过比较研究,分析居民旅游满意度在不同方面的差异;分析不同社区背景、不同旅游发展水平的民族村寨居民旅游满意度的差异情况;分析不同家庭旅游收益程度对居民旅游满意度的影响差异。通过构建居民旅游满意度模型,分析不同因素对居民旅游满意度影响作用的大小差异。以理论研究指导民族村寨社区提升旅游治理水平,提高社区居民在旅游发展中的满意程度和支持率,减少旅游发展中出现的不和谐因素,促进当地旅游业和谐、平稳、持续地发展。

二、研究对象基本情况

(一)平安壮寨

1. 村寨概况

平安壮寨,位于广西壮族自治区桂林市龙胜各族自治县和平乡东北部,距离桂林市区103公里,龙胜县城21公里,海拔在380~1 180米。平安壮寨是一个以宗族血缘关系为纽带的典型壮族村寨,分为8个村民小组,现有居民191户,800余人,95%的居民为廖姓壮族。平安壮寨壮族自称"布边",操北壮方言,"布也"土语。据当地碑刻记载,廖姓祖先来自广西南丹庆远府,是最早迁入龙脊地区的壮族。最初居住地为临近平安壮寨的古壮寨,平安壮寨则建于清末民初,迄今百余年。

2. 主要旅游产品

平安梯田是省级风景名胜区龙脊梯田景区的核心景区,其高山梯田景观(以"七星伴月"和"九龙五虎"景观为代表)在国内外享有"天下一绝"的盛誉。壮族文化景观、特别是村寨的干栏建筑文化景观也具有很大的旅游吸引力。

3. 旅游地生命周期演变历程

探索阶段:早在20世纪80年代中期,平安壮寨已经出现零星的摄影者和观光客。但直到90年代正式开发之前,游客数量增速缓慢,也没有居民有意识地参与旅游经营。

参与阶段:1990年平安壮寨正式被龙胜县政府辟为龙脊游览观赏村寨之一。县旅游局于1992年正式对平安壮寨进行旅游开发,并于1993年修建了进入村寨的游览石板路;同年,平安村寨内出现了2个家庭旅馆。1995年,开始收取景区门票。1997年开始修建景区公路,2000年正式通车。1998年,成立龙脊梯田风景名胜区,管理机构主要是县旅游局,旅游局下设龙脊梯田景区管理处。1999年龙胜县旅游总公司①作为政府直属企业开始经营龙脊景区,公司每年支付平安壮寨一定额度②的门票收入提成③。1997年整个龙脊景区仅接待旅游者3 900人次,到2001年已达3.6万人次,农家旅馆也增至26家。这一阶段,政府在政策上的扶持、对景区基础设施的投资建设使旅游业有较快的发展。

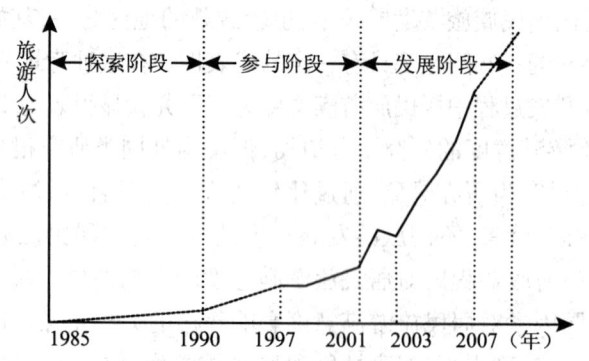

图1 平安壮寨旅游地生命周期示意图

注:1. 生命周期增长曲线图中有确切统计数据的年份用实线表示,根据资料分析推断的年份用虚线表示(本节所有各村寨的生命周期增长曲线图相同,不再标注)。
　　2. 根据龙胜县旅游局2008年3月提供的统计资料整理。

发展阶段:2001年,龙胜旅游总公司与桂林旅游发展总公司④组建桂林龙脊温泉

---

① 龙胜县旅游总公司成立于1985年,龙胜县旅游局成立于1991年,最初实行一套人马两块牌子,1997年政企分离,两者平级。——作者

② 根据2008年龙胜县旅游局提供的资料,1999年2万元、2000年2.5万元、2001年3万元、2002—2004年15万元、2005—2006年35万元、2007年73万元。如上1999—2007年,平安壮寨所得的门票分配比例在2.8%~8.5%之间浮动,平均值为5.4%。2007年后开始执行一个为期5年的新协议,平安壮寨将得到龙脊景区门票收入的7%。——作者

③ 以"进寨费"或"梯田维护费"的名义进行分成,同属龙脊梯田景区的黄洛、大寨在旅游开发后也有类似的协议。——作者

④ 桂林旅游发展总公司(以下简称"桂林旅发展")是桂林市政府直属国有独资公司,是上市公司桂林旅游股份有限公司(以下简称"桂林旅股")的第一大股东,同时是桂林旅股第二大股东桂林五洲旅游股份有限公司的控股股东。桂林旅股于2002年9月投资2 100万元,收购公司桂林旅发展持有的桂林龙脊温泉旅游有限责任公司(以下简称"桂林龙脊温泉"60%的股权。桂林旅游股份有限公司收购桂林龙脊温泉旅游有限责任公司60%股权的关联交易公告. 2002 - 08 - 14. http://app. finance. ifeng. com/data/stock/ggzw. php? id = 8880909&symbol = 000978. 2003年,桂林旅股对桂林龙脊温泉增资扩股,持有88.3%的股权。桂林旅游股份有限公司对桂林龙脊温泉旅游有限责任公司增资扩股公告. 2003 - 12 - 17. http://finance. sina. com. cn/roll/20031217/0318564888. shtml。

旅游有限责任公司,后者控股。"桂林旅发展"进入后,景区的管理水平、营销能力有显著提升,旅游业得到快速发展,但由于景区公司过分关注自身经济收益,不重视景区基础设施的投资和建设,漠视社区关系协调和居民旅游权益,导致2004年5月至2005年3月平安居民多次发生群体性事件,并导致景区暂时关闭,造成了极坏的负面影响。受冲突事件的影响,2006年,桂林龙脊温泉旅游有限责任公司分成两家公司①,龙脊景区由新成立的龙脊旅游有限责任公司经营管理,由龙胜方面控股②。为了更有效地对龙脊景区进行控制和管理,避免多头管理,更有效地协调各方的矛盾与冲突,龙胜县政府于2007年成立龙脊风景名胜区管理局,管理局成为景区主要的上级行政管理部门。这是一个旅游快速发展和各利益主体矛盾冲突日益激化并暂时得以缓解的阶段。2006年,龙脊景区被评为国家农业旅游示范点;2007年,龙脊景区接待旅游者31.7万人次(平安约为23.7万人次),是2001年的8.8倍;家庭旅馆也急剧增加到106家(本地人经营的有95家,外地人经营的有11家)。

4. 旅游治理模式:政府(管理)+公司(经营)+社区(参与)

目前,龙脊景区的市场化经营已经达到很高的程度,其治理模式从初始的政府主导经营管理演变成今天的政府(管理)+公司(经营)+社区(参与)的旅游治理模式。主管景区的主要行政管理部门是龙脊风景名胜区管理局,负责对景区旅游业发展进行监管并提供行政管理服务。龙脊旅游有限责任公司作为景区公司,负责整个景区的日常运营,包括景区旅游基础设施的建设和维护、旅游业营销和管理、收取门票等;为保障社区的利益,公司不能从事餐饮和住宿活动,而交由居民经营。村寨方面则需要配合公司的旅游经营,维护梯田景观,保护旅游设施,维持村寨的卫生和治安等,平安壮寨每年可获得龙脊景区门票收入7%的分成。这一模式是旅游开发近二十年来多方冲突和博弈的结果,但各利益主体之间仍然存在着不少矛盾。

5. 社区旅游经济收益分配格局

旅游开发前,居民的主要经济收入为务农。旅游开发以来,旅游业成为多数居民的主要经济收入来源,主要旅游经营方式为经营家庭旅馆、为旅游者提供劳务(抬轿、背包等)、出售土特产和工艺品、景区门票分成等。2007年平安壮寨居民人均收入4 000余元。全村90%以上劳动力参与旅游,有一半左右(95户)的居民开设了家庭旅馆,村寨上方观景点附近的效益最好,上方的则较差。轿子80多台,参与抬轿的有160余人;参与背包的居民也非常多,以女性为主;抬轿和背包的居民按照规定分为若干组轮流经营,机会均等。不少家庭还从事民族旅游商品的经营,出售工艺品和龙脊

---

① 2006年,桂林旅股将龙脊梯田景区业务从龙脊温泉公司分离出去。龙脊梯田景区业务由注册资本为1 000万元的新设公司"桂林龙脊旅游有限责任公司"经营。桂林旅股持有新公司88.3%的股权;龙胜旅游总公司持有11.7%的股权。桂林旅游股份有限公司关于桂林龙脊温泉旅游有限责任公司分离为两个公司的公告. 2006-01-24. http://money.163.com/06/0124/06/287BKH0Q00251LP3.html。

② 2007年,桂林旅转让桂林龙脊旅游有限责任公司39.32%的股权,龙胜各族自治县旅游开发有限公司持有龙脊公司的股份由11.68%增至51%。桂林旅游(000978)2007年年度报告. 2008年2月29日. http://bull.secutimes.com/sti/20080229/195280.html。

辣椒、水酒等土特产。2007年,平安壮寨获得龙脊景区门票收入分成73万元,平均到户约为3 800元。总体而言,平安壮寨居民参与旅游经营程度很深、参与面广、旅游收益较好。

(二)大寨瑶寨

1. 村寨概况

大寨瑶寨,位于龙胜各族自治县和平乡境内,距龙胜县城35公里,地理坐标东经110°09′,北纬25°48′,海拔在769~1 139米,行政总面积22.28平方公里。大寨是一个以宗族血缘关系为纽带的典型瑶族村寨,由大寨、新寨、大毛界、墙背、壮界、田头寨6个村寨组成,现有居民246户,1 246人,98%的居民为瑶族,以潘姓为主。大寨瑶寨的瑶族属于瑶族的一个支系——红瑶,红瑶可能是龙脊地区最早的原住民,现今的龙脊梯田最早由红瑶祖先开垦,这一历史可上溯至宋、元时期。

2. 主要旅游产品

大寨瑶寨毗邻平安壮寨,同属于龙脊梯田景区。大寨瑶寨的主要旅游产品是高山梯田景观(以"西山韶乐"和"千层梯田"景观为代表)和红瑶民族文化景观。大寨梯田(又称金坑梯田)和平安壮寨梯田是整个龙脊景区的核心景观,但同平安壮寨梯田相比,大寨梯田开发较晚、知名度稍低,处于平安壮寨梯田的"旅游阴影"之下,旅游发展相对滞后。

3. 旅游地生命周期演变过程

探索阶段:虽然大寨瑶寨与平安壮寨临近,但大寨较平安更为偏僻,可进入性更差,故旅游开发较晚。1994年,中央电视台来到大寨采访拍摄当地希望小学的新闻片,随行摄影师拍摄的照片随后获奖,并引起人们的注意,此后不少人慕名前来摄影、写生、观光。

参与阶段:随着大寨知名度的提升和平安景区接待压力的增大,从2001年起,大寨正式开始旅游开发。2002年,县旅游局开始修建进寨旅游公路,2003年6月修通。这个参与阶段十分短暂,政府的介入主要是解决景区可进入性问题,为外部公司的介入奠定基础。

发展阶段:2003年,桂林龙脊温泉旅游责任有限公司开始接手开发大寨旅游,同年9月16日开始正式接待游客。2004年,村寨同桂林龙脊温泉旅游有限责任公司签订协议,公司每年支付村寨一定的门票收入提成作为经营梯田景观资源的租金①。同年,县政府委托桂工旅游规划设计研究院编制大寨旅游规划并开始实施。景区可进入性的解决、基础设施的初步完成和外部公司的进入使大寨旅游在这一阶段的发展呈现井喷式增长,2003年接待仅6 000人次,第二年就迅速增至3.13万人次。2007年,大寨入选中国首批景观村落,接待游客约7.9万人次。

---

① 根据2008年龙胜县旅游局提供的数据资料,2003年0.5万元,2004—2006年每年2.5万元,2007年15万元,2007年后开始执行一个为期5年的新协议,大寨瑶寨将得到龙脊景区约3%的门票收入。——作者

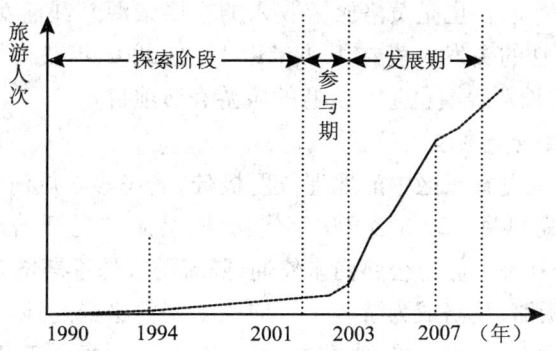

图 2　大寨瑶寨旅游地生命周期示意图

注:根据龙胜县旅游局和桂林龙脊温泉旅游有限责任公司 2008 年 3 月提供的统计资料整理。

4. 旅游治理模式:政府(管理) + 公司(经营) + 社区(参与)

大寨和平安同属龙脊梯田景区,两者的治理模式相同,即政府(管理) + 公司(经营) + 村寨(参与)的旅游治理模式。景区公司负责旅游经营,风景名胜区管理局负责管理和协调旅游发展,村寨配合公司、政府进行旅游开发,居民参与具体的旅游经营活动,公司每年支付给大寨龙脊景区门票收入的 3% 作为"梯田维护费"。

5. 社区旅游经济收益分配格局

旅游开发前,居民的主要经济收入为务农和外出打工。旅游开发以来,旅游业成为大部分居民的重要经济收入来源。主要旅游经营方式包括为旅游者提供劳务(抬轿、背包等)、经营家庭旅馆、出售土特产和工艺品、景区门票分成等。2007 年大寨瑶寨居民人均收入 2 360 元。全村有农家旅馆 33 家,多分布在村寨上方的梯田观景点和游道附近。参加抬轿和背包的居民也很多,也不少人从事旅游商品的经营。2007 年,大寨获得龙脊景区门票收入分成 15 万元,但村民尚未就如何再分配达成一致。总体而言,大寨的旅游经济发展水平远低于平安,居民参与旅游经营的程度也没有平安深,旅游收益也差得多。

(三)黄洛瑶寨

1. 村寨概况

黄洛瑶寨,位于龙胜各族自治县和平乡境内,距龙胜县城 20 公里,和平安、大寨同属龙脊梯田景区,是游客乘车进入平安、大寨的必经之地。黄洛瑶寨也是一个以宗族血缘关系为纽带的瑶族村寨,现有居民 82 户,328 人,绝大多数为瑶族,以潘姓为主。黄洛瑶寨和大寨瑶寨的居民同属红瑶,根据当地居民的口述记忆①和资料分析,黄洛的瑶族在清朝时期由龙胜县黄江迁徙至此,与大寨瑶族的来源不同。

2. 主要旅游产品

黄洛瑶寨的旅游产品主要是红瑶歌舞表演和长发表演。歌舞表演是团队游客在

---

① 根据桂林理工大学旅游学院 2005 级研究生杨娜 2008 年 3 月 27 日对黄洛瑶寨潘龙太老人的访谈,本调查组成员 2008 年 8 月 16 日对黄洛瑶寨潘宝生、潘龙太老人的访谈。——作者

黄洛旅游期间的必看项目,也是黄洛旅游收入的主要来源。红瑶女性以长发为美,黄洛瑶寨有60多位女性的头发长度在1.4米以上,在2002年获得了吉尼斯世界纪录"群体长发女之最",长发表演也是受欢迎的旅游表演项目。

3. 黄洛旅游地生命周期演变过程

探索阶段:黄洛在龙脊景区中的地理位置极佳,居民参与旅游经营的历程与整个龙脊景区的发展休戚相关。20世纪90年代初期,县旅游局开始对平安进行旅游开发,但此时通往平安壮寨的旅游公路尚未修通,随着客人的逐渐增多,旅游局出资修建了黄洛—平安的石板路,黄洛成为游客步行前往平安的必经之地,不少黄洛居民借助地理位置的优势,为游客充当向导、为游客背包或抬轿、贩卖手工艺品和土特产,但旅游收入很低。

参与阶段:1998年,龙胜县政府正式对黄洛瑶寨进行旅游开发。2001年,景区公司开始对黄洛的旅游设施进行投资建设,但进度缓慢。2001年,黄洛歌舞表演0.5万人次,2003年受"非典"的影响,接待人次下降至0.65万人次,2004年反弹至1.25万人次。受旅游设施薄弱和旅游产品开发滞后等因素的制约,此阶段的旅游业仍处于低度发展状态,没有形成较大规模。

发展阶段:2005年,村寨和桂林龙脊温泉旅游有限责任公司签订的协议开始实施,联合开发歌舞表演旅游项目,村民负责表演,公司负责营销,所得收入按四六比例分成(村寨60%,公司40%)。该协议的签订,理顺了景区公司同社区的利益关系。加之景区公司作为桂林旅股的子公司,在旅游营销方面能力强劲,同旅行社有广泛的业务往来,村寨歌舞表演的客源得到很大的拓展,2005年旅游人次突破2万人次,增速达73.6%,黄洛旅游发展进入快速增长阶段。2007年,黄洛瑶寨接待旅游者5.37万人次。2007年,大寨入选首批"中国景观村落",并成为8个景观经典村落之一。

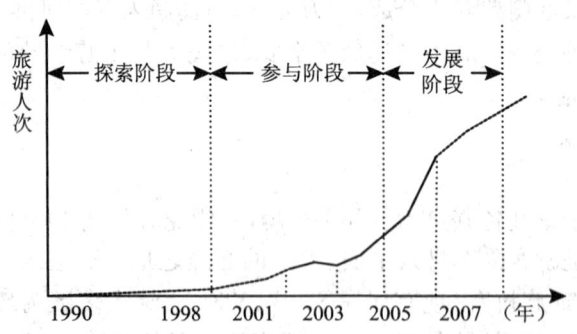

图3 黄洛瑶寨旅游地生命周期示意图

注:根据龙胜县旅游局和桂林龙脊温泉旅游有限责任公司2008年3月提供的统计资料整理。

4. 旅游治理模式:政府(管理)+公司(经营)+社区(参与)

黄洛和平安、大寨同属龙脊梯田景区,三者的治理模式基本相同,即政府(管理)+公司(经营)+村寨(参与)的旅游治理模式。但黄洛的情况在龙脊景区内颇为特殊,景区公司和村寨通过合作经营瑶族歌舞并分配旅游收入,村寨没有景区门票分成①。景区公司负责村寨的旅游促销、旅游表演经营,以及基础设施建设,村寨负责组织村民进行歌舞表演、长发表演、打油茶等活动,并遵守旅游秩序、保持景区的民族特色。政府则对两者之间关系的协调起到了非常重要的作用。

5. 社区旅游经济收益分配格局

旅游是多数黄洛居民家庭的最主要收入来源。旅游开发前,居民的主要经济收入为务农。旅游开发后,旅游业成为绝大多数家庭的重要经济收入来源。歌舞表演分成是黄洛居民旅游收入的最主要来源,2007年黄洛获得的歌舞表演分成高达86万元,按各家参与表演的情况进行再分配,每户多则1万余元,少则2000余元。此外,出售土特产和工艺品在居民旅游收入中也占有重要地位。按照村内的管理规定,居民轮流在歌舞场周围贩卖旅游商品,机会均等。公路沿线的居民多开设餐馆。总体而言,黄洛旅游经济发展水平很高,村寨很小,人口不多,但居民普遍参与旅游经营,且收益很好。

(四)岜沙苗寨

1. 村寨概况

岜沙苗寨,位于贵州省黔东南苗族侗族自治州从江县丙妹镇境内,距从江县城7.5公里,地理坐标东经108°50′,北纬25°45′,海拔607米,村落面积18.28平方公里。岜沙苗寨是一个典型的苗族村寨,由5个自然寨组成,分别为大寨、宰戈新寨、大榕坡新寨、王家寨和宰庄寨,隶属于岜沙村民委员会。岜沙现有居民457户,2 244人,多数为苗族,滚姓苗族约占全寨人口的50%。岜沙居民来源构成较为复杂,全寨12个姓氏。滚姓苗族为最早迁徙至此,民间记忆称滚姓祖先自江西迁入,年代不详,属黑苗支系,其他姓氏的苗族稍后从广西等地迁来,易、刘等姓则为清末迁入的湖南汉族②。

2. 主要旅游资源

苗族风情表演和村寨景观是目前岜沙苗寨最主要的旅游产品。岜沙作为"中国最后一个枪手部落"的旅游宣传形象③在国内具有一定的知名度。

3. 岜沙旅游地生命周期演变历程

探索阶段:早在20世纪70年代,321国道就从岜沙村寨中间穿越而过,但岜沙人自信而又固执地坚守着自己的传统文化,受外界影响很小。20世纪90年代,最早发

---

① 在村寨旅游开发早期阶段,黄洛每年也能获得少量的门票分成,但歌舞合作协议达成后,不再获得门票分成。——作者

② 根据桂林理工大学旅游学院2005级研究生2007年9月19日对岜沙村支书的访谈,本调查组成员2007年12月7日对岜沙小学刘成林老师的访谈。——作者

③ 这样一个旅游形象口号在商业意义上获得了一定成功,在文化意义上却是非常虚假和不真实的。类似岜沙,甚至比其更闭塞原始的苗族村寨在黔东南并不少。——作者

现岜沙的是一些摄影爱好者①,媒体和背包客随即纷至沓来,岜沙逐渐地被外界所熟知。

参与阶段:1999年,随着游客的逐渐增多,从江县旅游局开始组织村民表演歌舞,以此为标志,岜沙苗寨正式进行旅游开发。从江县政府也把岜沙列为全县首批开发的旅游景区。2002年,岜沙被贵州省政府列为重点保护民族村寨;2003年,岜沙民族风情表演队正式成立;同年,修建了景区大门、景区游览步道、表演场、旅游公厕等旅游设施,并开始收取门票。2004年,岜沙开始出现由外部人经营的旅馆。2005年,岜沙被评为贵州省十大重点旅游村寨之一;2006年,岜沙通自来水,困扰村寨几百年的严重缺水问题得到缓解。2007年,岜沙被国家旅游局评为"全国农业旅游示范点",且被《中国国家地理》推荐为"人一生必去的55个地方"之一。2007年,岜沙苗寨接待旅游者6.62万人次。

总体而言,从江县政府对岜沙苗寨的旅游开发取得了一定成效,但地方政府缺乏资金投入、管理体制落后、营销能力不足,加之景区旅游可进入性较差,致使岜沙旅游业没有取得和其所获荣誉和知名度相匹配的规模与地位。随着厦蓉高速公路、贵广高铁项目、321国道从江—三江段改造项目的开工建设,从江的交通将大为改善,如果地方政府能积极地改变景区的治理模式,加大招商引资力度,岜沙在不久后将进入旅游地生命周期的发展阶段。

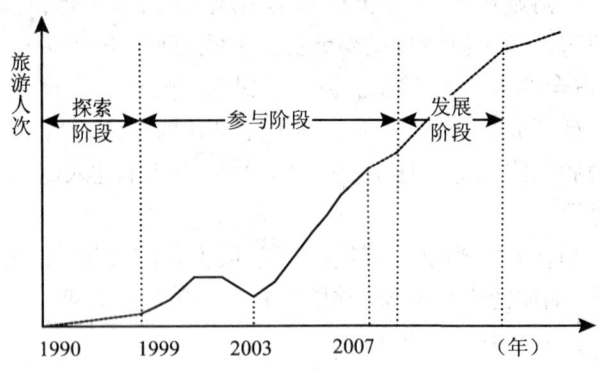

图4 岜沙苗寨旅游地生命周期示意图

注:根据从江县旅游局2007年12月提供的统计资料整理。

---

① 著名侗族学者潘年英对此描述评论道:"……(岜沙)本来默默无闻……不料在20世纪90年代,由于一批职业摄影家的偶然闯入并被他们的发式造型深深吸引,他们对这支苗族进行了广泛而夸张的宣传,从而使得岜沙一夜成名,并很快被开发为民族旅游村寨,成为无数中外游客神往的旅游胜地。"源自潘年英的博客:http://blog.sina.com.cn/s/blog_4825fb86010078xm.html。

4. 岜沙旅游治理模式：政府（经营管理）+社区（参与）

岜沙的旅游治理模式是政府（经营管理）+村寨（参与）的模式，政府处于绝对主导地位。岜沙景区自成立后一直由从江县旅游局下属的从江县旅游开发有限责任公司①进行经营管理，公司在村寨设有专门的旅游管理办公室，负责村寨日常的旅游经营管理事务，并与村寨协调。村寨则负责寨门迎宾、提供歌舞表演、维持村寨卫生和治安等。根据双方协议规定，村委会能获得约30%的门票收入分成②；民族风情表演的客源主要由旅游公司负责联系，每场表演收入的30%～50%分给公司，余下的收入中10%归村委会，90%由表演队成员平分。村委会的旅游收入主要用于：①支付6名村寨保洁员和监督员的工资；②资助困难家庭和学生；③村委会日常办公开支。

5. 社区旅游经济收益分配格局

旅游开发前，居民的主要经济收入为务农和外出打工。旅游开发后，旅游成为少部分家庭收入的重要来源。2006年岜沙苗寨居民人均收入1825元，其中旅游人均收入220元③。由于本地人经济极为贫困，缺乏经营技术，加之岜沙人与众不同的文化特质，非常缺乏市场意识，也不善经营，居民旅游经营参与程度很低。极少有家庭以开设旅馆、餐馆工艺品店等方式从事旅游经营，到2007年年底，仅有4家本地人开设的旅馆，入住率很低。能从旅游者中直接获益的主要是表演队成员，目前表演队约有130人，有表演时每天人均收入十几元；此外，约有10名村民参与景区管理或负责景区卫生，也能获得一定收入（人均月收入100～300元）。村委会获得的门票分成不再以均分到户方式进行再分配。总体而言，岜沙旅游经济发展水平不高，社区受益面很窄，收益也很低。

（五）肇兴侗寨

1. 村寨概况

肇兴侗寨位于黔东南州黎平县境内南部，为肇兴乡政府驻地，距黎平县城68公里。肇兴侗寨是国内最大的侗寨之一，由上寨、中寨、下寨三个行政村组成，居民867户，3640人，全部为侗族。肇兴侗寨历史悠远，据当地族谱记载：南宋正隆年间侗族先民已在此建寨定居，距今已有800余年。寨内以5个鼓楼为中心，分别形成5个聚居区，分别称为"仁团"、"义团"、"礼团"、"智团"、"信团"，5团之内分布着12个"斗"，同斗同姓，又称内姓，不同的"团"或"斗"对外则一致称"陆"姓。④

2. 主要旅游产品

村寨景观和侗族歌舞表演是肇兴最具吸引力的旅游产品。肇兴侗寨素有"千家

---

① 从江县旅游开发有限责任公司成立于2003年8月，和从江县旅游局实际上是两块牌子一套人马、政企合一，该公司法人代表由旅游局局长兼任。——作者
② 根据2007年从江县旅游局提供的数据资料，岜沙景区日常门票价格为12元/人，分配给旅游局3.6元、镇政府2元、村委会3.5元、县风景管理处0.5元、县财政2.4元。——作者
③ 根据从江县旅游局2007年12月提供的统计数据，我们认为这一数据偏高，特别是旅游人均收入一项。——作者
④ 根据本调查组成员梁老师2007年12月2日对原肇兴中学校长陆海安的访谈。——作者

肇洞"、"侗乡第一寨"之称,在国内外具有一定的美誉度,特别在日、法等国家颇有影响。

3. 肇兴旅游地生命周期演变历程

探索阶段:1982年10月,时任《国家地理》(美国)杂志社记者的蒂姆·奥克斯(Tim Oakes)到肇兴进行了为期3天的采访。1986年,肇兴侗寨的侗族大歌在巴黎上演后引起轰动。之后,肇兴的入境游客逐渐增多。20世纪90年代,法国电视台先后三次对肇兴进行采访,扩大了肇兴在海外,特别是在法国的知名度。1993年,贵州省文化厅命名肇兴为鼓楼文化艺术之乡。这一阶段,肇兴作为旅游目的地的形象逐步形成,但景区可进入性很差,社区和地方政府也没有意识主动进行旅游开发,游客只是零星地出现和缓慢增长。

参与阶段:1999年,黎平县提出"旅游兴县"战略,并把肇兴作为全县旅游业龙头来抓;2000年,肇兴正式开始进行旅游开发,村寨内也开始出现旅游餐馆和家庭旅馆。2002年,肇兴被贵州省政府列为重点保护民族村寨;2003年,肇兴侗族文化保护区被列为全国首批十个民族民间文化工程试点之一;2004年,国务院批准黎平侗乡为国家级重点风景名胜区①;2005年,在《中国国家地理》选美中国活动中被评选为中国最美的六大乡村古镇之一。该阶段初期,地方政府开始对村寨进行旅游开发,旅游业发展开始起步,但地方财力对旅游基础设施投资有限,景区建设进展滞后,外部交通也不通畅,旅游业发展缓慢。2003年,政府招商引进贵州世纪风华旅游投资有限责任公司(以下简称"世纪风华公司")介入肇兴侗寨旅游开发②,但公司进入初期,景区投资建设步伐相对缓慢,旅游发展仍无较大起色。

发展阶段:随着宣传营销力度的逐步加强,景区建设的逐渐完善,特别是肇兴通往黎平、从江、三江方向外部公路的改造建设,景区的可进入性大大改善,肇兴旅游进入了一个快速发展的阶段,但各利益主体的矛盾也开始凸显。2006年,世纪风华公司与村寨签订了旅游收入分成协议③,但第二年双方即产生激烈冲突,协议内容也被修改④。2007年,《时尚》和《国家地理旅行者》(美国)杂志推荐肇兴为全球最具诱惑力的旅游目的地之一,肇兴侗寨全年接待旅游者17.26万人次。

---

① 黎平侗乡国家重点风景名胜区的范围包含肇兴侗寨。——作者

② 调查期间,没能获得更多的关于此公司确切而非"传闻"的信息,网络搜索显示,该公司注册地为贵阳,注册资金1 000万元,主营业务为旅游业,目前黎平县是该公司最主要投资区域。——作者

③ 2003年,黎平县政府、县旅游局、风华公司三方协议合作开发肇兴侗寨,并未与肇兴侗寨的三个村委会(上寨、中寨、下寨村委会)签订合同。2006年,风华公司与三个村寨签订了"鼓楼租用协议",每年每个鼓楼1万元租金,准以1万元递加,共50年,每个鼓楼(团)所得分成再按各自团的户数和人头均分。——作者

④ 按照当地风俗,2007年被肇兴居民视为建房的好年景,但恰逢政府、公司对建筑风貌进行严格控制,导致关系紧张,村民以公司2006年签订的合同只是租借了鼓楼而未租借戏台为由而强行拆除了风华公司在义团侗戏台前搭建的歌舞表演场,进而演变成群体性事件。事件最后以公司与村寨补充签订《义团场地租赁协议》而暂时平息,协议规定公司每年支付3 000元(2007~2010年)、4 000元(2011~2015年)租金。——作者

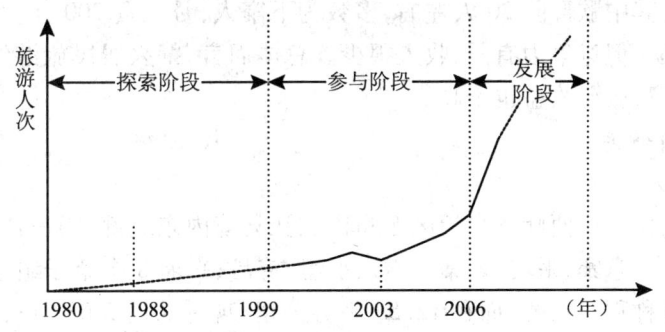

图 5　肇兴侗寨旅游地生命周期示意图

注:根据黎平县肇兴乡政府 2007 年 12 月提供的统计资料整理。

4. 旅游治理模式:政府(管理) + 公司(经营) + 村寨(参与)

目前,肇兴正处于市场化、公司化经营的初期,地方政府在旅游发展过程中拥有优势话语权,处于支配地位;世纪风华公司进入肇兴时间不长,在旅游经营管理事务方面和政府交往合作较多,但不重视社区关系,反观龙脊景区的发展历程,肇兴目前这种治理状态和外部公司进入龙脊景区初期的情况极为相似。政府层面,政府急于以"资源换投资"的模式引进外部公司,在这一关键的过程中,政府"自上而下"的行政管理运作的惯性运作并没有太多地顾及社区居民对此的意见表达权和决策参与权;公司方面,世纪风华公司追求利益最大化,在进入初期或漠视社区利益或觉得与社区交往麻烦转而借力于政府行政力量进行经营;社区层面,居民大多只关注切身和近期的利益。可以预见,肇兴的这种政府(主导) + 公司(经营) + 村寨(参与)的模式是一种尚未成熟的治理模式,也必将随着旅游高速发展而经历一个动荡的利益关系博弈的冲突时期。

5. 社区旅游经济收益分配格局

旅游开发之前,居民的主要经济收入为务农、集镇商贸和外出打工。旅游开发后,旅游成为部分家庭收入的重要来源。2006 年,肇兴侗寨居民人均收入 1 776 元,其中旅游人均收入 610 元,占 34.3%①。目前景区尚未收取门票②,世纪风华公司目前的主营收入来自宾馆和歌舞表演,这和居民的旅游经营构成一定的竞争与冲突关系。该公司 2006 年支付"鼓楼租金"5 万元,均分到户不足 50 元,2007 年,该公司支付"鼓楼租金"因发生冲突事件,世纪风华公司除支付 10 万元"鼓楼租金"外,另支付义团鼓楼场地租金 3 000 元。临街和鼓楼附近有不少居民开设农家旅馆、餐馆、民族工艺品店,村寨内部居民参与的机会则很小。世纪风华公司开设的宾馆和歌舞队提供了 90 个当地

---

①　根据肇兴乡 2007 年提供的资料《肇兴乡乡村旅游发展基本情况》,但调查组成员于 2007 年 12 月 3 日通过对肇兴某村支书(为保护当事人,姓名略去)的采访了解到,实际收入为 1 000 余元,上报数据在 1 600 ~ 1 800 元之间。不可否认,此次调查的多个村寨的官方统计数据或许也存在类似情况。——作者

②　2007 年之前曾有过一段收取门票的历史,但对村民、车辆出入极为不便,后取消。——作者

人的就业机会,其中歌舞队20人左右,多数为下寨人,月工资700元。中寨有村民自己组织的表演队,但竞争力有限,收入很少。总体而言,肇兴居民旅游经营程度一般,参与面有待拓宽,旅游收益也不高。

(六)程阳侗寨

1. 村寨概况

程阳侗寨,位于广西壮族自治区柳州市三江县境内东北部,距三江县城19公里。程阳侗寨由大寨、东寨、平寨、岩寨、马鞍、平坦、吉昌、平埔8个寨子组成,分属3个村民委员会,故又称程阳八寨,面积12.55平方公里,现有居民2 037户,9 400余人,全部为侗族。程阳侗族的源流难以考证,其居民为侗族支系但侗①,但侗源于岭南西瓯的"蛋人",唐代中期从梧州一带溯江而上迁徙。据当地民间口述记忆,程、阳两姓侗族是最早迁入程阳侗寨,稍后是杨、吴、陈、石等姓氏。自清代和民国以来,程阳慢慢地发展成为如今八寨的格局。

2. 主要旅游产品

享誉海内外的程阳风雨桥是程阳侗寨最重要的旅游景观,程阳风雨桥始建于1912年,1924年落成,1982年成为国家重点文物保护单位。此外,侗族歌舞和节庆也具有一定的旅游吸引力。

3. 程阳旅游地生命周期演变历程

探查阶段:早在1982年,程阳风雨桥就被列入国家重点文物保护单位,在国内外已有一定知名度。20世纪80年代初期,程阳侗寨已经有零星的国外游客出现。但1987年之前,地方政府尚未主动进行旅游开发。

参与阶段:1987年,三江县政府成立旅游局,程阳是三江旅游的最重要景区,旅游局成立伊始就着手对程阳进行旅游开发。1997年,县政府拨款修建县城至景区的公路,此后可进入性大为改观。2000年,广西壮族自治区旅游事业管理局和海口城市设计有限公司联合编制了程阳景区旅游规划。因景区的核心景观程阳桥为国家文物保护单位,1987—2000年,景区实际上由县文化局直接管理,景区门票也由县文化局管控,旅游局则主要负责景区的旅游服务设施建设和宣传。2001—2002年,景区由旅游局直接经营管理。2003年5月,程阳桥旅游开发有限责任公司成立,作为县旅游局的隶属公司对景区进行经营管理。2003年,北京国智景园旅游顾问有限公司对景区旅游项目进行策划。这一阶段,虽然中间部分年份因修路和"非典"影响而使增长出现波动,总体上处于平稳增长状态,其中1998—2002年增长较快。

---

① 部分民族学者把侗族划分为佬侗、佼侗、但侗三个支系,另一种划分是北侗和南侗,程阳居民属南侗。——作者

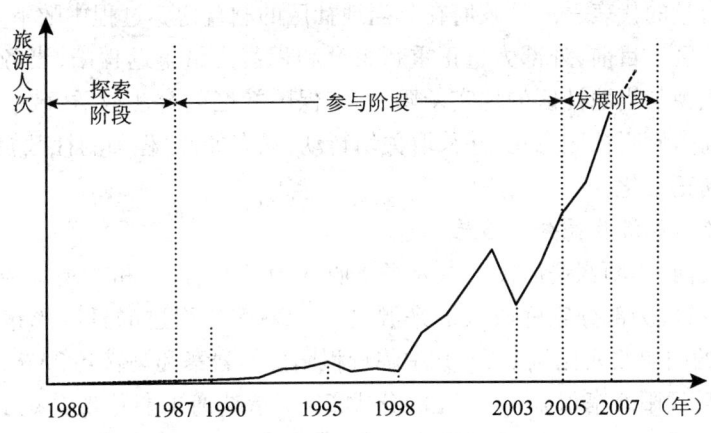

图6　程阳侗寨旅游地生命周期示意图

注:根据三江县旅游局2008年3月提供的统计资料整理。

发展阶段:2005年,程阳桥旅行社通过政府招标获得程阳景区的经营权,每年须向政府缴纳30万元的承包费。2006年,程阳成为柳州市新农村建设试点,获得自治区和市政府政策与资金的有力支持;同时,广西建筑综合设计研究院受托编制新农村保护规划。2007年,程阳八寨入选首批"中国景观村落"。虽然外来开发商开始介入村寨旅游发展是景区的市场化运作的必经之路,但程阳桥旅行社是一家资金有限的小公司,无力对景区进行大规模投资建设,仅仅是想通过承包经营权获得一些短期收益,这种招商对程阳景区的长远发展并无太大益处。很快,2007年因公司未能兑现门票收入分成而导致群体事件发生①,2007年6月,县旅游局强行中止与程阳桥旅行社的旅游开发承包经营合同。2008年3月,三江县政府与柳州市天适投资开发有限责任公司②合资成立三江程阳桥旅游投资开发有限责任公司③接手经营景区,但尚未就利益分配问题与村寨达成共识。2007年程阳侗寨接待旅游者16万人次。从总体上看,这一阶段的程阳旅游是在动荡中快速发展,一些悬而未决的矛盾冲突将成为今后发展的隐患。

4. 程阳旅游治理模式:政府(管理)+公司(经营)+社区(参与)

程阳景区的招商引资和公司化经营之路并不顺利,作为旅游开发较早的民族村寨,程阳至今尚未摸索出符合当地实际情况的旅游治理模式,新成立的合资公司尚未和村寨达成共识,各方利益关系也亟待理顺。程阳的这一治理模式可看作政府(管理)+公司(经营)+社区(参与)不成功的典型案例,外部资本的代表——景区承包商

---

① 事实上,自2003年来,程阳寨就矛盾不断,村寨之间因土地山界和旅游经营产生摩擦,村寨居民又和政府、公司因门票分成、土地征用、房屋拆迁改造的问题不断发生冲突。2006年和2007年,矛盾严重激化:2006年因门票问题发生群体上访事件,2007年再次因门票分成问题发生在县政府静坐事件。为平息事件,县政府一方面许诺当年拿出14万元解决门票问题,另外,强行中止了和程阳桥旅游社的景区承包合同。——作者

② 该公司注册成立于2002年,为柳州市一国有控股公司的下属子公司,主营业务为房地产。——作者

③ 公司注册资金4 000万元,三江县将国有三江宾馆折算投资2 000万元,天适公司投资2 000万元。调查组调查时间为2008年3月28日,有消息透露,该公司的注册尚未完全审批。——作者

和外部政权力量的代表——县政府在与当地社区的利益博弈过程中败下阵,最终受损的却是当地社区。目前,外部力量正重新组合和积蓄力量重返程阳,当务之急是政府和开发商应正视与当地社区的现实矛盾、切实保障社区的合法权益;政府和公司应在冲突激化之前多倾听社区意见,并采取关切行动,只有如此,程阳的社区旅游治理模式才有可能走向正常化。

5. 社区旅游经济收益分配格局

旅游开发前,程阳八寨居民的主要经济收入为务农、打工和在集镇经营商贸。旅游开发后,旅游成为部分家庭收入的来源之一。2005年引进的景区承包商许诺给程阳八寨35%的门票收入比例分成,其中临近程阳桥的岩寨和马鞍各25%,其他村寨共50%,2006年,程阳八寨得到14万元的分成,2007承包商未能兑现,14万元分成由程阳县政府"埋单"。2007年新的开发商进入,未达成分成协议。程阳风雨桥附近和马鞍寨鼓楼附近居民多开设旅馆、餐馆;不少村寨的中老年妇女在程阳风雨桥和鼓楼附近制作、出售工艺品;隶属于公司的村寨歌舞队约有20人,工资底薪每月500元,每人每场演出补助19元。总体而言,程阳居民参与旅游经营程度一般,参与居民少,旅游收益也不高。

(七)皇都侗寨

1. 村寨概况

皇都侗寨,位于湖南省怀化市通道侗族自治县黄土乡境内,为黄土乡政府驻地,距通道县城10公里。皇都侗寨由头寨、尾寨、盘寨、新寨4个村寨组成,面积19.3平方公里,现有居民215户,2156人,全部为侗族。皇都侗寨包括4个寨子,清代统称黄土团寨,"皇都"的名称为"黄土"的侗语变音①。

2. 主要旅游产品

侗族歌舞表演和侗族餐饮是皇都侗寨主要的旅游产品。1982年,由村民自编自演的《再送阿哥走一程》侗族歌舞获得湖南省少数民族文艺汇演二等奖,在当地引起轰动。1995年在上级政府的支持下,成立了皇都侗文化村和"皇都侗文化艺术团",同年编演的《雾梁情》获得湘桂黔鄂四省十六县侗族文艺汇演四项最佳大奖。此后,艺术团编演的侗族歌舞节目在国内屡获大奖,颇有名气,其歌舞表演也成为皇都旅游业发展的中流砥柱。此外,村内举办的合拢宴也是游客喜爱的旅游项目,团队游客尤为青睐。

3. 旅游地生命周期演变历程

探索阶段:1995年以前,村寨只有零星的短途游客出现,旅游地生命周期处于探索阶段。

参与阶段:1995年,通道县提出"旅游兴县"战略,成立旅游开发指挥部,皇都侗寨也正式进行旅游开发;是年,县旅游部门组织人员到广西、贵州学习农家乐发展经验,

---

① 而非像当地导游词中那种附会的说法:古夜郎国君曾想以此为国都,故而称"皇都"。——作者

并在本县进行农家乐试点,当年皇都有 5 家农户报名参与;与此同时,皇都侗文化村和侗文化艺术团也正式成立。2001—2002 年,村寨内农家乐发展到 10 户。2002 年,在黄土乡政府的协助下成立了皇都侗文化村旅游开发公司,试图对村寨旅游发展进行公司化经营管理。2003 年,皇都村寨歌舞表演艺术楼和篝火广场建成使用。1995—2004 年,村寨旅游取得了一定的发展。2005 年,皇都侗文化村被评为国家 3A 级景区。

衰落阶段:2005 年,因铁路交通提速,柳州—牙屯堡直达列车取消,广西、广东方向始发列车经过通道时间均在深夜,作为皇都重要旅游市场的广西柳州、南宁等客源受到影响;公路方面,包括 209 国道龙胜—通道段在内的外部公路交通升级改造,特别是通往桂林的 209 国道直到 2008 年还未竣工,这严重影响到通道的旅游可进入性。2007 年,铁路第六次提速,始发广东的列车不在通道的两个车站(县溪和牙屯堡)停靠,广东客源地受到很大影响。

皇都在长达十年的参与阶段发展后并没有进入快速发展阶段,相反,旅游发展急剧滑坡,进入一个未发展先衰落的尴尬境地,原因是多方面的:①交通问题一直是通道和皇都旅游发展的主要制约因素,2005 年后,可进入性因公路改造和铁路提速变得异常困难①;②村寨落后的旅游治理模式也是重要原因,文化村虽然由村民选举产生,但内部管理混乱落后,自身无力进行大规模旅游设施投资建设;③旅游开发后,旅游项目几乎一成不变,旅游产品严重老化,逐渐失去吸引力,这和落后的治理模式也有很大关系;④作为国家战略军事威慑力量二炮部队的驻地,入境旅游难以实现,限制了景区的发展。

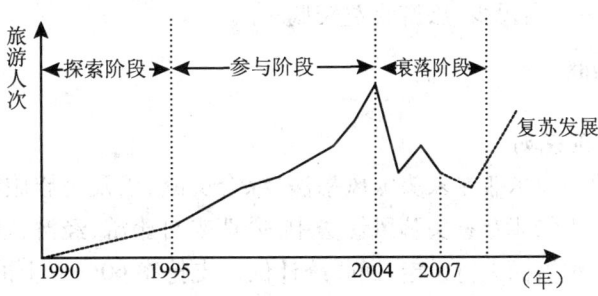

图 7　皇都侗寨旅游地生命周期示意图

资料来源:根据通道县旅游局 2007 年 12 月提供的统计资料整理。

4. 旅游治理模式:政府(指导) + 社区(自主经营管理)

皇都侗族的旅游治理模式较为独特,开发过程中始终没有外部公司进入。当地乡政府通过成立皇都侗文化村来对旅游发展进行管理,文化村的领导由四个村寨的村民

---

① 调查组本打算在 2008 年 3 月从广西进入通道,辗转 2 条公路都无奈半路折返。等到同年 8 月,龙胜—通道的道路仍在改造,无奈之下,调查组从桂林乘坐火车绕道柳州进入通道,我们切身体会到了当地旅游可进入性之困!——作者

选举产生,下设有文化站、艺术团和芦笙队等,其中艺术团是整个村寨旅游业的核心力量。文化村成立伊始,隶属于县旅游外事侨务局管理,后又拨至文化局管理,之后又转交黄土乡政府管理,乡政府曾一度放手村寨自主经营管理,但经营状况每况愈下,转而采取政府和村寨合作的股份制经营。具体模式如下,以资源和资金入股,黄土乡政府2股,四个村寨各占1股,老年、青年协会占1股(比例为7∶3),其余3股为资金股。整个文化村的董事会则由乡领导、4个村的村领导组成。① 2007年,各村寨和老人协会分别获得3 000~4 000元的旅游收入分成。② 皇都的治理模式可视为政府(指导)+村寨(自主经营管理)的模式,与岜沙有所不同的是,岜沙旅游发展中政府处于绝对主导地位,但皇都旅游发展中村寨的自主性很强。通道县旅游局并不直接参与村寨具体的旅游开发经营事务,也不参与利益分配,仅对村寨的旅游发展进行间接指导和管理;黄土乡政府虽然直接参与村寨的旅游经营管理,但是村寨在旅游发展过程中的自主自治程度较强。

5. 利益分配格局

旅游开发前,皇都侗寨居民的主要经济收入为务农、打工和在集镇经营商贸。旅游开发后,旅游成为少部分家庭收入的来源之一。2005年,皇都侗寨居民人均收入1 930元。皇都景区无门票收入,文化村的主要集体收入是歌舞表演与合拢宴,主要用于支付艺术团成员工资、分成给老青年协会和乡政府,其余作为各村的集体收入,不再均分到户。隶属于文化村的艺术团近20人,人均固定工资每月600元,每场演出补贴10元;芦笙队成员不很固定,每场演出8元;普济桥和鼓楼平附近有不少居民开设旅馆、餐馆,数量在20家左右,但最近几年生意普遍清淡。总体而言,皇都居民参与旅游经营的程度一般,参与居民少,旅游收益较低。

三、研究说明

(一)指标体系说明

本研究采用的是德尔菲专家头脑风暴法、综合文献,以及民族旅游村寨实际情况相结合的方法。在德尔菲专家头脑风暴法中,邀请来自旅游、经济、社会,以及旅游职能管理部门的专家对指标进行设定,回收统计保留支持率60%以上的指标,然后根据综合文献对指标进行调整修改,最后构建民族村寨旅游开发中居民满意度评价指标体系。指标具体见表1:

---

① 根据2008年黄土乡人民政府提供的资料《皇都侗文化村经营管理方案》,实际上,该方案可能并未吸收到资金股。——作者

② 根据调查组2008年8月2日对皇都土菜馆经营者陶爱雄的访谈。——作者

表1 民族村寨旅游开发中居民满意度评价指标体系

一级指标	二级指标	三级指标
经济利益A	旅游收入A1	旅游收入（A11）
	收益分配A2	分配方式（A21）、分配额度（A22）
主客关系B	村寨内部B1	家庭内部（B11）、家庭之间（B12）、居民与村寨管理组织（B13）、居民与村寨旅游经营能人（B14）、居民与寨老（B15）
	村寨外部B2	居民与旅行社（B21）、居民与开发商（B22）、居民与政府（B23）、居民与游客（B24）、居民与外来经营者（B25）、居民与专家团队（B26）
	村寨之间B3	村寨之间（B31）
民主权利C	开发决策参与程度C1	整体参与程度（C11）、个人参与程度（C12）
	发展能力C2	教育培训（C21）、贷款支持（C22）、咨询服务（C23）、信息服务（C24）
	政府行为C3	政策制定（C31）、执行力度（C32）、执行公平性（C33）
环境风貌D	公共设施D1	服务设施（D11）、基础设施（D12）
	村寨环境D2	自然环境（D21）、民居建筑风貌（D22）、绿化美化（D23）、环境污染（D24）
社会文化E	社会风尚E1	诚信友爱（E11）、社会风气（E12）、社会治安（E13）
	民族文化E2	生活方式（E21）、传统节庆（E22）、民族服饰（E23）

（二）数据来源

本研究使用的资料数据及其来源主要包括：

1. 居民旅游满意度问卷调查及其统计结果

调查组成员分别于2007年11月30日至12月8日赴贵州黎平肇兴、从江岜沙；2008年3月27日至4月3日赴广西三江程阳、龙胜平安；2008年7月31日至8月4日赴湖南通道皇都；2008年8月13至17日赴广西龙胜大寨和黄洛进行调查，累计田野时间近2个月，平均调查强度为12人次/日，人均日调查工作时间多于8小时。为保证问卷调查的真实性和有效性，同时考虑到民族村寨的特殊情况，问卷调查采取以2人一组的问卷调查小组走村串户，以家庭为单位，结合深度访谈的方式进行，平均单份问卷调查访谈时间在1小时以上。累计投放问卷640份，回收596份，剔除缺失项目过多问卷后，剩余有效问卷481份，有效率75.16%，其中平安81份、大寨62份、黄洛33份、程阳60份、岜沙56份、肇兴126份、皇都63份。

2. 旅游开发中主要利益相关者的旅游发展访谈、居民旅游满意度访谈及其文本整理编码结果

在实地调查期间，对地方政府官员、旅游开发商、村委会干部、村寨旅游经营能人、寨老、普通居民进行了广泛的访谈，并进行摄像、录音和笔录。

3. 各研究点的旅游发展情况和统计数据

调查组走访了桂黔湘边区5县的旅游局、部分村寨所在的乡政府和旅游开发商，获得了大量旅游工作计划总结、旅游业统计数据、景区管理文件等一手资料。

（三）研究方法说明

本研究按照规范研究和经验研究相结合、定量统计和定性分析相结合的方式对相关研究议题进行研究。具体有：

1. 文献研究法

文献研究主要对国内外的居民旅游感知态度研究、满意度理论、旅游地居民感知态度和满意度结构方程模型进行梳理和评述。文献的系统回顾和分类整理，充分把握了国内外研究动态和最新进展，为研究思路的形成、数据处理分析和提出结论提供了充足的理论基础。

2. 实地调查法

为了保证研究资料的全面性、可靠性和真实性，研究者多次前往各研究点的相关部门索取统计、文本资料，在调查期间还记录了大量的调研心得体会和笔记。

3. 专家意见法

在问卷设计阶段，数名熟悉研究议题的旅游管理、民族学等领域的专家对问卷指标进行了3轮评定和修改。

4. 问卷调查法

问卷调查法，是本研究核心的数据搜集方法，对居民旅游满意度的调查主要基于此次研究中所编制的《民族村寨旅游开发居民旅游满意度调查问卷》（见附录1）。

5. 访谈法

在对居民进行问卷调查的同时进行半结构访谈，以更深入了解居民的旅游满意度情况。此外，还对主要的旅游发展利益相关者进行了有关旅游发展、各方关系的访谈。

6. 比较分析法

通过居民旅游满意度在不同村寨之间、不同家庭背景之间的比较分析，探讨相似和差异的特征，分析成因和机制。

7. 定量统计方法

利用社会科学统计程序包（SPSS）统计软件，使用简单描述统计方法对村寨之间的满意度进行比较研究，使用单因素方差分析，探讨不同家庭背景居民的满意度差异；利用结构方程软件"Lisrel"检验居民旅游满意度模型，分析旅游预期、旅游收益、旅游影响感知满意度等不同因素对旅游总体满意度、旅游发展态度的效应差异。

四、满意度分析

（一）调查对象基本情况分析

《民族村寨旅游开发居民旅游满意度调查问卷》中的居民家庭基本情况部分主要包括以下问题：被调查者的民族、家庭人口、是否开展旅游经营活动、主要从事何种旅游经营、家庭成员最高学历、是否有家庭成员受过旅游管理专业的专业教育或培训、家庭成员受教育结构、家庭主要收入来源、家庭旅游经营年收入、家庭年总收入等。问卷调查描述性统计结果显示(见表2):

表2 居民家庭基本情况描述性统计

	类别	平安	大寨	黄洛	岜沙	肇兴	程阳	皇都	全部
	样本数量	81(%)	62(%)	33(%)	60(%)	56(%)	126(%)	63(%)	481(%)
民族	村寨主体民族	92.6	100	100	98.2	99.2	93.3	100	—
家庭人数	≤4	51.9	43.5	39.4	44.6	38.1	35.0	42.9	41.72
	5~8	45.7	53.2	60.6	48.2	57.9	65.0	55.6	51.99
	≥9	2.5	3.2	—	7.1	4.0	—	1.6	6.29
家庭成员受旅游教育或培训	有	18.8	26.9	42.9	25.5	18.5	38.5	20.7	24.71
	无	81.2	73.1	57.1	74.5	81.5	61.5	79.3	75.29
家庭最高学历	初中及以下	64.1	56.5	40.6	80.4	54.0	58.3	42.9	57.23
	高中或中专技校	17.9	32.3	31.3	19.6	23.8	26.7	38.1	26.21
	大学	17.9	11.3	28.1	—	22.2	15.0	19.0	16.56
是否参与旅游经营	参与	86.1	91.8	97.0	61.1	63.7	52.6	44.3	69.30
	不参与	13.9	8.2	3.0	38.9	36.3	47.4	55.7	30.70
旅游经营参与形式（占全部样本的百分比）	餐饮	42.3	24.6	33.3		7.3	8.8	9.8	16.88
	住宿	43.6	23.0	24.2	5.6	16.9	10.5	9.8	19.66
	导游服务	—	—	—	—	2.4	1.8	1.6	1.07
	歌舞表演	2.6	—	42.4	55.6	5.6	17.5	24.6	16.67
	经营旅游商品	15.4	52.5	66.7	—	21.0	17.5	6.6	22.65
	其他	32.1	62.3	24.2	—	5.6	10.5	4.9	18.59
家庭主要收入来源	旅游	85.0	72.6	90.9	17.9	38.9	28.3	18.0	48.12
	在家务农	43.8	69.2	48.5	82.1	34.9	30.0	50.8	48.74
	外出打工	11.3	41.9	18.2	30.4	22.2	65.0	59.0	33.68
	其他	15.0	8.1	18.2	17.9	38.1	23.3	21.3	22.59

续表

类别	平安	大寨	黄洛	岜沙	肇兴	程阳	皇都	全部
样本数量	81 (%)	62 (%)	33 (%)	60 (%)	56 (%)	126 (%)	63 (%)	481 (%)
家庭旅游经营年收入(元) 3 000 以下	15.8	48.4	9.1	87.5	47.6	62.3	71.4	49.5
3 000～5 000	10.5	30.6	9.1	8.9	10.3	15.1	1.6	12.2
5 000～10 000	17.1	3.2	27.3	1.8	17.5	15.1	11.1	13.2
10 000～30 000	40.8	8.1	39.4	1.8	15.9	3.8	12.7	17.1
30 000 以上	15.8	9.7	15.2	87.5	8.7	3.8	3.2	8.1
家庭年总收入(元) 5 000 以下	8.0	14.5	12.1	33.9	10.4	1.9	11.1	10.3
5 000～10 000	10.7	29.0	48.5	44.6	20.0	29.6	54.0	22.0
10 000～30 000	44.0	29.0	15.2	19.6	40.8	44.4	25.4	40.0
30 000～50 000	18.7	19.4	24.2	—	20.8	14.8	9.5	17.3
50 000 以上	18.7	8.1	12.1	1.8	8.0	9.3	11.1	10.5

(1)居民家庭人口:多数村寨居民的家庭人数在9人以下,以5~8人居多(51.99%)。

(2)居民家庭成员受旅游教育或培训:只有一部分居民的家庭成员接受过旅游教育或培训(24.71%),其中黄洛居民受旅游教育或培训的情况最好(42.9%),其次是程阳(38.5%)、肇兴(18.5%)和平安(18.8%)的情况最差。

(3)家庭成员最高学历:以家庭成员最高学历来衡量居民受教育的情况,居民受教育程度普遍不高,家庭成员最高学历为大学的家庭比例为16.56%,岜沙居民受教育程度最低,黄洛、肇兴、皇都的情况相对稍好。

(4)参与旅游经营情况:大部分居民家庭都从事和旅游相关的经营活动(69.30%),旅游参与程度最高的是黄洛(97.0%)、大寨(91.8%)和平安(86.1%),程阳(52.6%)和皇都(44.3%)的参与程度较低。

(5)参与旅游经营形式:居民参与旅游发展的形式多样,主要为经营旅游商品(22.65%)、住宿(19.66%)、餐饮(16.88%)和歌舞表演(16.67%);平安多数居民从事旅游餐饮(42.3%)和住宿(43.6%),一部分从事抬轿或背包(15.4%);大寨居民主要从事背包和抬轿(62.3%),经营旅游商品(52.5%)、餐饮(24.6%)和住宿(23.0%);黄洛居民主要从事经营旅游商品(66.7%)和歌舞表演(42.4%),从事餐饮(33.3%)、住宿(24.2%)和其他形式旅游经营(24.2%)的居民也不少;岜沙居民的旅游参与形式非常单一,主要是歌舞表演(55.6%);肇兴居民主要从事经营旅游商品(21.0%)和住宿(16.9%)等活动;程阳居民参与形式较为分散,歌舞表演(17.5%)和经营旅游商品(17.5%)的稍多；皇都居民以参与歌舞表演(24.6%)为主,也有一些经营餐饮(9.8%)和住宿(9.8%)的。

(6)家庭主要收入来源：旅游开发后,旅游已经成为平安、大寨、黄洛多数居民家庭收入的主要来源之一,肇兴和程阳部分居民家庭收入的主要来源之一,但在岜沙和皇都,旅游仅对一小部分家庭的收入作出了重要贡献。

(7)家庭旅游经营年收入：平安和黄洛的家庭旅游收入水平普遍较高,肇兴、皇都、大寨的情况则差很远,大寨更差,岜沙的情况最差。

(8)家庭年总收入：家庭年总收入的情况和家庭旅游收入的情况基本一致,平安和黄洛的家庭年总收入普遍较高,家庭年总收入普遍很低的是岜沙,其他村寨的家庭收入分别以中等偏下水平者居多。

(二)居民家庭旅游收益对旅游满意度和态度比较分析

一些居民家庭的背景因素可能对居民旅游满意度和旅游发展态度产生影响,特别是能衡量居民和旅游业关系的那些背景因素,这些指标主要包括：家庭是否开展旅游经营活动、旅游是否是家庭收入主要来源、家庭旅游经营年总收入等。其中,是否开展旅游是二分类变量,其他方面有三个以上的分类,根据上述控制变量的不同类型,分别采用独立样本T检验和单因素方差分析。在单因素方差分析中根据方差齐性检验结果分别采用不同的分析方法,方差齐性时采用"LSD"法,方差非齐性时采用"Tamhane"法对均值进行两两比较。由于旅游满意度的指标变量过多,下文只呈现有差异的结果。

1. 旅游参与情况对居民旅游满意度和态度的影响

按居民家庭是否为开展旅游经营可分为两组,通过独立样本T检验进行分析,分析居民家庭是否开展旅游经营、对旅游满意度的影响是否存在显著差异。由表3可看出,在置信度为95%的情况下,从事旅游经营的居民对家庭旅游收入的满意度更高；对家庭关系、政府关系、游客关系和旅游经营能人的关系满意度也更高。但是,参与旅游经营的居民对基础设施更不满意。除上述指标外,其余旅游满意度指标在统计学意义上不受是否开展旅游经营因素的影响。从表3也可以看出,从事旅游经营的居民在社区未来旅游发展的态度上更为积极。

表3 是否开展旅游经营的独立样本T检验结果

变量名	分组变量	分组均值	方差齐性检验	均值差异检验
A11 家庭旅游收入	开展旅游经营	3.15	0.000	0.000
	不开展旅游经营	2.49		
B11 家庭关系	开展旅游经营	4.04	0.088	0.000
	不开展旅游经营	3.78		
B15 与村寨旅游经营能人关系	开展旅游经营	3.69	0.445	0.000
	不开展旅游经营	3.39		

续表

变量名	分组变量	分组均值	方差齐性检验	均值差异检验
B21 与政府关系	开展旅游经营	3.09	0.038	0.023
	不开展旅游经营	2.86		
B24 与游客关系	开展旅游经营	4.30	0.000	0.000
	不开展旅游经营	4.00		
D12 基础设施	开展旅游经营	3.43	0.000	0.029
	不开展旅游经营	3.65		
TA1 支持未来旅游发展政策行动	开展旅游经营	4.40	0.056	0.000
	不开展旅游经营	4.10		
TA2 遵守规定并维护形象	开展旅游经营	4.44	0.055	0.000
	不开展旅游经营	4.01		

注：在独立样本T检验中，方差齐性检验和均值差异检验的显著性水平均为0.05，下同。

2. 旅游是否为家庭主要收入来源对居民旅游满意度的影响

按旅游是否居民家庭收入的主要来源，可把居民分为两组，通过独立样本T检验进行分析，分析该因素对旅游满意度的影响是否存在显著差异。由表4可看出，在置信度为95%的情况下，旅游是家庭收入主要来源的居民对家庭旅游收入更满意；对家庭关系、与经营能人、与旅行社关系、与游客关系等的关系也更满意；对政策执行的公平性也更满意。但是，家庭收入主要来源为旅游的居民对基础设施的满意度更低；对环境污染和民族文化的满意度也更低。除上述指标外，其余旅游满意度指标在统计学意义上不受是否开展旅游经营因素的影响。从表4也可以看出，旅游是家庭收入主要来源的居民在社区未来旅游发展的态度上更为积极。

表4 旅游是否是家庭主要收入来源的独立样本T检验结果

变量名	分组变量	分组均值	方差齐性检验	均值差异检验	变量名	分组变量	分组均值	方差齐性检验	均值差异检验
A11	是	3.28	0	0	D21	是	3.51	0	0
	否	2.65				否	3.87		
B11	是	4.07	0.09	0.001	D22	是	3.51	0.001	0.003
	否	3.85				否	3.76		
B15	是	3.68	0.661	0.039	D23	是	3.01	0.001	0.034
	否	3.52				否	3.25		

续表

变量名	分组变量	分组均值	方差齐性检验	均值差异检验	变量名	分组变量	分组均值	方差齐性检验	均值差异检验
B22	是	3.39	0.005	0.05	E22	是	3.53	0.001	0.013
	否	3.24				否	3.73		
B24	是	4.31	0.008	0.001	E23	是	3.49	0	0
	否	4.11				否	3.8		
C34	是	3.07	0.251	0.064	TA2	是	4.41	0.495	0.01
	否	2.89				否	4.22		
D12	是	3.42	0.064	0.09					
	否	3.59							

3. 家庭旅游经营年收入对居民旅游满意度的影响

根据居民家庭旅游经营的年收入,可以把居民分为5组,分别是家庭旅游经营年收入在3 000元以下、3 000~5 000元、5 000~10 000元、10 000~30 000元、30 000元以上。由于分组在三组以上,故采用单因素方差分析,分析家庭旅游经营年收入对居民旅游满意度是否有显著性差异。从表3、表4可以看出,在置信度为95%的情况下,居民家庭旅游经营年收入越高,其对家庭旅游收入满意度、社区旅游收益分配方式更满意;与游客关系也更为满意。但是,家庭旅游经营年收入更高的居民对旅游教育培训更不满意;对旅游开发后的村寨环境也更为不满意。除上述指标外,其余旅游满意度指标和旅游发展态度指标在统计学意义上不受是否开展旅游经营因素的影响。

表5 居民家庭旅游经营年收入的单因素方差分析

变量名	分组变量(I)	分组变量(J)	(I−J)	变量名	分组变量(I)	分组变量(J)	(I−J)
A11 家庭旅游收入	3 000元以下	3 000~5 000元	−0.473*	B24 与游客关系	3 000元以下	3 000~5 000元	−0.297*
		5 000~10 000元	−0.432*			30 000元以上	−0.254*
		10 000~30 000元	−0.817*	C21 旅游教育培训	3 000元以下	10 000~30 000元	0.442*
		30 000元以上	−0.894*	D21 自然环境		5 000~10 000元	0.372*
A21 收益分配	3 000元以下	10 000~30 000元	−0.437*	D22 绿化美化	3 000元以下	5 000~10 000元	0.399*
D24 环境污染	3 000元以下	10 000~30 000元	0.547*				

注:单因素方差分析中所有统计检验的置信水平为95%,下同。

4. 族群对居民旅游满意度的影响

根据民族村寨族群的不同,可以把居民分为4组,分别是壮族(平安壮寨)、瑶族(大寨、黄洛瑶寨)、侗族(程阳侗寨、肇兴侗寨、皇都侗寨)和苗族(岜沙苗寨)。由于分组在三组以上,故采用单因素方差分析,分析族群对居民旅游满意度是否有显著性差异。从表3~表5可以看出,在置信度为95%的情况下,不同族群间的居民在旅游开发中对评价指标体系中29个指标的满意程度存在显著差异:其中瑶族居民较其他民族更满意,涉及表3~表5中35项25个指标,满意度较其他民族高的指标集中在经济利益、利益相关者关系、民主权利、社会文化4个维度;其次是侗族居民的满意度,涉及表3~表5中的23项23个指标,满意度较其他民族高的指标集中在经济利益、利益相关者关系、民主权利、社会文化4个维度;再次是苗族居民的满意度,涉及表3~表5中的18项16个指标,满意度较其他民族高的指标集中在利益相关者关系、社会文化2个维度;最后是壮族居民的满意度,只有家庭关系的满意程度高于其他族群的居民。除上述指标外,其余旅游满意度指标和旅游发展态度指标在统计学意义上不受族群的影响。

表6 民族村寨居民族群的单因素方差分析

变量名	民族(I)	民族(J)	(I-J)	变量名	民族(I)	民族(J)	(I-J)
对家庭旅游收益预期	瑶族	壮族	0.386*	个人参与方式和程度	侗族	瑶族	-1.001*
		苗族	0.356*			壮族	-0.744*
		侗族	0.246*			苗族	0.523*
家庭旅游收入	—	壮族	0.336*	旅游教育和培训	侗族	瑶族	0.430*
	瑶族	苗族	0.437*			壮族	-0.361*
		侗族	0.419*				
社区旅游收益分配方式	瑶族	苗族	0.386*	政策制定	壮族	瑶族	-0.583*
	侗族	苗族	0.524*			苗族	-0.523*
						侗族	-0.325*
旅游收益分配额度	瑶族	壮族	0.386*			瑶族	0.258*
	侗族	壮族	0.471*				
家庭关系		壮族	0.207*	执行力度	壮族	瑶族	-0.583*
	瑶族	苗族	0.338*			苗族	-0.523*
		侗族	0.413*			瑶族	-0.360*
						苗族	-0.463*
邻里关系	壮族	瑶族	-0.301*	执行的公平性	侗族	侗族	-0.060*
		苗族	-0.522*			瑶族	-0.300*
		侗族	-0.482*			苗族	-0.403*

续表

变量名	民族(I)	民族(J)	(I-J)	变量名	民族(I)	民族(J)	(I-J)
与寨老关系	壮族	苗族	-0.522*	自然环境	壮族	瑶族	-1.038*
		侗族	-0.482*			苗族	-1.277*
与村委会关系	壮族	侗族	-0.598*			侗族	-1.166*
与政府关系	壮族	瑶族	-0.628*	绿化美化	壮族	瑶族	-1.004*
		侗族	-0.430*			苗族	-1.081*
	瑶族	壮族	0.628*			侗族	-0.796
		苗族	0.480*		侗族	瑶族	-0.208*
与开发商关系	壮族	瑶族	-0.573*			苗族	-0.285*
		苗族	-0.425*	环境污染	壮族	瑶族	-1.004*
	瑶族	侗族	0.389*			苗族	-1.081*
与游客关系	瑶族	苗族	0.320*			侗族	-0.796*
		侗族	0.284*		苗族	侗族	0.285*
与村寨旅游经营能人关系	瑶族	苗族	0.384*	社会治安	壮族	瑶族	-1.732*
	苗族	侗族	-0.281*			苗族	-1.337*
村寨间关系	壮族	瑶族	-0.293*			侗族	-1.308*
		苗族	-0.400*		侗族	瑶族	-0.424*
		侗族	-0.660*	社会风气	壮族	瑶族	-0.480*
	瑶族	侗族	-0.366*			苗族	-0.362*
	苗族	侗族	-0.259*			侗族	-0.239*
与旅游规划专家关系	侗族	壮族	0.660*		侗族	瑶族	-0.240*
		瑶族	0.366*	生活方式	壮族	瑶族	-0.480*
与外来经营者关系	壮族	瑶族	-0.608*			苗族	-0.362*
		苗族	-0.614*	节庆信仰	壮族	瑶族	-1.089*
		侗族	-0.545*			苗族	-0.970*
整体参与方式与程度	—	瑶族	-0.529		侗族	瑶族	-0.675*
	—	侗族	-0.520			瑶族	-0.415*
贷款服务	侗族	瑶族	0.337*			苗族	-0.295*

5. 发展阶段对居民满意度的影响

根据旅游发展阶段的不同,可以把居民分为5组,分别是旅游开发参与中期、参与后期、发展初期、发展中期和停滞衰落期。由于分组在3组以上,故采用单因素方差分析,分析族群对居民旅游满意度是否有显著性差异。从表3~表6可以看出,在置信度为95%的情况下,不同旅游发展阶段的居民在旅游开发中对评价指标体系中27个指标的满意程度存在显著差异:其中旅游开发处于发展初期阶段的居民较其他民族更满意,涉及表3~表6中22个指标,满意度较其他民族高的指标集中在经济利益、利益相关者关系、民主权利、村寨风貌4个维度;其次是旅游开发处于停滞衰落期阶段的居民满意度,涉及表3~表6中18个指标,满意度较其他民族高的指标集中在利益相关者关系、民主权利2个维度;再次是旅游开发处于参与后期阶段的居民满意度,涉及表3~表6中15个指标,满意度较其他民族高的指标集中在民主权利和社会文化2个维度。除上述指标外,其余旅游满意度指标和旅游发展态度指标在统计学意义上不受旅游发展阶段的影响。

表7 旅游发展阶段的居民满意度单因素方差分析

变量名	(I)发展阶段	(J)发展阶段	(I-J)	变量名	(I)发展阶段	(J)发展阶段	(I-J)
家庭旅游收入	发展初期	停滞衰落期	0.457*	贷款套服务	发展初期	停滞衰落期	-0.392*
社区旅游收益分配方式	参与后期	发展初期	-0.483*	信息服务	参与后期	发展初期	0.459*
		停滞衰落期	-0.500*			发展中期	0.515*
旅游收益分配额度	发展中期	发展初期	-0.430*			停滞衰落期	0.469*
		停滞衰落期	-0.525*			参与后期	-0.523*
邻里关系	发展初期	发展中期	0.376*	政策制定	发展中期	发展初期	-0.378*
		停滞衰落期	-0.300*			停滞衰落期	-0.480*
	发展中期	参与后期	-0.522*		参与后期	发展中期	0.636*
		停滞衰落期	-0.676*			停滞衰落期	0.601*
与寨老关系	发展初期	参与后期	0.328*	执行力度	发展初期	发展中期	0.361*
		发展中期	0.539*			停滞衰落期	0.326*
	发展中期	停滞衰落期	-0.514*	服务设施	发展初期	停滞衰落期	0.375*
与村委会关系	参与后期	停滞衰落期	-0.536*	自然环境	发展中期	参与后期	-1.277*
	发展中期	发展初期	-0.440*			发展初期	-1.127*
		停滞衰落期	-0.684*			停滞衰落期	-1.148*

续表

变量名	(I)发展阶段	(J)发展阶段	(I-J)	变量名	(I)发展阶段	(J)发展阶段	(I-J)
与政府关系	参与后期	停滞衰落期	-0.581*	绿化美化	参与后期	发展初期	0.257*
	发展初期	发展中期	0.381*			发展中期	1.081*
		停滞衰落期	-0.456*		发展中期	发展初期	-0.824*
	发展中期	停滞衰落期	-0.838*			停滞衰落期	-0.988*
村寨间关系	发展中期	发展初期	-0.504*	环境污染	发展中期	参与后期	-1.337*
	停滞衰落期	参与后期	0.399*			发展初期	-1.462*
		发展初期	0.295*			停滞衰落期	-1.279*
		发展中期	0.799*	社会风气	发展中期	参与后期	-0.362*
与旅游规划专家关系	发展中期	参与后期	-0.614*			停滞衰落期	-0.534*
		发展初期	-0.602*	诚信友爱	停滞衰落期	参与后期	0.339*
与外来经营者关系	参与后期	发展初期	-0.529*			发展初期	0.336*
		停滞衰落期	-0.482*			发展中期	0.546*
	发展初期	发展中期	0.249*	建筑风貌	参与后期	发展中期	0.432*
整体参与方式与程度	参与后期	发展初期	-0.355*			停滞衰落期	0.538*
		参与后期	-0.477*		发展初期	发展中期	0.357*
	发展中期	发展初期	-0.832*			停滞衰落期	0.462*
		停滞衰落期	-0.750*	节庆信仰	发展中期	参与后期	-0.970*
个人参与方式和程度	发展中期	发展初期	-0.549*			发展初期	-0.800*
		停滞衰落期	-0.465*			停滞衰落期	-0.735*
旅游教育和培训	参与后期	发展初期	0.578*	总体满意度	停滞衰落期	参与后期	-0.566*
		发展中期	1.035*			发展初期	-0.721*
		停滞衰落期	0.840*			发展中期	-0.567*
	发展初期	发展中期	0.458*	与开发商关系	发展中期	参与后期	-0.425*

(三)满意度测算

在前人的研究基础上,结合模糊数学理论,民族村寨旅游开发中居民满意度测算公式为:

$$S = 20 \times \sum_{i=1}^{n} W_i M_i \quad (n = 1, 2, 3, \cdots, 36)$$

式中:S 是满意度得分;W_i 是三级指标的权重;M_i 是三级指标的均值;n 为三级指标个数。

1. 村寨整体居民满意度统计

根据课题组实地调研后的统计,将 7 个村寨作为一个整体,其居民旅游总体满意度、二级指标满意度得分如表 8 所示。(注:百分制)

表 8　村寨整体居民旅游满意度

指标层	一级指标			二级指标		
指标	总体满意度	经济利益	主客关系	民主权利	村寨风貌	社会文化
满意度得分	65.20	58.588	69.078	58.882	70.642	76.455

从表 8 可以看出,村寨整体居民满意度较好,各二级指标满意度较为均衡。

2. 居民旅游总体满意度统计与分析

根据课题组实地调研后的统计,各村寨在旅游开发过程中的居民旅游总体满意度得分如表 9 所示。(注:百分制)

表 9　居民旅游总体满意度

村寨	黄洛	大寨	皇都	程阳	岜沙	肇兴	平安
居民总体满意度	72.36	67.10	66.73	65.98	65.86	64.85	59.24

从各村寨居民旅游总体满意度得分看,可以分为三种类型。其一为"较满意型",其代表为黄洛,得分 72.36;其二为"一般满意型",包括大寨、皇都、程阳、岜沙、肇兴,得分集中于 64~68 分之间;其三为"不满意型",代表村寨为平安,得分为 59.24,尚不到 60 分。

(四)旅游发展过程中存在的不和谐因素及原因

湘桂黔边区 7 个民族旅游村寨案例地居民满意度的实证研究表明,居民不满意的指标存在共性和差异性的特点,其共性表现为旅游发展中不满意指标集中在经济利益、主客关系、民主权利三个方面,且在旅游影响感知方面存在一定的规律,差异性表现为不满意的具体指标和程度。

1. 经济利益维度

经济利益维度主要包括 3 个指标:家庭旅游收入、社区旅游收益分配方式、旅游收益分配额度。在旅游开发的过程中,居民可以通过参与餐饮接待、住宿接待、歌舞表演、导游服务、手工艺品加工制作、旅游商品销售、背篓、背包、抬轿子等形式参与旅游经营,获得旅游收入。通过租借村寨公共设施、组建歌舞表演队、门票收入分成 3 种主要方式获得社区旅游收入,通过一定的方式分配给居民。由于居民参与形式及程度不同、社区旅游收入少,以及村委会对社区旅游收入的分配方式等原因,居民从旅游中所获得的经济收入存在差距、分配额度不满等,如从事住宿餐饮的居民与其他旅游参与方式的居民相比,经济收入多且稳定。具体到7个案例地可以分为4种类型:

(1)黄洛瑶寨的居民对经济利益维度的指标满意,社区收入多、居民户数少、按户平均分配是主要原因。黄洛瑶寨的旅游社区参与方式为歌舞表演,按照黄洛瑶寨与开发商签订的《旅游合作协议》,黄洛瑶寨有65%的歌舞表演收入提成,以及一定的进寨门票提成在全寨82户进行均分,每年歌舞表演场数一般在300场左右,仅2007年居民的社区收益超过100万元,不算寨子内的居民个体旅游经营。

(2)平安壮寨、岜沙苗寨居民对经济利益维度不满意,具体为家庭旅游收入、社区收益及社区收益分配额度三个方面。两个村寨的满意表达程度一致,但是其原因不同。平安壮寨不满意的原因主要为社区旅游中的门票提成比例低、分配方式不明确及旅游经营参与方式的差异,平安壮寨的社区旅游收益,是开发商根据龙脊景区7%的门票收入,且以梯田维护费用的形式发放至村委会,目前村委会根据景区内的梯田数量、人口进行分配,村民认为梯田是寨子里面的人世世代代的耕种维护下来的,而开发商开发旅游只提供7%的门票收入作为梯田维护费用,标准太低,景区内有梯田的家庭就会有多的社区收入,因此,认为村委会对他们的分配方式不公平;目前,岜沙苗寨的旅游开发处于由政府主导的初级阶段,旅游收入中归村寨所有的仅占很小一部分,例如平常12元的门票收入村委会占3.5元,黄金周30元的门票收入村委会占3.3元、表演队占14元,民族风情表演收入中旅游局每场提取200~400元,其收益终端为表演队成员非居民家庭。

(3)大寨和肇兴侗寨对旅游收益分配额度不满意,而对分配方式满意,其主要原因为社区旅游收益少,大寨和肇兴侗寨均存在开发商在社区旅游收益分配中,大寨是整个龙脊景区门票收入的3%,肇兴侗寨是开发商承租鼓楼及戏台并给予租金,当地居民认为,大寨的梯田以及肇兴的建筑群是居民自己的财产,在提成问题上开发商应该多分给居民一些。

(4)程阳侗寨和皇都侗寨居民对指标家庭旅游收入、旅游收益分配额度不满意,程阳侗寨的旅游开发主要在靠近程阳永济桥的马鞍寨、平寨和岩寨,旅游服务的接待设施集中在马鞍寨,村民参与旅游经营的方式主要是住宿餐饮、歌舞表演及工艺品出售,其中歌舞表演队由旅游开发公司管理,成员实行固定工资(队员的月工资400元左右,队长的月工资500~600元)。皇都侗寨社区收益来源——艺术团表演和合拢宴收入根据4个自然村落、青年协会、老年协会、政府,以及公共设施维修进行一定比例的分配,由于近年来修路等交通原因,游客急剧减少、旅游总收入减少是主要原因。

2. 利益分配方案难以同时满足各利益主体的要求

民族旅游村寨纷争与矛盾产生的根源都在于利益分配的不均衡。龙脊景区的冲突来自居民对门票收入提成比例的不满;程阳寨的村民静坐,也是因为门票提成;肇兴村的居民拆鼓楼,是由于开发商承诺的利益没有兑现,政府又对建房一事进行诸多阻挠。社区居民对邻近村寨居民到村内抢客反应强烈，对外来经营者到村内经营有所不满，皆因为感觉自身的利益受到侵害了，而邻村居民之所以到别的村寨去抢客，也是因为自己的村寨旅游发展滞后，少有游客来访，只有到邻村去，才有可能获得经济利益。

各村寨的旅游收益虽然有多有少，利益分配方案都大同小异，但是都难以同时满足各利益主体的要求，因而成为村寨旅游发展中影响利益主体关系的主要原因，在利益分配的问题上，既患寡，又患不均，协调利益主体关系的关键首先在于协商出一个能够在最大程度上使各方都认可的利益分配方案。

3. 旅游开发过程中的资源所有权和使用机制没有明确化

民族村寨旅游开发的过程，实际上是通过对村寨内的民族建筑、民族风俗、梯田等资源进行转化，实现其经济效益的过程。在旅游开发前，这些资源的所有权和使用权一直都是属于村寨居民的，但是随着旅游开发的春风吹进村寨，开发商和政府投入了大量资金来完成这些资源的转化过程，身为主人的居民则被放置在一个尴尬的位置——自己创造的资源被别人所使用，为他人创造了大量的利益，居民本身却只能获得微不足道的公共建筑租金，或者是所谓的梯田保护费，而且这有限的利益在兑现的过程中还总是一波三折，这对居民来说确实是一件难以接受的事情。

造成上述情况的原因，一方面是资源的所有权在整个旅游开发过程中没有得到明确化，而开发商在使用资源的过程中，总是本着效益最大化而成本最低化的宗旨，在获取大量经济利益的同时，在资源使用补偿方面对资源维护建设的投入和给予居民的收益提成都较少。桂黔湘边区的民族旅游村寨中普遍存在着这种资源所有权模糊，使用机制不合理的弊端，对开发商的投资额度和责任也缺乏有效的约束，导致居民和开发商之间矛盾激烈。

4. 旅游冲击原有主客关系

居民通过参与旅游经营活动与外界的交流越来越密切，在原有的关系基础上增加与旅游发展密切相关关系的主体：开发商、旅行社、游客等。作为民族村寨旅游开发中的东道主，同时也是旅游开发中的"弱势群体"，居民在旅游开发和发展决策中的地位属于执行决策层面，随着在旅游发展中与外界的交流，以及学习居民的参与意识要求提高，因此，形成旅游开发和发展中居民与旅游决策主体——政府、开发商、村委会的关系不满意。7个案例地中平安壮寨、岜沙苗寨、肇兴侗寨、程阳侗寨的主客关系表现为不满意，均为居民与旅游决策主体的关系不满意。

综合案例地具体情况从以下几个方面进行解释：

第一，民族村寨开发旅游中旅游利益相关者的权责界定不明确，导致居民在旅游开发中的角色从关键利益群体转为旅游活动的辅助参与者，开发商将村寨作为"自动提款机"，只负责提款，而对村寨基础设施完善、居民旅游教育培训、环境保护等支出较少，政府在引进旅游开发商时缺失相关管理制度，造成开发商进入后的"自动提款"行为。

第二，旅游总收入中的社区收益提成是民族村寨开发旅游时对居民最直接、最感官的经济贡献,也是最容易引起纠纷、冲突的焦点。在平安壮寨、肇兴侗寨的居民与开发商因社区收益提成的问题发生了影响颇大的静坐事件、拆鼓楼戏台事件,其主要原因都是居民认为开发商给予村寨的社区收益偏少。

第三,市场经济进入、政策偏失造就居民成为旅游开发中的弱势群体。市场经济按照"优胜劣汰"的原则筛选竞争主体、配置资源,由于开发商与居民参与旅游市场竞争的能力和起点不同,居民在无形中弱化为弱势群体。且在旅游开发初期,政府在旅游开发中的政策乏力与偏失,开发商和政府对能够活跃经济、带来经济效益的群体给予了特别的关照和政策优惠,支持其凭借各种便利和优势提案获得更多的利益,而这个群体由村委会干部等职能人员组成,再加上一些村委会成员在旅游社区收益分配中存在寻租腐败行为,让居民感受到不公平、不合理,这是造成居民与村委会关系不满意的主要原因。

5. 居民与政府、开发商之间的沟通不畅

在利益分配的原因之外,居民与政府、开发商之间关系不佳的另一个原因是三者之间的沟通存在一定的问题,政府和开发商往往在未与居民充分协商的情况下作出一些与之关系密切的决定,或者是制定一些需要他们日常执行的管理条例,有时还存在不尊重民族信仰和风俗的情况,如岜沙村的土地庙强制搬迁事件,在村民心目中留下极为不好的印象,政府、开发商则经常把三者之间的冲突归结于居民的素质低下,无法与之沟通。凡此种种,对三者之间的关系都造成了不利影响。

沟通,在任何一个组织发展过程中都是一个重要环节,特别是在民族村寨旅游开发的过程中,居民的理解与支持对村寨旅游的发展具有非同一般的意义,离开社区居民,民族旅游村寨根本无法生存和发展。诚然,民族村寨的居民由于受教育程度低等原因,对一些问题的理解和接受可能较为缓慢,进行沟通存在一定的难度,但是,这并不意味着政府和开发商可以对他们置之不理,毕竟村民才是村寨真正的主人,抛开主人而决定其生活事务,所作的决定必然很难得到理解与支持。

6. 居民的民主权利存在高需求与低实现

民主权利包括三个方面:参与程度、居民旅游经营发展能力、政府执行能力。案例地中,居民整体参与决策情况与个体情况基本保持平行,个体参与情况比重小于整体参与,旅游参与决策比较常见的参与包括:旅游开发中村寨规章制度、政策公约、社区旅游利益分配等的制定程序,有的经过与全体居民民主讨论,有的只与村委会干部商量,但其最终的决策者均为开发商或者政府,这是整体参与比重小于个体的主要原因,加上执行中寻租腐败行为,让居民感到自己处于"被剥夺"的境地。例如,肇兴乡政府为肇兴侗寨制定《肇兴乡民族文化旅游村寨建房管理暂行办法》(以下简称《办法》),下属各村组都成立了建房管理领导小组,对村民建房时所使用的用地类型、建房时间,以及房屋的材质、高度、风貌都有严格的规定,还要与建房村民签订建房管理协议书,并收取1 000元的建房管理保证金,违反规定者还会被处以2万~5万元的罚款。在实地调研中,居民普遍认为该《办法》并没有充分考虑到村寨人多、地少、消防等实际情况。同时《办法》的执行能力和执行公平性也受到质疑:建房保证金因各种理由被没收、非居民建筑批建,由此引发村民与政府、开发商之间的冲突。类似的问题在其他村寨也都有出现,居民对旅游开发过程中的民主权利强意愿与低话语权形成鲜明的对比。居民在旅游开发中感到不满意与资金不足、旅游教育与培训力度不够、经营信息滞后、技术咨询缺失等旅游经营发展能力相关。探其原因有以下两个方面:经济原因,定期旅游培训和教育具有花费较小、阶段性的特点,而其他具有时效性的指标服务则要求有专门的地点和专门的人而具有花费大、连续性的特点;另一方面则说明开发商和政府在培养居民旅游发展能力上的主观供给性,从居民参与旅游经营的视角考虑不多。

7. 居民在旅游开发过程中参与程度低,受益机会不均

目前,桂黔湘边区民族旅游村寨的居民在旅游开发过程中的参与仅仅停留在有限的参与受益层面,或是参与旅游接待、演出、餐饮等方面的经营和服务,但是在其他方面,诸如村寨的旅游规划、管理、决策等方面的参与非常少,总体来说,居民在旅游开发过程中参与程度低,居民的话语权很小。

居民参与旅游的机会和他们在参与旅游中的受益程度都是不均等的,在寨内居住的具体位置(是沿街或是住在难以被人发现的角落)、与地方权力掌握者的关系、居民本身的文化素质、经济水平、服务技能等,都会影响到他们参与旅游的机会,受益机会不均在某种层面上是客观存在的,也是部分村寨内部人际关系,以及村寨之间关系发生变化的原因。

8. 村寨环境风貌随旅游经济发展受到很大影响

旅游开发给村寨居民带来的可视好处主要为综合改善村寨环境,包括对村容村貌、环境卫生、绿化美化进行整治;促进村寨基础设施、公共服务等上层设施的建设等。其中也存在一些不足。调研情况显示,目前案例地村寨的排污系统和环卫系统或不完善,或没有建立,致使生活污水就近排放、生活垃圾随意丢弃现象造成不同程度的环境污染。环保意识在旅游开发初期显现不明显,在经济收益达到一定程度时会表现出来。7个案例中,平安壮寨的环境保护是不满意的,具体表现为:寨外垃圾场得不到清理,导致有耕牛误食塑料袋而死,旅游资源梯田由于缺水、人手不够、得不到维护而变成旱田甚至荒田;居民建筑侵占梯田,致使梯田景观面积迅速缩小。另外一个居民虽然没有意识到但确实存在的表现就是建筑风貌的问题,湘桂黔边区村寨的建筑形式主要是吊脚楼。旅游开发后,与外界信息交流、旅游经营需要促使居民建筑层数越来越高、建筑面积越来越大、建筑材料越来越现代化,混凝土建筑日益增多,对案例地建筑风貌呈现特点可以概括为:"肇兴限制建、岜沙没钱建、其他都在变",虽然居民对此变化满意程度较高,但与村寨整体景观不和谐,也是引发居民与开发商或政府部门矛盾的焦点之一。

9. 民族文化的恢复、传承与发展存在矛盾

民族村寨旅游的特色在于民族特色,包括有形的民族特色(习俗、建筑、饮食、服

饰)和无形的民族特色(信仰、节庆、习俗、语言)。目前,民族村寨文化面临恢复—发展—传承之间的脱节和冲突:民族文化恢复的最大问题是所恢复的文化是否为本民族的文化? 如黄洛歌舞表演中部分节目是在龙胜县文化馆和银水侗寨寨主吴金敏的指导下,吸取侗族大歌、壮族歌曲中的精华融合到瑶族歌曲。民族文化传承的最大问题是传承人与资金是否有保障? 尤其是传承人,不仅是要有人来教,更要有人来学,而文化传承所需要的资金也要有组织机构来承担。民族文化发展的最大问题是如何与市场经济接轨? 静态的民族文化,在社会的发展中是注定会被淘汰的;在旅游开发的背景下,民族文化的发展拥有良好的机遇,但如何在与市场经济接轨的同时,保证本民族文化是在原有传统基础上发展的呢? 比如黄洛的长发表演,怎样才能持续拥有生命力、持续发展? 综合其出现的原因:第一,旅游开发后,游客、外来经营者、外出务工者、传媒将多种多样的文化背景带到村寨,促使民族文化产生异化;另外旅游开发商以"民族特色"的名义对民俗风情进行"滥开发",使民族文化变得不伦不类。第二,传承和发展的基础是恢复,恢复和传承的目的是发展,而基础和目的面临的首先就是资金问题,没有资金,而要恢复文化、传承文化、发展文化将是空谈。通过旅游可以使民族地区的经济获得迅速发展,但是不一定可以使民族文化得到迅速发展,需要有专门资金用于民族文化挖掘、文化传承人创作、文化传承教育和培训;其次是人才的问题,民族文化通过人的行为得到传承和发展,年轻人不愿意学习传统文化,年老的文化艺人没有徒弟继承,造成民族文化的恢复和传承、发展脱节;再次是民族文化市场化中的效益问题,所谓传统民族文化的发展并非一成不变进行保存或者封存,应该与市场接轨,实现动态发展,通过市场经济动力促进传统民族文化的发展。

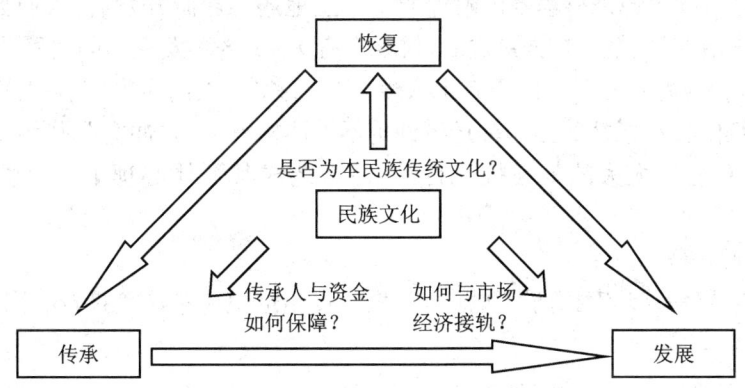

图8 民族文化恢复、传承与发展中存在的矛盾

(五)社会冲突理论对主要利益主体间旅游冲突的阐释

1. 民族村寨旅游开发中的主要冲突描述

旅游开发中的利益分配格局是影响居民旅游满意度的重要因素,在调查中发现,上述民族村寨在旅游开发过程中大都发生过一些激烈的冲突事件,其主要发生在民族村寨旅游开发过程中最重要的3个利益主体之间,即居民、政府、开发商。了解居民同

政府、开发商冲突的成因和产生机制对分析与理解居民旅游满意度有重要意义。

(1) 平安壮寨

①平安居民与政府、景区公司冲突事件：因景区规划和旅游收益分配问题，2004年"五一"黄金周期间平安居民赶走景区工作人员，关闭景区，2005年3月，居民再次封锁景区，这两次群体性事件影响十分恶劣，双方对立严重。该事件随后导致景区公司被迫增加居民的门票分成，公司股权结构也发生重大调整，外来公司桂林旅股于2006年放弃景区公司控股权；政府也反思了景区行政治理弊病，于2007年专门成立景区管理局全权负责景区事务。

②龙脊景区居民带客逃票事件①：自景区设立大门售票以后就不断有景区内的居民以各种方式带客逃票进入景区，此现象愈演愈烈，终于在2006年演变成一系列的冲卡、殴打景区售票人员的冲突事件，这一事件也是促使政府和公司方面调整景区管理体制和利益分配格局的诱因之一。

(2) 大寨瑶寨

景区公司进入大寨开发的初期，不少居民认为收益分成不公平。2005年，一些"意见领袖"鼓动居民，要求推翻上届村委会签订的进寨费协议，提高门票收入分成，并策划在黄金周期间阻碍游客进寨②，后经过政府沟通调节，矛盾没有激化。

(3) 岜沙苗寨③

2003年，政府在岜沙苗寨村中修建生态表演场，须搬迁几户寨民，但当地政府以强制的方式执行，所给的拆迁补助也寥寥无几；更不幸的是，政府部门没有按照当地的信仰习惯请苗族鬼师主持仪式，就强行用推土机铲除了村寨原来的芦笙坪神坛，扩大坪地范围，还拆除了原来村寨寨门附近的一个土地庙。旅游开发后，人们天天在芦笙坪吹芦笙、表演歌舞、祭拜东方。之后，村寨中有7~8名事发在场的居民陆续"发癫"（精神失常），鬼师治好几名，但仍有1人发疯后自杀、1人离家失踪、1人精神崩溃至今生活不能自理。④ 岜沙的强制拆迁事件构不上严格意义的"冲突"，作为受损一方的村寨居民没有进行太大的外在抗争行动，但却造成其群体心理上对抗情绪的潜在加重。

(4) 肇兴侗寨

2003年，黎平县政府招商引进旅游开发商贵州世纪风华旅游投资有限责任公司，

---

① 龙脊景区的平安、大寨、黄洛居民都有参与，下文不再重述。——作者

② 当时的开发商桂林龙脊温泉旅游开发有限责任公司的文件《龙脊景区10·1黄金周不稳定因素排查情况汇报》这样描述此事："大寨村几个唯恐天下不乱的人可能挑唆群众……如达不到他们的要求可能会组织游客进入该景区游览。"——作者

③ 联想到近期热播的科幻电影《阿凡达》，笔者不禁感慨，岜沙苗寨的强制拆迁事件是一个"杯具"的现实版"阿凡达"。这个在当地妇孺皆知，至今每每提起都战栗不已的事情可能让我们一些现代"文明人"觉得匪夷所思。这种文化是当地对外在世界的一种观念注入（调查梁老师语），虽然不是自然原有的东西，但外力打破了他们的这种文化平衡，造成了严重的心理冲击。——作者

④ 此事件根据调查组成员2007年12月7日对岜沙小学刘成林老师的访谈录音和田野笔记整理而成，调查组其他成员在对其他村民访谈时也有相关描述。——作者

但当地社区居民大多对此不知情,公司进入后的主营业务是住宿、餐饮和歌舞表演,这些都同居民的旅游经营存在竞争关系,不少居民对此颇有微词,加之公司不重视社区关系,借力地方政府进行单方面行动①,特别是在建房控制问题上同居民矛盾日益加剧。2007 年,村民以公司未曾租借义团侗戏台而常年使用且未支付租金的理由强行拆除公司的表演舞台,后经政府出面调停,公司与村民签订租赁协议后事态才得以平息。

（5）程阳侗寨

自旅游开发商进入程阳景区后,居民和政府、开发商之间的矛盾就不断发生,2006 年,因门票收入分成问题发生居民集体上访事件,但事件未得到完全解决;2007 年,再次因为土地征用、房屋拆迁改造和门票问题发生部分居民到县政府静坐事件,"五一"黄金周时部分居民还准备免费放游客进景区,但行动失败;之后,县政府许诺拿出经济补偿,同时强行中止同开发商的景区承包合同,事件得以暂时平息。

2. 居民同政府、开发商冲突的机制分析

马克思关于冲突过程的抽象命题认为:(1)资源分配的不平等产生了固有的利益冲突,稀缺资源的分配越不平等,统治者与被统治者的基本利益冲突就越深。(2)被统治群体对其集体利益的认识越深化,他们就越有可能怀疑现存稀缺资源分配模式的合法性。(3)下列条件得到满足时,被统治者越有可能意识到其真正的集体利益:①统治者造成的变化破坏了被统治者之间的现有关系;②被统治者自身异化的加强;③被统治者交流沟通的加强;④被统治群体发展出统一的意识形态。(4)被统治群体越是意识到其集体利益并怀疑稀缺资源分配的合法性就越可能同统治者产生冲突,特别是在下列条件下:①统治群体不能清晰地阐明其集体利益,不能按其集体利益行动;②对被统治者的剥夺由绝对转为相对,或迅速加深;③被统治群体可以发展出一个政治领导结构。(5)被统治群体的意识形态越统一,领导结构越发达,冲突就越严重。(6)冲突越严重,越可能具有暴力性。(7)冲突越有暴力性,社会结构与资源分配模式的变迁程度越大。

虽然马克思的冲突理论存在着一些缺陷,特别是认为暴力冲突是不可避免的,但其冲突过程理论强调稀缺资源分配的不平等是冲突的根源,这对我们分析和理解民族村寨旅游开发过程中社区居民同政府、开发商在旅游资源收益分配方面产生的冲突是有一定帮助的:

第一,社区旅游资源收益分配的不公平性是导致旅游发展中利益冲突的根本原因,这种不公平性越强,冲突越激烈。

从上述典型冲突事件中可以看出,绝大多数居民同政府、开发商冲突的表面原因

---

① 调查组 2007 年 12 月 30 日对公司副总经理傅任明进行了采访,笔者在场。傅先生的开场白就是这样一句话:"我们（开发旅游）主要是和政府合作搞的";在谈到旅游规划问题时,傅先生表示曾经打算聘请一家德国规划公司来做,但德国公司单是居民调查就要做半年,公司觉得没必要,"居民文化没那么高,不符合中国国情",所以最后请了北京一家公司来做;在谈到敏感的建房问题时,他说道:"政府进行了一些阻扰。"——作者

不同,但根源都出在旅游资源的收益分配不公上。以冲突最多、最激烈,时间最长的龙脊景区为例,龙胜县旅游局在对 2004 年"五一"事件的反思总结中认定:"关于社区关系不协调,我们同意公司的看法,但我们认为这是利益分配不合理的必然结果。"①

第二,社区居民对自身社区旅游资源产权意识的觉醒程度越高,对现有旅游资源收益分配模式合理性的质疑就越强。

民族村寨旅游地不同于一般的以自然景观为吸引物的景区,其核心的旅游资源总是社区居民的文化创造物。这种特殊的旅游资源在开发过程中总是伴随着"产权困境和制度缺陷",政府和因政府招商而来的开发商在介入旅游开发的过程中造成"利益主体多元化"的困局,这种困境也促使社区居民开始意识到自身在旅游开发中的合法权益。

第三,下列条件得到满足时,社区居民对旅游资源的产权意识越强:
①政府、开发商在民族村寨旅游开发和旅游治理模式的变动过程中改变了现有的利益关系格局;②民族村寨旅游开发过程中居民自身文化遗产被剥夺感导致的异化;③社区居民对自身旅游权益受损的关切和交流,这种关切和交流使居民的资源产权意识彼此促增。

民族文化旅游资源在旅游开发中总是出现"文化商品化"(Greenwood,1977)的现象。社区文化被当成商品任由政府和开发商把控时,居民对自身的文化创造物失去了往日那种彻底的掌控时,文化的主人对文化的异化感就产生了。这种异化感越强烈,居民就越想收回其文化资源的控制权。民族村寨居民的这种资源产权意识觉醒的上述影响因素往往是和旅游发展水平、旅游地生命周期紧密联系的,在探索期和参与期,这种产权意识并不强烈,如岜沙苗寨的居民;在发展阶段,特别是发展的中后期,居民的产权意识已经非常清晰,如程阳②、平安;肇兴作为一个刚进入生命周期发展阶段的旅游地,居民的产权意识并不清晰,但已开始觉醒,虽然居民尚未普遍意识到事实上整个村寨都在无形中被公司"租借"了,但他们已经开始就那些显而易见的权益沦丧(侗戏台常年被占却没有一分租金)进行抗争,而不是一直隐忍(像岜沙居民那样)。

第四,社区居民的旅游资源产权意识越强并质疑现存旅游收益分配模式的合理性,对政府、开发商的抗争行动的倾向性就越明显,特别是在下列条件下:①政府和开发商不能清晰阐明自身旅游收益的合理性;②旅游收益格局的不公平性加剧,特别是政府、开发商同居民的收益差距由绝对转为相对;③社区居民内部能产生一个同政府、开发商抗争的组织及其组织性的强度。

第五,社区居民就自身旅游权益达成共识的程度越高,其同政府、开发商抗争的组

---

① 根据龙胜县旅游局提供的 2004 年 7 月份的资料《关于对龙脊景区存在问题的看法》。
② 广西师范大学文学院 2005 级硕士杨傲宇在其毕业论文中,就居民在程阳桥做生意影响旅游秩序和政府治理失效的情况进行调查时,和居民有一段很值得深入体会的对白,作者:"阿姨,为什么不去政府安排的地方做生意?"居民:"桥上舒服呀,天热的时候这里好凉快,人又多。"作者:"那政府让你们在这里做生意吗?"居民:"当然不让了……但桥是我们的(笑)……"——作者

织性越强,居民抗争行动的倾向性和组织性越明显,同政府、开发商的利益关系就容易走向极端化。

第六,利益关系的极端化导致冲突的激烈程度变强。

在现实的利益冲突中,开发商往往对其既得利益难以自圆其说,无法对社区作出令人信服的解释,致使居民对现有利益分配格局的合理性与合法性越发质疑。以龙脊景区为例,2001—2004 年,其平均经营利润高达 34.26%,梯田维护费仅仅占门票总收入的 5.2%,只占经营利润总额的 13.19%,公司自己也承认"投入不够到位,运营成本较低"。即便开发商许诺投资的资本要素(资金)对于贫困社区的旅游开发是极度稀缺和急需的,但公司和居民的利益分配悬殊却是不争的事实,更何况开发商在这四年中对景区的建设投资额度连自己都感觉太少。

这种收益不公平的局面往往随着旅游发展水平的提高,由绝对不公转为相对不公。政府作为"委托代理人"在招商时的政绩导向和急成心态,对社区居民的关切度不够,社区居民的资源产权意识淡薄,企业片面追求经济利益最大化,都导致了早期的利益分配格局对居民不公,如开发商总倾向于以定额方式逐渐增加分成,居民收益增速远低于旅游发展增速,居民越来越不满,平安壮寨的例子最为典型,在 2007 年以前几乎每年双方都会为此而争执。①

在现行行政体制下,村民自治制度实施后,乡村的体制精英充当着政府"代理人"和居民"当家人"的双重压力下,作为理性的体制精英很难彻底充当社区旅游权益的领头抗争人,导致村委会在冲突中扮演消极无为的角色,加之没有成熟的非官方组织(NGO),社区往往会缺乏一个组织性强的组织来进行抗争,弱化了冲突的激烈程度;但另一方面,作为"地缘"和"血缘"方面都非常亲密的乡村社区,即便是内部有很大冲突和分裂,在同外部势力发生重大冲突时,却又表现出一致对外的团结。程阳是一个典型例子,因复杂的姓氏血缘、地缘聚居结构,导致八寨内部不同姓氏、不同寨子、八寨同外部群体势力之间产生的明显"差序格局","村民与村民,村民与公司,村民与政府,村民与外地经营者都存在不少矛盾。这似乎是农村村民的特点,矛盾纠纷永远不断。内部主要有土地山界纠纷争斗,可能打得头破血流,但对外又保持一致,昨晚刚打过架,第二天就可以团结协作对外使力②"。在民族村寨这些复杂的传统因素合力作用下,旅游开发过程中不公平的收益分配格局导致居民在冲突发生时,倾向于采取群体行动,扩大冲突的规模和激烈程度。

第七,冲突越激烈,利益分配格局和旅游治理模式越容易产生变迁,且变迁的程度越大。

不同程度的冲突造成的结果不同,冲突的强度和烈度越大,对民族村寨现有的利益分配格局和治理模式冲击越大。龙脊景区的冲突强度、烈度最大,持续时间也最长,

---

① 参见前一章节中对各村寨基本情况的介绍,如平安、肇兴、程阳的收益分配方案。——作者
② 根据调查组 2008 年 3 月 27 对三江县旅游局相关工作人员的采访。——作者

最终导致了景区治理模式从根本上的改革,但现有利益分配格局仍很不公平,仍有再次发生规模冲突的可能。程阳景区的冲突强度也很大,但参与群体、波及面有限,虽然导致原开发商退出景区,但并没有从根本上形成新的治理格局,冲突的因素依然存在。肇兴侗寨的小规模冲突仅仅对利益分配进行了微调,随着旅游发展,爆发大规模利益冲突的风险很大。岜沙的冲突一方居民处于力量绝对劣势,冲突被压制,但旧的问题不解决,今后如果出现新的更多、更大的矛盾,可能会导致冲突表面化。

五、民族地区的和谐社会构建

(一)民族地区和谐社会构建的指导思想

1. 大力提高民族村寨的旅游发展水平,是提升居民旅游满意度的根本途径

西部地区是中国贫困人口最集中、贫困程度最深的地区。2008年,西部地区农村低收入人口是全国水平的2.2倍,还存在着严重的返贫问题。① 民族旅游是西部民族地区发展地方经济、提高居民收入的重要方式。作为经济欠发达的社区,民族村寨的居民普遍把旅游发展作为发展社区经济,改善生活方式的重要手段,对旅游经济收益的期望值很高。只有大力发展当地的旅游发展水平,提高居民的旅游经济收入,才能从根本上满足广大居民的经济发展愿景,提高其旅游满意程度。

民族村寨具有浓郁的民族文化风情和秀丽的自然风光,旅游发展潜力巨大,但有诸多因素制约了当地的旅游发展。以桂黔湘边区上述的7个典型村寨为例,主要的障碍因素有:①区位较差,交通不便,旅游可进入性不强;②严重缺乏景区建设资金;③很多村寨的旅游管理体制落后。为此,中央政府应继续加强对西部民族地区基础设施建设的资金投入力度,并出台各种优惠政策;地方政府应重视景区建设,加大招商引资的力度,并努力探索符合当地实际情况的旅游治理模式。

2. 着力平衡民族村寨的旅游收益分配格局,是提升居民旅游满意度的重要手段

发展民族村寨旅游的最终目的,在于提高居民的收入,改善居民的生活方式。如果不能建立一个公平、公正的旅游收益分配格局,社区不能获得应有的旅游收益、居民不能普遍地提高收入,即便社区旅游发展水平再高,居民也不可能会很满意。中国传统社会中平均主义的经济文化传统在民族村寨中也影响颇深,"不患寡患不均"的思想表现很明显,平安壮寨和黄洛瑶寨居民的旅游满意度的差异就很能说明这个问题。

从桂黔湘边区7个典型民族村寨旅游发展中存在的旅游收益分配不均的实际问题来看,主要表现在两个方面:①社区同外部利益主体之间存在着严重的分配不公现象,特别是政府和开发商在旅游开发过程中忽视或漠视社区居民的应有权益,造成作为民族文化旅游资源的主要产权人的社区居民没有得到足够的旅游收入分成。②社

---

① 扶贫始终把西部作为主战场——访扶贫办主任范小建. 2009 - 11 - 28. 中华人民共和国中央人民政府网站:http://www.gov.cn/jrzg/2009 - 11/28/content_1475098.html.

区内部,由于不同家庭居民在资金、知识、位置、技术、政策、人际关系等方面的差异,造成旅游发展后社区内部出现新的社会分层和贫富差距。

民族旅游村寨是一个比较特殊的旅游景区,其旅游资源和社区文化景观高度重合,社区居民是不容置疑的、最重要的社区旅游资源产权人;与此同时,国家政权是现行法理意义上的资源产权所有人和最重要控制者;在旅游开发商进入后,由于对景区建设进行了资金、人力等资本要素的投入,开发商也是重要的利益主体。目前上述几个村寨主要存在的问题是:①政府职能没有转变,作为国家产权主体的代理人直接参与到社区的旅游收益分配过程中,并从中获取相当部分的收益,这些收益名目繁多,例如资源管理费、景区管理维护费等,这些收取费用不同于国家和地方税收,缺乏充足的法理基础,有与民夺利之嫌;②景区开发公司只关注自身的经济效益,忽视社会效益,漠视社区关系建设,很多景区公司甚至连基本的建设资金投入都很有限,更不用说在收益分成方面会对社区有所倾斜;③政府和开发商的寻租行为往往交织在一起,双方合谋加剧了对社区的不公平;④社区缺乏一个有力的自我组织同上述利益主体进行有效的博弈,传统组织陷入瓦解当中,而村民自治委员会的处境则十分尴尬。

为此,民族村寨的旅游发展过程中应建立一个更公平、更公正,同时具备效率和活力的旅游治理模式与旅游收益分配格局(见图9)。根据民族村寨复杂的资源产权关系和现有的制度特点,从制度设计方面改善这种不良局面。地方政府应该转变发展观念和政府职能,树立"以人为本"的发展观和执政理念,由传统意义上的产权主体或代理人地位转变为行政管理和公共服务者的角色,减少自身寻租行为,做到还利于民,实现旅游富民的功能。开发商应重视对景区建设的投资,提高经营水平,并合理提高对社区旅游分成的比例。为此,政府应加强对开发商的监管力度,不能为了招商引资而一味迎合开发商的要求却损害了社区的权益。社区之所以在旅游收益分配方面处于劣势地位,一个重要原因就是缺乏一个强有力的、能真正代表居民利益的组织同政府和开发商进行有效的博弈。为此,一个可行的办法是强化村委会的地位或重新由村民选举成立专门的旅游非官方组织(Tourism Non-Government Organization),由该组织全权代表社区居民监督社区旅游发展、协调同地方政府和开发商等利益主体的关系。社区居民除了通过旅游非官方组织来实现自身旅游权益外,更多的是以个人身份参与旅游经营,提高个人的旅游收益水平。对此,政府应积极引导居民参与旅游经营,并加强其旅游发展能力的建设;开发商避免同居民在旅游经营方面产生恶性竞争,肇兴目前就存在这样的问题,而龙脊景区做得较好。① 对于社区内部的贫富差距问题,政府和社区 TNGO 一方面应加强对贫困家庭的发展能力建设,另一方面在旅游收益再分配过程中给予补助。

---

① 肇兴的开发商主要靠经营歌舞、宾馆获取旅游经营收益,这同居民产生了竞争关系。而龙脊景区的开发商主营业务是门票收入,居民的主要旅游经营收入是旅游住宿和旅游餐饮。——作者

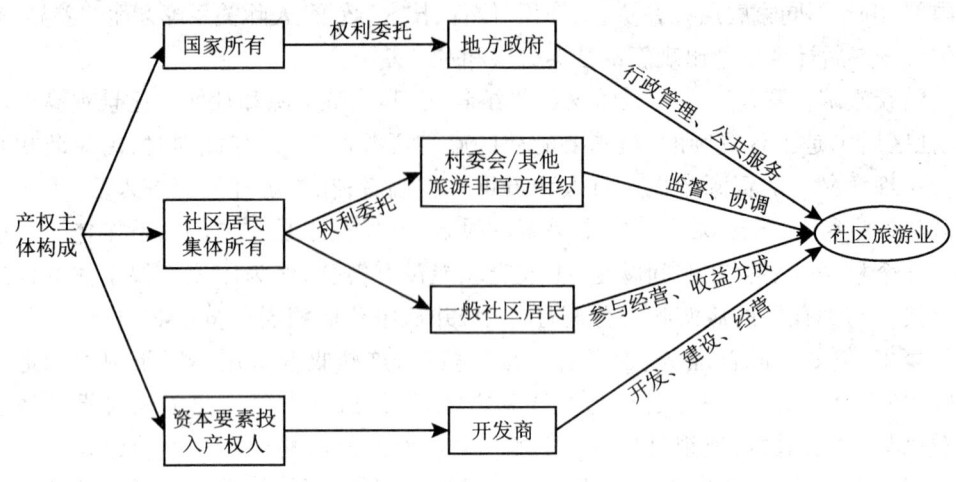

图9 民族村寨旅游资源产权和收益分配示意图

3. 逐步增强民族村寨居民的民主权利,是提升居民旅游满意度的必由之路

在民族村寨的旅游发展过程中,随着旅游经济的发展,居民生活水平的改善,居民的民主权利意识也在逐渐增强。一方面,在旅游开发过程中,社区居民逐步意识到自己作为社区文化和旅游资源拥有者理应享受更多的旅游发展收益;另一方面的现实是,居民在旅游开发过程中,相对于政府、开发商而言,处于劣势地位,其合法权益被侵蚀。居民对实现其旅游开发管理决策合法权利的呼声越来越大,由于其合法权益得不到保障,而且没有正常、有效的诉求途径,导致了民族村寨旅游开发过程中,冲突事件不断发生,愈演愈烈。我们通常所说的居民参与旅游发展,更多指的是居民参与旅游经营,而居民如何在旅游规划、开发、管理过程中提高自身的话语权,实现其民主管理决策权利却在现实中较难实现。现实的困境主要在于如何合理、适度、渐进地对社区赋权,实现社区旅游的参与式发展之路。这个过程将取决于居民民主权利的觉醒程度和各方博弈的情况,但无论如何,真正实现旅游发展中的社区主体地位,最终要靠居民民主权利的广泛、普遍、真正地实现,这是在未来旅游发展过程中不断提高居民旅游满意度的必由之路。

就本研究中7个民族村寨的实际情况来看,虽然居民在旅游发展过程中的经济发展动机最为强烈,但开发管理决策过程中话语权的缺失是导致社区在经济收益分配格局中处于不利地位的重要原因。从表面看,居民对分配格局不满,但深层原因却是居民民主权利缺乏所致。随着社区经济的发展,居民资源产权意识和民主意识的觉醒,如果居民在民主权利方面的诉求得不到解决,可能会有更多的冲突发生,平安壮寨的情况很典型。当务之急是逐步对社区赋权,成立旅游非官方组织,逐步扩大居民在旅游发展事务中的话语权,特别是通过民主投票、协商等方式解决收益分配问题。

4. 始终重视民族村寨旅游发展过程中的社会文化环保和传承问题，是提升居民旅游满意度的重要保障

民族村寨优美的自然景观和丰富的文化景观，是最核心的旅游吸引力，如果在旅游发展过程中，自然环境遭受污染破坏，民族文化商品化、庸俗化，得不到传承和保护，民族村寨的旅游吸引力将会下降，游客数量减少，居民收益降低，满意度降低。本研究中的7个民族村寨虽然处于不同的旅游发展阶段，但其自然环境和民族文化在旅游发展过程中都受到了不同程度的负面影响，特别是处于发展阶段后期的平安壮寨，其游客数量已接近当地的旅游承载力，社会文化环境出现恶化，很多居民也意识到问题的严重性。而处于旅游发展初期阶段的不少村寨居民则对旅游的负面影响认识不足，没有意识到社会文化变迁对旅游业的负面影响，这就需要当地政府有意识地引导和宣传居民重视对自身传统文化的保护，把居民的旅游经济发展动力转化为民族文化传承的保护力量，以免出现在旅游开发初期居民盲目追求现代化生活方式而导致目的地社会文化的突变，旅游地吸引力下降，最终又影响到社区的发展。只有在旅游发展的各个阶段都始终重视社会文化环境的保护和传承，才能实现民族村寨旅游业的可持续发展，保持较高的居民旅游满意度。

（二）利益相关者共同管理模式

课题组建议在现行的民族村寨管理模式中引入被忽视的其他利益相关者，建立一种利益相关者共同管理模式，建立民族村寨旅游开发中利益相关者共同管理模式，实现当地居民的"参与式发展"。

1. 利益相关者共同管理模式的内涵

利益相关者共同管理模式，是在明确村寨旅游发展参与主体和资源所有权的基础上，综合参与式发展和企业股份合作制，成立企业型的村寨旅游经营管理组织，由各利益主体共同参与管理，实行收益分配按股分红与按劳分配相结合的一种多角色参与的新型管理模式。

利益相关者共同管理模式与传统的管理模式最基本的区别在于：从利益相关者的社会责任和长远利益出发，系统地考虑社区旅游所涉及的诸方面的利益。它的重点则在于让所有旅游资源的使用者参与管理，核心内容是"村寨居民参与式管理"，重点和难点是民族村寨当地居民的旅游收益分配问题。这种管理不同于原来传统的垄断管理方式，是在外来旅游开发商投入一定资金的启动下，根据原有的管理经验，采取超越原有管理方法，设计和建立一套符合当地实际情况的新型管理方法。侧重于人的参与管理，重在实现民族村寨居民在旅游开发中实现居民参与规划、参与开发、参与经营、参与受益，突出当地居民在旅游开发中的"主人翁"地位。

实现参与式管理的重要途经是实行股份合作制。它是一种集股份制与合作制优点于一身的新型社会主义集体经济组织形式：在制度方面，保证了劳动者与所有者的统一及劳动者地位的平等；在收益分配方面，实行按股分红与按劳分配相结合的方式；在管理方面，实行民主决策和管理，即股份合作制企业内部职工拥有参与决策和管理的权利。并仿照股份公司制度,设置相应的机构,制定相应的章程。股份合作制参与式管理模式主要解决景区资源的合理利用和有效保护及景区各利益相关群体的需求的实现问题,并形成各主体间相互制衡的关系。这种关系包括:民族村寨居民、政府及其旅游管理部门、投资商和游客。通过股份合作制的民族村寨旅游开发,把村寨社区居民的责任、权利、利益有机结合起来,引导居民自觉参与他们赖以生存的旅游资源的保护,从而保证民族村寨旅游的良性发展。

2. 利益相关者共同管理模式的实施流程

利益相关者共同管理模式的实施流程如下:

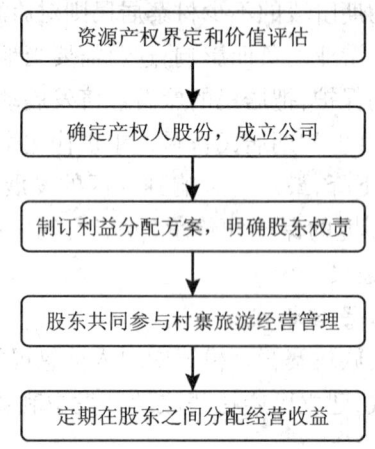

图 10　利益相关者共同管理模式的实施流程

实施利益相关者共同管理模式,首先要对旅游资源进行产权界定和价值评估,将旅游资源产权界定为国家产权、集体产权、村民小组产权、村寨居民个人产权 4 种产权主体;把村寨内可供开发的景观和文化旅游资源转化成股本,当地居民以村寨内可供开发的景观和文化旅游资源转化成的福分入股,然后由包括社区居民、政府、开发商在内的产权所有者以股东身份合作,成立股份合作公司;公司成立后,村寨内部由居民选举产生旅游合作社,代表村寨居民股东与其他股东协商制订利益分配方案,并制定相应的公司章程,以明确股东权责;由股东共同参与村寨旅游经营管理,协商制定各种相关的管理条例等,在日常管理过程中各司其职,各负其责;以一年或更短的时间为周期,定期分配村寨旅游经营收益,收益分配实行按股分红与按劳分红相结合,企业通过公积金的积累,扩大再生产和旅游设施的建设与维护,通过公益金的形式投入到乡村的公益事业(如导游培训、乡村旅游管理),以及维持社区居民参与机制的运行等,同时通过股金分红支付股东的股利分配。

3. 发展旅游产业链,带动相关产业发展,多渠道增加旅游收益,实现循环经济发展

旅游作为湘桂黔边区民族村寨投入少、投资回效快、成效率高的发展途径,在实际操作和发展过程中,以就地发展与异地发展(从人才市场引进旅游人才到民族村

寨)、直接发展与间接发展(在非民族旅游村寨和民族旅游村寨建立旅游产品原料养殖、种植、生产和加工基地)相互融合,以点带面,带动整个区域经济的发展。因此,解决目前居民在经济利益维度不满意现状的关键途径是多渠道发展旅游,横向、纵向引导其他产业与旅游产业的发展,形成旅游产业链,建立"以旅游业为龙头、以种植养殖业为基础、以农副产品加工为经济增长点"、三个产业"资源—产品—再生资源"的新循环经济发展模式。如图11所示,两个虚线圆圈之间的活动均以居民为主要参与者。

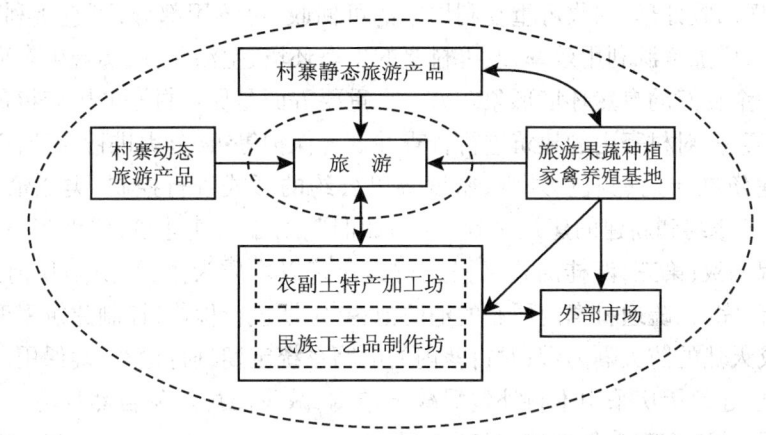

图11 民族村寨旅游产业链循环发展系统

4. 协调旅游开发过程中的主客关系,实现民族村民旅游发展利益相关者共同管理,增强旅游可持续发展能力

构建和谐社会,坚持以人为本,实现好、维护好、发展好人民群众的利益。如何在旅游开发中确保居民"主人翁"的地位是关键。首先,明确旅游开发中主要利益相关者的权责,包括不同开发阶段政府行为在村寨旅游开发过程中的地位和实施的权利及义务、开发商在进入民族村治安进行旅游开发必须履行的义务以及可以得到的权利、居民在不同阶段参与旅游决策和经营的方式与程度,减少居民与开发商、政府在旅游开发中的矛盾,尤其是旅游开发中的强势群体、旅游经营精英的"寻租腐败行为",实现在旅游发展过程中相关利益者的共同管理模式。其次,旅游开发商、政府、居民在旅游收益提成上发生的冲突是导致居民不满意的关键问题之一。其解决途径:一方面,对旅游村寨进行多方位、全视角的营销,增加游客量;另一方面,拓宽村寨的社区旅游收益来源渠道,在居民与开发商进行旅游收益提成的基础上,以村民旅游组织对村民旅游经营精英、外来旅游经营者以旅游接待、旅游工艺品等不同项目收取一定比例的费用,作为使用村寨旅游资源的经济补偿。最后,由开发商和旅游主管部门在民族村寨内设定信息中心,负责村寨内村民的旅游贷款、游客信息、旅游经营信息、技术咨询、收集居民的培训需求,根据居民的需要进行旅游教育与培训;安排旅游经营精英和村寨内"困难户"在旅游经营中的"一帮一"活动,缩小村寨内的贫富差距、扩大旅游收益

覆盖面。

5. 村寨生态文明,实现人与自然的和谐统一

村寨生态文明,是新农村建设的重要内容,是人与自然和谐统一的主要载体和基本存在形式。村寨生态文明,涵盖诸多内容,包括合理使用土地,切实保护耕地,积极扶持和发展生态农业,发展农村循环经济,增强环保意识等诸多内容。对于所调查的各村寨来说,首先要解决的是建立和完善村寨排污系统、环卫系统,对固体废弃物进行严格的分类回收制度,使各种废弃物通过游客、管理人员和居民、处理人员的分类抛弃、挑拣实现回收处理;回收可重复利用中的可回收、可再用部分,可直接利用的进行资源再生产,增加资源利用效率,改善村寨的生态环境、生活条件,实现生态良性循环,同时创造一个良好的自然环境形象。另一个重要方面是保护村寨的民族特色建筑,主要措施有:第一,对村寨内的建筑进行普查并划分保护等级,分类进行保护;第二,对村寨内新建建筑在布局、颜色、外观、密度等以公约的形式进行控制,类似肇兴侗寨的《合约》,对于修缮和新建的建筑做到"修旧如旧",对于新建建筑,要做到与本有的民族建筑风貌一致;第三,湘桂黔边区民族村寨建筑以木质为主,消防是目前的主要隐患。措施有:完善、疏通村寨内原有的消防池,并定期进行检修;控制建筑密度,通过绿化植物形成天然的防火隔离带;对村寨内的电路系统定期进行检查,确保用电安全;厨房用火安全,建议厨房采用木料外包混凝土结构,减少隐患。从自然环境与人文环境两方面着手,从而实现人与自然的和谐统一。

6. 通过民族文化旅游传承和发展民族文化

湘桂黔边区的民族文化底蕴深厚、内涵丰富、地域特色浓郁,有开发民族文化旅游的基础条件。针对目前发展中的不足以及市场经济运行机制,发展民族文化旅游就要突出本土的地方民族特色,具体要实现"三化":窗口行业民族化、民族节庆氛围化、景点资源特色化。达到"三化"需要做以下几项工作:①制定相关政策,将湘桂黔边区传统文化的恢复、传承、发展纳入法制化轨道。制定法律是我国保护和发展少数民族传统文化的重要措施之一,通过立法使文化传承和发展有法可依,同时加大执行力度,实现有法必依。②树立文化经济新理念,在市场机制的引导下,更新文化资源观念。③继承优秀民族文化,打造民族品牌。目前案例地的每个村寨在文化发展和保护方面有部分可取的经验:第一,学校开设教育课程,实现传统民族文化教育正规化,肇兴侗寨通过在下属小学开设侗族语言和歌舞的课程、在侗服的基础上设计学生校服,定期举办民族文化性质的比赛;第二,与市场经济接轨的民间形式组织,如肇兴侗寨、黄洛瑶寨、程阳八寨的歌舞表演队,皇都侗寨的文化艺术团,作为民族村寨旅游景点的重要组成部分,定期对组织内的成员进行培训,同时也实现资金回笼,其缺点是表演队成员以中青年为主,经济利益导向因素严重;第三,扩大节庆活动的规模,在节庆活动中,对旅游市场进行营销。

参考文献

[1] 费孝通. 谈深入开展民族调查问题. 中南民族学院学报,1982,3(2).

[2] 王元林. 费孝通与南岭民族走廊研究. 广西民族研究,2006(4):109–116.

[3] 马晓京. 西部地区民族旅游开发与民族文化保护. 社会科学家,2000,15(5):46–49.

[4] 吴晓萍. 浅析民族地区旅游可持续发展的某些限制性因素. 旅游学刊,2000(5):42–46.

[5] 罗永常. 民族村寨旅游发展问题与对策研究. 贵州民族研究,2003,23(2):102–107.

[6] 霍映宝. ACSI 的 PLS 估计方法解析. 统计与信息论坛,2003,18(2):23–25.

[7] Howard J, Sheth J. The theory of buyer behavior. New York: Wiley, 1969.

[8] Pizam A, Mansfeld Y. Consumer Behavior in Travel and Tourism. Haworth Press, 1999.

[9] 廖颖林. 顾客满意度指数测评方法及其应用研究. 上海:上海财经大学出版社,2008.

[10] Hoppock R. Job satisfaction. Oxford: Harper, 1935.

[11] 陈志霞. 社会满意度的概念、层次与结构. 华中科技大学学报:社科版,2004,18(2):87–89.

[12] 杨凯凯. 乡村旅游对目的地居民社区满意度的影响研究. 浙江大学,2008.

[13] 耿金花,高齐圣,张嗣瀛. 基于层次分析法和因子分析的社区满意度评价体系. 系统管理学报,2007,16(6):673–677.

[14] Dann G. Tourist satisfaction: A highly complex variable. Annals of Tourism Research,1978,5(4):440–443.

[15] Pizam A, Neumann Y, Reichel A. Tourist satisfaction: Uses and misuses. Annals of Tourism Research,1979,6(2):195–197.

[16] Pizam A, Neumann Y, Reichel A. Dimentions of tourist satisfaction with a destination area. Annals of Tourism Research,1978,5(3):314–322.

[17] 连漪,汪侠. 旅游地顾客满意度测评指标体系的研究及应用. 旅游学刊,2004,19(5):9–13.

[18] 唐晓云,吴忠军. 农村社区生态旅游开发的居民满意度及其影响——以广西桂林龙脊平安寨为例. 经济地理,2006,26(5):879–883.

[19] 郭英之,姜静娴,李雷,等. 旅游发展对中国旅游成熟目的地居民生活质量影响的感知研究. 旅游科学,2007,21(2):23–28.

[20] 郭英之,叶云霞,李雷,等. 中国旅游热点居民生活质量感知评价关联度的实证研究. 旅游学刊,2007,22(11):58–65.

[21] Nunez T. Tourism, tradition and acculturation: Weekendismo in a Mexican village. Ethnology, 1923, 6(3): 347 - 352.

[22] Greenwood D J. Culture by the pound: an anthropological perspective on tourism as cultural commoditization[A]. Smith V L. Hosts and guests: The anthropology of tourism[M]. Philadelphia: University of Pennsylvania Press, 1977:129 - 139.

[23] Maccannell D. Staged authenticity: arrangements of social space in tourist settings[J]. American Journal of Sociology, 1973, 79(3): 589 - 603.

[24] Doxey G. When enough's enough: the natives are restless in Old Niagara[J]. Heritage Canada, 1976, 2(2): 26 - 27.

[25] 周国兵. 旅游社会问题初探. 社会科学家, 1988, 3.

[26] 杜炜. 关于旅游业影响之研究. 旅游学刊, 1988(4): 72 - 73.

[27] 徐崇云, 顾铮. 旅游对社会文化影响初探. 杭州大学学报(哲社版), 1984.

[28] 陆林. 旅游地居民态度调查研究: 以皖南旅游区为例. 自然资源学报, 1996, 11(4): 377 - 382.

[29] Vargas - Sanchez A, Plaza - Mejia M D L A, Porras - Bueno N. Understanding Residents' Attitudes toward the Development of Industrial Tourism in a Former Mining Community. Journal of Travel Research, 2009, 47(3): 373 - 387.

[30] Allen L R, Long P T, Perdue R R, et al. The Impact Of Tourism Development On Residents' Perceptions Of Community Life. Journal of Travel Research, 1988, 27(1): 16.

[31] Yoon Y, Gursoy D, Chen J S. Validating a tourism development theory with structural equation modeling. Tourism Management, 2001, 22(4): 363 - 372.

[32] Gursoy D, Jurowski C, Uysal M. Resident attitudes: a structural modeling approach. Annals of Tourism Research, 2002, 29(1): 79 - 105.

[33] Jurowski C, Gursoy D. Distance effects on residents' attitudes toward tourism. Annals of Tourism Research, 2004, 31(2): 296 - 312.

[34] Gursoy D, Rutherford D G. Host attitudes toward tourism: An Improved Structural Model. Annals of Tourism Research, 2004, 31(3): 495 - 516.

[35] 文彤. 家庭旅馆业的发展——以桂林龙脊梯田风景区为例. 旅游学刊, 2002, 17(1): 26 - 30.

[36] 特纳, 泽奇邱, 茂元张. 社会学理论的结构. 北京: 华夏出版社, 2006.

[37] 唐晓云, 赵黎明. 社区旅游资源产权困境及其改善. 旅游科学, 2005, 19(4).

[38] 范莉娜. 对民族文化旅游资源产权制度中所有者缺位现象的探讨. 旅游论坛, 2009(2): 205 - 208.

广西县域旅游发展模式评价及优化

李少游　邓飞虎　袁泽

（桂林理工大学旅游学院　桂林；桂林旅游高等专科学校管理系　桂林；
厦门大学台湾经济研究院　厦门）

【摘　要】通过旅游综合竞争力、区位商、政府和市场作用、具有战略意义的优势旅游品牌的出现、区域旅游中心的影响等因素的综合分析，将考察的广西13个旅游县归为五种发展模式，对于不同的模式，提出了有针对性的政策措施，作为旅游发展的优化策略。

【关键词】旅游经济；模式；双变量分析；优化策略

引言

广西县域旅游开发潜力很大，不同的旅游资源、区位条件、经济发展状况和旅游开发基础决定了不同的县域旅游发展模式。对各种模式进行评判，可以明确县域旅游发展的层次水平，为旅游开发措施的优化提供依据。旅游发展模式的选择，也是很多希望大力发展旅游经济的县所面临的共同问题，合乎县域实际情况的模式能有效地推动旅游经济良性发展。明确一个地区的旅游经济发展模式，并在此基础上通过相应政策、措施进行适当的优化调整，有利于当地旅游经济的可持续发展。

一、旅游经济发展指标的判定：基于模糊综合评价和产业理论

（一）旅游经济发展模式划分的依据

我们在对旅游经济发展模式划分时，考虑的基本因素是旅游经济综合竞争力和旅游业区位商，通过这两个基本条件可以对一些县进行大体归类，然后引入附加条件，来对发展模式进行细化的评判。

1. 旅游经济综合竞争力

竞争力是特定利益主体在市场上相对于其他利益主体，所具有的生存和发展并由此获取收益的能力[1]。旅游经济竞争力就是一个地方依靠其自身特有的旅游资源、宏观经

［作者简介］　李少游，男，博士，桂林理工大学旅游学院书记、教授。E-mail:422670838@qq.com。邓飞虎，男，桂林旅游高等专科学校管理系；袁泽，男，厦门大学台湾经济研究院。

济条件,通过产业链,来对旅游资源进行优化配置、整合的能力。它是一种比较优势,反映价值链状况;旅游经济发展模式,本质上反映的是旅游产业发展的驱动因素,以及旅游业与其他产业的优先次序问题,不同发展模式的结果是旅游业的地位、竞争力,以及发展后劲的差异。对于旅游经济竞争力的判定,是界定不同发展模式的重要依据。

2. 旅游业区位商[2]

旅游业区位商是旅游产业的效率与效益的定量分析工具。对县域旅游竞争力的模糊评判,是对各个县的旅游业经济总体水平进行的横向比较,而区位商,即比较优势系数,则分析了旅游产业的专业化水平,综合反映了旅游产业的行业优势强度。

3. 综合考虑基本条件和附加条件

由于旅游经济综合竞争力反映一种旅游业的绝对优势,而区位商则反映相对的比较优势。因此,旅游业区位商高的县,旅游业竞争力横向比较未必有优势,而旅游业竞争力强的县,旅游业又未必是主导产业,这种矛盾反映出旅游业在县域内的地位和发展潜力。通过对各县旅游经济综合竞争力以及旅游业区位商两个指标的交叉分析,可以把县域旅游发展状况大致分类。此外,考虑政府及市场的作用,具有战略意义的优势旅游品牌的出现,以及中心城市的影响等附加因素所产生的影响,可以对旅游业发展态势进行界定,引申出若干种发展模式。

(二) 县域旅游经济发展现状分类

1. 利用 AHP 法对旅游经济竞争力进行模糊评判[3]

为了对广西县域旅游发展模式进行分类,我们从旅游业发展程度不同的几个城市中,选择了阳朔、合浦、桂平、兴安、东兴、凭祥、龙胜、恭城、融水、三江、金秀、灵川、容县13 个有代表性的县,近年来,这些县都明确要大力发展旅游业,而且已经具备一定的产业基础,这些县的资源特色概括如下:

图 1　13 个代表性县域旅游资源特色

通过一种定性与定量相结合的方法——层次分析法(AHP),对各县旅游业发展的基本条件进行评价。根据准则层指标的外延和方案层指标原始数据的可获取性,我们设置了3个一级指标和14个二级指标,针对广西县域旅游业的发展现状,分别对各项指标进行打分和综合,计算出的结果如表1所示。

表1 旅游经济竞争力评价指标体系及其权重

目标层	准则层	指标层	层次总排序权值
旅游经济综合竞争力	旅游资源(0.2969)	旅游资源丰度(0.1745)	0.0518
		资源组合度(0.1170)	0.0347
		旅游区位条件(0.2603)	0.0459
		资源文化开发程度(0.1548)	0.0773
		可进入性(0.2935)	0.0871
	经济实力(0.5783)	国民生产总值(0.5058)	0.2925
		人均国内生产总值(0.1861)	0.1076
		第三产业生产总值(0.1311)	0.1024
		地方财政收入(0.1770)	0.0758
	旅游产业发展程度(0.1248)	旅游接待硬件设施(0.1127)	0.0141
		旅游服务软件条件(0.1127)	0.0141
		旅游接待人数(0.2315)	0.0289
		旅游收入(0.4391)	0.0548
		每千人旅游专业人员(0.1040)	0.0130

针对以上14个层次分析指标,我们把13个县进行两两对比,取1~9尺度,把结果写成对比矩阵,并计算单排序权向量并作一致性检验,以及总排序权向量并作一致性检验。最后得出各县旅游业发展基本条件的得分及排名情况:

表2 旅游竞争力层次总排序结果

序号	县域	得分	序号	县域	得分	序号	县域	得分
1	阳朔	0.1042	6	灵川	0.0810	11	融水	0.0385
2	合浦	0.0995	7	容县	0.0737	12	三江	0.0323
3	桂平	0.0964	8	凭祥	0.0715	13	金秀	0.0311
4	兴安	0.0859	9	龙胜	0.0581			
5	东兴	0.0832	10	恭城	0.0514			

2. 旅游区位商的计算及行业优势强度的确认

利用以下公式计算县域旅游区位商:$Q_i = (e_i/e_n) / (E_i/E_n)$ (1)

其中,Q_i 为某区域 i 产业的区位商;e_i 为该区域 i 产业经济水平(如产值、就业等);e_n 为该区域所有产业总的经济水平;E_i 为整个地区 i 产业的经济水平;E_n 为整个地区所有产业总的经济水平。通过每个县旅游收入与该县总国内生产总值的比值除以广西总旅游收入与广西总国内生产总值的比值计算县域旅游区位商,结果反映出旅游业优势强度,即比较优势。各县旅游区位商如图 2 所示。

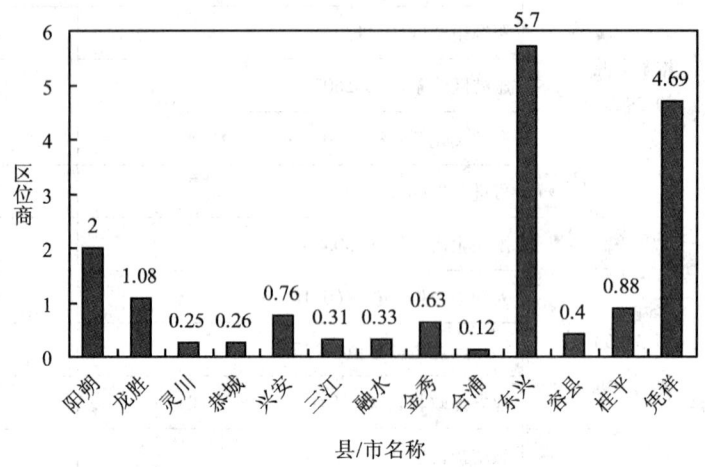

图 2 2004 年 13 个县/市旅游经济区位商对比分析表

3. 旅游竞争力和区位商的交叉分析

根据层次分析法评判的旅游业竞争力,尽管 13 个县在广西壮族自治区内旅游业相对发达,但旅游业发展水平仍然很不平衡,结合旅游区位商来看,旅游的行业优势强度也不一样,在县域经济结构中的地位也不同。在此,我们按照波士顿矩阵形式,对旅游竞争力和区位商两个指标进行双变量交叉分析,把这些县分成四类:

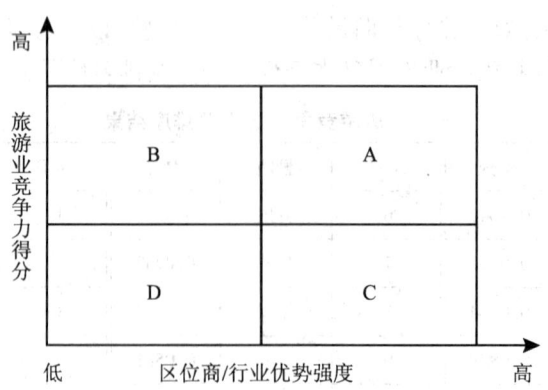

图 3 旅游竞争力和区位商双变量交叉分析

A类地区:旅游业竞争力强,区位商很高,阳朔、兴安、桂平、东兴可以归为此类地区。

B类地区:旅游竞争力在各县中很强,但是其旅游业的专业化水平较低,即区位商很低,比较优势不明显,合浦、灵川可以归为此类地区。

C类地区:旅游业区位商很高,但是整体的旅游业竞争力偏弱,龙胜、凭祥、金秀可以归为此类地区。

D类地区:旅游业区位商较低,整体的旅游业竞争力也较弱,容县、融水、三江、恭城可以归为此类地区。

二、广西县域旅游经济发展模式的判定与评价

(一)成熟型县域旅游的发展模式:全方位的旅游发展格局

由于A类地区旅游业发展基础好,综合竞争力强,而且比较优势系数也较大,旅游业的行业优势强度很大。根据罗伯特·默特归纳的"马太效应"——任何个人、群体或地区,一旦在某一方面获得成功和进步,就会产生一种积累优势,有更多机会取得更大的优势和效益。就目前的状况来看,阳朔、东兴的旅游业都是重要的经济增长点,随着中国东盟合作的深化,面临的机遇增多,旅游业的潜力增大。

从政府及市场的作用,具有战略意义的优势旅游品牌的出现,以及中心城市的影响等附加因素所产生的影响来看,阳朔、东兴、桂平三县的情况类似,旅游业是支柱或者主导产业,靠市场来配置资源,政府的角色逐渐淡出。旅游企业(主要是指旅行社、景区、酒店)以及与其相关的第三产业其他部门(如旅游运输)的发展也比较均衡,且县域旅游业对中心城市的依赖性不强,阳朔县和东兴市旅游的品牌效应甚至高于其所属的中心城市。因此,这三个县的旅游经济状况,可以归纳为一种旅游发展模式,即成熟旅游市场的发展模式。

(二)效率型县域旅游的发展模式:依托战略型旅游品牌

A类地区中,兴安县的情况比较特殊,强势旅游品牌对于旅游经济发展是有战略意义的,比如兴安县的旅游在很大程度上源于灵渠文化的影响力,华南最高山猫儿山的吸引力,以及乐满地这个高端旅游产品的带动;特别是后者,这个旅游品牌效率非常高。并且,兴安县的潜在客源主要源于桂林的游客,其旅游品牌的吸引力要弱于中心城市。兴安县的旅游面临均衡发展和形成完整的旅游产业链的问题。因此,该模式可以归纳为:效率型旅游市场发展模式。

(三)均衡型县域旅游的发展模式:依托与旅游相关的服务业的稳健发展

B类地区,旅游竞争力横向比较具有绝对优势,但是旅游业作为一个经济增长点,并不适合作为主导产业发展,在县域内的地位也比较低,未来发展潜力也很有限。合浦、灵川的经济主要靠工业带动,旅游产业的资金支持比较充足,与旅游业相关的服务业发展也相对超前。这些地区的旅游发展主要以市场为导向,旅游业对经济的贡献率也不高。旅游产品的吸引力不足,但旅游经济均衡且保持稳定,合浦县和灵川县与北

海市和桂林市相比,吸引力还是偏弱的。这类地区的发展模式可以归纳为均衡旅游市场的稳健型发展模式。

(四)潜力型县域旅游的发展模式:在积累中强化旅游品牌效应

C类地区:龙胜、凭祥、金秀是经济发展滞后的地区,这类地区旅游经济竞争力很弱,但是区位商很高,这说明了其他产业的滞后。这些县为少数民族聚居区,自然和民俗风情资源丰富,但产业基础薄弱,为了摆脱贫困状况,从旅游产业入手,开发民族旅游,带动第三产业的其他部门发展。这些县的旅游业发展表现为依靠政府主导,适度引入市场机制,引导旅游产业化。自然旅游资源十分丰富,但是缺乏一种经济载体使自然旅游资源成为优势的旅游品牌。由于旅游资源十分丰富,这类地区旅游业的发展潜力很大,但是旅游的发展需要一个积累过程,当游客数量逐渐增大到一定规模,旅游投入也积累到一定程度的时候,品牌效应才会显现出来。因此,这类地区的发展模式可以概括为:有潜力的旅游市场的发展模式。

(五)滞后型县域旅游的发展模式:推出差异化旅游产品实现突破

D类地区,容县、融水、三江、恭城是旅游竞争力弱和区位商低的县,旅游业起步较晚,旅游资源平淡无奇;经济基础薄弱,不能为旅游业提供强有力的支撑,如缺少基础设施,信息产业和金融服务业落后等,因此,这类地区旅游产业化推进缓慢,市场在配置旅游资源的过程中效率低下,只有靠政府来引导,针对有限的旅游资源,进行旅游促销。县域围绕的中心城市,或者是对于游客吸引力比较弱,或者是在中心城市周围还有若干个强势旅游品牌,例如容县所属的玉林市,融水和三江县所属的柳州市,旅游吸引力很一般;而桂林市所属的恭城县周围还有很多旅游发展相对好的县,恭城县的特色凸显不出来。但该类型的县追求标新立异,力求走出一条差异化道路,例如恭城在生态农业建设的基础上,开发了以生态农业旅游产品为中心的乡村旅游。三江、融水把一部分民族村寨规划成了原生态的民俗文化旅游产品,等等。

三、发展模式的优化与政策建议

(一)县域旅游业发展模式的特征归纳

对广西13个县的样本进行分析,归纳出的五种发展模式特征如下:

表3 五种旅游发展模式特征

模式序次	类型	具体特征					
		旅游综合竞争力	区位商	政府作用	市场作用	旅游品牌均衡与否	受区域旅游中心的影响
1	成熟型发展模式	强	高	服务	主导	均衡;旅游品牌全方位发展	弱
2	效率型发展模式	强	高	主导	运作	不均衡;有具有战略意义的品牌	强

续表

模式序次	类型	具体特征					
		旅游综合竞争力	区位商	政府作用	市场作用	旅游品牌均衡与否	受区域旅游中心的影响
3	均衡型发展模式	强	低	服务	主导	均衡；无具有战略意义的品牌	强
4	潜力型发展模式	弱	高	主导	运作	不均衡；有具有战略意义的品牌	强
5	滞后型发展模式	弱	低	主导	运作	不均衡；无具有战略意义的品牌	弱

第一种模式的基本特征为全方位的旅游发展格局，其吸引力不亚于所属的中心城市；第二种模式的基本特征为依托战略型的旅游品牌，这样的县往往是区域旅游次中心。第三种模式的基本特征为依托与旅游相关的服务业的稳健发展，缺乏强势旅游品牌的支撑，发展潜力也很有限。第四种模式的基本特征是在积累中强化旅游品牌效应，未来可能向区域旅游次中心的方向转化。第五种模式的基本特征是推出差异化旅游产品，实现突破，缺少短期内可以打造成强势品牌的优势旅游资源，其现有的旅游产品也面临增强品牌效应的问题。

（二）采取有针对性的优化措施

以上归纳的旅游业发展模式是符合广西县域实际的，但还需要完善和优化。随着县域综合经济实力的增强和旅游经济水平的提高，其改进策略不同，且现有的发展模式可能发生转化。

对于第一种模式，要充分利用市场配置资源的作用，由政府主导逐步过渡到通过市场主导、企业参与来推动旅游业，这些县的旅游业已经有相当的基础，客源也比较稳定，全面提高旅游产品质量和服务业水平是这种旅游发展模式优化的途径。

对于第二种模式，政府的主导角色仍然需要加强，旅游产业链的构建如果单靠市场是缺乏效率的。具有战略意义的旅游品牌的出现，有助于拉动县域旅游整体水平的提高，但是根据"木桶原理"，与旅游业相关的第三产业其他部门也要相应成熟起来，才能够有效推进旅游的大发展。所以，该类模式的优化措施就是强化政府的主导作用，迅速增加服务业的投入，完善旅游产业链，并且要把握好本县作为区域旅游次中心的定位，避免区内竞争，增加交易成本。

第三种模式旅游经济以稳中有升为短期目标，旅游业的地位不够突出，其后续投入往往被忽视，该种模式的优化措施是：在政府主导的条件下，逐步强化市场机制，通过旅游企业的不断壮大来扶植优势旅游品牌，并且寻找机遇，把优势旅游产品包装成强势的品牌。

第四种模式和第五种模式都面临县域经济基础薄弱的问题，但是前者拥有的旅游资源要比后者优越,旅游经济实现快速发展的机遇更多,其未来的优化措施就是加大旅游推介力度[4],吸引外部资金投入旅游产业,利用好扶贫开发的财政支持,加强对旅游品牌的管理,把现有的优势旅游产品培育成对整个县域经济有战略意义的强势品牌;对于后者,则是在原有的产业基础、民俗文化资源基础上发现有新意的旅游项目,沿着差异化道路继续走下去。这类县域旅游业的可持续发展,要特别强调政府在对民族文化进行保护性开发中的主导作用,在全面提倡旅游业的形势下,保护一个地区传统的历史文化风貌,也会使该类旅游发展模式的县域在竞争中获得更多机遇[5]。

四、结语

广西旅游在向县域侧重的过程中,旅游发展模式的判定是必要的。对发展模式的划分,有助于透过旅游经济发展的现状,认识到促进旅游发展的主导因素、机遇及潜力所在,同时也为其他县域旅游发展的措施优化提供了参照。本文通过旅游综合竞争力、区位商、政府和市场作用、具有战略意义的优势旅游品牌的出现、区域旅游中心的影响等因素的综合分析,将考察的广西13个旅游县归为成熟型县域旅游的发展模式、效率型县域旅游的发展模式、均衡型县域旅游的发展模式、潜力型县域旅游的发展模式、滞后型县域旅游的发展模式五种发展模式。对于不同的旅游发展模式,选择有针对性的政策、措施,作为其优化策略。

参考文献

[1] 谢立新. 区域产业竞争力. 北京:社会科学文献出版社,2004.

[2] 孙久文,叶裕民. 区域经济学教程. 北京:中国人民大学出版社,2010.

[3] 刘婷婷,韩玉启,李新. 关于层次分析法(AHP)的应用. 机械管理开发,2006(5):68.

[4] 张静,冯茂娥. 区域旅游业竞争力范式研究——兼论山东旅游业竞争力提升. 山东工商学院学报,2006,20(4):80-84.

[5] 梁歆梧,刘莹. 西部旅游业发展战略探微. 经济前沿,2006(7):30-33.

基于社会性别分析的旅游地居民旅游就业探讨

项 萌 程道品

（桂林理工大学旅游学院 桂林）

【摘 要】 本文在对研究旅游业与社会性别，旅游业与民族性之间关系的文献进行总结和梳理的基础上，选择广西龙胜龙脊景区和三江程阳景区，通过对问卷和访谈资料的分析，研究了当地妇女与旅游就业之间的关系，同时探讨了旅游地居民在旅游就业中的性别差异。研究表明，民族旅游业为旅游地的男性和女性居民都创造了新的就业机会，妇女从事的旅游工作带有非正式性、季节性、不稳定性、兼职性、低技能性的特点；经济收入的增加提高了妇女的家庭地位，但参与旅游就业使她们在家庭角色与经济生产角色的平衡中处于两难境地；男女两性在旅游就业中存在明显的性别差异，现代大众化旅游强化了劳动中的性别区分，推动了不平等的社会性别关系。

【关键词】 社会性别；旅游就业；民族旅游；旅游地居民；龙胜；三江

一、引言

（一）旅游业与社会性别

在现代西方术语中，"社会性别"（gender）作为社会的构成，用于识别男性和女性的心理、社会与文化层面[1]。与性别（sex）不同，社会性别不是指生理上的、自然的性别差异，而是指社会结构和意识中存在的性别差异。美国历史学家琼·W. 斯科特（Jane W. Scott）将"社会性别"定义为："社会性别是基于可见的性别差异之上的社会关系的构成要素，是表示权利关系的一种基本方式[2]。"旅游业与社会性别之间的关系自20世纪70年代开始受到关注，此前，国际上的旅游研究基本上是把人作为一个完整的社会群体来进行研究。80年代以后，性别研究的触角广泛地伸入到旅游研究中，强调对两性共同参与的关注。90年代女性主义学术研究的深入和第四届世界妇女大会的召开，掀起了女性和性别研究的热潮，进一步促进了对旅游业与社会性别关

[作者简介] 项萌（1975— ），女，广西博白人，硕士、桂林理工大学旅游学院讲师，主要研究方向为旅游人类学、民俗文化。程道品（1963— ），男，湖北广水人，博士、桂林理工大学旅游学院教授。研究方向为旅游管理、旅游规划。桂林理工大学旅游学院（屏风校区），541004；13788568532，0773－5602863。E-mail: xiangmengxiangmeng@yahoo.com.cn。

系的研究,学者们认为,旅游业是一个与社会性别紧密相关的文化政治舞台[3-4]。维维安·金奈尔德(Vivian Kinnaird)与德里克·霍尔(Derek Hall)等人编写的《旅游业:一种性别分析》是最早出版的旅游性别研究专辑之一,从旅游业发展的角度论述了与旅游业有关的活动的社会性别本质,以及性别分析在旅游研究中的必要性和适时性,全书共收集包括爱尔兰等地旅游业在内的8个案例,研究了女性与旅游就业的关系、旅游业中的性别政治等问题[5]。在另一篇文章中,维维安提出旅游业中社会性别关系的核心内容,即旅游业进程是在受社会性别关系驱使的社会中的构造;性别关系随着时间的推移而变化,体现了旅游发展中各种相互关联的经济、政治、社会、文化和环境层面;相反,这些层面也表现了性别关系[6]。在这种基本观点的影响下,很多人类学者从各种不同角度研究了旅游业与社会性别之间的关系,旅游研究中的性别研究进入了新的发展阶段,研究的深度和广度都得到很大拓展,旅游研究中的性别话题从最初对女性的单一研究发展到今天对男女两性的全面对比,已积累丰富的研究案例[7-12],理论体系已初步形成。

在我国,"社会性别"概念的首次出现是1993年在天津召开的第一届全国妇女与发展研讨会上,之后开始有学者最早尝试运用社会性别理论来研究旅游业中的女性角色[13],近年来,对于旅游地居民的性别研究陆续积累了一些案例[14-20]。从研究内容来看,国内旅游研究中对性别的关注则多集中于对女性旅游市场[21-26]、旅游者行为的性别差异的个案研究[27-30],也有对旅游性别研究的综述[31-33],总的来说,国内旅游业中的性别研究以对女性,尤其是女性旅游者的关注为主,对旅游地居民的性别研究存在着男性视角缺失的问题。

(二)旅游业、民族性与妇女的关系

旅游业是目前世界上最大的产业,民族性(ethnicity)已日益成为吸引旅游者、为民族地区和国家创造收入和外汇的资源[34-35],包括中国在内的许多国家都利用文化的多样性发展民族旅游业。许多社会学家和人类学家从不同角度研究过旅游业和民族性之间的关系[36-39],对许多旅游者来说,某些种族的文化异质性是主要吸引物,因此,民族地区的居民成为可以观察和接触的"活奇观"[40],民族旅游业为少数民族地区居民带来的通常是经济利益,包括更高的收入、更多的就业机会和更高的生活水平[41-42]。

无论是发展中国家还是发达国家,大量的妇女受雇于旅游业的各种工作,在中国的许多民族地区,妇女参加旅游就业尤其明显[14-20,43,44]。本文研究的前提是基于旅游地居民的旅游就业中存在着明显的性别区分[4,6,11,45],认识和研究旅游业中的性别差异对于旅游业规划和管理具有重要意义[46],选择广西目前民族旅游业发展最迅速的龙胜县龙脊景区和三江县程阳景区,对研究区域的居民主要通过访谈方式,辅助问卷调查的方法获取资料,研究民族旅游业背景下,当地妇女与旅游就业之间的关系,分析民族旅游业对妇女以及对以家庭和村寨为单位的性别关系的影响,同时关注男女两性在参与意识与程度、参与方式劳动分工等方面的差异。

二、妇女与旅游就业的关系分析

(一) 研究区域旅游业发展概况与就业影响

龙脊景区位于广西桂林市龙胜县和平乡境内,距桂林市80多公里,以农业梯田景观为主体,融入壮、瑶等少数民族传统民族风情为一体的、集自然景观与人文资源因素的综合旅游景区,面积共70.1平方公里,居民8 000多人。龙脊景区旅游开发始于1983年,目前主要开发了平安壮寨、金竹壮寨等民俗旅游村,是广西21个区级景点之一,在国际旅游界享有盛名。2007年,龙脊梯田景区共接待游客36万人次,其中入境游客14.73万人次,实现旅游营业收入1 484.45万元①。程阳景区位于广西三江县城东北部,是广西侗族风情旅游的典型景区,该景区共包括马安寨等8个自然村寨,面积12.55平方公里,居民9 701人。程阳景区旅游开发始于1987年,2007年获得"中国首批景观村落"称号,2008年通过国家4A级旅游景区评定。2008年,程阳景区接待来自世界各地的旅游者12.2万人,门票收入400万元②。

旅游业的发展为龙脊和程阳两个景区的居民提供了很多的旅游就业机会,由于旅游资源类型与丰富程度、旅游开发时间、地方政策等因素的不同,居民的旅游就业特点也有所区别。龙脊景区由于开发时间较早、旅游业规模大,且发展已较为成熟,成立了多个村民旅游组织,实行自我管理机制,以梯田资源作为股份,参与利益分红,景区内居民每年都可以从景区门票中获得7%的效益收入,居民绝大多数都在从事与旅游相关的工作,包括经营家庭旅馆、表演民族歌舞、销售手工艺品和特产、经营餐馆,以及一些体力劳动的经营项目,如抬轿子、背行李等,每年村民的收入最高达上百万元,平均收入达5 000元以上。程阳景区旅游业的发展和居民参与旅游就业的规模小于龙脊景区,据三江旅游主管部门的统计,至2008年,程阳景区旅游直接从业者200多人,旅游间接从业者1 000多人,居民参与旅游经营的方式以经营农家乐旅馆、销售手工艺品、民俗表演为主,其中从事农家乐旅馆的农户13家,有床位350多张,年旅游接待10多万人次,带动当地旅游消费2 400多万元。

(二) 研究区域旅游业发展概况与就业影响制约妇女旅游就业机会的因素

对两个景区的研究表明,妇女的旅游就业机会受到诸多因素的制约,包括:

1. 旅游资源丰富程度与地方政府的投资政策

这两个因素直接影响妇女参与旅游就业的机会,也造成景区内各村寨之间旅游业发展不平衡的现象。在龙脊景区,著名的梯田景观集中在平安寨和大寨,从1998年开始,龙胜县地方政府在这里进行大规模的旅游基础设施建设。据抽样统计,平安寨和大寨90%以上的妇女都参与了旅游就业,成为景区内最富裕的村寨;而同一景区内拥有"龙脊"之名的龙脊古寨尽管拥有古朴的建筑,却因交通不便和游客稀少,该寨的妇

---

① 资料来源:广西龙胜各族自治县旅游局,2008年。
② 资料来源:广西三江侗族自治县旅游局,2009年。

女只能挑着担子到其他寨子卖些土特产品或自家的蔬菜水果。在程阳景区,马安寨由于旅游资源优势和旅游设施配套集中了大部分的游客,参与旅游就业的妇女是所有村寨中最多的,毗邻的岩寨、平寨等村寨也是游客参观的地方,但是这些村寨的居民因未享受到旅游开发带来的利益,心生不满,村寨之间的关系日趋紧张。在旅游业发展过程中,旅游就业机会、旅游收益不平衡的现象在很多地区出现,20世纪80年代初,J.E·布鲁厄姆(J.E Brougham)等指出,旅游业带来的收益不可能覆盖旅游区内所有居民[47]。另外的学者研究则表明,旅游收益没有平等地分配给每个居民,位于经济、政治优势地位的群体轻易地获得了大量利益,而弱势群体获得很少甚至一无所获,这样的结果势必造成强弱失衡的社会结构[48]。

2. 家庭经济背景

即使在同一村寨,不同经济条件的家庭从旅游业中获利程度也存在明显差异。经调查发现,经营家庭旅馆的家庭一般经济条件较好,不仅要有多余的空间提供给游客,还有生活开支之外额外的资金来投资修建房屋、购买物资等,有些家庭旅馆在一个旅游黄金周就能赚上万元的毛利;而经济困难的家庭,没有多余的资金进行旅游投资,只能卖一些简单的手工艺品、首饰或农产品,旅游收入只够贴补家用。

3. 家庭成员的态度

家庭成员,尤其是丈夫的态度对于妻子能否参与旅游就业很重要。由于家庭中的女性成员承担着家庭中的大小事务,其他成员出于实际利益的考虑,在初始一般反对妇女参与旅游就业,但是当家庭看到她们从旅游业中获得的经济实惠时,一般会转向支持。

4. 个人背景

包括年龄、文化程度与个人素质能力等在内的个人背景因素影响着妇女从事旅游就业与否、从业类型和旅游收入的多少。在龙脊和程阳景区,销售手工艺品和地方特产的绝大多数为中老年妇女,而经营家庭旅馆、表演民俗歌舞的是中青年妇女,由于年龄、学识、能力等优势,年轻人在旅游就业中更具竞争力。

(三)妇女参与旅游就业的优势与影响

与传统的农耕方式、外出打工等谋生方式相比,妇女参与旅游就业的优势是明显的。

1. 参与旅游就业可以同时兼顾家庭

旅游业提供的工作都能在景区范围内进行,经营家庭旅馆、销售手工艺品虽然需要定期外出采购货物,但与外出打工比较起来,工作大部分能在家里或在离家不远的村寨内进行,即使外出采购物资也是短暂的,更主要的是在参与旅游经营时不耽误家里的事务。

2. 旅游就业增加经济收入与提高家庭地位

妇女在参与旅游就业之前除了微薄的农产品收入、外出打工挣钱之外,很少有其他经济来源。随着参与旅游业,妇女有了自己独立的经济来源,改变了原来仅仅由男性为家庭创造经济收入的局面,为家庭增加经济收入之后,家庭地位较以前有了提高,也获得了更多的发言权。

3. 通过旅游就业扩大了人际关系和视野

在传统村落社会中,妇女由于社会性别观念和规范的限制,活动范围相当有限,只局限在家庭、血缘聚落的狭小范围内,而参与旅游就业使女性打破传统的禁锢,与来自世界各地的旅游者交往的过程中,大大地扩展了人际交往关系,思想、价值观随之改变,很多原来只会说壮(侗)语的人学会了说普通话、桂柳官话,也学会了一些简单的外语。

(四)妇女参与旅游就业的局限性

1. 两个景区妇女的旅游就业类型与其他旅游经营模式相比处于很低的层次

两个景区女性居民的旅游就业类型以销售手工艺品和特产、经营家庭旅馆、民俗表演为主,带有非正式性、季节性、不稳定性、兼职性、低技能性等特点,有的甚至只是纯粹的体力劳动(如背行李)。文化程度的低下使妇女缺乏基本的经营管理知识、服务技能以及法律常识,只能从事旅游业中低技能的工作,旅游业中的管理职位多为本地男性和外地人占有。

2. 妇女的劳动负担并没有因参与旅游业而减轻

调查表明,尽管妇女从事农耕劳动和其他重体力劳动的时间和强度减少,她们在家庭中承担的家务依然繁重,特别是一些家庭中男性外出打工的家庭,妇女除了忙碌于经营自己的生意之外,还要从事耕种、照顾家庭等大小事务,辛劳程度比从前有增无减。

3. 旅游经营对妇女的生计模式改变很大

从事旅游经营提高了她们的家庭地位和社会地位,但也使她们在家庭角色与经济生产角色的平衡中处于两难境地。对男性的访谈发现,虽然男性出于家庭经济利益的考虑,同意妻子参与旅游经营,但是他们却因妻子较以前疏忽对家庭的照顾而心生不满,有的家庭还为此产生矛盾。由于劳动分配和经济权利的变化,妇女在旅游业中扮演着矛盾的角色,旅游工作者的收入导致家庭内部权威的重新分配,从而引起社会的紧张关系,通常是紧张的性别关系,这种情况也出现在其他国家地区的旅游业中[5,8]。

三、旅游就业中的性别差异分析

(一)参与程度差异

在对两个景区居民的问卷和访谈调查中,"是否从事旅游经营"是首先问到的问题,龙脊景区平安寨从事与旅游经营相关的活动的男性占调查样本的68%,女性占93%;程阳景区马安寨从事与旅游经营相关活动的男性占调查样本的27%,女性占54%,调查表明:女性参与旅游业的程度明显高于男性。

(二)参与旅游经营活动的类型与分工差异

调查显示男女两性居民在参与旅游经营活动方式上存在区别,分析如下:

1. 居民旅游就业工作类型的性别差异显著

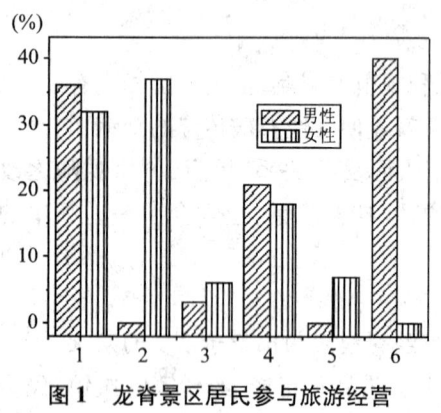

图1　龙脊景区居民参与旅游经营类型的性别对比　　图2　程阳景区居民参与旅游经营类型的性别对比

（注：1 经营家庭旅馆；2 销售手工艺品和特产；3 民俗表演；4 餐饮服务；5 背行李；6 抬轿子）

图1和图2分别是龙脊景区和程阳景区居民参与旅游经营类型的性别对比图，可以看出：两个景区的女性居民以销售手工艺品和特产、经营家庭旅馆、民俗表演为主，而男性主要是经营家庭旅馆、抬轿子、餐饮服务；女性从事的活动种类比男性更广泛和多样化；某些经营类型有严格的性别区分，如销售手工艺品、背行李为女性独有，而抬轿子的全部为男性。在两个景区，销售手工艺品（包括传统民族服饰、绣品在内）的女性为了吸引游客的目光，总是边卖边表演刺绣。传统的性别观念认为，刺绣、针织这样的事情是属于女性的，而抬轿子这种重体力活动则由男性负责。尽管销售手工艺品为女性专有，并不意味着男性完全不参与其中，例如程阳景区妇女销售的侗族民间乐器芦笙，虽然由女性销售，但全部是由男性制作的，据当地人说，制作芦笙和演奏芦笙历来都是"传男不传女"，尽管如此，销售芦笙的却全部是女性。

2. 男女两性在家庭的旅游业劳动中有不同角色分工

这一点在家庭旅馆经营中表现得尤为明显。家庭旅馆经营是男女两性共同参与的旅游经营活动，延续了传统的性别角色，遵从"男主外，女主内"的传统性别分工，日常接待客人、提供餐饮服务、收拾房间等主要由女性负责，家里的男性则主要负责采购食品原材料、算账、添置物资、修建房屋等事务。除了日常料理家务、为客人提供住宿、餐饮服务之外，在龙脊景区的平安寨、金竹寨，不少经营家庭旅馆的女性还为客人表演壮族山歌；而男性注重与游客建立良好的关系，记录客人的信息，宣传本家庭旅馆的形象。

3. 旅游收入数量与支配观念差异

调查表明，女性的旅游收入高于男性，为家庭经济收入所作出的贡献大于男性，导致这一区别的原因是因男女两性旅游经营方式差异、女性比男性有更强的韧性、与游客交往的能力更强。此外，对居民消费观念的调查表明，女性比男性更加关注对子女的教育,更重视对下一代的教育投资。

4. 景区、村寨与家庭领域内权利分配差异

龙脊景区中组织了村民旅游组织,其管理者全部为男性,景区内三个行政村和各个自然村寨中几乎所有的干部都为男性,平安寨仅有的一名女性干部只是负责计划生育的事务,而程阳景区一个行政村和八个自然村寨的干部全部为男性,尽管两个景区的妇女都是当地旅游业的主力军,但是景区内各项旅游政策事务的决策几乎听不到妇女的声音。与景区、村寨等公共领域不同的是,在以家庭为单位的领域内,家庭中男女两性成员的决策权趋于平等,据对龙脊景区平安寨和程阳景区马安寨居民的抽样调查,房屋改建、购买大件物品、投资等家庭大事由夫妻共同商量决定的龙脊景区平安寨占62%;程阳景区马安寨占57%,由于妇女在经济上的独立和为家庭的贡献,与过去相比,在家庭中的发言权与决策权已大大提高;而很多中青年男性也表示,他们不像父辈那样完全操纵和决定家庭事务,而是倾向于与妻子一起商议,共同决策。

四、结论与讨论

本文对广西龙脊景区和程阳景区居民旅游就业的性别分析得出以下几方面的结论:

(一)民族旅游业背景下旅游就业与社会性别的关系

(1)民族旅游业为旅游地的男性和女性居民都创造了新的就业机会,居民参加旅游就业的愿望与经济、社会、文化和个人动机有关,大部分情况下,他们的目的是多重的,妇女参与旅游业主要以家庭经济需要为基础。男女两性居民虽然是景区内旅游资源的所有者,但是由于在现代化旅游业竞争中的劣势地位,大多数情况下只能从事一些非正式的工作,特别是妇女从事的工作的特点带有季节性、不稳定性、兼职性、低技能性的特点。

(2)旅游经营对妇女的生计模式改变很大,经济独立提高了她们的家庭地位和社会地位,但是由于时间和精力的分配问题,参与旅游就业使妇女在家庭角色与经济生产角色的平衡中处于两难境地。

(3)女性走出传统的家庭生活领域参与到旅游业,虽然在一定程度上改变了女性在家庭中的地位,但是并未对家庭结构形成很大的影响,家庭的和谐关系也并未受到很大冲击,其他地区出现的"旅游工作者的收入导致家庭内部权威的重新分配,使家庭出现破裂[6]"的情况并未在本文研究的两个区域中出现。

(4)在社区旅游就业中,男女两性在参与意识与程度、参与旅游经营活动的类型与分工、旅游收入数量与支配观念等方面存在明显的性别差异。传统的性别角色分工延伸到家庭内部旅游经营的劳动分工中,女性由于参与旅游就业为家庭所作的经济贡献在对家庭事务的发言权和决策权上与男性渐趋平等。

(二)地方政府的民族旅游政策对社会性别关系的影响

(1)国家和地方政府发展旅游业的举措促进了少数民族地区经济的发展,给当地

居民创造了大量就业机会,同时迅速地改变旅游地居民的生活。旅游业发展使本地居民的谋生方式由传统单一的农耕方式过渡到与旅游经营直接或间接相关的多种职业,但是由于各种因素的影响,旅游业的利益并没有相同、平等地惠及景区内的所有居民,村寨之间和村寨内不同家庭之间贫富差距加大,出现各种矛盾和摩擦。

(2)在民族旅游业的经营管理中,外地人在资本、技能等方面拥有比本地居民更雄厚的实力,景区内较高层次的旅游就业岗位多数为外地人所占有,外地人比本地居民从旅游业中获得更多的利益。景区和村寨内居民自发的旅游组织由本地男性居民领导和支配,男性扮演着组织者和领导者的角色,女性在家庭以外的村寨、景区领域的旅游业发展决策中几乎没有任何影响力。地方政府将民族旅游业视做促进地区经济发展、整合弱势群体的举措,但是旅游业的发展强化了传统的性别区分。本文的研究支持了维维安·金奈尔德等人的结论,即"围绕着旅游业发展过程的各种权利关系是性别政治延伸的结果"[6],"现代大众化旅游业推动了不平等的社会性别关系,在这种关系中,妇女继续从属于男性"[5]。

(三)实际意义

从广西龙脊和程阳两个景区居民参与旅游就业的性别分析中,我们认识到旅游地居民平等参与旅游就业、旅游决策、分享旅游业利益对于民族旅游业的可持续发展具有重要意义,因此,地方政府在制定有关旅游业发展政策和措施的过程中,应该坚持以人为本,促进地方居民平等、和谐地共同发展;为本地居民增加受教育和培训的机会,提高他们的素质,以及在旅游业中的就业能力;让旅游地居民真正享有旅游经营管理权和旅游发展决策权;同时在村寨、景区等公共领域中,为女性参与旅游业的决策和管理提供必要的资源和社会支持,提供平等参与旅游业决策和管理的机会,确保女性与男性平等参与公共和私营部门各领域、各级别的所有活动,实现事实上的性别平等。

参考文献

[1] Kessler S J, Mckenna W. Gender: An ethnomethodological approach. University of Chicago Press, 1978.

[2] Sharonk,谭兢嫦. 英汉妇女与法律词汇释义. 北京:中国对外翻译出版公司, 1995.

[3] Wood, Robert E. Tourism, Culture, and the Sociology of Development. In Tourism in South East Asia, Michael Hitchcock, Victor T. King, Michael J. G. Pamivell, eds. London:Routledge,1993:48-70.

[4] Swain M B. Gender in tourism. Annals of Tourism Research, 1995, 22 (2): 247-266.

[5] Kinnaird V, Hall D R. Tourism: a gender analysis. John Wiley \& Sons Ltd, 1994.

[6] Vivian Kinnaird, Derek Hall. Understanding tourism process: a gender – aware framework. Tourism Management, 1996, 17(2): 95 – 102.

[7] M. Jeannie Harvey, John Hunt, Charles C. Harris Jr. Gender and Community Tourism Dependence Level. Annals of Tourism Research, 1995, 22(2): 349 – 366.

[8] Paul F. Wilkinson, Wiwik Pratiwi. Gender and tourism in an Indonesian village. Annals of Tourism Research, 1995, 22(2): 283 – 299.

[9] M. Dolors Garcia – Ramon, Gemma Canoves, Nuria Valdovinos. Farm tourism, gender and the environment in Spain. Annals of Tourism Research, 1995, 22(2): 267 – 282.

[10] Annette Pritchard, Nigel J. Morgan Privileging the male gaze: Gendered tourism landscapes. Annals of Tourism Research, 2000, 27(4): 884 – 905.

[11] Peggy Petrzelka, Richard S. Krannich, Joan Brehm. Rural tourism and gendered nuances. Annals of Tourism Research, 2005, 32(4): 1121 – 1137.

[12] Kristine McKenzie Gentry. Belizean women and tourism work: Opportunity or Impediment?. Annals of Tourism Research, 2007, 34(2): 477 – 496.

[13] 赵捷. 云南旅游业中民族女性角色分析. 云南民族学院学报（哲社版），1994, 2: 65 – 69.

[14] 吴晓萍，何彪. 略论性别分析在民族旅游影响研究中的意义. 贵州民族学院学报：哲社版，2001（4）：62 – 65.

[15] 刘永青. 家户领域与公众领域：旅游业发展对摩梭人社会性别关系的影响——宁蒗县落水村摩梭社区个案研究. 昆明：云南大学，2001.

[16] 张志勇. 旅游对目的地少数民族妇女的社会文化影响研究——以丽江地区宁蒗县落水村为例. 昆明：云南大学，2003.

[17] 金少萍. 云南少数民族妇女与旅游业的互动发展. 中央民族大学学报：哲社版，2003，30(5)：55 – 59.

[18] 施仲军. 旅游发展中的白族农村女性家庭角色的变迁——以云南省鹤庆县新华村为例. 云南财贸学院学报，2005, 21(6): 78 – 80.

[19] 项萌，陈丽丽. 少数民族妇女在旅游业中的角色与需求——以广西龙脊景区妇女口述为例. 黑龙江民族丛刊，2008(3): 60 – 64.

[20] 吴忠军，贾巧云，张瑾. 民族旅游开发与壮族妇女发展——以桂林龙脊梯田景区为例. 广西民族大学学报：哲社版，2008, 30(6): 99 – 104.

[21] 许秋红，单纬东. 女性旅游者的旅游行为及营销策略. 信阳师范学院学报：哲社版，2001, 21(2): 58 – 61.

[22] 邓敏，李丰生. 中国女性旅游消费市场初探. 社会科学家，2003(6): 97 – 100.

[23] 来逢波. 中国女性旅游市场发展前景与经营对策. 中华女子学院山东分院

学报,2003(4):34-36.

[24] 李永红. 上海女性旅游消费研究. 华东师范大学硕士论文,2004.

[25] 丁雨莲,陆林. 中国女性旅游市场的现状及潜力. 资源开发与市场,2006, 22(1):72-75.

[26] 谢江红. 我国女性旅游市场开发初探. 地域研究与开发,2006,25(2):63-66.

[27] 杨盛菁. 对兰州市民旅游情况的调查——旅游与收入及性别的关系. 甘肃科技,2002,12:75-76.

[28] 谢晖. 旅游行为中的性别差异研究——以桂林市为例. 上海:华东师范大学,2004.

[29] 谢晖,保继刚. 旅游行为中的性别差异研究. 旅游学刊,2006,21(1):44-49.

[30] 徐克帅,于冬梅,朱海森. 古村落居民环境感知的性别差异研究及启示——以余姚市柿林古村为例. 桂林旅游高等专科学校学报,2008,19(1):91-95.

[31] 丁雨莲,陆林. 女性旅游研究进展. 人文地理,2006,21(2):55-59.

[32] 唐雪琼,朱竑. 旅游研究中的性别话题. 旅游学刊,2007,22(2):43-48.

[33] 范向丽,郑向敏. 女性旅游者研究综述. 旅游学刊,2007,22(3):76-83.

[34] Wood R. Touristic ethnicity:A brief itinerary. Ethnic and Racial Studies,1998, 21(2):218-241.

[35] David Jamison. Tourism and ethnicity:The brotherhood of coconuts. Annals of Tourism Research,1999,26(4):944-967.

[36] Robert E. Wood. Ethnic tourism,the state,and cultural change in Southeast Asia. Annals of Tourism Research,1984,11(3):353-374.

[37] Dean Mac Cannell. Reconstructed ethnicity tourism and cultural identity in third world communities. Annals of Tourism Research,1984,11(3):375-391.

[38] Pierre L. van den Berghe. Tourism and the ethnic division of labor. Annals of Tourism Research, 1992,19(2):234-249.

[39] Susan R Pitchford. Ethnic tourism and nationalism in wales. Annals of Tourism Research,1995,22(1):35-52.

[40] Pierre L. van den Berghe,etc. Introduction tourism and re-created ethnicity. Annals of Tourism Research,1984,11(3):343-352.

[41] Henderson J. Ethnic heritage as a tourist attraction:The Peranakans of Singapore. International Journal of Heritage Studies,2003,9(1):27-44.

[42] Julie Jackson. Developing regional tourism in China:The potential for activating business clusters in a socialist market economy. Tourism Management, 2006,27(4):695-706.

[43] Margaret Byrne Swain. Developing ethnic tourism in Yunnan, China:Shilin Sani. Tourism Recreation Research,1989,14(1):33-39.

[44] Margaret B. Swain Women producers of ethnic arts. Annals of Tourism Research, 1993,20(1):32-51.

[45] Michael Ireland. Gender and class relations in tourism employment. Annals of Tourism Research,1993,20(4):666-684.

[46] Mason P. and J. Cheyne. Residents' Attitudes to Proposed Tourism Development. Annals of Tourism Research,2000,27:391-411.

[47] J. E. Brougham,R. W. Butler. A segmentation analysis of resident attitudes to the social impact of tourism. Annals of Tourism Research,1981,8 (4):569-590.

[48] Jo Ann M. Farver. Tourism and employment in the Gambia Annals of Tourism Research. 1984,11(2):249-265.

区域旅游收入影响因素评价模型建立与分析
——以广西壮族自治区桂林市为例

宋瑛楠　王金叶

（桂林理工大学旅游学院　广西　桂林）

【摘　要】 以广西壮族自治区桂林市为例,应用SPSS17.0对影响旅游收入的主要因子进行相关分析和多元回归分析,确定桂林市影响旅游收入因子之间的关系,以及各因子对旅游收入的影响程度,据此建立评价区域旅游收入与影响因素多元回归模型。

【关键词】 SPSS17.0;旅游收入;相关分析;多元回归分析;桂林市

改革开放30多年来,我国旅游业由小变大,持续健康地发展,旅游业作为朝阳产业在经济发展中的地位、经济作用逐步增强。尤其是在金融危机的背景下,旅游业对扩大内需、刺激经济发展具有重要的意义。根据中国统计年鉴近13年来的相关统计数据分析可以得出以下的看法:旅游收入对国民经济的贡献率近年来呈总体上升趋势（除2003年受"非典"影响以外）,旅游业已成为当前促进社会经济发展的一项重要产业。旅游收入受到社会、经济、环境等诸多因素的影响,并且这些因素之间存在着复杂的相关关系。目前对影响旅游收入因素的定量研究方法主要有一元回归分析、灰色理论预测模型、时间序列模型等[1]。本文采用相关分析和多元回归分析,对所选因子进行分析,目的是研究影响旅游收入各因子之间的关系,以及各因子对旅游收入的影响程度。

一、旅游收入影响因子变量选取

旅游业是一个综合性强、关联度高、拉动作用突出的产业,旅游收入可以反映旅游业对国民经济的贡献,受到社会、经济等诸多方面的影响。根据相关研究,影响区域旅游收入的主要因素包括人口、经济、社会制度、环境等（图1）[2][3][4]。本研究利用CNKI数据库对近年来有关旅游收入的设计指标进行频度统计,选出研究者使用频率较高的指标,并结合桂林市旅游业发展的实际特点,从大量序列资料中遴选出8个主

[作者简介]　宋瑛楠(1987—),山东菏泽人,桂林理工大学旅游学院2009级旅游管理研究生,研究方向:生态旅游;王金叶,男,桂林理工大学旅游学院院长、博导、教授,E-mail:539995984@qq.com。

要变量因子,旅游人数(x_1)、国内生产总值(x_2)、客运量(x_3)、物价水平指数(x_4)、城市居民人均可支配收入(x_5)、星级宾馆数(x_6)、一类旅行社数(x_7)、社会固定资产投资(x_8)为影响旅游收入的主要因素。为了便于建模分析研究,借鉴相关专家的思路和方法,将旅游收入的影响因素作为特征变量,每个评价指标都看作旅游收入的影响因子(自变量),将旅游总收入作为因变量(y)[1]。通过数据统计分析建立影响因素与旅游收入数学模型。选用桂林市2000—2007年的时间序列资料作为数学模型分析建立的基础数据,相关变量的基本数据见表1。

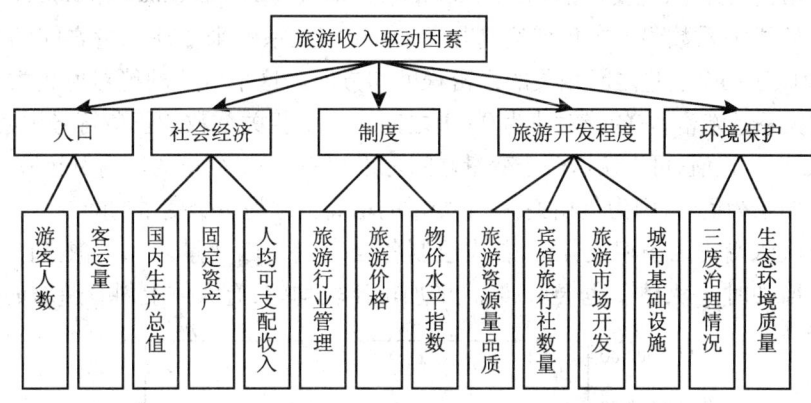

图1 影响区域旅游收入的主要因素

表1 桂林市2000—2007旅游收入及其各影响因子的基本数据资料[5]

年份	x_1（万人）	x_2（亿元）	x_3（万人）	x_4（%）	x_5（元）	x_6（个）	x_7（个）	x_8（万元）	y（万元）
2007	1 503.64	771.32	7 331	106.6	12 908.01	42	16	4 030 456	855 122
2006	1 337.95	607.02	6 698	100.7	10 712.52	42	16	2 608 658	687 473
2005	1 205.08	531.76	5 569	103.98	9 267.56	42	16	1 987 340	579 525
2004	1 111.43	459.16	5 004	104	8 149.18	42	13	1 468 966	501 428
2003	854.29	391.54	3 951	100.6	8 246.18	40	13	1 110 471	343 404
2002	1 095.8	360.78	4 327	100	7 852.32	40	13	974 087	493 305
2001	963.4	332.53	4 293	102.2	7 547.47	36	11	885 126	45 864.65
2000	963.37	300.52	4 407	99.5	6 996.93	36	11	792 294	451 200

二、旅游收入影响因子评价模型的建立

(一)相关分析

相关分析是用于描述两个变量间联系的密切程度,它反映的是控制了其中一个变量的取值后,另一个变量还有多大的变异程度。相关分析有一个显著的特点是变量不分主次,被置于同等地位。相关分析是通过几个描述相关关系的统计量来确定相关的密切程度和线性相关的方向,主要包括:(1)Pearson 相关系数,(2)Spearsman 和 Kendall 秩相关系数,(3)偏相关系数[6]。本项研究选用 Pearson 相关系数来描述变量之间的相关性。Pearson 反映了两个变量之间相关的亲密程度和方向。这个数值的绝对值越大,说明两个变量的关系越亲密,它的绝对值为 0~1 之间。这个相关系数的正负符号说明相关性的方向,如果为正值,可以说这两个变量之间是正相关(一个变量的增高引起另一个变量的增高),如果为负号,则为负相关(一个变量的增高引起另一个变量的降低)。

旅游收入影响因子相关分析,首先绘制各自变量与因变量之间的散点图,从图上看出当 x 增加时,y 大体上也会增加,且增加得比较均匀,有大体上斜着递增的模式。

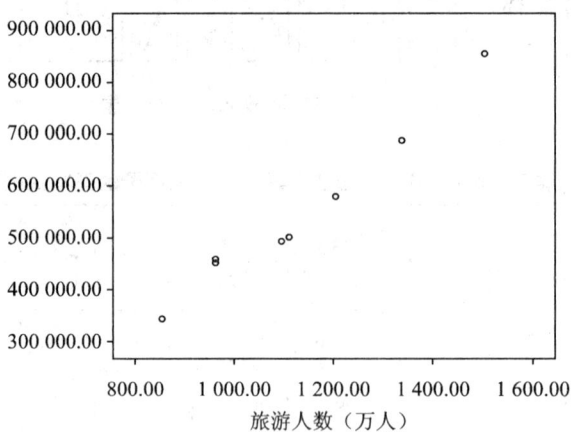

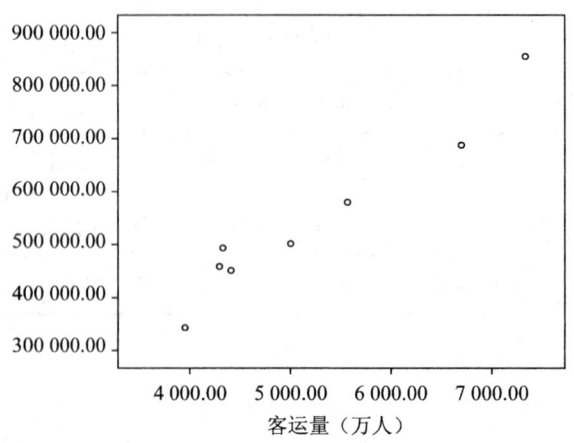

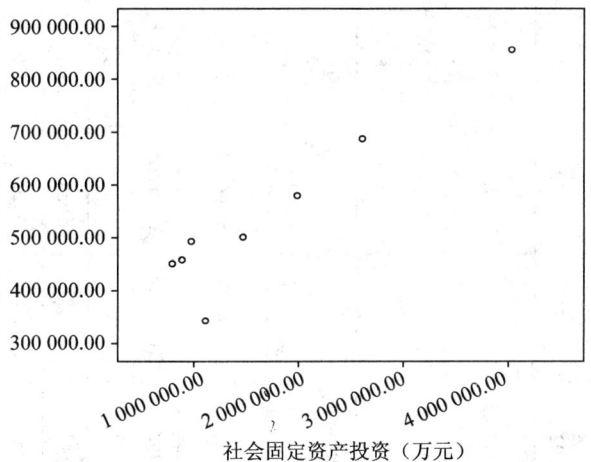

社会固定资产投资（万元）

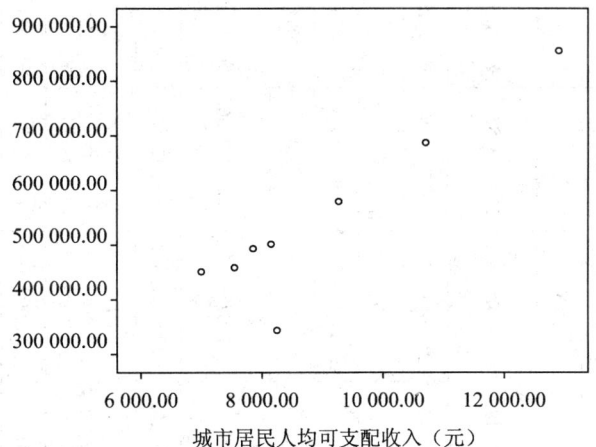

城市居民人均可支配收入（元）

其次对表1中的数据进行相关性检验,使用的是"分析"—"相关"—"双变量"分析,得出各变量的相关系数矩阵(见表2)。除了 $r(x_4,x_6)=0.525$,和 $r(x_4,x_7)=0.527$,以及 $r(x_6,y)=0.556$ 之外,其余 r 值都大于0.65,其中 $r(x_1,x_2)=0.967$, $r(x_1,x_5)=0.908$, $r(x_3,x_8)=0.989$,说明检验的各变量之间相关亲密程度比较强,各变量之间存在显著的多重相关性。

表2 变量矩阵的相关系数矩阵

		旅游人数(万人)	客运量(万人)	国内生产总值(亿元)	居民消费价格指数	城市居民人均可支配收入(元)	星级饭店数	一类旅行社数	社会固定资产投资(万元)	旅游收入(万元)
旅游人数(万人)	Pearson Correlation	1	.967**	.927**	.647	.908**	.664	.825*	.930**	.986**
	Sig. (2-tailed)		.000	.001	.083	.002	.072	.012	.001	.000
	Sum of Squares and Cross-products	321 535.489	1 796 529.760	222 423.855	2 398.572	2 674 843.450	2 609.120	2 639.620	1.560E9	2.375E8
	Covariance	45 933.641	256 647.109	31 774.836	342.653	382 120.493	372.731	377.089	2.229E8	3.392E7
	N	8	8	8	8	8	8	8	8	8
客运量(万人)	Pearson Correlation	.967**	1	.955**	.630	.940**	.635	.833*	.961**	.971**
	Sig. (2-tailed)	.000		.000	.094	.001	.091	.010	.000	.000
	Sum of Squares and Cross-products	1 796 529.760	1.073E7	1 324 698.065	13 493.470	1.601E7	14 404.000	15 406.500	9.308E9	1.352E9
	Covariance	256 647.109	1 533 331.429	189 242.581	1 927.639	2 286 762.871	2 057.714	2 200.929	1.330E9	1.931E8
	N	8	8	8	8	8	8	8	8	8
国内生产总值(亿元)	Pearson Correlation	.927**	.955**	1	.735*	.983**	.752*	.886**	.989**	.922**
	Sig. (2-tailed)	.001	.000		.038	.000	.031	.003	.000	.001
	Sum of Squares and Cross-products	222 423.855	1 324 698.065	179 202.873	2 034.101	2 161 397.702	2 206.320	2 117.556	1.239E9	1.658E8
	Covariance	31 774.836	189 242.581	25 600.410	290.586	308 771.100	315.189	302.508	1.769E8	2.368E7
	N	8	8	8	8	8	8	8	8	8

续表

		旅游人数（万人）	客运量（万人）	国内生产总值（亿元）	居民消费价格指数	城市居民人均可支配收入（元）	星级饭店数	一类旅行社数	社会固定资产投资（万元）	旅游收入（万元）
居民消费价格指数	Pearson Correlation	.647	.630	.735*	1	.669	.525	.527	.723*	.657
	Sig. (2-tailed)	.083	.094	.038		.070	.182	.179	.043	.077
	Sum of Squares and Cross-products	2 398.572	13 493.470	2 034.101	42.708	22 709.742	23.760	19.453	1.398E7	1 822 430.342
	Covariance	342.653	1 927.639	290.586	6.101	3 244.249	3.394	2.779	1 996 904.014	260 347.192
	N	8	8	8	8	8	8	8	8	8
城市居民人均可支配收入（元）	Pearson Correlation	.908**	.940**	.983**	.669	1	.664	.845**	.991**	.923**
	Sig. (2-tailed)	.002	.001	.000	.070		.073	.008	.000	.001
	Sum of Squares and Cross-products	2 674 843.450	1.601E7	2 161 397.702	22 709.742	2.700E7	23 896.940	24 775.364	1.523E10	2.037E9
	Covariance	382 120.493	2 286 762.871	308 771.100	3 244.249	3 856 501.476	3 413.849	3 539.338	2.175E9	2.910E8
	N	8	8	8	8	8	8	8	8	8
星级饭店数	Pearson Correlation	.664	.635	.752*	.525	.664	1	.869**	.658	.556
	Sig. (2-tailed)	.072	.091	.031	.182	.073		.005	.076	.152
	Sum of Squares and Cross-products	2 609.120	14 404.000	2 206.320	23.760	23 896.940	48.000	34.000	1.348E7	1 636 056.000
	Covariance	372.731	2 057.714	315.189	3.394	3 413.849	6.857	4.857	1 925 880.000	233 722.286
	N	8	8	8	8	8	8	8	8	8

续表

		旅游人数(万人)	客运量(万人)	国内生产总值(亿元)	居民消费价格指数	城市居民人均可支配收入(元)	星级饭店数	一类旅行社数	社会固定资产投资(万元)	旅游收入(万元)
一类旅行社数	Pearson Correlation	.825*	.833*	.886**	.527	.845**	.869**	1	.830*	.765*
	Sig. (2-tailed)	.012	.010	.003	.179	.008	.005		.011	.027
	Sum of Squares and Cross-products	2 639.620	15 406.500	2 117.556	19.453	24 775.364	34.000	31.875	1.386E7	1 833 954.375
	Covariance	377.089	2 200.929	302.508	2.779	3 539.338	4.857	4.554	1 980 521.179	261 993.482
	N	8	8	8	8	8	8	8	8	8
社会固定资产投资(万元)	Pearson Correlation	.930**	.961**	.989**	.723*	.991**	.658	.830*	1	.947**
	Sig. (2-tailed)	.001	.000	.000	.043	.000	.076	.011		.000
	Sum of Squares and Cross-products	1.560E9	9.308E9	1.239E9	1.398E7	1.523E10	1.348E7	1.386E7	8.747E12	1.190E12
	Covariance	2.229E8	1.330E9	1.769E8	1 996 904.014	2.175E9	1 925 880.000	1 980 521.179	1.250E12	1.700E11
	N	8	8	8	8	8	8	8	8	8

**. Correlation is significant at the 0.01 level (2-tailed).
*. Correlation is significant at the 0.05 level (2-tailed).

(二)评价模型建立

表3 Coefficientsa

Model	Unstandardized Coefficients		Standardized Coefficients	t	Sig.	95.0% Confidence Interval for B	
	B	Std. Error	Beta			Lower Bound	Upper Bound
(Constant)	126 575.817	.000		.	.	126 575.817	126 575.817
旅游人数（万人）	644.302	.000	.863	.312	.000	644.302	644.302
客运量（万人）	1.427	.000	.011	2.332	.000	1.427	1.427
居民消费价格指数	1 139.073	.000	.018	.43	.001	1 139.073	1 139.073
城市居民人均可支配收入(元)	2.442	.000	.030	32.365	.000	2.442	2.442
星级饭店数	−12 435.183	.000	−.204	.76	.004	−12 435.183	−12 435.183
一类旅行社数	−1 074.571	.000	−.014	.231	.002	−1 074.571	−1 074.571
社会固定资产投资(万元)	.034	.000	.235	54.1	.003	.034	.034

a. Dependent Variable：旅游收入(万元)

回归分析是确定两种或两种以上变数间相互依赖的定量关系的一种统计分析方法，运用十分广泛。本文根据涉及自变量的个数，以及因变量和自变量之间呈现的线性关系，采用多元回归分析对确定的8个自变量指标和1个因变量指标进行分析。一般来说，回归分析是通过规定因变量和自变量来确定变量之间的因果关系，建立回归模型，并根据实测数据来求解模型的各个参数，然后评价回归模型是否能够很好地拟合实测数据；如果能够很好地拟合，则可以根据自变量作进一步预测[7]。通过上文的相关分析已得出桂林市旅游收入与其影响因素之间呈线性关系，所以应用SPSS17.0直接对表1中的数据进行多元线性回归分析，得出表3，表4。从表4中我们可以看出国内生产总值这个变量被剔除，然后根据表3中得出系数，建立回归方程，方程如下：

$$y = 644.302x_1 + 1.427x_3 + 1139.073x_4 + 2.442x_5 - 12435.183x_6 - 1074.571x_7 + 0.034x_8 + 126575.817$$

三、影响因子敏感度分析

根据回归分析结果，影响旅游收入的8个因子按照其敏感度大小依次为：$x_1 > x_8 > x_6 > x_5 > x_4 > x_7 > x_3 > x_2$，敏感度大小的排序即是各影响因素的贡献程度排序。结果说明:旅游人数、固定资产投资、星级宾馆数是影响旅游收入的最主要因子,其次是城市居民人均可支配收入、物价水平指数、旅行社数和客运量,国内生产总值的影响相应较小。研究结果表明:影响旅游收入的最主要因子是游客人数,与大多数学者的研究成果一致[8]、[9]。旅游业的发展具有阶段性,不同阶段对应不同的特征及其影响因子。对于现阶段桂林的旅游业发展而言,应注重旅游业发展的内涵和质量,加大基础设施的建设,改善服务质量和水平,深入挖掘桂林旅游资源的文化内涵,提高游客的重游率。虽然从研究结果看,旅游人数仍然是影响旅游收入的最主要因素,但是随着周边及国外新兴旅游市场的发展,传统的单靠游客数量的粗放扩张型旅游业发展模式有待调整。

表4 Excluded Variables[b]

Model	Beta In	t	Sig.	Partial Correlation	Collinearity Statistics
					Tolerance
国内生产总值(亿元)	.a	0.0567	.002	.	.000

a. Predictors in the Model:(Constant),社会固定资产投资(万元),星级饭店数,居民消费价格指数,旅游人数(万人),一类旅行社数,客运量(万人),城市居民人均可支配收入(元)

b. Dependent Variable:旅游收入(万元)

四、结果与讨论

(1)用相关分析和多元回归模型能够较好地描述影响旅游收入的各因素之间的关系,以及各因素对旅游收入影响的程度。据此建立的回归模型能够根据旅游收入影响因子的变化,较好地预测区域旅游收入的变化。

(2)收入回归模型分析表明,影响旅游收入的增长因素具有阶段性特点。在桂林市旅游发展的现阶段,影响旅游收入的最主要因子仍是游客人数。处于不同的旅游业发展阶段,对应着不同的影响因子和特征,也就要求有不同的发展模式与其对应。

(3)相关分析和多元回归分析法的研究结果表明:除了旅游人数外,社会固定资产投资、宾馆数、城市居民人均可支配收入也是影响旅游收入的主要因子。因此,桂林市旅游发展不应只依赖于游客数量的粗放型扩张,必须注重内涵和质量:如基础设施、旅游项目的创新,以及旅游服务质量等的提高,以达到提高游客重游率,延长游客逗留时间,促进旅游收入增加的目的。

参考文献

[1] 郭晓佳,陈兴鹏,张子龙,等.旅游收入增长驱动因素的定量辨识.统计与决策,2009(22):88-89.

［2］张春梅,袁建林. 旅游收入时间序列预测——以秦皇岛市为例. 科技信息,2009(34):8-9.

［3］王道林. 灰色理论在黄金周旅游人数及旅游收入预测中的应用. 泰山学院学报,2004,26(6):6-9.

［4］林瑾,陈险峰. 海南旅游人数变动对旅游收入影响的实证分析. 内蒙古科技与经济,2005(19):58-61.

［5］桂林市统计年鉴2000—2007年. 北京:中国统计出版社.

［6］宇传华. SPSS与统计分析. 北京:电子工业出版社,2007.

［7］吴喜之. 统计学:从数据到结论. 北京:中国统计出版社,2004.

［8］何红霞,李锴,梁磊. 我国国内旅游收入影响因素的实证分析. 现代经济:现代物业中旬刊,2010,9(2):21-23.

［9］崔美姣,田富鹏,万淑慧,等. 多元回归在我国旅游业发展中的应用. 科技广场,2009(5):153-154.

民族地区旅游公共服务体系：与旅游目的地满意度的结构关系研究

——以桂林国家旅游综合改革试验区为例

程瑾鹤

（桂林理工大学旅游学院　桂林）

【摘　要】在游客对服务的感知成为影响游客总体满意度最关键因素的同时，目的地旅游交通质量及其可用性的感知评价最近也被证实为影响服务感知、整体满意度和重复游玩的显著因素。在此研究基础上，以桂林国家旅游综合改革试验区为例，通过结构方程模型（SEM）模拟游客感知的城乡旅游公共服务体系与旅游目的地满意度的结构关系。对比研究显示：目的地旅游公共服务系统的感知评价与旅游目的地满意度关系密切，其中旅游接待服务系统作为整个感知体系的中介变量发挥重要作用。旅游安全救助系统在公共服务→接待服务→游客满意度这一路径中起到重要媒介作用。

【关键词】旅游公共服务体系；旅游目的地满意度；结构方程模型；桂林

随着国内旅游产业进入转型期，旅游公共服务建设受关注度日渐增强。目前，国家已成立《旅游公共服务"十二五"规划》编制小组，就旅游公共服务的发展目标、体系构建等方面进行了调研，以期为旅游公共服务科学运行、有序发展提供保障。全国各地也呈现出旅游公共服务建设的热潮：厦门明确旅游公共服务项目，以咨询服务中心带动旅游公共服务水平的提升；云南省出台《关于加快全省旅游公共服务设施建设意见》；上海的世博旅游公共服务信息体系建设，等等。

2010年伊始，中国首家旅游公共服务管理机构——桂林市旅游公共服务管理处挂牌成立，以规范管理全市的旅游公共服务资源，整合提升全市的旅游公共服务品质。本文基于此背景，并依托桂林市旅游局进行的"桂林市旅游公共服务体系规划纲要"[①]课题进行深入研究。

[作者简介]　程瑾鹤，桂林理工大学旅游学院。

① 桂林市旅游公共服务体系规划课题组，桂林市旅游局，桂林理工大学旅游学院. 桂林市旅游公共服务体系规划纲要（2010—2020）. 桂林：桂林市旅游局，2009.

一、相关回顾及定义

(一)旅游公共服务(体系)

旅游公共服务(体系)研究对于国内学者而言仍处于基础理论研究阶段,其概念、内容及构成等方面的理论体系还未建立、健全,但现阶段相关的研究成果显著,如:李爽、黄福才等学者就旅游公共服务的内涵、特征及分类框架进行了界定及探讨[①]。温锦英在分析旅游公共服务基本构成的基础上,提出了旅游公共服务实现模式[②]。部分学者在借鉴国际先进经验的基础上,提出我国旅游公共服务建设的对策,如:张萌、张宁等学者提出高科技,尤其是信息技术引进对旅游公共服务建设的重要性[③];何效祖指出借鉴英国政府的《公共服务协议》,对加强旅游产业队伍建设、提升旅游产业的经济地位具有重要意义[④]。有关旅游公共服务构成方面的研究,颜廷利指出,完善的旅游公共服务体系应包括旅游城市服务系统、旅游信息服务系统、旅游救助服务系统、消费者权益保护系统、突发事件应急系统、旅游志愿者服务系统和旅游教育培训系统等子系统[⑤]。上海世博会课题组指出,旅游公共服务体系应包括旅游城市服务系统、旅游信息服务系统、旅游救助服务系统、消费者权益保护系统、突发事件应急系统以及旅游志愿者服务系统等子系统[⑥]。另有学者从实证角度出发,对旅游公共服务进行研究,如黄燕玲等学者以桂林国家旅游综合改革试验区为例,从供需角度对旅游公共服务及体系的发展进行了探讨[⑦]。

国外研究方面,基于发达国家旅游公共服务(体系)均较完善,现有研究更注重实际调研及专项分析,如:约翰·R·K(John R K)和瓦莱里亚·J(Valeria J)指出,政府应对旅游公共服务设施建设提供支持[⑧],玛丽亚·F·C(Maria F C)和彼德·N(Peter N)就欧美等旅游发达国家的旅游公共服务内容进行了探讨[⑨],詹姆厄尔(Jameel)就基础交通建设与旅游业发展两者之间的关系进行了研究,指出交通设施的便利、舒适、安全与否是旅游者对旅游目的地选择中的重要因素[⑩];Chen R J C 基于供需视角,对构建

---

① 李爽,黄福才,李建中.旅游公共服务:内涵、特征与分类框架.旅游学刊,2010(4):20-26.
② 温锦英.强化旅游公共服务 促进旅游业持续发展.时代经贸,2008(6):132-135.
③ 张萌,张宁,朱秀秀,等. 旅游公共服务:国际经验与启示.商业研究,2010(3):120-124.
④ 何效祖.英国旅游业发展战略及借鉴价值研究.旅游学刊,2010(9):70-74.
⑤ 颜廷利. 健全旅游公共服务体系. 推进山东旅游强省建设.科协论坛,2008(11):157-158.
⑥ 世博会课题组. 世博旅游公共服务体系研究[EB/OL]. http://lyw.sh.gov.cn/research/index_42.aspx, 2008-01-16.
⑦ 黄燕玲,罗盛锋,丁培毅.供需感知视角下的旅游公共服务发展研究——以桂林国家旅游综合改革试验区为例. 旅游学刊, 2010(7):70-76.
⑧ John R K, Valeria J. 21st Century Leisure Current Issues (the 2nd Edition). Pennsylvania: Venture Publishing, Inc. State College, 2004:50-58.
⑨ Maria F C, Peter N. The attractiveness and competitiveness of tourist destinations: A study of Southern Italian regions. Tourism Management, 2008, 29(1):1-9.
⑩ Jameel Khadaroo, Boopen Seetanah. Transport Infrastructure and Tourism Development. Annals of Tourism Research, 2007, 34(4):1021-1032.

多维度的海岛旅游信息数据库进行了分析①;Heggie T W 等则特别强调注意旅游公共安全监控的重要性②。

对比而言,定性地、较为孤立地研究旅游公共服务(体系)仍是国内该领域的常态,反观国外,研究关联性强,实证调研及专项分析已主流化,这应当是国内该领域亟待加强之处。

当前,国内外市场竞争日益激烈,对于旅游业来说,游客的满意就是目的地的核心竞争力。基于旅游目的地满意度的研究,因此,也成为旅游学研究的焦点。本文期望通过建立游客感知的城乡旅游公共服务系统与旅游目的地满意度的结构关系模型,探讨旅游公共服务体系的内外在联系及与旅游目的地满意度的相互作用机制,拓展旅游公共服务体系的研究视野及研究方法。

(二)概念界定与研究假设

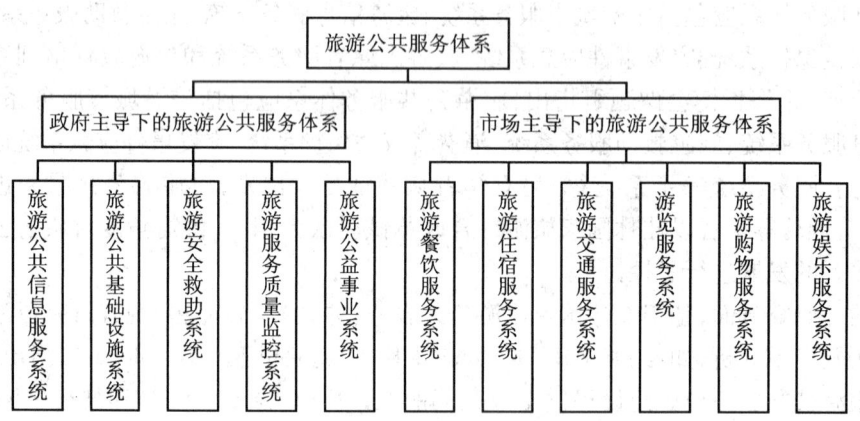

图 1　旅游公共服务体系框架图

本文赞同李爽等学者的看法,认为"旅游公共服务"与"旅游公共服务体系"是既有联系,又有区别的两个概念。前者研究"是什么"的问题;后者研究"怎么做"的问题。后者更侧重于研究如何有效地整合旅游公共服务资源,提供旅游服务的问题③。综合文献,本文采用课题组的研究观点,认为旅游公共服务体系是指旅游公共服务的主体、设施、服务方式和制度的有机整体,并根据其主体社会属性及特征划分为两大部分——政府主导下的旅游公共服务体系和市场主导下的旅游公共服务体系(见图1)。政府主导下的旅游公共服务体系应包括:旅游公共服务质量监控系统、旅游公共基础设施系统、旅游公共信息服务系统、旅游安全救助系统和旅游公益事业系统等子系统;

---

① Chen R J C. Islands in Europe: development of an island tourism multi-dimensional model(ITMDM). Sustainable Development,2006,14(2):104-114.
② Heggie T W,Kliewer C. Recreational travel fatalities in US national parks. Journal of Travel Medicine,2008,15(6):404-411.
③ 李爽等. 旅游公共服务体系:一个理论框架的构建. 北京第二外国语学院学报,2010(5):8-15.

市场主导下的旅游公共服务体系应包括:旅游餐饮服务系统、旅游住宿服务系统、游览服务系统、旅游交通服务系统、旅游购物服务系统和旅游娱乐服务系统。前者不以营利为目的;而后者则相反。

二、理论模型及研究假设

基于旅游公共服务体系内部子系统相关联系的研究目前较少,具有代表性的如:汤普森·K(Thompson K)等,以英国大曼彻斯特为例,将交通服务质量与旅游目的地满意度结合进行研究,指出,游客对旅游地公共交通的感知评价与游客体验、总体满意度及重游意愿关系密切[①]。墨菲·P(Murphy P)等通过结构方程模型指出,对游客总体满意度影响最显著的是游客对旅游接待服务的感知[②]。钱(Chan)在一个旅行体验评价模型中,将游客满意度从多项尺度进行测量,包括环境、吸引物、住宿、饭店、商店、文化娱乐,等等[③]。史春云等以九寨沟和庐山为例,基于旅游地竞争力模型,定量测度了服务感知、旅游社区服务与游客满意度感知之间的交互作用[④]。中外学者初步论证了旅游公共服务体系感知评价同游客满意度之间的内在联系。本文基于此,除了假设游客满意度与服务感知(旅游接待服务系统的感知评价)的关系外,将探索性地研究两者与政府主导下旅游公共服务体系的交互作用及其内部联系,建立包含6[⑤]个结构变量,28个测量指标变量的游客感知理论模型(见图2),具体假设如下:

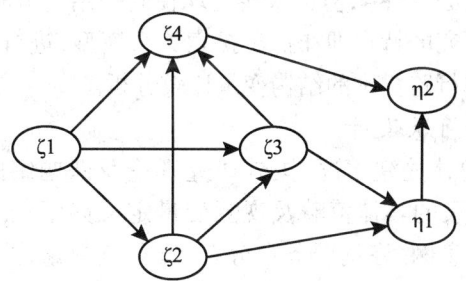

图2 旅游公共服务体系与游客满意度感知关系模型

注:$\zeta1$ = 旅游服务质量监控系统;$\zeta2$ = 旅游公共基础设施服务系统;$\zeta3$ = 旅游信息服务系统;$\zeta4$ = 旅游安全救助系统;$\eta1$ = 旅游接待服务系统;$\eta2$ = 旅游目的地满意度。

---

① Thompson K, Schofield P. An investigation of the relationship between public transport performance and destination satisfaction. Journal of Transport Geography, 2007, 15(2):136 – 144.

② Murphy P, Pritchard M P, Smith B. The destination product and its impact on traveler perceptions. Tourism Management, 2000, 21:43 – 52.

③ Um S, Chon K, Ro Y. Antecedents of revisit intention. Annals of Tourism Research, 2006, 33(4):1141 – 1158.

④ 史春云,张捷,尤海梅. 游客感知视角下的旅游地竞争力结构方程模型. 地理研究, 2008(3):704 – 713.

⑤ 已剔除旅游公益事业系统。目前的旅游公益事业主要集中在旅游教育和社会服务方面。在结构方程模型中,无论是测量方程部分,还是在结构方程部分,旅游公益事业系统系数都是不显著的,结合调查显示,桂林旅游的发展虽较早,此系统缺位仍较大,考虑将该因子删除。——作者

假设一：游客感知下的旅游服务质量监控系统直接、积极地作用于旅游公共基础设施系统、旅游公共信息服务系统、旅游安全救助系统。

假设二：游客感知下的旅游公共基础设施系统对旅游公共信息服务系统、旅游安全救助系统和旅游接待服务系统有显著的正向影响。

假设三：游客感知下的旅游公共信息服务系统直接、积极地作用于旅游安全求助系统和旅游接待服务系统。

假设四：游客感知下的旅游接待服务系统、旅游安全救助系统对游客目的地总体满意度有显著的正向影响。

三、研究设计

（一）研究方法

从相关文献来看，国内外结构方程模型研究大多只针对某一特定空间，时空对比研究较少，所构建的理论模型有待于普适性检验与推广研究。森（SEM）在理论上存在着的重要盲点就是只能找出模型的错误之处，却无法证明某一模型的绝对正确性，为了能够确认模型具有的真实性，就需要对此模型进行反复检验。复核效度检验、因素恒等性检验，目的在于检验所构建的理论模型在不同群组样本间是否具有稳定性和有效性。赖辛格（Reisinger）等在研究美国、澳大利亚两个青年游客模型时，强调了比较不同国际游客市场的必要性[①]，但也未能实现在同一结构方程模型中对理论模型进行直接的比较。本次研究的特点即在初步探索关系模型，进行相关修正的基础上，具体应用结构方程模型进行跨样本的结构变量比较分析。

（二）概念测量和问卷设计

参考关系模型的总体构建情况、国外研究理论及课题组的实证定义，进行小范围甄别，将模型中各要素的具体范畴及观测变量定义如下：旅游公共信息系统由四个子题项测度（旅游信息网、咨询服务点分布、服务点数量、质量），设计成5点语义差异量表；旅游公共基础设施系统分别由城市与市县交通运输、通信系统、邮电系统、安全保障和医疗保障等部分组成，设计成5点语义差异量表；旅游安全救助系统涉及市、县及各景区、景点的安全救助点、酒店内部设置的急救箱、便民救助服务点数量与质量、救助知识宣传四个方面；旅游服务质量监控系统涉及投诉中心服务、质量监督和管理中心服务2个单元；对旅游者旅游目的地满意度的测量采用包括3个项目（满足需求的程度、正确决策的认同、旅游体验的感知）的5点李克特量表。最后，我们采用包括9个项目（餐饮、住宿、市县内交通、景区交通、景区游览、购物、娱乐、导游、旅行社）的5点李克特量表来测量旅游者对旅游接待服务系统的感知。

（三）数据收集

数据收集于2009年8月初至9月中旬在桂林市区及下辖阳朔、荔浦、兴安、龙胜

---

① Reisinger Y, Mavondo F. Determinants of youth travel markets' perceptions of tourism destinations. Tourism Analysis, 2002(7): 55-66.

和恭城 5 个县的主要景区(点)通过对游客进行现场访谈与问卷调查方式收集原始资料。调查方法是随机抽样,当场回收问卷。问卷分为游客人口统计学特征、旅游公共服务(体系)现状评价、需求期望 3 部分。共发放游客问卷 700 份,回收 680 份,其中有效问卷 639 份,问卷有效率为 91.29%。

(四)数据分析方法

本文使用 SPSS15.0 进行数据的描述性分析和各概念测量表的信度检验,使用 AMOS 17.0 进行验证性因子分析,并对各量表的综合信度,以及本文的研究假设和模型进行检验。

四、数据分析与模型检验

(一)人口统计学特征

接受调查的旅游者多来自国内(91.94%)和国外(5.51%),其次来自中国港澳台地区(3.43%);其中中国内地,前五位为广西(24.86%)、广东(11.35%)、浙江(8.29%)、江苏(6.67%)、上海(5.66%)。男性(53.2%)略多于女性(46.8%),已婚(53.2%)多于未婚(43.5%)。年龄多在 15~24 岁(51.0%),其次为 25~44 岁(38.8%),其他年龄段的旅游者较少(10.2%)。被调查者受教育水平较为均衡,34.0% 接受过大学本科及以上层次的教育,28.7% 接受过大专层次的教育,33.3% 的被调查者接受过高中及以下层次的教育。就被调查者的职业来说,专业技术人员(21.4%)和学生(30.0%)共占了一半以上,其次为工人(9.4%)、企事业管理人员(7.7%)、私营业主(6.9%)、公务员(5.3%)和教育工作者(4.6%)。

(二)验证性因子分析与假设检验

对模型的 6 个潜变量、31 个可测变量进行信度与重复度量效果检验,总体 Cronbach's α 值为 0.872,另对问卷中每个潜变量的信度分别检验结果如表 1 所示。除旅游目的地满意度量表 Cronbach's α 系数为 0.638,比较低以外,其余均在 0.7 以上,量表内部一致性较高。表 1 也给出了验证性因子分析的详细结果,各因子的标准化载荷均在 0.5 以上,其 t 值均在 0.001 水平上显著,各量表的组合信度(composite reliability)均大于 0.6,平均析出方差(average variance extracted)除旅游接待服务系统较低(0.419),其他取值均在 0.5~0.9 的水平上,量表具有较好的收敛效度。通过对结构模型进行拟合,拟合指数($x_2/df = 1.925$, RMSEA = 0.038, NFI = 0.948, GFI = 0.936, CFI = 0.974, AGFI = 0.921, PCFI = 0.841)显示出模型的各个拟合指数都高于相应的临界值,拟合优度较好。

表1 验证性因子分析结果

因子及项目	因子载荷	Cronbach's Alpha	CR	AVE
旅游公共信息服务系统		0.604	0.843	0.585
旅游信息网	0.525			
咨询服务点分布	0.674			
服务点数量	0.878			
服务质量	0.915			
旅游服务质量监控系统		0.947	0.947	0.900
投诉中心服务	0.976			
质量监督和管理中心	0.920			
旅游公共基础设施系统		0.884	0.907	0.625
市县间交通运输	0.515			
通信系统	0.710			
邮电系统	0.812			
金融系统	0.869			
安全保障	0.889			
医疗保障	0.879			
旅游安全救助系统		0.930	0.926	0.758
旅游安全救助点	0.801			
急救箱	0.876			
便民救助点	0.904			
旅游安全救助知识宣传	0.898			
旅游接待服务系统		0.882	0.866	0.419
餐饮	0.616			
住宿	0.631			
市县内交通	0.577			
景区内交通	0.637			
景区游览	0.713			
购物	0.682			
娱乐	0.665			
导游	0.644			
旅游社	0.654			
旅游目的地满意度		0.683	0.687	0.524
正确决策	0.710			
愉快体验	0.737			

注：旅游公共基础设施系统、旅游目的地满意度在分析过程中删去了因子载荷小于0.5的项目（市县交通运输、满足需求的程度）。表中数据为删除两个项目后重新分析的结果。

(三) 模型修正及解释

直接效应(direct effect)是某一变量对另一变量的直接影响,间接效应(indirect effect)是某一变量通过某一中介变量对另一变量的间接影响。如果直接效应大于间接效应,我们就说此中介变量不是前者变量影响后者变量的关键因素。通过对结构模型检验发现,各结构变量之间的路径系数均为显著,模型得到较好的验证。但对比表 2(修正前)中各因子的直接、间接效应,我们可以发现:

1. 路径 $\zeta_1 \to \zeta_3$、$\zeta_2 \to \eta_1$、$\zeta_2 \to \zeta_4$ 的直接效应大于间接效应,若干中介变量没有发挥作用,间接路径 $\zeta_1 \to \zeta_2 \to \zeta_3$、$\zeta_2 \to \zeta_3 \to \eta_1$、$\zeta_2 \to \zeta_3 \to \zeta_4$ 被否定。

2. 路径 $\zeta_1 \to \zeta_4$ 直接效应小于间接效应,若干中介变量是前后变量产生影响的关键因素,间接路径 $\zeta_1 \to \zeta_2 \to \zeta_4$、$\zeta_1 \to \zeta_3 \to \zeta_4$、$\zeta_1 \to \zeta_2 \to \zeta_3 \to \zeta_4$ 被肯定。

间接路径 $\zeta_1 \to \zeta_2 \to \zeta_3$、$\zeta_2 \to \zeta_3 \to \eta_1$、$\zeta_2 \to \zeta_3 \to \zeta_4$ 的交集,即 $\zeta_2 \to \zeta_3$ 成为重点否定对象,因此,尝试路径修正,得图 3。

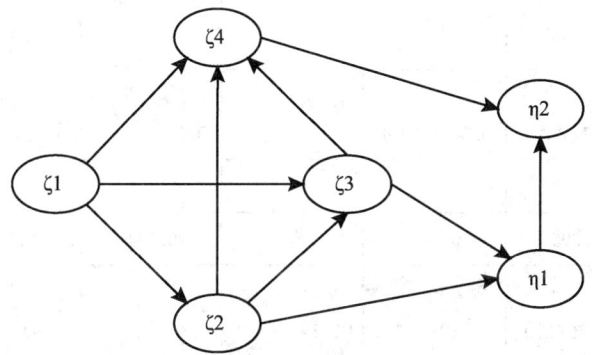

图 3　旅游公共服务体系与游客满意度感知关系修正模型

注:ζ_1 = 旅游服务质量监控系统;ζ_2 = 旅游公共基础设施服务系统;ζ_3 = 旅游信息服务系统;ζ_4 = 旅游安全救助系统;η_1 = 旅游接待服务系统;η_2 = 旅游目的地满意度。

表 2(修正后)显示各结构变量因子路径系数达到显著,已不存在否定路径,拟合指数($x_2/df = 2.118$, RMSEA = 0.042, NFI = 0.942, GFI = 0.931, CFI = 0.969, AGFI = 0.914, PCFI = 0.839)显示出修正模型拟合优度较好,修正模型得到验证。对游客总体满意度影响最显著的结构变量是游客对旅游接待服务系统的感知评价(0.706),这与国外游客满意度结构方程模型研究的主要结论一致[①]。旅游安全救助系统与游客总体满意度之间存在显著的路径关系,达到 0.205。旅游服务质量监控系统是旅游公共基础设施系统、旅游公共信息服务系统和旅游安全救助系统的重要影响因素,路径系数达 0.382、0.162 和 0.222。旅游公共基础设施系统是旅游安全救助系统、旅游接待服务系统重要的影响因素。旅游公共信息服务系统与旅游安全救助系统、旅游服

---

① Murphy P, Pritchard M P, Smith B. The destination product and its impact on traveler perceptions. Tourism Management, 2000, 21:43 – 52.

接待系统存在显著的路径关系(0.236、0.374)。

表2 模型因子效应

修正前 \ 修正后	ζ_1	ζ_2	ζ_3	ζ_4	η_1	η_2
ζ_1 (D.E)		0.386(***)	0.302(***)	0.224(***)		
(I.E)				0.244	0.205	0.240
(T.E)		0.386	0.302	0.468	0.205	0.240
ζ_2 (D.E)	0.382(***)			0.527(***)	0.250(***)	
(I.E)						0.284
(T.E)	0.382			0.527	0.250	0.284
ζ_3 (D.E)	0.162(***)	0.349(***)		0.134(***)	0.358(***)	
(I.E)	0.133					0.280
(T.E)	0.295	0.349		0.134	0.358	0.280
ζ_4 (D.E)	0.222(***)	0.519(***)	0.119(**)			0.206(***)
(I.E)	0.234	0.041				
(T.E)	0.456	0.560	0.119			0.206
η_1 (D.E)		0.236(***)	0.347(***)			0.704(***)
(I.E)	0.193	0.121				
(T.E)	0.193	0.357	0.374			0.704
η_2 (D.E)				0.205(***)	0.706(***)	
(I.E)	0.230	0.367	0.270			
(T.E)	0.230	0.367	0.270	0.205	0.706	

注:ζ_1 = 旅游服务质量监控系统;ζ_2 = 旅游公共基础设施服务系统;ζ_3 = 旅游公共信息服务系统;ζ_4 = 旅游安全救助系统;η_1 = 旅游接待服务系统;η_2 = 旅游目的地满意度;D.E = 直接效应;I.E = 间接效应;T.E = 总效应。"***"表示在0.001水平上显著,"**"表示在0.01水平上显著,表中给出的均是标准化后的参数,直接效应就是模型中的路径系数。

五、群组间的城乡对比研究

对桂林市区及下辖五县区进行群组间城乡对比,是基于结构方程的复核效度检验和因素负荷恒等模型检验。实际上,复核效度检验包含宽松策略复核效度检验、温和策略复核效度检验、严格策略复核效度检验,这与因素恒等性检验中的基准模型检验、因素负荷恒等性模型检验及因素负荷与测量误差、路径系数恒等模型具有一一对应的关系。研究中,我们仅采用了因素恒等模型进行群组分析研究。从表3可以看出,在基准模型的基础上,嵌套模型二假设因子载荷矩阵(Λx、Λy)相同,结果 $x_2(627)=1\,000.040$,$\triangle x_2(21)=27.119$($p=0.167>0.001$,不显著),$\triangle RMSEA=0.000$,$\triangle NFI=-0.002$,$\triangle CFI=0.000$,$\triangle PCFI=0.029$,说明桂林城乡群组间结构方程模型结构和因子负荷可以认为相同。其他拟合指数也较好地证明模型二具有相当的稳定性。相对于模型二,嵌套模型三增加了测量误差($\Theta\varepsilon$、$\Theta\delta$)等同的假设,$\triangle x_2(38)=103.122$($p=0.000<0.001$,显著),$\triangle RMSEA=0.001$,$\triangle NFI=-0.009$,$\triangle CFI=-0.006$,$\triangle PCFI=0.046$。模型四等同于严格策略复核效度检验,进一步假设路径系数等同,$\triangle x_2(11)=15.278$($p=0.170>0.001$,不显著),$\triangle RMSEA=0.000$,$\triangle NFI=-0.001$,$\triangle CFI=0.000$,$\triangle PCFI=0.015$。但与基准模型比较,$\triangle x_2(70)=145.520$,仍达显著水平。另外,模型五,$\triangle x_2(11)=14.274$($p=0.218>0.001$,不显著),$\triangle RMSEA=0.000$,$\triangle NFI=-0.001$,$\triangle CFI=0.000$,$\triangle PCFI=0.015$。因素恒等性检验反映模型在结构形态、因子负荷和路径系数上具有跨样本的稳定性和有效性。

表3 因素恒等性检验的拟合指数

模型	限制条件	df	x_2	RMSEA	NFI	CFI	PCFI
基准模型	模型结构假设相等	606	972.921	0.031	0.916	0.966	0.834
模型二	(Λx、Λy)假设相等	627	1 000.040	0.031	0.914	0.966	0.863
模型三	(Λx、Λy)、($\Theta\varepsilon$、$\Theta\delta$)假设相等	665	1 103.163	0.032	0.905	0.960	0.909
模型四	(Λx、Λy)、($\Theta\varepsilon$、$\Theta\delta$)、(B、Γ)假设相等	676	1 118.441	0.032	0.904	0.960	0.924
模型五	(B、Γ)假设相等	617	987.195	0.031	0.915	0.966	0.849

群组对比检验证实了模型具备均值比较的前提条件。以桂林下辖五县区为参照,设均值为0,检验桂林城市区与下辖五县区相比的均值差异,得到的桂林市区估计值和标准误、t值如表4所示。结果表明,桂林市区各因子值均优于下辖五县区,进一步对比发现,游客满意度的均值桂林市区优于下辖五区县,但两群组的差异并未达到显著水平($t=1.358$);在旅游接待服务系统的感知评价方面桂林市区也优于下辖五县区($t=1.849$,$p<0.10$);桂林市区游客的旅游服务质量监控系统感知评价高于下辖县

区,达到显著水平(t = 2.480, p < 0.05),说明游客对于这一方面较为满意;但应该看到,政府主导下的桂林旅游公共服务体系建设仍不成熟,公共基础设施、公共信息服务、安全救助等子项均未达到显著水平,说明政府主导下的旅游公共服务体系已成为制约桂林市整体旅游竞争力(游客满意度)的关键因素,相比于市场主导下的旅游公共服务体系(旅游接待服务系统),更应当成为桂林提升旅游竞争力的努力方向。

表4 结构因子均值比较结果

结构变量	ζ_1	ζ_2	ζ_3	ζ_4	η_1	η_2
估计值	0.20	0.03	0.13	0.08	0.15	0.11
标准误	−0.01	−0.02	−0.01	−0.02	−0.01	−0.02
t值	2.480	0.383	1.685	0.898	1.849	1.358

注:ζ_1 = 旅游服务质量监控系统;ζ_2 = 旅游公共基础设施服务系统;ζ_3 = 旅游公共信息服务系统;ζ_4 = 旅游安全救助系统;η_1 = 旅游接待服务系统;η_2 = 旅游目的地满意度。

六、结论与讨论

(一)相关结论

(1)本文研究表明,游客对政府或市场主导下的旅游公共服务系统感知评价都是影响游客满意度的重要影响因素。通过对比分析各结构因子对满意度的直接及间接效应,进一步发现:旅游公共服务系统的游客感知评价对游客满意度的影响过程中,旅游接待服务系统起到重要的中介作用。

(2)政府主导下旅游公共服务系统的内部作用机制在本文中得到一定的验证,旅游公共基础设施服务系统、旅游公共信息服务系统是其重要的外部感知点,贯穿于游客体验的整个过程。旅游安全救助系统在一定程度上对游客满意度产生正面的显著影响,而旅游质量监控系统作为唯一的外衍变量,体现其对整个系统的正向控制作用。

(3)模型的群组分析通过复核效度检验和因素恒等性检验,证明理论模型具有较好的稳定性和有效性。其普适价值对城乡旅游地的系统研究具有重要的指导意义。均值比较结果显示:旅游公共基础设施服务系统(t = 0.038)、旅游公共信息服务系统(t = 1.685)、旅游安全救助系统(t = 0.898)是桂林今后提升旅游竞争力的重要努力方向,政府主导下的旅游公共服务系统建设与接待服务系统相比更是桂林旅游竞争力的关键。

(二)相关讨论

因调查时间与样本采集具有一定的局限性,样本数据在旅游公益事业系统因子上得不到验证,旅游公益事业子系统在政府主导下的旅游公共服务系统中处于怎样的位置,对游客满意度是否存在直接或间接效应?对此还需要进行更多的实证研究。

关于旅游公共服务体系及其子系统与游客满意度的相关研究至今仍不成熟,因此,理论模型的构建及相关假设提出的支持理论是否合理,仍有待验证。

试论旅游开发对广西少数民族非物质文化遗产保护的影响

——以三江侗族自治县为例

陈 炜

(桂林理工大学旅游学院 桂林)

【摘 要】本文运用实地调研所获取的资料及相关文献资料,在分析广西三江侗族非物质文化遗产旅游开发现状的基础上,详尽论述了旅游开发对广西三江侗族非遗保护的正面与负面影响,据此提出实现三江侗族非遗保护与开发良性互动发展的对策建议,以期为当前民族地区非遗的旅游开发与保护工作的深入开展提供参考借鉴。

【关键词】三江侗族自治县;非物质文化遗产;旅游开发

一、广西三江侗族非物质文化遗产旅游开发现状

(一)广西三江侗族非物质文化遗产概述

三江侗族自治县位于广西壮族自治区北部,地处湘、黔、桂三省(区)的交界地带,这里远离都市,民风淳朴,被世人喻为中国侗族的"香格里拉",是中国著名的"百节之乡"。侗族非物质文化遗产(以下简称"非遗")是侗族人民世代相承、与其生活密切相关的各种传统文化表现形式和文化空间。三江侗族非遗既是当地侗族历史发展的见证,又是珍贵的、具有重要价值的文化资源,在国内外享有较高的知名度。三江侗族非遗内容涵盖传统手工技艺、民俗节庆、民间音乐、传统戏剧等几大类别;其中入选省级以上的非遗主要有:侗族木构建筑营造技艺、侗族大歌、侗族花炮节、侗族刺绣、侗族器乐、侗族款习俗、侗族百家宴、侗族医药、侗戏9项。目前上述9项非遗都已得到不同程度的保护与开发利用。就旅游开发而言,目前主要集中在侗族木构建筑营造技艺、侗族花炮节、侗族大歌、侗族百家宴、侗族刺绣5项上,同时上述5项非遗也是三江境内最具旅游吸引力的民族文化资源。

(二)广西三江侗族非遗旅游开发现状分析

三江非遗旅游开发始于20世纪80年代后期,距今已走过20多年的历程。三江

[作者简介] 陈炜(1977—)男,广西桂林人,博士后,桂林理工大学旅游学院教授,主要研究方向为民族文化遗产保护与开发。

非遗最初受到外界关注的旅游资源便是被当地人称为"侗族三宝"的风雨桥、鼓楼和侗族大歌。90年代初法国摄影师西蒙·帕缇那斯曾在广西三江县拍摄了两部纪录片《歌之海》和《小凤与芦笙》，它们在法国热播后，掀起了法国、英国等欧洲游客前来三江县旅游的热潮并持续至今。随着国内外游客人数和旅游收入的逐年增长，旅游业现已成为三江县的支柱产业。2009年的游客接待量达85.359万人次，较之1999年增长了12.81倍；旅游总收入达31 550万元，较之1999年增长了34.06倍。另外，仅2009年国庆黄金周期间，全县共接待游客13.2万人次，同比增长38.95%，旅游社会总收入达3 480万元，同比增长31.75%。其中，入境游客0.5万人次，同比增长12.05%。国际旅游创汇达98万美元，同比增长9.27%。① 三江县历年旅游业发展情况详见下表：

1990—2009年三江县旅游接待人数及旅游收入一览表（单位：万人次、万元）

年份 项目	1990	1993	1996	1999	2002	2005	2008	2009
接待游客人数	0.203 3	1.62	1.37	6.18	19.3	23.0	61.54	85.359
境外游客人数	0.063 3	0.1	0.06	0.3	1.7	2.2	4.06	4.747 5
境内游客人数	0.140	1.52	1.31	5.88	17.6	20.8	57.48	80.611 5
旅游总收入数	30	220	210	900	2 850	3 450	23 300	31 550

资料来源：三江县旅游局1990—2009年历年统计资料。

由上表可知，1990年以来，三江游客接待数量和旅游收入呈逐年上升的趋势。进入21世纪以来，三江县旅游人数和旅游收入增长迅速，这与该县对非遗旅游资源开发和宣传力度的加强有密切的关联。2000年，三江县明确提出了旅游立县的指导思想，将侗族文化遗产旅游开发作为三江县未来5~10年经济工作的重点任务之一，其核心内容就是对非遗在内的民族文化资源进行科学开发与合理利用。为此，三江县围绕境内侗族非遗的保护与开发做了许多工作。在做好境内非遗普查的基础上，县旅游局邀请桂林理工大学旅游规划设计研究院和广西旅游规划设计研究院的专家编制了《三江侗族自治县旅游发展总体规划》和《程阳八寨保护与发展建设规划》。确定将侗族非遗资源作为旅游发展的特色项目，为全县非遗资源的旅游开发和保护做了统一的发展规划。同时采用政府与民间资本相结合的方式，对丰富的非遗资源进行开发。旅游文化部门还利用旅游推介会、网络和邀请海内外电台摄制组、专家考察团到三江采风等多种形式，进一步加大民俗文化特色旅游线路的宣传，全力打造三江"侗族非遗"旅游品牌。可以看出，三江非遗旅游开发走的是政府主导、规划先行，继而吸引民间资本

---

① 三江县旅游局.2009年三江侗族自治县国庆黄金周旅游概况.2009-10.

参与开发的发展道路,这样的发展模式,有效地避免了大规模商业开发对非遗生存环境的破坏。根据柳州市科技协会的统计资源显示:2006—2007 年三江非遗对旅游收入的贡献约占旅游总收入的 70%。①

目前,三江侗族非遗的旅游开发方式主要有以下途径:

(1) 博物馆模式

非遗博物馆是收藏和展示一个国家、地区或者民族非遗的场所,也是以记录、录像或者其他载体的形式保存非遗的重要方式。其特点是主要按照固态形式展出。1992年,三江在县城成立了以展示侗族非遗为主要项目的侗族博物馆,建筑面积 1 550 平方米,其中展厅面积 800 多平方米。收集、陈列了包括非遗在内的侗族文物 1 000 多件。2004 年,改称为三江侗族民族文物及侗族无形文化遗产展示中心,博物馆内比较完整地对侗族木建筑技艺文化、饮食文化、歌舞、戏剧文化等方面进行全面展示,是整个侗族社会的一个缩影。

(2) 文化生态保护区开发模式

这类模式是对静态博物馆模式的改造,弥补了静态博物馆在满足旅游者参与体验方面的不足,通常表现为民族文化村(寨)形式,也称为生态博物馆。主要是针对那些文化遗产资源丰富,古风貌保存相对完好的民族村寨,依托该村寨特有的民居建筑、民俗风情、民族手工艺开展文化遗产旅游。即在良好的自然和人文生态环境中,挖掘非物质文化的内涵,以旅游地居民的日常生产、生活为核心,全面和真实地展示当地的非遗,进而使游客享受到原汁原味的非遗氛围。三江的程阳八寨,因其地理位置相连,侗族传统木结构建筑群以及相关的非遗数量众多且大多保存完好,聚居者具备共同的语言、服饰、建筑、文化心理素质,被作为侗族原生态文化典型景区进行保护性的旅游开发。作为三江侗族非遗旅游的重要品牌,2007 年,程阳景区游客接待量为 18.5 万人次,2008 年程阳八寨被评为国家级 4A 级景区,全年接待游客量达 28.8 万人。②

(3) 节庆模式

节日是民族文化的重要表征,是最有地方特色的文化符号。目前,三江的非遗节庆旅游开发模式主要有两种:其一是民俗节日旅游,即利用传统的民俗节日,开发成一种观光和参与相结合的旅游活动。目前,作为旅游项目开发的节庆主要有:侗族花炮节、芦笙节、斗牛节等。三江古宜侗族三月三花炮节旅游开发始于 1998 年,至今举办了 12 届。2009 年的花炮节吸引了国内外 10 万余名游客前来观光旅游。③ 节庆期间,除举行传统的抢花炮活动外,还增加了侗族歌舞表演、茶叶论坛、商品交易会等内容。

其二是民俗活动旅游,即以传统的民俗节庆活动为主题,举办专门的文化旅游活动,是在现代旅游发展过程中专门开发的节日活动。2003 年以来,在"十一"国庆黄金

---

① 覃泽芬. 柳州市非物质文化遗产保护开发利用前景研究. 柳州市科技协会研究项目报告书,2007.
② 三江县旅游局. 三江侗族自治县 2008 年旅游业发展工作报告. 2009 - 02.
③ 袁莺. 三江花炮节上演东方"橄榄球",喜迎 10 万游客. 新华社北部湾新闻网,2009 - 03 - 30,http://www.bbwnews.com.cn.

周期间,三江县举办了六届"多耶程阳桥"文化旅游节。此类节庆活动,通过多种方式将侗族非遗资源及其文化内涵集中展现在游客面前。2009年10月1~7日举办的三江县第六届"多耶程阳桥"文化旅游节活动,汇集有:斗牛比赛、歌舞剧《珠郎娘梅》展演、第四届"婄更"评选大决赛、大型广场文艺晚会、侗族百家宴、民族歌舞表演、侗族"讲款"活动、芦笙比赛等系列活动。①

(4)旅游商品开发模式

三江县侗族非遗开发形成的旅游商品可分为两类,其一是有价值的无形的旅游劳动产品,如上文提到的歌舞剧《珠郎娘梅》,它将源自侗族地区流传的"珠郎"与"娘梅"的悲壮爱情故事改编成一部集中反映侗族风土人情、生产生活、婚丧嫁娶、服饰文化等内容的侗族歌舞剧。此外,还有各景区组织本地居民给游客在舞台上表演的经过艺术加工的侗族大歌和侗戏。其二是以物质形态存在的,凝结着非遗价值的旅游购物品。如侗族风雨桥、鼓楼、民居等体现侗族精湛木建筑手工技艺的各种建筑模型和侗锦、侗绣、蜡染等手工艺品,其制作大多出自民间工匠之手。

二、旅游开发对三江侗族非遗保护的积极影响

(一)旅游开发丰富了非遗的价值内涵,使其得到恢复和发展

非遗是人们在长期的历史发展进程中所创造出来的精神文化财富。然而随着时代的发展和社会的变革,这些文化遗产正逐渐失去其所赖以生存的土壤和原本的价值功能。文化遗产旅游的兴起,使非遗的社会文化价值在现代社会中得以重现,填补了其实用价值弱化或丧失后的价值缺失,有助于推动旅游地非遗的复兴。

据三江县政府1986年统计,在旅游开发前,三江地区原有的近百座风雨桥中,被洪水冲垮的有40多座,因火灾而烧毁的鼓楼也有20多座,更多的鼓楼、风雨桥因年久失修,早已残破不堪。② 随着旅游业的发展,人们渐渐认识到了这些建筑所蕴含的各种价值,于是开始大规模地修复。1992—2006年,三江县共修复风雨桥31座、鼓楼43座。程阳景区三大名桥之一的普济桥,原建于1917年,后遭洪水冲垮,不能通行。程阳景区旅游开发后,为增加旅游项目,在普济桥原址,按原貌予以修复。为了保护好新修复的普济桥,又在普济桥的上游另建了一座水泥便桥,并规定:新修复的普济桥仅供行人通行,一切机动车辆(含自行车)须从水泥便桥通行。此外,为适应旅游业发展的需要,当地还聘请民间工匠,新建了大量的侗族木构建筑,从而使这一传统手工技艺逐渐得到恢复和发展。据统计:1992—2006年,三江县共新建风雨桥20座、鼓楼22座。③ 在新建的侗族木构建筑中,以被誉为"世界第一鼓楼"的三江鼓楼影响最大。三江鼓楼建于2002年,从修建到完工历时整整一年,由县政府拨款110万元兴建。该鼓楼由侗族木构建筑营造技艺国家级传承人杨似玉带领民间艺人共同建造而成。创造

---

① 三江县新闻中心.风情侗乡引来10万游客.广西新华网,2009-10-13,www.gx.xinhuanet.com.
② 三江县文化局.三江侗族自治县非物质文化遗产调查报告.2007.
③ 三江县文化局.侗族木构建筑营造技艺国家级非物质文化遗产代表作申报书.2006.

了占地面积最大(占地面积561.69平方米);高度最高(总高42.6米);楼层最多(有27层瓦檐);主柱最大(支撑鼓楼的4根主柱直径均在70厘米以上)四项世界纪录。① 三江鼓楼做工精美,处处展现出侗族悠久的历史文化和侗族工匠高超的建筑技艺,令人叹为观止。此外,2009年三江县政府还投资3 000多万元建设中山风雨桥:该桥长350米,采取廊、桥、亭三体合一的风雨桥形式,被称为我国规模最大、长度最长的风雨桥。这些新建的木构建筑项目不仅提升了三江的旅游吸引力,更使作为国家级非遗的侗族木构建筑营造技艺由此得到了复兴。

侗族木构建筑营造技艺,是一种鲜活的实用技艺,对它的保护不能只停留在静态的保护层面,而最佳办法就是通过还原它的实用价值来达到保护的目的。因旅游发展的需要,所修复和新建的鼓楼、风雨桥,以及作为纪念品出售的侗族木构建筑模型,使这种技艺的实用价值和观赏旅游价值得以有效地结合起来,为其传承和发展开辟了较为广阔的空间。

(二)旅游开发为非遗保护提供资金

缺乏资金是中国少数民族地区非遗保护过程中普遍面临的问题。通过旅游开发的方式实现文化遗产的经济价值,从而为其保护积累资金,是三江地区非遗开发的初衷和主要目的之一。随着旅游收入的不断增长,政府也更加清楚地认识到非遗保护对于旅游业可持续发展的重要性,逐渐加大了对非遗保护资金的投入,通过采取各种措施加强非遗的保护。

投资建立博物馆保护、展示三江非遗。1992年在三江县城建立了以展示侗族非遗为主要内容的侗族博物馆,其中展厅面积800多平方米,设4个陈列厅和1个文物库房,博物馆外形采用的是侗族风雨桥及鼓楼相结合的建筑形式。博物馆成立以来,政府先后投入80多万元,用于博物馆的建设和文物的保护与充实。② 2004年11月,三江县政府投资近100万元建成了三江侗族生态博物馆,该生态博物馆以县城侗族博物馆为中心,以9个侗族村寨为辐射面,融侗族寨门、鼓楼、风雨桥、民间艺术、民风民俗与田园风光为一体,采取"馆村结合、村馆互动"的保护方式。保护区内有侗寨9个,鼓楼28座,廊桥13座,寨门13处。③

举办与非遗保护、利用相关的各类赛事和研讨会。近两年来,三江县文化局与民族事务局合作,面向社会连续举办了两届"非物质文化遗产民族传统手工艺品制作大赛"。如2009年的第二届传统手工艺品制作大赛于10月2～6日在县城举行。大赛分为风雨桥、鼓楼、吊脚楼;侗锦、刺绣、服饰;竹编、藤编制品;木雕、竹雕制品;剪纸、农民画、书法作品;民族乐器六类。每类参赛作品,分别设置金奖1名,奖金1 500元;银奖2名,奖金1 000元;铜奖3名,奖金600元;优胜奖10名,奖金200元;上述奖项均

---

① 三江县文化局.侗族木构建筑营造技艺国家级非物质文化遗产代表作申报书.2006.
② 三江侗族自治县地方志编撰委员会.三江侗族自治县概况.三江:民族出版社,2008.
③ 三江县文化局.侗族木构建筑营造技艺国家级非物质文化遗产代表作申报书.2006.

颁发荣誉证书。此外,对于获一、二等奖以上的作品将由县博物馆征集收藏。① 这类比赛极大地调动了民间手工艺人的创作和创新的积极性,每届比赛均有上千件作品参赛,竞争十分激烈。由政府举办的这类比赛,通过民间艺人现场展示手工技艺,不仅为发挥传承人的才艺创造了良好的空间和展示平台,有助于挖掘更多的民间手工艺优秀作品;而且对于提高作品及其制作人的社会声誉,创造良好的非遗保护与传承的社会氛围,提高民众保护的积极性都具有十分重要的作用。

此外,为加强对本地非遗的保护,扩大三江地区侗族非遗的社会影响,三江县政府还主办了一系列涉及侗族非遗保护与开发的研讨会,邀请国内外知名专家为当地侗族文化遗产保护与开发献计献策。如为了加强侗族文化遗产保护与开发的跨区域合作,2009年10月2日,三江县政府邀请了50多名国内侗族文化研究专家召开"推进三省坡侗族生态文化保护实验区工作研究会",与湖南的通道县和贵州的黎平县共同商议"湘、黔、桂三省坡国家级侗族文化生态保护实验区"的申报与建设工作。与会政界领导和学术界专家学者一致认为:要以推进三省坡侗族生态文化保护实验区工作为平台,加强三省坡侗族地区的区域合作,促进三省坡侗族地区经济社会的快速和谐发展。②

投入专项资金保护传承人。随着地方财政收入的不断增长,三江县政府加大了对非遗传承人保护的支持力度。一方面是对获得非遗传承人称号的民间艺人发放政府津贴,使他们能更专注地从事文化遗产保护与传承事业。政府要求资助的非遗项目传承人:每年必须承诺带1名以上徒弟,填写相应的传艺带徒承诺书,次年年底进行考查,如不能完成承诺书所规定任务者,将取消其称号和相应的津贴。③ 据笔者调查,目前受政府资助的传承人,全都能按要求完成带徒弟的任务。2006年,三江侗族大歌传承人吴培探因在一年时间内将自己的民间技艺传承给6位年轻人,受到政府的额外奖励。另一方面,政府还投入专项资金成立非遗传承基地,为非遗的传承培养后备力量。2000年以来,政府拨款相继建立了若干个非遗传承基地。如在广西侗族大歌发源地——三江县梅林乡新民中寨建立侗族大歌传承基地。根据当地浓郁的民族文化特点,由政府引导,群众积极组织开展活动,发挥"传承展示基地"的示范、辐射作用,使侗族大歌得到了很好的传承和发展。目前,梅林新民中寨有老、中、青、少年侗族大歌队8个。④

可见旅游业发展为非遗保护奠定了经济基础。它不但推动了三江侗族地区整体经济实力的提高,也使文化保护部门可以获得更多的经费来支持非遗的保护和传承,进而实现旅游业与非遗保护事业的良性互动发展。

---

① 三江县文化局.三江县非物质文化遗产第二届民族传统手工艺品制作大赛公告.2009 – 09.
② 邓晓冬.三省(区)专家力挺申报三省坡侗族生态文化保护实验区.广西新华网,2009 – 10 – 15,www.gx.xinhuanet.com.
③ 三江县文化局.侗族大歌国家级非物质文化遗产代表作申报书.2006.
④ 三江县文化局.广西侗族文化保护传承基地建设方案.2006.

（三）旅游开发能激发当地民众的文化自豪感，提高非遗保护意识，吸引更多力量参与到非遗保护中来

非遗的旅游开发，一方面展示了少数民族自身的文化智慧和创造力，重新唤起了他们的历史记忆，增强了内聚力、自信心和自豪感。另一方面，也使处于主流文化群体的旅游者在文化旅游中获得对少数民族文化新的认知，并对这些长期游离于主流文化之外的边缘群体文化进行重新评价，这对于提高旅游地的知名度，吸引更多的力量参与非遗的保护具有重要意义。

三江县非遗的旅游开发，有效地激发了本地民众的文化自豪感，他们积极主动地投入到非遗保护的事业当中。2006 年，程阳景区岩寨鼓楼的修建便与当地民众的大力支持密不可分。鼓楼修建之初，经预算，需要资金 40 余万元，但经上级拨款后仍有较大的缺口，为保证工程能按时完成，村老人协会向全村发出了募捐倡议书，号召村民捐钱、捐料。倡议书发出后得到了村民的积极支持，他们不仅积极捐款、捐料，而且所有参与工程的村民都不计报酬。2006 年岩寨鼓楼顺利竣工。在鼓楼前方，立有石碑，详细记载有捐献钱物的人名和金额。据笔者统计：该村寨有 500 余人进行了捐款，平均每户捐款人数达 2~3 人。①

在三江，随着非遗旅游开发的不断深入，一些传承人出于保护与弘扬本民族非遗的考虑，开始自行创办非遗展示中心。如 2008 年 7 月在侗族木构建筑营造技艺国家级传承人杨似玉家中，创办了专以展示三江侗族非遗的博物馆。博物馆共展出 150 件实物及 400 余张图片，汇集了侗族的文化精华，将侗族木构建筑、侗族服饰、侗族刺绣等侗族文化的部分经典聚集在一起。② 2009 年 9 月，笔者在参观杨似玉家的博物馆时，问及他创办博物馆的原因。他说："作为侗族木构建筑营造技艺的传承人，我有责任将本民族古老的技艺保存下来，将侗族的文化展示出来。每年来我们这里的游客众多，但逗留的时间很短，没办法深入了解侗族丰富的非遗。而且旅游开发后很多非遗都只是表演性的，有些内容和我们侗族人实际生活中的不太一样。而通过这个展示中心，他们可以看到真实的侗族非遗。游客对侗族文化遗产的称赞越多，我就越有信心和动力把博物馆办好。"③通过对杨似玉的采访，笔者深刻地感到他作为地方文化精英，对本民族文化有强烈的自豪感和责任感。这种自豪感和责任感来源于旅游开发后外来文化进入到他们生活之中，唤醒了他们文化意识的自觉；他们为本民族的文化自豪，又为这种民族文化的未来焦虑。在这种心态的驱使下，他们自觉、自愿地担负起当地非遗的保护和传承工作。

三江地区非遗的旅游开发还在一定程度上提高了当地文化遗产在国内外的知名

---

① 根据《岩寨新鼓楼建造记碑》统计，该碑现存程阳景区岩寨鼓楼前。——作者
② 梁克川. 广西建成首个侗族非物质文化遗产展示中心. 新华社北部湾新闻网，2008 - 07 - 16, http://www.dongzulvyou.com.
③ 笔者 2009 年 9 月 30 日于程阳景区岩寨采访侗族木构建筑营造技艺国家级项目传承人杨似玉所得口碑资料。——作者

度,吸引更多的民间社会力量参与非遗保护事业。如上所述,近年来,三江游客人数呈逐年上升趋势,一些游客在欣赏当地独具特色的文化遗产时,也为当前其生存现状而担忧,因此出现游客自愿对一些文化遗产的修复进行捐款的现象。程阳三大风雨桥之一的合龙桥在2000年维修过程中,曾收到不少游客的捐款。当地将捐献10元以上者在石碑上刻下名字,现存石碑10多块。据笔者初步估算,有超过1 000名以上的游客曾进行过捐款,捐款金额至少在万元以上。① 像这样由游客捐助侗族传统木构建筑维修的事例在三江地区还有很多,如程阳景区马鞍鼓楼内耸立有功德碑30余块,其中一块捐款碑用汉语拼音和英文刻写外国游客的名字,石碑上共刻有120多人,金额为3 000~4 000元。② 旅游者这种尊重当地文化的态度,反过来也增强了原住居民的文化自豪感,提升了他们的文化认同感,激励他们进一步地维护和发扬自身的传统文化。

(四)旅游开发提供就业机会,稳定和扩大传承人队伍

三江处于中国偏僻的西南边疆,由于长期闭塞,经济发展滞后。随着社会的发展和时代的变迁,当地农村青年人不断离乡进城务工,侗乡出现了老小居多的现象。同时因现代文化迅猛普及广大农村,使这一地区非遗的生存面临严峻挑战。据调查,2000年时,三江地区会唱侗族大歌的中年人都在40岁以上,有85%的侗族男女只会现代流行歌曲,而不会唱本民族的侗族大歌。③ 传统的木构建筑技艺因不能带来收益,侗族的木建筑工匠,有相当一部分因没法施展才华,已逐渐改行做泥水匠了。特别是过去以建鼓楼和风雨桥为其骄傲的一些著名手工艺人,也因多年没有工程施工而将其学徒队伍解散。

而旅游开发使当地旅游者增加,促进了当地餐饮业、住宿、娱乐业、旅游购物的发展,为当地人创造了大量就业机会,外出打工者开始逐渐减少。随着非遗作为旅游项目被陆续搬上舞台,当地民众也认识到自己平日生活中的民间技艺和习俗等都是可以带来经济效益的旅游资源。对文化遗产的保护与传承的积极性空前提高,他们以各种方式参与非遗旅游开发,这无疑有助于本地传承人队伍的稳定和扩大。

随着文化遗产旅游业的发展,许多民间艺人凭借一技之长过上了富裕生活。于是他们便扎根于家乡,专事非物质文化的开发与传承工作。如国家级侗族木构建筑营造技艺传承人杨似玉所创办的侗族非遗博物馆中所展示的各类侗族木构建筑模型,均出自他之手,许多游客到此一游后,纷纷向他提出购买的要求。旅游旺季时,一天能售出4~6件模型,每件200~3 000元不等,家庭收入因此得到明显增加,从此不再外出务工。周边村寨很多年轻人都慕名前来拜师学艺。2006—2009年杨似玉共收了6名徒弟,这些学徒学成后也纷纷回家自行生产侗族木建筑模型,有的还招了学徒传授技

---

① 根据《合龙桥修建碑记》统计,该碑现存程阳景区合龙桥头。——作者
② 根据《友谊长存碑》统计,该碑现存程阳景区马鞍鼓楼内。——作者
③ 三江县文化局.三江侗族自治县非物质文化遗产调查报告.2007.

艺。① 三江县林溪乡下河村吴世红兄弟为市级侗族木构建筑营造技艺传承人，从1998年开始制作侗族木构建筑工艺品，产品在市场上颇受消费者欢迎。2009年6月，在县文体局的帮助下，吴世红兄弟在家中成立了三江县木构建筑工艺品开发示范基地，主要面向游客从事侗族木构建筑工艺品的生产和展示。这是一种集生产与销售于一身的经营模式。通过产销相连，直接从经济上刺激传承人的创作动力；挑战传承人的技能，激发他们不断创新的动力。传承人通过现场展示，吸引游客驻足参观，甚至参与体验，展现手工艺技能的价值，而且大大增加了与游客直接交流的机会，有利于把握市场动向，不断开发出适合市场需求的手工艺品，进一步提高经济收益，形成技艺传承的良性循环。在他的带动和示范下，当地一些家庭也纷纷开始制作民族工艺品出售。②

此外，旅游开发还为侗族大歌、侗戏等非遗在新的时代背景下得到恢复与发展创造了条件，直接或间接地培养了一批传承人。为了满足游客的需要，在程阳景区马安寨每天都有侗族歌舞表演。演出时间为上午10时和下午4时，每场表演约40分钟，参与表演的都是本村寨的青年男女。马安寨侗族歌舞表演的领队杨军胜告诉笔者：演出队成立之初，队员对本民族的歌舞知之甚少，是三江县旅游局专门请专家来教跳"多耶"舞、唱侗族大歌、侗戏，后来大家才慢慢学会的。目前演出队共有队员20人，其中男、女队员各10名，参与一场表演每名队员可获得10元报酬。因为占用时间不多，收入较高，许多青年男女都想加入演出队。③ 从总体来看，景区内的侗族歌舞表演，虽然经过一定的组织和策划，但是仍然来源于生活，表演者也都由文化遗产的拥有者构成。据笔者的访谈调查，当地居民对这些民俗表演基本上是认可的，他们认为，表演队为游客演出的节目除少部分节目邀请客人一起参加外，其他与节日里本民族的娱乐活动差别不大。因此，这样的民俗表演对保护和传承非遗起到了积极作用。随着旅游业的发展，侗族手工刺绣、服饰、剪纸等传统艺人也纷纷将自己的作品转化为旅游商品。一些侗族女青年因为旅游商品畅销，开始跟着长辈学习织布、刺绣，非遗传承的力量在无形中得到了加强。

三、旅游开发对三江侗族非遗保护的消极影响

旅游业对非遗是一柄锋利的双刃剑。旅游业的发展在促进文化遗产复兴与繁荣的同时，也不可避免地伴随着文化商品化的现象。为了满足旅游开发的需要，传统文化成为面向游客的旅游吸引物，从而商品化了、贬损了文化原有的历史和文化内涵。就三江县而言，旅游业在当地侗族非遗保护、传承的同时，也对其保护产生了一些负面的影响。

---

① 笔者2009年9月30日于程阳景区岩寨采访侗族木构建筑营造技艺国家级项目传承人杨似玉所得口碑资料。——作者
② 韦国政. 木构建筑工艺品带富侗乡一方百姓. 广西新华网，2009-10-20，www.gx.xinhuanet.com。
③ 笔者于2009年9月29日在程阳景区马安寨采访侗族歌舞表演队队长杨军胜所得口碑资料。——作者

（一）非遗开发的商业化、舞台化与遗产保护原真性的退化

"原真性"是英文"authenticity"的译名。它的英文本义是表示真的，而非假的；原本的，而非复制的；忠实的，而非虚伪的；神圣的，而非亵渎的含义。三江县非遗的旅游开发，在一定程度上导致了非遗原真性的部分丧失，体现在非遗传承主体文化认同感的弱化、仪式的商业化、文化内涵的变异等方面。

下面以花炮节为例对这一问题进行具体探讨。旅游开发前，程阳八寨的花炮节是当地人的传统节日，属于人们日常生活的一部分，每个寨子都很重视，没有金钱利益的冲突，这一节庆也没有承载与外来游客交流的重任。然而，程阳八寨以景区形式对外营业后，当地许多有旅游价值的民俗活动被开发成旅游项目，花炮节作为一项侗族历史悠久的民俗活动自然是文化遗产旅游开发中的重头戏，于是原本的一项纯民间活动，由于官方、商家资本的介入及旅游客源市场的需求发生了相应变化。

程阳景区村寨的花炮节原定于每年的正月初三举办，这一传统延续了200多年。2002年以后，为适应旅游发展的需要，举办时间由正月初三变为正月初五（其间曾有一段时间改为正月初七）。这是政府和景区经营管理者提出的建议，其目的是吸引更多的外来游客。过去花炮节在正月初三举办，由于离大年三十太近，中国人的传统是过年待在家中团聚而不愿外出，故正月初三来程阳八寨看花炮节的外地游客比较少。正是出于这种增大客流量的考虑，把节庆时间改为正月初五。时间变化后，外地游客有明显增长趋势。而本地人，特别是参与这一活动的主力——年轻人数量大为减少，原因在于：程阳八寨的年轻人，只要不是在当地有正式职业的，一般在初四、初五就外出打工了，再也难以参与到这一传统民族节庆活动中来。

根据笔者实地调查所知，2002年后随着举办时间的改变，本地参与这一节庆活动的人数约减少了1/4。本地专业抢花炮队伍人数的减少，也直接导致整个比赛过程的激烈程度明显降低，严重影响了节庆活动的可观赏性。更有当地村民认为："花炮节由政府组织，体现自己愿望的机会没有了，这样的活动缺少原本的文化氛围，也没有以前热闹，越来越没意思了。"①究其原因，过去的花炮节是纯粹民间组织的活动，民众是主角，他们宣泄、表达的是自己渴望表达的情感与愿望，因而是不计报酬的。但在政府和商家组织的花炮节上，民众是被人摆布的棋子，是进行表演的"演员"，因此，他们计较参与活动的报酬，参与活动的热情也大不一样。正如人类学家格林伍德（Greenwood）所说："当文化被商品化后，真实性将弱化，不仅使当地侗族对本土文化失去兴趣与信念，也会使文化本身失去其内涵。"可见，这种旅游活动中民俗节庆文化的表演倾向会把其中的生活内涵置换掉，使其变成了商业活动而对村民自身失去了意义，从而会影响到文化在社区内部的传承，造成民俗文化传承机制的破坏。对于民间主办仪式性的体育娱乐活动，政府和商家采取支持与合作的态度而不是取而代之，或许能收到事半功倍的效果。

---

① 笔者于2008年2月12日正月初五程阳花炮节结束后采访村民梁永勋所得口述资料。——作者

(二)竞争关系的存在、利益分配的冲突,制约当地民众对遗产保护的积极性

近年来,随着三江侗族地区旅游业的迅速发展,景区居民与景区开发公司之间的矛盾因利益分配问题而日益突出。以三江县侗族非遗核心景区程阳景区为例。程阳桥景区旅游开发有限责任公司成立于2003年,负责从事景区旅游资源的规划、开发和保护工作,它的出现标志着景区管理由政府职能部门管理转变为企业管理。随着景区游客量和收入的不断增长,景区居民与公司之间围绕收益分配问题的矛盾也不断加深。当地居民认为,景区内文化遗产的产权是属于自己的,所以门票收入应该大部分归村寨居民所有,而不应仅得其中的二成。① 当地侗族木建筑技艺国家级非遗传承人杨似玉对这种分配方式感到不满,他说:"2003年以后景区门票由过去的30元涨到了现在的60元,但当地居民获得的分配收入却没有多少增长,近2年景区每年返给八寨居民门票收入人均只有10多元钱,而过去是8元钱。扣除物价上涨因素,其实没有多少增加。"②据笔者调研所知,当地居民对这种利益分配方式普遍意见很大,虽多次向景区和政府反映,但没有任何结果。对此,他们感到无可奈何。

利益分配上的矛盾,也直接导致景区管理部门出台的一些好的规章制度得不到很好的执行,无形中对当地非遗的保护造成了负面影响。如按照旅游规划,程阳桥景区已建起停车场、八寨寨门、购物长廊等相关配套服务措施,但是有些设施因为居民不积极配合,导致浪费闲置,如购物长廊成了晒谷场。笔者三次去程阳景区考察,发现程阳风雨桥上有众多出售旅游商品的侗族妇女,她们将所售的商品挂在桥上,向客人兜售,这些本地各类艺术品挂满了整座桥的护栏,让人不得不担心其承受能力。对于选购物品的游客,这些侗族妇女格外热情,以至于当一些游客在不顾桥上禁止吸烟的标语,一边选购商品,一边吸烟时,这些本地居民,并没有一个站出来制止。景区管理员曾多次进行劝阻,并建议她们移至购物长廊经营,但几经协商不成,最终让步,因为她们说程阳桥是大家的,没有理由禁止她们在桥上做买卖。可见,因为旅游收入利益分配上的分歧,这直接制约本地居民对文化遗产保护意识的积极性。这些矛盾都不利于传统文化保护与旅游业发展的良性互动关系的形成。

近年来,随着外来游客的增加,而景区内用于住宿的宾馆床位数量有限,一些村民从游客的住宿需求中看到了商机,开始改造自己的原有住房,开办家庭旅馆,接待游客。其中有少数村民为了方便,完全拆除旧房,建设砖混新房。笔者在调研过程中看到,一些改造后的房子,虽然外观与原来的风格变化不大,但室内相应的功能、布局、内部设置均发生了重大变化。改造后的民居厅堂中不再设祖宗牌位,厅堂原有供奉祖先以及全家活动中心的功能变为宾客服务的客房。更有一些村民使用混凝土等新式材

---

① 1996年政府作为景区旅游开发主体的时候,认为景区内的一切文化遗产都是公共财产,政府自然有权支配因其所获的收入。当时景区门票收入是按照政府规定的:政府拿八成,居民拿二成来分配的。2003年,政府把景区的开发权给了旅游公司后,利益的分配比例仍没有改变,本地人对这种做法很有抵触。——作者

② 笔者2009年9月30日在程阳景区岩寨采访侗族木建筑技艺国家级项目传承人杨似玉所得口碑资料。——作者

料建房,建筑风格与整个景区建筑风格的不和谐问题也随之出现。当地景区管理部门对此曾多次交涉,都无济于事。建房的居民普遍认为,自己没有从当地旅游开发中得到实惠,景区也不该干预居民自己建房。据笔者估算,在程阳景区内的马安寨、岩寨等村寨,有10%~15%的居民修建了砖混房屋,使传统侗寨建筑整体美观受到极大的削弱。这些建筑房屋虽然是极少部分,但是仍然影响了当地整体侗族民居等非遗的生存状况和整体群落建筑的美感。

(三)假冒伪劣旅游商品对当地非遗传承的冲击

随着旅游业的发展,外地一些假冒、粗糙的旅游商品也开始流入三江本地市场,直接影响到当地传统旅游工艺品的生产和销售。据程阳景区侗族木建筑技艺国家级非遗传承人杨似玉反映:这两年,越来越多的外来商品打着本地的招牌在市场上销售,导致他制作的一些木建筑模型销量大减。这些商品价格便宜,做工粗糙,外行的游客难以辨别真假,上当者不在少数。过去他制作一个中型侗族风雨桥需要花费3个多月的时间,售价在2 000~3 000元,而外地机器生产的风雨桥市场售价仅为1 000~1 500元,两者在用料、制作工艺上有明显的区别。过去靠制作木建筑模型为生的杨似玉如今不得不靠外出打工以增加家庭收入。杨似玉的妻子从事侗族刺绣、织锦的制作,因做工精细,过去其产品供不应求。近年来也因外来同类商品的冲击,销量大不如从前,产量由过去的每月5~7件,降为现在的每月3~4件。[①] 据笔者调查:这些外来的旅游商品,包括所谓的侗族木建筑模型、刺绣、侗锦等,大多从位于180公里之外的桂林瓦窑的旅游纪念品批发市场进货,因价格低廉,在当地市场颇为畅销。假冒伪劣旅游商品的排挤和冲击,给旅游开发后侗族传统手工技艺的复兴制造了障碍,严重影响了民间艺人的生产和传承工艺的积极性,不利于当地非遗的保护。

四、结语

综上所述,旅游开发对三江县侗族非遗保护的影响是一个持续而明显的过程,只要旅游这种现象存在,就必然会对非遗的保护产生影响。总的来说,旅游开发对三江侗族非遗保护的影响既有积极的一面,也有不利的一面;两种影响并存,需要我们全面认识,客观评价。为实现三江侗族非遗旅游开发与保护的良性互动发展,今后需要我们做好以下几个方面的工作。①充分发挥政府主导作用,完善民族文化遗产保护的法律和法规;②组织各方力量,科学制定开发规划,建立旅游开发影响的评估和监控机制;③通过各种渠道对主客双方开展非遗保护的宣传教育;④齐心协力维护好非遗赖以生存的文化生态环境;⑤以可持续发展观念为指导,积极探索保护性旅游开发模式;⑥提高遗产地社区居民参与旅游开发的程度和范围;⑦积极培养少数民族非遗保护与开发的人才。

---

① 笔者根据2009年9月30日在程阳景区岩寨杨似玉家中采访杨似玉夫妇所得口碑资料。——作者

基于农业文化遗产视角的龙脊梯田旅游可持续发展探讨

黄月玲

(桂林理工大学旅游学院 桂林)

【摘　要】龙脊梯田是我国旅游发展起步较早的乡村旅游地,在旅游发展中,由于资源的过度使用和产生的利益矛盾,面临进一步发展的困境。龙脊梯田的核心旅游资源是农业文化遗产,申请遗产地,从农业文化遗产的视角进行旅游发展,尝试 TOT 旅游开发模式,是龙脊梯田保护资源和可持续发展的较好选择。

【关键词】龙脊梯田;可持续旅游;农业文化遗产;TOT 模式

一、农业文化遗产概述

农业文化遗产,是近十来年才出现的新的研究课题和研究视角,在概念上等同于世界文化遗产,核心是强调对传统农业文化的继承与保护。这一领域的研究起源于世界农业文化遗产概念的提出和关注。2002 年 8 月,为保护这种刚刚被人们关注的遗产,联合国粮农组织(FAO)、联合国开发计划署(UNDP)和全球环境基金(GEF)等十余家国际组织与机构,以及一些地方政府,共同发起、设立了"全球重要农业文化遗产"项目,即世界农业文化遗产(Globally Important Agriculture Heritage Systems,GIAHS)。随后自 2004 年起,联合国粮农组织开始在世界范围内陆续选出一些全球重要农业文化遗产地作为试点。2007 年 6 月全球环境基金理事在 40 多个候选点中最后正式确认了首批 6 个国家的 5 个试点,它们是:中国青田的稻鱼共生系统,菲律宾伊富高的稻作梯田系统,秘鲁的安第斯高原农业系统,智利的智鲁岛农业系统和阿尔及利亚、突尼斯的绿洲农业系统。[①]按照计划,联合国粮农组织计划在未来几年内选出 100~150 项全球重要农业文化遗产试点。截至目前为止,我国产生了第一批入选的浙江"青田稻鱼共生系统",以及第二批入选的云南"哈尼稻作梯田系统"、江西的"万年稻作文化系统"共 3 个全球重要农业文化遗产保护试点。联合国粮农组织给世

[作者简介]　黄月玲(1975—),女,湖北利川人,土家族,硕士、副教授,主要研究方向为旅游经济、旅游规划与开发。

① 闵庆文. 关于"全球重要农业文化遗产"的中文名称及其他[J]. 古今农业,2007(3):116–120.

农业文化遗产的定义是:农村与其所处环境长期协同进化和动态适应下所形成的独特的土地利用系统和农业景观,这种系统与景观具有丰富的生物多样性,可以满足当地社会经济与文化发展的需要,有利于促进区域可持续发展。① 从世界农业文化遗产的角度说,世界农业遗产必须具有世界性,须得到全世界人们的评价和认可。如上所述,我国目前符合这一要求的只有浙江"青田稻鱼共生系统"、云南"哈尼稻作梯田系统"、江西"万年稻作文化系统"。

全球重要农业文化遗产为理论界提供了一个新的研究背景和视角。我国是一个具有近万年农业文明和拥有近10亿农民的农业大国,农业遗产相当丰富,值得研究的农业文化遗产众多。因而围绕这一研究视角,我国近年来衍生了农业文化遗产、农业遗产等与世界农业文化遗产相关的研究,所涉及的相关研究相对世界农业文化遗产的概念来说更加宽泛,主要针对那些与农业文明相关的,但又不是世界遗产的遗产,我们只能称之为农业遗产的范畴,开展有关资源利用和地域可持续发展的重要课题研究。本文所讨论的广西桂林市龙脊梯田,就是在这一理念下开展的。龙脊梯田具有悠久的稻作农业文化,但还不是世界农业文化遗产。因此,这里主要从农业遗产这个相对宽泛的概念入手,着眼于龙脊梯田研究的视角。关于研究的概念,我们借用韩燕平等在对农业遗产几个密切相关概念辨析的基础上,对"农业遗产"概念所作的界定:农业遗产由农业文化遗存组成,这些遗存拥有历史的、社会的、生态环境平衡的或科学研究上的价值,这些遗存由农业相关的遗址、农业制度、耕种方法与技术和与农业相关的民俗文化组成。同时,与农业相关的社会活动场所(农民住宅、古村落、宗教活动地等)也应该包含在农业遗产的范畴之内。② 因此,从认识形态上看,农业遗产由物质实体和非物质遗产两部分组成。

二、龙脊梯田农业文化遗产

(一)龙脊梯田概况

龙脊梯田,从广义来说叫龙胜梯田,从狭义上称为龙脊梯田。处于东经109°32′~100°14′和北纬25°35′~26°17′,位于广西桂林市龙胜各族自治县和平乡平安村龙脊山,距县城22公里,距桂林市80公里。龙脊因山脉如龙的背脊而得名,山脉左边是桑江,右面是壮族和瑶族先人开凿的梯田,即龙脊梯田。梯田属于两个古老的寨子——平安寨和大寨,平安寨旁的叫龙脊梯田,居民主要为壮族;大寨的叫金坑梯田,居民主要为红瑶。我们讨论中的龙脊梯田是广义的龙脊梯田,即包括壮族和瑶族的梯田群。龙脊梯田始建于元末,成形于明朝,完工于清初,距今已有近700年的历史。早在元朝,龙脊先民就掌握了水稻种植的技术,他们从山脚往山顶一层层开梯田,砌好下丘的田坎以后,就剥掉上丘田的表土作肥泥,就是这样经过祖辈们世代的辛勤劳作形成了

---

① ftp://ftp.fao.org/sd/SDA/GIAHS/backgroundpapers_ramakrishnan.pdf.
② 韩燕平,刘建平.关于农业遗产几个密切相关概念的辨析——兼论农业遗产的概念.古今农业,2007(3):111-115.

大规模的梯田群,梯田群是当地壮族、瑶族先民依山劳作的勤劳、智慧与汗水的结晶。

龙脊梯田群是以平安壮族梯田和金坑红瑶梯田为主体向周边村寨辐射的梯田群。整个占地面积71.6平方公里,最高海拔1 916米,最低海拔300米。梯田一般分布在海拔300~1 100米,坡度多为26~35度,最大坡度为50度。龙脊梯田的规模气势浑宏、磅礴壮观,线条行云流水、潇洒流畅,是世界上杰出的农艺景观,也是中国南方农耕文明的集中体现。从山脚到山顶,拥有依山势开辟出的数千块田,最大的一块田不过一亩,大多数梯田是只能种一二行禾的"带子丘"和"蚂拐(即青蛙)一跳三块田"的碎田块。形成"小山如螺"、"大山成塔","层层梯田绕山村,条条渠道涌山泉"的曲线工程,堪称"天下一绝"。

龙脊梯田覆盖龙脊、平安、金江、大寨、小寨、中禄6个行政村,其中主要居住着壮、瑶两个民族,共8 523人。

(二)龙脊梯田农业文化遗产类型

农业文化遗产是与农业相关的遗存,包括物质和非物质文化的农业遗产内容。物质实体如农作物遗存、生产工具遗存、水利灌溉工程遗址、田地遗址、特色农业等一切与农业生产相关的物质实体,以及由物质实体形成的特色景观;非物质遗产为历代耕种制度、土地制度、耕种方法与技术的演进、历代农业的产值、产量、规模,以及农民的生活状况、农业民俗等。[①] 通过归纳,对龙脊梯田农业文化遗产的基本类型进行统计如下表所示。

龙脊梯田农业文化遗产基本类型表

主类	亚类	典型代表及举例
物质类农业文化遗产	传统农具	犁耙、牛、小镰、禾剪、田锄、挖锄镰刀、灌溉沟、水槽
	农村建筑:干栏式吊脚木楼及木楼群,桥、路等	八乾亭、廖家木楼、莫一大王庙、龙泉亭、清泉亭、江洲庙、石宝桥、石板路等
	农业景观:森林、溪流、梯田景观	平安壮寨:七星伴月、九龙五虎;金坑红瑶梯田:大界千层天梯、西山韶乐,金佛顶
	农副产品	香糯、大糯、黑须糯、白莲糯;糍粑、乌饭、粽子、龙脊辣椒,龙脊云雾茶,龙脊水酒
	传统农副产品工艺	纺纱、织补、采茶、炒茶、酿酒等传统劳作工艺、水冲、水磨

[①] 韩燕平,刘建平.关于农业遗产几个密切相关概念的辨析——兼论农业遗产的概念.古今农业,2007(3):111-115.

续表

主类	亚类	典型代表及举例
非物质类农业文化遗产	农业技术	耦耕、锄耕
	农业制度	一年一季种植制度;寨老制度和乡约制度:《龙脊乡规碑》、《龙胜南团永禁章程》
	农业生产习俗	打春牛、"打背工"、供田节"赎田魂"
	农业节庆	壮族五谷节、牛王节、丰收节、火把节、晒衣节、祭供田节
	农业谚语、歌谣	弯歌"古壮歌"、劳动歌
	农业娱乐	板鞋舞、铜鼓舞、傩舞、师公舞、打扁担
	农业生活习俗	打油茶、喝米酒、食大米饭、糯米饭、大米粥、竹筒饭、玉米（薯）、五色糯米饭、糍粑、米花等
	农业信仰	蛙神崇拜

龙脊梯田农业文化遗产的特点如下：

（1）农业文化遗产内容丰富，数量较多。物质文化遗存涉及传统农具、农村建筑、农副产品、传统农副产品、产品工艺，这些物质文化遗存在龙脊梯田都保存完整。非物质农业文化遗产涉及农业技术、农业制度、农业生产、生活习俗，农业节庆、娱乐、谚语、歌谣以及农业信仰等。

（2）具有典型地域特色。以传统农具为例，龙脊梯田地处高山地区，村民在长期的生产实践中发展出了适合当地地形和地貌的生产工具，其中不少为当地所特有。如传统农业耕作的主要工具是牛和犁耙，但龙脊山区地陡田小，用牛拖犁耙不易转动，且易踩塌田坎，因此2/3的耕地都使用人力推拖犁耙，称为耦耕。人力要比兽力小得多，所以这里的犁耙也比其他地方较为短小些。再如割草用的镰刀，为了适应本地山高石头多的特点，而把刀尖打制得较为上翘。在农业生活习俗中，当地居民具有饮酒、打油茶的习俗，则是为了适应当地高山气候而形成的一种习惯。

（3）具有典型的民族特色。龙脊梯田是历代壮、瑶少数民族农业生产、生活的见证，农业居所、建筑景观、风俗、习俗都具有壮族、瑶族特色，较汉族农业区更为独特。例如，壮族、瑶族在农业生产、生活中都喜欢用唱歌来抒发感情，如被称为"古壮歌"的弯歌，内容叙述食物来源、对人的劝诫、各种苦情及农事活动等。农业生产、生活中的民族特色成为独特的景观。

因此，出于农业文化遗产视角的旅游开发，为旅游开发提供丰富的旅游资源和新的可持续发展的方向。

三、龙脊梯田农业文化遗产视角的旅游可持续发展及其模式讨论

（一）龙脊梯田旅游开发的现状与问题

依托于规模宏大的梯田景观和独特的少数民族风情，1988年9月，广西壮族自治

区政府批准龙脊梯田为首批自治区级风景名胜区,并被国际旅游指南手册《Lonely Plante》收录,至此,龙脊梯田这个养在深闺中的神秘之地吸引了远方的中外游客。龙脊梯田最初的旅游开发以平安壮寨为核心,始于1992年,1993年正式对外开放,但这一时期,旅游开发以居民自发为主,交通不畅,接待设施简陋,旅游服务项目单一,旅游人数很少。1999年随着龙脊景区建设总公司成立,景区很快进入了快速发展期,1999年年末旅游人次达1.41万,较1998年增长了243.9%,旅游收入达19.50万元,增长333.3%。此后,龙脊梯田旅游接待数量每年以两位数增长率快速发展,2005年增速有所放缓,接待人次18.35万,获旅游收入861万元,分别较2004年同期增长28.7%、37%,到目前为止,龙脊梯田仍然处于稳定快速的发展阶段。

经过近20年的旅游发展,龙脊梯田旅游已经起步,并进入稳定快速发展的阶段,在农业文化遗产地旅游开发中起步较早,但却未从形成农业文化遗产的角度开发,因此,农业文化遗产旅游开发方面存在的问题突出:

1. 农业文化遗产开发不足

龙脊梯田开发之初是作为"风景名胜区"进行开发的。所谓风景名胜区,是指风景名胜资源集中、自然环境优美、具有一定的规模和游览条件,经县级以上人民政府审定命名、划定范围,供人们游览、观赏、休息和进行科学文化活动的地域。初期,龙脊梯田开发资源的吸引力主要集中在梯田景观和民俗文化方面,未将二者从农业文化的角度联系起来去开发,更没有从农业文化遗产的重要意义角度进行开发。旅游产品和项目处于粗开发阶段,而且资源的保护和可持续发展问题比较突出,因此,从农业文化遗产层面挖掘旅游资源的内涵和深度还存在较大的空间。

2. 开发中的保护问题

龙脊梯田作为我国开发相对较早的一个乡村旅游地,随着开发力度加大,开发中的利益关系日趋复杂,造成了旅游发展中典型的旅游社区利益矛盾。这些矛盾和问题引起农业文化遗产中的核心资源梯田保护不足。表现在:①农业生产与旅游服务的收益差异,使得居民倾向于投入旅游经营与服务,减少了整治和耕种梯田的时间与精力,不仅影响了梯田的农业产出,给梯田景观核心资源的形成和保护带来严重的影响,使旅游的进一步发展受到影响。②作为一个公共资源,梯田景区的投资商和参与旅游经营的主体,过度使用资源,造成垃圾污染、田地践踏、灌溉水源受影响等,破坏了资源的原生性,而没有使资源得到相应的补偿和恢复。③经营利益主体和参与经营者与非经营者之间利益分配不均,使居民对梯田整体景观的维护持消极的态度,甚至造成了资源不可逆转的破坏,给景区的进一步发展带来遗憾。④旅游者过度使用资源,一方面给旅游开发商和相关的利益主体带来收益的同时,也造成了梯田景观在环境、空气质量、民族本性等方面的损害,给物质和非物质文化保护造成一定的影响。

这些问题,既是过去旅游发展过程中凸显的问题,也是旅游进一步发展道路上的障碍。从农业遗产视角进行进一步开发,是龙脊梯田景区可持续发展的选择。

(二)农业文化遗产视角的龙脊梯田旅游可持续发展及模式讨论

1. 积极进行遗产申报,提高遗产地知名度和居民对遗产价值的认识与保护

龙脊梯田的梯田稻作文化已有700多年的历史了,龙脊先民为适应特殊的地理环境而造就了特殊的农业景观,形成了特有的水稻种植技术和农业生产、生活方式,以及习俗。随着社会经济条件的变化,龙脊梯田农业文化遗产现已逐渐衰退而面临发展的危机,表现在:①社会化大生产强调生产效率的提高,从农业生产本身的意义来说,传统的农业生产方式和生产制度在追求经济效益面前遭受到质疑。这就直接导致年轻一代开始脱离这种低效的传统农业生产方式,选择具有比较优势的工商业活动。龙脊梯田由于特殊的地形、地势和气候特征,很多传统的生产工具都是当地人专门发明和自行改造的,如上所述,小田锄、小镰、禾剪,还由于梯田面积小,大的农业工具不适应,形成了耦耕,这些生产方式在现代化经济面前,遭遇到严峻的挑战。②旅游开发是龙脊梯田这种传统农业地生产方式在收益上的一种弥补方式。但同样在发展中相关利益主体的利益目标差异而未形成保护的共识,在目前的旅游发展中保护不足,已经使部分遗产遭受到一定程度的损失。

龙脊梯田是我国、也是世界宝贵的农业文化遗产,完全有必要以世界或者国家农业文化遗产的方式及相关思路进行保护与发展。我们不能简单地关注龙脊梯田日渐式微的经济效益,而应该更多地关注龙脊梯田显著的社会、生态效应,充分认识到其重要的农业文化遗产价值。这不仅是设立遗产项目的根本目的,也是先行对宝贵的农业文化遗产进行保护的必要方式,利用这一平台,龙脊梯田的相关利益主体更加清醒地认识到保护的重要性和必要性,同时使龙脊梯田旅游发展的知名度得到进一步提升。因此,相关部门高度重视和切实行动起来,抓住机遇,及时申报龙脊梯田为世界或国家农业文化遗产,对旅游的进一步发展是非常重要的。

2. 选择农业文化遗产视角,对龙脊梯田旅游资源加以升华

龙脊景区所依托的资源基础是稻作农业文化遗产,如上所述,龙脊梯田农业文化遗产丰富,物质和非物质农业文化独特,具有典型的地域特色和民族烙印。过去的开发角度,强调梯田农业风光的观赏和民族建筑、民族风俗等少数民族元素。开发中强调资源的利用和资源的经济效益,正是这一观念导致了旅游发展出现了一系列不可调和的矛盾。选择农业文化遗产的视角进行旅游开发,不仅是龙脊梯田核心资源——梯田稻作文化的体现,更是强调开发中保护的前提和综合效益的重视。基于世界农业文化遗产的理念,龙脊梯田符合农业文化遗产的概念:作为农村及环境长期协同进化和动态适应下形成的独特土地利益系统,在传统高山梯田特色地域农业生产上,具有保护农业生物多样性、传统生态环境和农业生产方式的重要生态价值。通过转变视角地开发旅游,对鉴定、保护、保存农业生产物质和非物质文化,提供研究、文化传承方面都非常重要,而且有利于挖掘新的旅游资源,提供新的旅游项目。因此,农业文化遗产的旅游开发视角,是对龙脊梯田核心资源——农业文化资源的挖掘和升华,是龙脊梯田可持续旅游发展的选择。

3. 以政府为"主导",以居民为"主角",加强农业文化遗产资源的保护

农业遗产旅游开发,其核心是保护前题下的旅游开发。不管采取生态旅游开发模式、生态博物馆旅游模式,还是社区参与模式,都是强调对旅游地原生态文化的保护。从龙脊梯田旅游开发所涉及的相关利益主体来看,涉及的利益主体包括:政府、开发商、社区集体、村寨居民以及旅游者。从旅游和可持续发展的角度说,相关主体均存在对龙脊梯田所涉及的旅游资源保护的义务,但从利益目标角度看,政府、社区集体和居民则是最核心、最重要的保护主体。①政府的目标是保证地方发展的综合经济效益,既要注重经济效益,同时也要注重地方社会文化和生态环境效益,承担国有资源的保护和持续发展。因此,政府要发挥"主导"作用,指导、监督和约束相关利益主体,避免因为追求短期经济效益而忽视社会文化和环境的保护与持续发展。这就要求政府在政府行为上提高政事能力,克服政府短期行为。②社区集体和村民是龙脊梯田最原始的东道主,他们见证了最原始的龙脊梯田农业文化遗产,是此遗产的传承者和长期在这里生存与发展的主人,只有他们对先祖留下的宝贵遗产最有感情,对旅游发展中外来相关利益主体在追求各自利益的过程中对文化和资源的破坏最痛惜,也是现在和未来对资源持续利用和最依靠资源生存发展的,因此他们是发挥农业遗产保护的最重要的"主角"。因此,农业文化遗产的旅游开发视角,需要加强政府"主导"功能和居民保护"主角"的地位。

4. 建立旅游发展与农业文化遗产保护协调发展的机制

如上所述,居民虽然是农业文化遗产的保护"主角",但在执行中却会遇到许多障碍。因此,构建相应的保护协调发展机制非常重要。主要从保护的驱动机制和保护的补偿机制两个方面着手。①保护的驱动机制,主要是建立激励居民"主角"的保护动力。任何行为主体的行为都具有一定的内在驱动力。作为进行遗产保护"主角"的居民,进行遗产保护的驱动力主要表现在:首先是情感引导,对遗产保护成为一种职责,继承和保护遗产是对自己先祖的怀念,这是一种基于感情的自发行为,是居民自身的情感需要;其次是利益驱动,保护可以带来利益,现在龙脊梯田的大多数居民都或多或少地知道要保护本地的梯田,要穿民族服装,知道因为这样才能吸引游客来此地游玩,他们也才能通过搞旅游获得收入,利益驱动居民产生了对资源的保护。但保护的物质基础还不够,居民的保护意识还较淡薄,对保护对象、保护内容的认识也存在差异,更不能从遗产的角度加以重视和保护,更重要的是保护需要人力、物力、财力的投入,旅游的大规模发展,也带来了显著的负面外部性,增加了保护的投入,这就给保护"主角"的居民增加了负担,因此,需要建立旅游发展对旅游资源,即农业文化遗产的保护补偿机制。②保护的补偿机制,主要对资源的使用从价值角度实施补偿,针对资源的旅游利益群体,政府、旅游开发商、经营商、中间商、旅游者都应以一定的形式对利用资源和遗产实施一定的补偿,用于农业文化遗产的保存和发展。

5. 农业文化遗产旅游开发的TOT运营模式

国内学者吴忠军等在研究龙脊梯田景区开发方面提出了一些尝试的方向,如龙脊古壮寨生态博物馆旅游开发,①并在此基础上进一步提出了生态博物馆+"前台、帷幕、后台"旅游模式;吴忠军、叶晔等在基于旅游利益矛盾和分配基础上提出的社区参与模式,并实行景区股份合作式经营②;冯磊、吴郭权提出龙脊农业文化遗产开发的功能区划模式,借鉴功能区划模式的保护措施,结合梯田农业文化遗产情况进行功能分区。③ 这些都是探讨龙脊梯田及景区发展过程中非常值得借鉴的旅游开发模式。从农业遗产旅游开发的视角看,由于保护和传承的重要性,而承担这一任务的主角是当地"居民",结合旅游地日益凸显的利益矛盾,对于一个近20年发展的景区来看,龙脊梯田在开发运营模式方面可尝试移交—经营—移交(TOT)旅游发展模式。

移交—经营—移交,本来是国际上较为流行的一种项目融资方式。通常是指政府部门或国有企业将建设好的项目的一定期限的产权或经营权,有偿转让给投资人,由其进行运营管理;投资人在约定期限内通过经营收回全部投资,并得到合理的回报,双方合约期满后,投资人再将该项目交还政府部门或原企业的一种融资方式。引入这种旅游发展模式,是从协调农业文化遗产资源投资经营的必要性和遗产保护的角度出发的。运营模式强调在遗产旅游开发的初级阶段,引入外来资金进行旅游开发和运营,在旅游发展到一定阶段后,投资商的利益得到了一定的满足后,地方通过学习、培养和人才引进,实现经营能力的提升后,政府和社区集体将旅游经营权收回,移交给社区集体经营。这一方面保证了投资商的经济利益,另一方面也协调当前龙脊梯田景区利益的矛盾,排解了居民承担保护资源"主角"的障碍,实现了旅游可持续发展的核心目标:发展地方经济,使地方居民受益。

---

① 吴忠军,危红梅,张瑾.建立广西龙脊古壮寨生态博物馆的若干思考.广西民族研究,2008(3):186-193.
② 吴忠军,叶晔.民族社区旅游利益分配与居民参与有效性探讨.广西经济管理干部学院学报,2005,6(3):51-55.
③ 冯磊,吴郭泉.农业文化遗产的保护性开发——以龙胜龙脊梯田为例.大众科技,2010(2):144-146.

近十年来中国西部民族地区非物质文化遗产保护研究述评

李 铭

（桂林理工大学旅游学院　桂林）

【摘　要】本文通过对近十年来国内有关西部民族地区非物质文化遗产研究文献的统计分析，从西部民族地区非遗保护的必要性与意义，非遗的法律保护，非遗的开发式保护，教育与非遗的保护，图书馆、博物馆与非遗的保护，以及非遗的其他保护方式六个方面，对近十年来西部民族地区非遗的研究成果作了系统梳理，并对研究中存在的问题和今后研究的趋向进行了展望，以期为今后的研究提供一些理论与经验借鉴。

【关键词】西部民族地区；少数民族；非物质文化遗产；保护

近十年来，随着综合国力的日益增强，特别是全民族文化自觉程度的提高，学术界对我国非物质文化遗产（以下简称"非遗"）的理解和认识也在逐步加深。以前，相对沉寂的西部民族地区的非遗保护问题更是逐渐引起了学术界的重视，成为国内学术界研讨的一个重要领域。据笔者统计，近十年来，国内涉及西部民族地区非遗保护研究的论文共有160余篇。本文围绕在研究中理论界比较关注的几个问题进行综述和简要评析，力图呈现理论界对该命题的研究状况及研究特点，并试图在历史回顾和学术研究的总结中，努力归纳出一些笔者认为值得进一步探讨的问题，以供学界同人讨论和批评。

一、西部民族地区非遗保护的必要性与意义研究

非遗因其特殊的文化经济价值，成为民族精神和民族性格的体现，是民族价值观的反映和民族情感的寄托，被誉为历史文化的"活化石"。保护和传承好西部民族地区的非遗，其意义重大而深远。陈婧认为，西部少数民族非遗作为民族传统文化的重要组成部分，是民族亲和力与凝聚力的重要源泉；文化遗产的存在价值和经济价值决定了我们保护并发展文化遗产的必要性；保护和传承好这些文化遗产，是实现现代文明协调发展的重要环节，有利于各民族文化交流创新，实现民族文化的现代化。[1] 王

[作者简介]　李铭（1980—　）男，内蒙古赤峰人，桂林理工大学旅游学院讲师，主要研究方向为民族旅游保护与开发。liming_nmg@163.com。

文章认为,我国各民族的非遗具有丰富的历史、文化、精神、科学价值。其中审美价值是非遗的基本价值,历史价值、文化价值、精神价值是非遗价值体系的核心。他强调民族精神主要靠非遗而得到传承和发展,非遗因体现民族精神而具有重要性,保护好各民族的非遗对于民族文化和民族精神的传承与弘扬十分关键和必要。[2]覃志鹏指出,西部民族地区的非遗是各民族群众创造力的集中体现,是对民族特有的思维方式、想象力和文化意识的浓缩与传承,是维护文化主体和文化主权的重要依据,对其进行保护具有重大的政治文化经济意义。[3]

近年来,学者们还纷纷结合西部所在地区文化经济建设发展的需要,从各个方面阐述了对当地非遗保护的意义。熊正益认为,云南非遗是当地各族人民在悠久的历史进程中创造的文化成果,体现出云南各民族的价值观念、思维方式、想象力和审美意识,保护好这些丰富多彩的非遗,关系到民族文化血脉的传承,同时也关系到精神家园的维护,并关系到先进文化的建设,是全面落实科学发展观,构建和谐社会,加快云南民族文化大省建设的必然要求。[4]马宁认为,西藏非遗保护工作的有效开展,很好地体现了我国的文化政策,有力地驳斥了达赖集团提出的"文化灭绝论",在反分裂斗争中发挥了特殊的积极作用。[5]张慧指出,新疆非遗具有展现各民族文化创造力的突出价值;扎根于相关区域的文化遗产,世代相传,是民族间文化交流的重要纽带和载体,具有鲜明的地方特色;具有促进民族文化认同、增强社会凝聚力、增进民族团结和社会稳定的作用。[6]

二、西部民族地区非遗的法律保护研究

众所周知,法律制度建设能够为非遗提供长期、稳定且有强制效力保护的重要保障,只有具备完善的法律制度,才能够真正实现少数民族非遗的全面保护。如何建立有效的非遗保护法律机制、构建相应的法律、法规体系,是近年来学术界探讨的热点话题。高永久等指出,法律作为保护少数民族非遗的有效手段,在当前实践中却没有很好地发挥其应有作用,这种情况在很大程度上根源于我国非遗保护方面的立法、执法建设落后于社会发展对非遗保护的需要,以致法律保护还不能应对非遗保护的紧迫性,因此,有必要加强非遗保护的法制建设。[7]黎明认为,只有通过法律手段调整涉及少数民族非遗的社会关系,依法确立与制定少数民族文化遗产保护的正确方向和措施,才能真正地起到有效的保护作用。因此,厘清法源就成为建立这个法律制度的必然要求和重要前提。[8]

非遗是一个内涵非常丰富的概念,其表现形式多样,发挥作用的机制和形式也各不相同,难以找到一种统一的方法来保护所有的非遗。研究者认为,要有效保护西部各地区为数众多的非遗,应结合其范围、特点,综合分析和选择法律保护模式。张邦铺指出,非遗经济价值在现行法律制度中没有得到保护,于是出现了大量的"文化海盗"现象。笔者对"文化海盗"现象进行法理分析后,提出增进非遗立法完善的一些具体构想:明确非遗创造者的权利;建立非遗开发"事前知情同意"和"利益分享"制度;非

遗中的民间文学艺术保护应无期限；构建特别权利体系，完善权利的司法救济。[9] 王培新针对我国少数民族非遗被淡化甚至消亡的现状，认为应在国家相关立法的不断完善中，进行相关地方立法，建立公法与私法保护并行的多元化法律保护体系。[10] 李崇林认为，新疆少数民族非遗保护要将各地的可行性政策形成制度化，或者上升为地方性法规的形式，使新疆非遗的保护制度化、法制化，同时还要进一步扩大物质文化遗产的法律保护范围，加大保护力度。[11]

非遗保护是一项非常复杂的工作，知识产权制度作为一种切实可行的方法，可以为非遗提供有效的保护。甘明、刘光梓认为，传承人和群体构成了非遗权利的二元主体，结合黔东南非遗的实际情况，指出承认传承人和群体的非遗知识产权制度的权利主体地位，对于创设一种新型知识产权制度即非遗知识产权保护法具有重要意义。[12] 甘开鹏提出了对景颇族的目瑙纵歌知识产权保护的若干建议：利用知识产权制度、WIPO条款进行非遗保护；建立专门保护法与相协调的相关法律保护；确立非遗保护试点单位；充分利用教育方式和现代科技手段进行非遗保护。[13]

三、西部民族地区非遗开发式保护研究

对西部民族地区非遗进行适度的开发，是当前保护该地区非遗的一个必然的、历史的和内在的要求，与其他地区相比，西部民族地区在开发非遗方面有更紧迫的诉求。目前，西部民族地区非遗的开发式保护模式主要有旅游开发模式、文化产业开发模式、创意经济开发模式等。

旅游开发，是非遗保护的一种比较有效和普遍的方式，现有研究也多侧重于从旅游开发的视角进行探讨，涌现了一大批相关研究著述。徐赣丽通过引进旅游市场机制方法，从民俗旅游开发的角度探讨旅游经济产业对非遗保护的效应，主张通过构建由政府、旅游企业、当地居民与学者共同参与的民俗旅游村形式的保护框架，充分调动各方的积极性，促成保护与开发的双赢。[14] 潘年英从研究贵州从江县非遗保护与发展的实践中认识到开发旅游业是一种双赢的方法，既能给当地原住居民带来经济效益，促进当地社会文化的进步和发展，同时又达到了保护传统文化的目的。[15] 张瑛、高云以云南民族歌舞为例，深入探讨了政府在非遗保护与旅游开发中应发挥的特殊作用，提出应努力通过加强立法工作、理顺部门关系，建立非遗名录体系，加强非遗的传承和教育，通过与旅游业相结合、积极推进产业化等行政管理措施，实现少数民族非遗保护与旅游开发利用的双赢。[16] 卢家鑫指出，贵州民族歌舞戏剧要得到更好的发展，最有效的途径就是地方民族旅游的开发。只有在旅游业的支撑下，形成文化商品，推动地方的经济发展，这样的民族文化、民族歌舞戏剧才能得到真正的发展。[17]

在非遗开发式保护其他途径的研究中，李昕认为，西部地区丰富的非遗是文化产业发展重要的文化资本，如何对非遗进行合理的开发与利用，不仅关系到文化产业健康、有序地发展，还与非遗自身的生存与发展息息相关。所以，探索将资源优势转化为产业优势的途径是极其重要的。[18] 蓝武芳指出，京族是我国唯一的海洋民族。作为京

族最具代表性的非遗,哈节节庆文化产业化可以使京族哈节得到有效的、可持续性的保护、传承和开发利用。[19]王松华认为,在少数民族非遗保护和利用过程中,通过产业化手段寻求非遗在新的环境下传承与传播的市场空间,并借市场化的机会扩大规模与集聚资金,实现非遗存续与发展的良性循环。[20]

四、西部民族地区教育与非遗保护研究

目前,西部民族地区非遗所赖以生存的自然人文环境受各方面因素的影响在不断发生变迁,因此,如何保护、传承好本民族、本地区的非遗,使文化遗产拥有族群的群体记忆不至于发生中断,是学者们所密切关注的问题。文化人类学家认为,文化传承就其本质而言,不仅是一个文化过程,而且是一个教育过程。因此,在探索其保护方式的时候,教育的作用不容忽视。

谢梦指出,教育是传承少数民族非遗的主要途径,只有通过教育,才能对民族地区非遗的保护与传承起到长远有效的作用。谢梦以恩施州苗族聚居地"小茅坡营苗寨民俗村"为例,研究了教育对非遗保护的现状、作用及意义;提出了以学校为阵地、社会为摇篮、开展具有民族特色的素质教育以保护恩施州非遗的建议。[21]董素云认为,仡佬族非遗的保护与传承要重视教育、加强人才的培养,使全社会形成自觉保护仡佬族非遗的意识。[22]刘晓辉指出,贵州少数民族非遗不仅有重要的价值性,还有特殊的"濒危性"。贵州民族非遗"保护"的关键在于文化的"传承",而"传承"的关键是传承者的教育。当今年青一代受教育的主要场所是学校,民族地区学校教育的课程设置应当考虑与非物质遗产的保护联系起来,实现对当地民族文化的有效传承。[23]王文韬探索了学校教育和少数民族曲艺类文化遗产可持续发展的关系。他指出,在学校教育中实现少数民族本土曲艺文化的规模化传承,有其先天的优越性。这是因为教育本身是一种文化现象、一种文化载体,是传承、传播和发展文化的最主要、最有效的途径。曲艺文化一旦进入教育系统,就会以教育自身的规律将其整理、归纳、重组,并将其系统化和体系化,最终形成教材并通过授课的形式而实施,这是由学校教育的特点所决定的。[24]

2002年10月,在北京中央美术学院召开了新中国成立以来《中国高等院校首届非物质文化遗产教育教学研讨会》,揭开中国高校非遗教育普及的序幕。汪立珍指出,将少数民族非遗纳入高等教育体系,是保护、开发、传承少数民族非遗的重要手段与途径。[25]陆文熙认为,高等院校要为民族地区培养爱国爱乡,能面向世界又具有"民族性、地方性、适应性"的一专多能复合型应用人才,有必要将非遗的知识技能传承融入到民族地区高校素质教育,在传承中保护抢救非遗。[26]郑颖通过分析高校教育的现状,论述高校参与非遗保护的必要性,探索了高校参与非遗保护的具体途径和方式。[27]

五、西部民族地区图书馆、博物馆与非遗保护研究

随着现代化和城市化的发展,民族地区非遗受到各种外来文化的冲击,掌握民间

艺术技艺的传承人日益减少,因此,需要采取多种措施对非遗进行保护。民族地区图书馆和博物馆作为公益性质的机构,应责无旁贷地承担保护当地非遗的时代使命。如何充分发挥图书馆和博物馆的功能与作用,以实现非遗的有效保护已成为学术界探讨的重要方向。

图书馆是采集、保存、整理、交流、传播文化的功能空间,可以对非遗的文献信息进行汇集保存,进而实现抢救与保护非遗的目的。李树林认为,针对非遗面临快速消失的严峻形势,民族地区图书馆应主动地承担起保护非遗的历史使命。通过发挥自身优势,应用现代科技手段,普查采集、保存利用、传播展示非遗,实现人类民族文化遗产资源的共享。[28] 陆光华从参与保护与传承非遗的视角,对民族地区高校图书馆为"民族文化研究"课题服务进行探讨。该研究者认为,民族文化研究是民族地区高校彰显其办学特色的一个重要元素,要关注学校民族文化研究,图书馆要积极开展为"民族文化研究"课题服务,还要尤其重视对民族地区特色资源数据库开发与利用。[29]

博物馆作为公益性、永久性机构,在收藏、研究、宣传和展示方面具有明显优势。这些优势使博物馆能够为非遗的保护、展示和传承作出应有的贡献。叶建芳认为,保护民族地区非遗是民族博物馆的主要职责与功能,它有保护民族非遗得天独厚的优势,可以通过各种方式抢救、保护、创新和发展民族非遗,在保护非遗中发挥不可替代的作用。[30] 刘卫国提出民族博物馆要完善体系,才能够更加有效地对非遗进行保护:民族博物馆所展示的内容应包括技艺传承在内的所有反映民族传统文化内容的文化遗产;展示形式应该是多维、全方位的,以能真实重构、展示传播民族文化为最高目标;要以保护、传承民族文化遗产为己任;少数民族和汉族的文化遗产保护工作要纳入现代民族博物馆工作体系中。[31]

近年来,随着非遗保护研究工作的不断深入,生态博物馆的建设问题也日益受到关注。生态博物馆以村寨社区为展示单位,被喻为"没有围墙的活体博物馆",它通过把整个社区生活、文化变迁、生态环境都列于保护范围,在动态的历史过程中保存、传承和发展民族文化。李利、华晨认为,构筑开放式博物馆,可以成为西部地区非遗和物质文化遗产保护最有效的结合点,将开放式博物馆概念引入城市规划之中,是解决我国城市复兴与历史地段保护中各种问题的有益探索,也是一种效果明显的非遗保护模式。[32] 韦祖庆指出,生态博物馆的整体建设规划必须关注原住民生物的、精神的、社会的三个层面的生命,只有协调三者的关系,才能实现生态博物馆的和谐发展,否则,就会发生异化,失去生态博物馆应有之意。[33]

六、西部民族地区非遗其他保护方式研究

除上述的几种主要保护方式与途径外,近年来,学术界围绕非物质文化保护所涉及的主体与客体及保护过程中迫切需要解决的一些问题进行了探讨,涌现了一批研究成果。

关于充分发挥政府主导作用的研究。近年来政府在非遗保护与传承过程中的作

用随着理论研究的深入和实践工作的逐步开展,日益受到关注。中央政府在制定我国保护非遗的政策中还提出了"保护为主、抢救第一、合理利用、传承发展"的十六字方针,西部地区的地方政府也纷纷出台了加强非遗保护工作的意见。在现有关涉政府在非遗保护中的功能与作用研究中,冯骥才认为,当前在少数民族非物质文化的抢救和保护过程中,政府扮演着重要的角色,起着关键和主导的作用。政府应当加大民族地区濒危文化抢救与保护的财政投入,建立从中央到地方的全方位多级保护体系。[34]牟延林等就政府在民族地区非遗保护中如何"加强领导,落实责任,建立协调有效的工作机制"这一问题进行了探讨,该研究者认为,地方各级政府要加强领导,将非遗保护工作列入到工作议程,纳入国民经济和社会发展整体规划,纳入文化发展纲要。在加强非遗保护法律法规建设的同时,要及时研究制定有关政策和措施。要制定非遗保护的规划,明确保护范围、保护措施和目标,各级政府要不断加大非遗保护工作的经费投入;同时通过政策引导等措施,鼓励个人、企业和社会团体对非遗保护工作进行资助。[35]当然,西部民族地区非遗保护工作是一项功在当代、利及千秋的伟大事业,不仅需要政府的关注和支持,还需要全民族、全社会的共同努力和参与,其中尤以传承人的参与及保护最为重要和迫切。

重视和加强传承人的保护。在非遗的传承过程中,人发挥着重要作用,他不仅是非遗的创造者、享用者,同时也是非遗的重要载体。如果传承人没有了,活态的文化便立即中断,剩下的只能是一种纯物质的"历史见证"了。萧放指出,民族地区非遗保护的关键问题是要做好传承人的认定和保护工作,对认定为非遗传承人的对象不仅要有经济、社会的生活保障,还需要精神关怀。具体而言,传承人应该享有政府提供的定期生活补助和医疗保障;提升传承人的社会声望与社会地位,提供传承空间与传承条件;授予传承人名誉称号,为传承人获取生活资源创造有利条件;重视与传承人的思想交流,让非遗传承人有延续中华文化文脉的自觉;定期给予表彰奖励。[36]祁庆富认为,在当前民族地区非遗保护工作中,采取有效措施,抢救与保护濒危的传承人是迫在眉睫的重大问题。在保障传承人的日常基本生活、使传承人能够在专注致力于文化遗产传承事业的基础上,还要保护好文化遗产和传承人生存的环境与文化空间。[37]可见,非遗大多凭借着口传心授、相当脆弱的方式代代相传。一旦没有传承人,就人绝艺亡,如断线风筝,即刻消失,所以加强对传承人的保护迫在眉睫。

非遗的有形化保护。非遗与物质文化遗产一样,都是人类文明的结晶和共同财富,是人类社会得以延续的文化命脉,而无形的文化往往比物质的有形文化更难以保护与传承,因而实现有形化保护是一种有效的保护方式。金晓鹏认为,民俗影视片在保护少数民族非遗中具有重要的作用,并就民俗影视片在保护少数民族非遗中的拍摄方法进行了探讨。[38]蔡群等认为,采用数字化多媒体技术可以实现对贵州非遗快速有效地保护,进而丰富了非遗的保护方法。[39]林庆认为,云南少数民族非遗要注重从文化遗产资源中挖掘开发包括饮食、服饰、工艺品、艺术品、药品等的物质产品,这对于其实现多元化保护,进一步提高非遗的知名度和价值大有裨益。[40]

除此之外,研究者还就如何唤起广大民众的文化自觉意识、营造良好的保护氛围、如何深入开展非遗的普查和营销工作、少数民族非遗保护的原则、国外非遗保护的经验借鉴等问题进行了探讨。

七、现有研究存在的问题与今后研究趋势

以上分析表明,近十年来对西部民族地区非遗的保护工作在民族学、法学、旅游学、生态学、图书馆学、博物馆学等学科的学者和诸多相关部门的共同努力下取得了大量卓有成效的成果,从而为今后研究工作的进一步开展打下了良好基础。但是从研究范围、理论方法及视角考虑,通过详细剖析,笔者认为现有研究仍存在以下不足:

首先,中国西部幅员辽阔,各地区的历史文化资源环境和社会经济发展的程度各不相同,因而不同区域、不同民族非遗的特征和生存状况也呈现较大的差异性。就现有研究来看,对人口较多民族的非遗研究较多,对人口较少的民族,尤其是处于西部边疆地区人口较少民族非遗保护的研究较为少见。据笔者统计,近十年来,公开发表的有关西部民族地区非遗保护研究的160余篇论文中,仅有10余篇是关涉西部边疆人口较少民族的。当然,此种现象的出现本身并没有什么不好,但过于关注某些区域研究,难以全方位展现我国西部民族地区非遗保护发展的现状和总体脉络,影响了我们对当前西部民族地区非遗生存现状及保护问题的整体认识。这需要研究者在今后的研究中给予更多关注。

其次,西部民族地区非遗的丰富性、多维性,决定了对其研究的深入开展不能拘泥于某一学科的理论或方法,多学科理论和方法的运用是其必然的趋势。在研究方法上,现有研究方法和资料来源渠道较为单一,且以定性研究为主,缺少定量研究,致使研究结论的可操作性和实践检验性较差。以非遗开发式保护为例,由于非遗的不可恢复性、不可补偿性、不可逆性等特点,缺乏科学依据的开发很容易给遗产造成无法弥补的损失,故有必要借鉴在资源开发、环境评价、城市规划等领域成熟运用的适宜性评价技术,构建适合西部地区非遗旅游开发适宜性评价的评价模型与指标体系,运用实地调研获取的数据,实施定量分析,在此基础上对模型进行实证检验。这样多学科理论与方法交叉运用、定性与定量相结合研究方式所得出的结论,在规范当前西部地区非遗的旅游开发,平衡非遗保护中的价值悖论,提升非遗的保护与管理绩效方面更具说服力。

最后,在研究的视角和内容上,现有研究还需要进一步扩展研究领域和视角以深化研究。西部民族地区非遗内容丰富、形式多样,如何针对其文化内涵和特征,探索更为有效的保护模式,涉及多方面的内容,这也为我们转换研究视角、开拓研究领域创造了条件。如通过开展旅游开发对西部民族地区非遗保护的影响研究,可以为今后相关地区非遗深入开发提供经验借鉴,使我们在保护方面少走弯路。此外,西部民族地区非遗是民族认同的象征和民族意识的载体,如何有效地保护少数民族文化发展的延续性,如何在经济发展中推动非遗的保护和传承,如何在不伤害非遗的前提下促进旅游

和经济的持续发展,如何建立起一种有效机制,遏制少数民族文化在商品经济大潮中的边缘化趋势,是我们需要在保护与传承的实践中继续给予关注的问题。

参考文献

[1] 陈婧. 现代化视野下少数民族非物质文化遗产的传承[J]. 河北学刊,2006,26(3):230-231.

[2] 王文章. 非物质文化遗产概论. 北京:文化艺术出版社,2006.

[3] 覃志鹏. 论少数民族非物质文化遗产保护. 前沿,2008,19(3):53-56.

[4] 熊正益. 云南非物质文化遗产保护工作的实践与思考. 民族艺术研究,2007(2):19-21.

[5] 马宁. 驳达赖集团的"文化灭绝论"——从西藏非物质文化遗产保护的角度. 西藏民族学院学报(哲社版),2008,29(3):16-20.

[6] 张慧. 新疆非物质文化遗产保护的紧迫性与深远意义. 新疆艺术学院学报,2006,4(2):39-42.

[7] 高永久,朱军. 城市化进程中少数民族非物质文化遗产的法律保护研究. 西北民族大学学报(哲社版),2007.

[8] 黎明. 论我国少数民族非物质文化遗产保护的法源问题. 民族研究,2007(3):11-19.

[9] 张邦铺. 非物质文化遗产的立法完善——基于"文化海盗"现象的分析. 山西大同大学学报(社科版),2009,23(1):12-14.

[10] 王培新. 内蒙古少数民族非物质文化遗产的法律保护. 广播电视大学学报,2008.

[11] 李崇林. 新疆古龟兹非物质文化遗产保护的立法思路. 新疆职业大学学报,2007,15(4):86-89.

[12] 甘明,刘光梓. 论非物质文化遗产保护法权利主体制度的构建——以黔东南苗族侗族自治州为例. 广西民族研究,2009(1):172-176.

[13] 甘开鹏. 论非物质文化遗产的知识产权保护——以景颇族目瑙纵歌为例. 湖北民族学院学报(哲社版),2007,25(1):67-70.

[14] 徐赣丽. 非物质文化遗产的开发式保护框架. 广西民族研究,2005(4):173-180.

[15] 潘年英. 全球化语境中的少数民族非物质文化遗产保护和利用——以贵州从江县的实践为例. 民族艺术,2005(4):12-17.

[16] 张瑛,高云. 少数民族非物质文化遗产保护与旅游行政管理研究——以云南民族歌舞为例. 贵州民族研究,2006,26(4).

[17] 卢家鑫. 民族歌舞戏剧与地方旅游开发. 贵州民族学院学报,2006,6.

[18] 李昕. 非物质文化遗产：文化产业发展重要的文化资本. 广西民族研究, 2008(3)：164-167.

[19] 蓝武芳. 海洋文化的重要非物质文化遗产——京族哈节的调查报告. 民间文化论坛, 2006, 3(1).

[20] 王松华,廖嵘. 产业化视角下的非物质文化遗产保护. 同济大学学报（社科版）, 2008, 1：108.

[21] 谢梦. 恩施州非物质文化遗产的保护与教育——以宣恩县高罗乡小茅坡营苗寨民俗村为例. 湖北民族学院学报（哲社版）, 2008, 26(5)：48-52.

[22] 董素云. 仡佬族非物质文化遗产的保护与传承. 贵州社会科学, 2006(5)：49-51.

[23] 刘晓辉. 贵州非物质文化遗产应纳入民族乡村学校教育. 贵州工业大学学报（社科版）, 2007, 9(3)：178-180.

[24] 王文韬. 学校教育和少数民族音乐文化的可持续发展. 音乐探索, 2007(1)：77-82.

[25] 汪立珍. 少数民族非物质文化遗产的保护与教育. 民族教育研究, 2005, 16(6)：61-66.

[26] 陆文熙. 民族地区高校学生素质教育与非物质文化遗产意识培养. 西南民族大学学报（人文社科版）, 2007, 28(12)：256-259.

[27] 郑颖. 论高校教育对非物质文化遗产保护的作用. 社会科学, 2008, 23(12).

[28] 李树林. 民族地区图书馆与非物质文化遗产的保护. 图书馆论坛, 2008(1)：144-146.

[29] 陆光华. 从保护非物质文化遗产谈为民族文化研究课题服务. 图书馆工作与研究, 2008(7)：75-77.

[30] 叶建芳. 民族博物馆与民族非物质文化遗产保护——以广西民族博物馆为例. 广西社会主义学院学报, 2009, 20(2)：65-68.

[31] 刘卫国. 非物质文化遗产保护与民族博物馆. 中国博物馆, 2006(2)：14-18.

[32] 李利,华晨. 构筑开放式博物馆——非物质文化遗产保护的规划方法探讨. 城市发展研究, 2009(1)：85-89.

[33] 韦祖庆. 生态博物馆的美学取向——民族田野调查与非物质文化遗产保护. 中国博物馆, 2007(1)：84-90.

[34] 冯骥才. 文化遗产日的意义. 解放军报, 2007(6-8).

[35] 牟延林,吴安新. 非物质文化遗产保护中的政府主导与政府责任. 现代法学, 2008, 30(1)：179-186.

[36] 萧放. 关于非物质文化遗产传承人的认定与保护方式的思考. 文化遗产,

2008,1:127 - 131.

[37] 祁庆富. 论非物质文化遗产保护中的传承及传承人. 西北民族研究,2006,3.

[38] 金晓鹏. 如何用影视手段对少数民族非物质文化遗产进行保护. 大众文艺,2008.

[39] 蔡群,任荣喜,邱望标. 贵州少数民族非物质文化遗产的数字化保护方法研究. 贵州工业大学学报(自然科学版),2007,36(4):43 - 46.

[40] 林庆,李旭. 云南少数民族非物质文化遗产保护与开发的对策. 云南民族大学学报(哲社版),2007,24(2):39 - 43.

和布克赛尔旅游融入大喀纳斯旅游圈策略研究

丁 梦

(桂林理工大学旅游学院 桂林)

【摘 要】喀纳斯是新疆乃至全国的著名景区,是新疆"五区三线"中的重要一区。新疆旅游的特殊形式与和布克赛尔自身条件决定了和布克赛尔蒙古自治县要吸引疆外游客就必须融入大喀纳斯旅游圈。本文在调研基础上进一步科学分析和布克赛尔自身的比较优势,找准战略定位,突出特色化、差异化和一体化的发展理念,提出了融入大喀纳斯旅游圈的对策建议。

【关键词】喀纳斯旅游圈;和布克赛尔;融入;策略

旅游产业具有很强的综合性、关联性和开放性,一般仅靠单一景区(点)或一个狭小区域难以把旅游业做大做强。因此,区域旅游合作是旅游业不断发展的必然趋势,是"大旅游、大市场、大产业"战略的必然选择;展开区域旅游合作、实现各区域优势互补、促进共同发展已经成为旅游业的共识[1]。

以全疆旅游经济的视角审视和布克赛尔蒙古自治县的旅游,其旅游发展最大的优势在于交通区位优势。新疆旅游以汽车为主,和布克赛尔蒙古自治县是大喀纳斯旅游圈的必经之路,是喀纳斯与魔鬼城之间的中心地带,而且目前这种以喀纳斯为中心的"众星捧月"的旅游圈短时间内不可能发生改变。因此,新疆旅游的特殊形式与和布克赛尔蒙古自治县的自身条件决定了该自治县要吸引疆外游客就必须融入大喀纳斯旅游圈。

一、大喀纳斯旅游圈发展态势

新疆旅游业通过不断整合旅游资源,提升发展内涵和可持续发展能力,目前全疆已形成以丝绸之路为主线,以"五区三线"为重点的旅游业发展格局。大喀纳斯旅游圈正是"五区三线"中以喀纳斯湖为重点的生态旅游区,是北疆旅游最重要的旅游目的地,在新疆旅游业中占有至关重要的地位。

20世纪90年代末,随着西部大开发战略的实施,国家进一步加大了西部地区旅

[作者简介] 丁梦(1985—),男,山东济宁人,硕士,主要研究方向为旅游资源规划与开发。15296817377;E-mail:fanshixumeng@yahoo.com.cn;桂林市建干路12号桂林理工大学835信箱(541004)。

游业的开发力度,国家旅游局将以喀纳斯为核心的阿勒泰地区作为全国六大重点旅游区——"西北旅游区"的重要组成部分,纳入了全国旅游发展"十一五"规划和2010—2020年远景发展目标。自治区党委、人民政府将喀纳斯旅游发展作为新疆旅游业发展的龙头,先后就喀纳斯旅游开发、建设和管理下发了五个专题会议纪要,在政策、资金等方面给予了重点扶持[2]。

1. 新疆旅游的明星聚集区

大喀纳斯旅游圈中分布着新疆经济和政治的中心乌鲁木齐、"世界石油城"克拉玛依、"中国优秀旅游城市"布尔津等明星城市;"人间天堂"喀纳斯、"中国最瑰丽的雅丹地貌"世界魔鬼城、"准噶尔明珠"乌伦古湖等明星景区,明星聚集,群星闪耀。

2. 北疆旅游腾飞的潜力区

目前,北疆以喀纳斯为核心的周边地区,都以融入大喀纳斯旅游圈为目标,通过整合资源,交通一体化发展等措施,使大喀纳斯带来的庞大客源得到共享,区域内独特的旅游资源优势进一步得到发挥,促使整个北疆旅游业的腾飞。阿勒泰正在加快构建环准噶尔盆地的大旅游格局,打造以喀纳斯景区为重心、联结周边各县(市)特色景点的"众星捧月"旅游圈;哈巴河县、福海县等周边县市都在加大发展力度,积极融入大喀纳斯旅游圈,将大喀纳斯旅游圈进一步做大做强。

3. 旅游经济的强势增长区

近些年来,大喀纳斯旅游圈的旅游发展风起云涌,旅游产业不断发展壮大。特别是大喀纳斯的核心阿勒泰地区,从10年前的不到50万人次增加到现在的300万人次,是疆外游客重要的旅游目的地;布尔津是国家旅游局2007年首批命名的全国17个"旅游强县"之一,也是新疆唯一一个"旅游强县";喀纳斯作为新疆各大旅游景区中发展速度最快、成长性最好的龙头景区,已经成为新疆对外展示的一张名片和一扇窗口。

二、大喀纳斯圈游客客源的特征分析

笔者选取大喀纳斯旅游圈中的核心景区喀纳斯景区作为代表,于2010年7月开展了游客对大喀纳斯旅游圈认知状况的调查问卷,深入了解游客的消费需求。共发放问卷110份,回收有效问卷101份,回收率达91.8%。

(一)景区接待数量情况

近年来,喀纳斯旅游发展迅猛,旅游人数和旅游收入年均增长30个百分点。2007年,喀纳斯的游客接待量突破了百万人次,全年累计接待游客131.4万人次,实现门票收入6 433.5万元,旅游收入8.13亿元,占阿勒泰地区旅游业总产值的63%。排除2008年和2009年受金融危机等不利因素的影响,接待人数出现轻微停滞外,近些年,喀纳斯景区接待人数更呈整体增长的态势。

(二)游客客源特征分析

1. 地域组成

根据问卷调查,喀纳斯的游客中来自外省区的占绝大多数,主要集中在以北京为核心的京津唐地区、以上海为核心的沪宁杭地区、以广东为主的珠三角地区和山东、福建为主的东部沿海地区、以江西、湖北、湖南为主的中部城市省区。疆内的游客来自乌鲁木齐、石河子、昌吉、阿勒泰、库尔勒市的居多。

2. 学历水平

根据调查显示,在喀纳斯旅游的游客中,"本科"比例最高,达33%;其次为高中或中专技校(占28%)和大专(占24%);值得注意的是硕士研究生及以上学历的游客占11%;这些情况说明喀纳斯游客文化层次普遍较高,因而会较为注重旅游过程中的文化体验。

3. 旅游动机

对来新疆游客的旅游动机进行调查,结果显示,以"观光游览和休闲度假"的比重较大,分别为62%、25%。喀纳斯游客仍然以观光游览为主,但休闲度假者也占了很大的比重,这说明未来发展的趋势。

4. 出游方式

据调查,来新疆旅游的大多数游客仍然采取团队出游方式,占总数的65%,游客是自己或与亲友安排旅游线路的自助游客占28%。由此说明,旅行社在喀纳斯旅游中占有重要地位。

5. 交通工具的选择

调查显示,飞机、汽车是到喀纳斯旅游的游客最重要的交通工具,分别占调查总数的48%、33%;同时"火车"也占一定比重,到喀纳斯旅游的游客,其交通工具的选择呈现多样化趋势,是多种交通工具的组合使用。

6. 旅游吸引因素

通过调查得知,游客选择到喀纳斯旅游,主要的影响因素是旅游景点(占44%)和民风民俗(占25%);地方饮食和环境氛围也占一定的比例。这说明喀纳斯最具吸引力之处在于观光游览和文化体验。

三、游客旅游偏好分析

通过对喀纳斯游客旅游消费偏好的调查分析,总体呈下列特征:①旅游产品偏好:通过对喀纳斯游客的问卷调查,21%的游客对新疆"草原风光游览"类产品最感兴趣,其次是"品尝地方美食"、"特色民俗游"、"生态休闲度假游"分别占14%、13%、10%;而对乌鲁木齐旅行社的调研结果则显示,游客的偏好主要集中在"草原风光游览"、"民俗风情体验"、"奇特地貌观光"、"湖泊休闲"4个产品类型;②住宿设施偏好:在这方面,接受调研的33%的游客偏向于选择星级宾馆,28%的游客希望住有民族特色的旅馆;③餐饮偏好:据调查,"民族特色饮食"和"地方农家菜"是游客青睐的对象,占所有调查人数的85%;④旅游商品偏好:调查显示,游客对旅游商品的选择倾向于地方土特产和带有地方民俗、文化特色的商品,所占比重达95%,且喜好类型呈多元化特点。

对喀纳斯游客关于"来新疆的旅游线路的具体安排",调查的101张有效问卷统计结果显示:39%的游客从乌鲁木齐直接到达喀纳斯,31%的游客经克拉玛依魔鬼城,继而到喀纳斯,将喀纳斯作为天山天池下一站的游客占14%,另有17%的游客经那拉提草原、吐鲁番、伊犁草原、南山牧场来喀纳斯。也就是说,乌鲁木齐、克拉玛依魔鬼城、天池、伊犁草原、那拉提草原、吐鲁番、南山牧场等与喀纳斯存在承前继后的关系,进行大喀纳斯旅游圈的联动合作要充分考虑与上述城市、景区的密切联系。

四、和布克赛尔融入大喀纳斯旅游圈的优势

(一)地处北疆交通咽喉

和布克赛尔县旅游融入大喀纳斯旅游圈,最大的优势在于交通区位优势,和布克赛尔地处喀纳斯与魔鬼城的中心地带,贯穿其县境内的G217是北疆游客的必经之路。和布克赛尔的这种其他县市无法比拟的交通优势,正如掐住大喀纳斯旅游圈游客进入通道的咽喉,可以通过合理运作,截其客源。

(二)潜在客源优势明显

和布克赛尔拥有很大的潜在客源市场优势。一方面是喀纳斯旅游圈必经之地,拥有庞大的客流,另一方面和布克赛尔具有极好的交通可进入性,近邻乌鲁木齐、克拉玛依等疆内主要客源城市。

(三)旅游资源互补性强

大喀纳斯旅游圈是生态旅游圈,重要景区如乌伦古湖、喀纳斯、魔鬼城均与和布克赛尔县景区在资源类别上存在较大差异,这便于和布克赛尔县积极融入新疆北线。同时,和布克赛尔旅游之于北疆定位文化型生态休闲度假小镇,以文化互补生态,错位发展,打造独特的旅游品牌,是和布克赛尔融入大喀纳斯旅游圈的着力点。

(四)核心产品具有垄断性

和布克赛尔是一个"大杂居、小聚居"的少数民族地区,具有浓郁的民族风情和地域特色,积淀和融汇了江格尔文化、蒙古族文化、哈萨克文化、东归文化及庙宇文化等多种文化,为融入大喀纳斯旅游圈集聚了深厚的文化底蕴。特别是江格尔文化旅游资源独树一帜,具有垄断性,是和布克赛尔县发展旅游经济的核心资源。以江格尔文化为纽带,和布克赛尔有能力、有条件、有信心立足于国家层面,打造出中国江格尔文化明星景区、世界江格尔文化传承中心,使和布克赛尔在竞争激烈的大喀纳斯旅游圈市场上独树一帜,成为独具特色的旅游地。

(五)社会经济环境优越

旅游业的发展离不开经济社会环境。和布克赛尔拥有丰富的矿产资源,已成为具有一定产业基础、较强经济实力和巨大发展潜力的县市,是西部百强县(市),先后荣获自治区"双拥"模范县、"科技兴新"先进县、抗震安居工作先进县等荣誉称号。近年来,和布克赛尔县委、县政府已经开始逐渐重视旅游业的发展,逐步加大资金投入。这为和布克赛尔旅游融入大喀纳斯旅游圈奠定了坚实的基础。

（六）重点景区的区位优势明显

和布克赛尔县能够吸引疆外游客，或者说能够实现融入大喀纳斯旅游圈的旅游景区主要有：江格尔文化旅游名镇、蒙王府热气泉、民俗风情园、白桦林景区、玛瑙滩等。这些景区在和布克赛尔县表现为沿路分布即G217—S225—S318—G217。这样的空间分布，不仅有利于景区的打造和空间的整合，更有利于大喀纳斯旅游圈游客的分流。

五、和布克赛尔旅游与大喀纳斯旅游圈对接之障碍

（一）知名品牌环绕，新品牌树立难度较高

大喀纳斯旅游圈经过多年的发展，如喀纳斯生态旅游品牌在全疆乃至全国已经形成高知名度、美誉度和忠诚度的旅游品牌。在大喀纳斯旅游圈内的知名旅游品牌由于"马太效应"自然会吸引大量游客，使和布克赛尔旅游品牌在知名品牌环绕下难以展示自身的魅力。旅游品牌被笼罩的不利影响最突出的是江格尔文化。和布克赛尔是江格尔的故乡，江格尔作为和布克赛尔具有垄断性的文化旅游资源，理应成为和布克赛尔旅游品牌的主打和代名词。但是，作为和布克赛尔的一个核心品牌，江格尔文化品牌在喀纳斯这个强知名度的品牌笼罩下显得微不足道。而且在其他旅游品牌上，和布克赛尔几乎没有叫得响的品牌，像魔鬼城的猎奇品牌，都要比和布克赛尔任何一个景区和品牌有影响力。

（二）旅游精品缺失，造成过境地的尴尬

融入大喀纳斯旅游圈，和布克赛尔必须要有自己的旅游精品。和布克赛尔旅游发展起步较晚，旅游资源虽然丰富，但大多尚处于未开发状态，还没有形成冲击力强、影响力大的旅游精品，缺乏跻身全区前列、具有一流开发水准、一流服务设施、一流管理水平的强势旅游企业投资开发旅游资源。同时，随着大喀纳斯旅游圈景区内外交通条件的改善，可进入性得到极大的提高，游客在出于减少旅游成本的考虑时，往往直接到达目的地旅游景区附近，而减少甚至不会在过境地停留、消费，从而造成和布克赛尔过境地的尴尬。在游客经过"门前"的时候，如何让游客"下车进门"，是和布克赛尔融入大喀纳斯旅游圈最大的难题。

（三）景点分布离散，交通可进入性差

和布克赛尔的旅游资源丰富，形式和内涵不同，特色各异，对游客具有较强的吸引力，但是景点分散，主要呈地区点状分布，空间离散度大，旅游资源有待整合。而且这些资源点大多处于偏远山区及待开发地区，交通等基础条件相对薄弱。环绕县境内重点景区的旅游交通网络尚未形成，可进入性差，景点道路达不到接待游客的安全标准，龙脊谷景区甚至无道路可言，旅游团队无法进入。和布克赛尔景区离散度大，内部交通可进入性差的这种困难，使旅游资源整合、发展，以及疆外游客纵深县境游览存在困难，严重制约大喀纳斯旅游圈的客源互动、市场互动、区域联动。

（四）开发起步较晚，配套设施滞后

融入大喀纳斯旅游圈，吃、住、行、游、购、娱等旅游要素配套建设必须要及时跟上。

吃要品位、住要档次、行要便捷、游要精品、购要特色、娱要多彩,才能吸引眼球、留住游客。和布克赛尔是近几年才进入旅游开发期,由于起步较晚,旅游资源的开发较为滞后,旅游服务设施的建设较为薄弱,旅游活动的食、住、行、游、购、娱还没有形成有机统一体系。目前和布克赛尔在旅游配套建设上要满足未来融入大喀纳斯旅游圈发展的需求,还有较大差距。

六、和布克赛尔借势融入的策略

(一) 整合资源,打造系列亮点旅游产品

和布克赛尔应在对全县旅游资源全面掌握的基础上,坚持先规划、后开发的原则,围绕"江格尔文化休闲基地"和"一带贯穿、两心闪耀、四区并立"的旅游发展布局,科学规划和布克赛尔的旅游发展蓝图。

基于和布克赛尔重点景区沿路分布的优势,县境内由魔鬼城沿 G217—S225 途经县城—S318—G217 一线打造和布克赛尔县"沿路旅游经济带"。通过沿路景观、景区、旅游集散地、旅游服务设施的建设,一方面更有效地整合和布克赛尔旅游资源,另一方面使游客进入和布克赛尔县境就感受到浓郁的旅游气氛,游客进得来、留得住,有利于大喀纳斯旅游圈的游客分流,从而实现和布克赛尔县旅游经济的起飞。

(二) 比附定位,借喀纳斯之势树特色形象

旅游形象是吸引旅游者作出前往目的地城市旅游决定的关键因素之一。旅游者所持有的旅游目的地形象将对他们的质量感知、游后评价、口碑宣传和重游意向产生深刻影响。因此,和布克赛尔在大喀纳斯旅游圈旅游形象屏蔽下应实施差异性形象定位战略,通过推出全新的个性化形象,对旅游区的形象实行差异化的形象设计和宣传,突出自己的特色,这样就可以力挽狂澜、出奇制胜,使被遮蔽的形象从阴影中走出来。

所以和布克赛尔应突出文化体验功能,可以树立"文化江格尔小城,天堂喀纳斯驿站"的形象,以强势江格尔文化形象突破大喀纳斯生态形象的屏蔽,同时打好文化拓展牌,提升旅游文化内涵,成为大喀纳斯旅游圈游客心目中的北疆文化胜地。

(三) 错位发展,打造差异型旅游品牌

随着市场经济的发展,消费者的品牌意识愈加深入,很大程度上影响着消费者的决策。在如今品牌竞争的时代,一切旅游策划和营销策略的实施,其根本目的就是打造独具魅力的强势旅游品牌,特别是在新疆这种特殊的旅游形式下,更需要知名旅游品牌的打造。所以,和布克赛尔旅游要想大发展、突破过境地的尴尬地位,必须要错位发展,打造独特的旅游品牌,结合和布克赛尔县资源条件,致力于策划生成具有国家、新疆影响力的大旅游品牌,是和布克赛尔增强旅游吸引力的着力点之一。

依托资源优势,突出一个主题,创建一个旅游名镇。江格尔文化是和布克赛尔独特的民俗文化,以浓郁的民族情调、浪漫的文化特质彰显其特色的旅游魅力。因此,和布克赛尔应借申请江格尔世界非物质文化遗产之机,积极融入大喀纳斯旅游圈,打造北疆文化型生态休闲度假小镇,以文化互补生态,将其打造成为代表和布克赛尔旅游

特色的旅游品牌、北疆文化体验中心、中国旅游名镇。

（四）完善交通，打造大喀纳斯旅游圈亮点门户

以 G217 干线为主轴，以旅游集散中心节点，延伸对外交通网络，完善和布克赛尔的旅游交通网络体系。提高通乡公路及通村公路的技术标准，实现"乡乡通公路、乡乡路硬化"的目标，加快提高农村公路的通村率及其硬化率。启动县域旅游专线，改善修建和布克赛尔重点景区内的交通状况，修建主干道至各主要景区的道路，以及和布克赛尔主要景区的内部交通，优化景区可达性。

和布克赛尔距喀纳斯景区三百余公里，国道直达，便于游客在此集结和返程。利用和布克赛尔的这种区位和交通优势地位，以博大精深的文化吸引人，以丰富多彩的旅游品牌迷住人，以一流的服务水平留住人，着力将和布克赛尔打造成大喀纳斯旅游圈的门户城市，使其成为喀纳斯之门。这样，不仅能提升和布克赛尔的知名度和影响力，更有利于大喀纳斯游客的分流与和布克赛尔旅游产业的繁荣。

（五）区域联动，与大喀纳斯旅游全面对接

和布克赛尔旅游业的发展不能立足于孤立景点之上，而应加强与周边各旅游区域的合作，打破封闭局面，实现区域内的优势互补、资源共享，进而构建无障碍旅游圈。借助大喀纳斯旅游圈已有的强势旅游形象和强劲的发展势头这股"北风"，通过开发、整合旅游资源、提升核心吸引力，将自身融入到喀纳斯生态旅游一体化的大格局中去，成为整体形象中不可或缺的一部分，将直接竞争转化为合作。为此，和布克赛尔应积极主动与乌鲁木齐、克拉玛依、喀纳斯景点、可可托海景点等大喀纳斯知名景点、旅游区合作，与这些区域建立资源共享、客源互送、景区互推的合作机制。

对全县旅游进行科学定位，明确和布克赛尔旅游的整体形象，确定近期、中期、长期的客源地营销发展计划，通过报纸、电视、网络等宣传媒体全方位宣传和布克赛尔。组织旅游企业赴乌鲁木齐等城市参展促销，借助乌鲁木齐这个强大的旅游聚集地来开拓疆外市场，与乌鲁木齐的旅游实现市场一体化；在车站、公路主干道、县域交界处设立大型旅游宣传牌，大力宣传和布克赛尔的旅游资源和特色景区；在中远期，与大喀纳斯旅游圈内的知名景区进行联合，加大对京津唐地区、沪宁杭地区、珠三角地区和中部地区的营销力度，扩大和布克赛尔的知名度。

（六）夯实基础，不断完备旅游整体配套

和布克赛尔旅游产业发展起步晚、基础薄弱，加速融入大喀纳斯旅游圈必须切实抓好基础工作。在加强社会公共基础设施建设的同时，要不断完善旅游配套服务，着重加强县城、和什托洛盖作为旅游集散中心的旅游设施建设；加快宾馆、酒店接待设施的改造升级，提高服务水平，让游客"吃得放心、住得舒心、行得顺心、游得开心、购得安心、娱得欢心"；加强旅游人才的培养，构建旅游经营的管理人才、导游人才等旅游从业人员培训体系，适当监督、激励，在整个和布克赛尔范围内提高旅游从业人员的素质，树立和布克赛尔旅游的良好形象；抓好对市民、农户、牧民的文明、旅游礼仪等培训，营造良好的人文环境。

（七）政府主导，营造良好旅游的发展环境

良好的环境是促进旅游业发展的重要条件。和布克赛尔县委、县政府及相关部门应在思想上形成共识，在行动上形成合力，发挥政府主导作用，全力营造良好的旅游环境。从政策上，和布克赛尔政府及相关部门应在国家政策范围内，积极从工商、税收、价格、贷款等方面对投资实体办实事，以吸引规模更大、功能更强的企业进驻和布克赛尔，开发旅游资源，引进人才、引进技术、引进产品；从资金上，每年安排一定数额的旅游业发展资金，用于旅游的项目策划、规划编制、项目奖励和宣传促销，加强对旅游交通、供水、供电、垃圾污水处理等必要基础配套设施建设的资金投入；在服务方面，政府有关部门应统一思想，提高认识，从旅游开发规划、政策指导、信息咨询、科技开发、招商引资、市场培育等方面为旅游企业提供服务支持。

参考文献

[1] 国珈. 区域合作视野下的旅游经济发展探析. 中国商贸, 2010.

[2] 张宏强. 全国生态旅游发展工作会议经验交流材料. 人间仙境——喀纳斯网站, 2008 - 11 - 28.

[3] 和布克赛尔蒙古自治县旅游局. 和布克赛尔蒙古自治县旅游发展总体规划, 2010 - 09 - 20.

[4] 廖荣华, 魏美才. 论湘西南生态旅游融入"大桂林"旅游经济圈的依据和对策. 社会科学家, 2004, 1: 71 - 73.

民族地区社区居民参与旅游发展比较研究
——以广西壮族自治区贺州市与平乐县比较为例

汤雪莹

（桂林理工大学旅游学院　桂林）

【摘　要】少数民族地区的社区居民参与旅游的重要性日益凸显，如何组织发动民族地区的社区居民配合政府、开发商、管理者和旅行者，共同合作开发当地有价值的景区、景点，是一个需要迫切解决的实际问题。本文针对贺州与平乐两地主要景区的社区居民参与旅游发展中出现的问题与解决对策进行对比分析，认为民族地区社区居民的参与式旅游开发和管理发展大致需要经过以下几道操作程序：社区居民参与式旅游开发规划、旅游规划开发项目可行性评估阶段、社区居民参与旅游开发模式实施阶段、社区居民参与旅游发展的经营管理等几个重要阶段。

【关键词】民族地区；社区居民参与；旅游发展；平乐；贺州

随着桂梧高速公路的开通，平乐县仙家温泉、榕津古镇等景区对外旅游交通大为改善，向北通往县城、阳朔、桂林，向南通往钟山、昭平、贺州、梧州的快速通道已经打通。仙家温泉、榕津古镇等景区、景点，与阳朔、桂林、钟山、昭平、贺州的旅游连线，以及与周边荔浦、蒙山、恭城等县域景区、景点的合作互动关系基础业已奠定，如何组织发动当地社区居民配合政府、开发商、管理者和旅行商，共同合作开发这些景区、景点，是一个需要迫切解决的实际问题。目前，平乐县旅游发展正处于阳朔与桂林、贺州与梧州、恭城的交通咽喉要道，平乐不动，周边各县市旅游连线都要严重受阻，所以，平乐除了考虑与北、东、西三面县市旅游区域联合发展之外，更要密切关注与南面贺州市的旅游景区、景点连线合作，利用桂梧高速连线的贯通，桂江山水一脉相连，历史文化一脉相承，社会经济基础基本相同等关系，优先考虑与黄姚古镇、贺州姑婆山和贺州温泉等桂梧高速沿线景区、景点的联合互动，尽快规划开发平乐县桂梧高速沿线魅力独具、新颖精致的旅游景区、景点、仙家温泉、榕津古镇及其他相关旅游景区、景点。目前，黄姚古镇的社区参与和外来投资相结合的旅游发展模式，贺州温泉的社区居民让地与外来投资经营相结合的旅游发展模式，是推进贺州市旅游快速发展的有效模式，同时也

[作者简介]　汤雪莹，广西百色人，桂林理工大学旅游学院中国少数民族经济专业硕士研究生，主要研究方向为区域经济，电子邮件：309948557@qq.com。

是平乐县榕津古镇、仙家温泉等景区、景点加快发展,可以学习借鉴的较好经验。

一、民族地区社区居民参与旅游发展理论

(一)基本理念

任何地方的旅游发展,都必须不同程度地触及,甚至深度触动当地城镇、村落社区居民的土地、人口、物资、环境、生态、治安、经济、文化和其他与旅游发展多方关系者的切身利益。旅游发展的本质基础,本来就是承载着当地自然、地理、历史、社会、经济、文化等各种旅游资源的社区居民。因此,离开了当地社区居民的合作、配合和共同发展,旅游开发建设几乎是不可能成功的。

民族地区的社区居民参与旅游发展,是指在旅游决策、开发、规划、管理、监督等旅游发展过程中,充分考虑当地少数民族社区居民的特有习俗和意见、需要,并将其作为开发主体和参与主体参与旅游发展的全过程,以保证旅游可持续发展和当地城镇、民族村落社区社会、经济、文化的协调发展。社区居民的有效参与,是解决旅游地许多社会问题的基础。少数民族社区居民参与旅游发展,对目的地在旅游发展过程中实现地方社会经济发展、旅游业可持续发展和旅游收益公平分配等方面具有重要的作用。平乐县、昭平县自然山水相连,地域关系密切,历史文化相承,水陆往来相通,旅游发展基础条件相似。在这样两个共同拥有桂江优美自然山水环境和丰富地域、民族文化遗产的旅游目的地发展旅游业,两县城镇、少数民族村落社区居民参与旅游发展的经验交流,显得尤为重要。

(二)指导思想

民族地区社区居民的参与式旅游发展,具体是指旅游规划、开发、经营、管理者要充分了解本地城镇、村落居民社会历史文化发展的现状、期望和未来可能出现的状态,让他们真切地参与到旅游规划、设计、开发、经营、管理、合作的全过程,通过与专家、学者、政府、投资商、开发商、经营者、管理者、旅游者的交流,充分发表当地社区居民自己对旅游开发的想法和建议,表达自己的需求和兴趣,充分参与讨论重大旅游项目的设计和立项,发挥社区居民在旅游发展的目标定位、旅游项目设计建设、旅游经营活动方式、旅游发展可能产生的影响和旅游关系满意度提升等方面的重要作用。同时,让社区居民参与商定旅游开发的利益分配方案,讨论旅游开发后对本地居民的补偿,村民的就业,以及旅游税收改善居民福利的比例。这些具体事项,是实现当地旅游发展的必备过程。

二、贺州市社区居民参与旅游发展的经验

(一)黄姚古镇社区居民参与旅游发展

1. 黄姚古镇优势旅游资源的影响力

黄姚古镇距贺州市昭平县城70公里,始建于明万历年间,距今400多年,向来是深居闺中无人知的山区小镇,因为抗日战争时期,何香凝、千家驹、欧阳予倩、张锡昌、莫乃群、梁漱溟等大批民主人士避难所致,使得黄姚古镇蜚声中外,其独特的建筑景观、风土人情也得以完整保存至今。如今,尽管黄姚已经得到新的发展,乡镇得以扩

大,但是占地3.6平方公里的黄姚古镇,8条古街巷里依然居住着400多户人家,3 000余人。这些社区居民,曾经被一些人视为黄姚古镇旅游开发的沉重负担,被企望和鼓励迁移新区,以便旅游开发的经营和管理。殊不知,如此一来,整个黄姚古镇立即成为一座没有人气和灵魂的空城、死镇,尽管其曾被评为"中国历史文化名镇"、"中国最具旅游价值的古城镇"、"中国农业旅游示范点"、"中国50个最值得外国人去的地方"之一,港剧《茶是故乡浓》、《酒是故乡醇》、《欢乐桑田》的拍摄,《谍战1949》和《面纱》分别选择黄姚作为外景拍摄地,也让古镇名声鹊起。但是,旅游者普遍反映,黄姚死气沉沉的,缺乏吸引力与娱乐性。

2. 黄姚古镇社区居民参与旅游出现的问题

自从外资注入并成立黄姚古镇文化旅游开发公司之后,上述黄姚古镇的负面状况得到了缓解。黄姚古镇自开发以来,截至2008年,黄姚公司投资了近5 000万元资金,古镇交通条件、生活环境、社会经济、服务就业、文化娱乐等方面都得到了较大改善。但是接踵而来的问题几乎将黄姚古镇再次击倒,2009年国庆黄金周,黄姚古镇的游客可谓是井喷式增长,虽然受十月一日国庆阅兵、十月三日中秋节的影响,但黄姚古镇实际接待游客量同比增长40%以上。然而作为投资者的黄姚古镇文化旅游开发公司,其收入却下降了30%。这种情况不是因为门票收入下降,而是因为古镇社区居民为了眼前利益,严重冲击了古镇的经营秩序:当地居民威胁游客,不允许游客正常购票;设置障碍,私自收取过路费;私自造景,收取拍照费;故意干涉投资者正常经营;乱搭乱建,破坏核心景观资源;扰乱社会治安,制造紧张恐怖气氛,影响旅游环境。古镇居民的种种行为对古镇今后的开发、经营带来了恶劣的影响。古镇社区居民的这种行为,无异于杀鸡取卵,刚刚打造出来的黄姚古镇旅游品牌,将有可能被扼杀于襁褓中,不仅是贺州旅游业的损失,更是正在悄然享受到旅游带来收益的古镇居民的损失。

3. 黄姚古镇社区居民参与旅游障碍分析

在这种严峻的情况下,黄姚古镇文化旅游开发公司在政府部门的指导协调下,与黄姚古镇街委会、黄姚古镇旅游协会、黄姚古镇旅游管委会反复磋商和协调,认为主要问题出在以下几个方面:第一,黄姚古镇10多个姓氏、3 000多人口的大集体未能精诚团结,具有互不服从,相互牵制扯皮的不良传统根源;第二,古镇社区居民并未真正理解旅游发展规律,同时严重缺乏旅游开发经营管理人才,不懂得如何经营、管理古镇旅游;第三,古镇旅游开发需要投入大量资金,外来投资者的进入被误解为政府出卖了黄姚古镇,牺牲了古镇居民的共同利益;第四,古镇居民对利益分配期望过高,以为公司连续经营了5~6年,应当是多方利益相关者大量获利的时候了,殊不知旅游才刚刚起步,尚处于旅游投资的大量偿贷期;第五,古镇居民的主人心态,驱使他们一心一意想着要主导古镇的旅游开发和利益分配,却不明白旅游发展总是要受到社区居民和投资开发商之外更多利益关系者的彼此牵制;第六,政府、开发商、管理者和古镇居民之间的沟通渠道不畅,古镇居民并不明白也不理解旅游开发运作的实情,总以为自己受到了欺骗;第七,古镇居民本身经营旅游的位置、条件、能力等有明显差别,利益分配机制还存在许多需要不断调整的空间。凡此种种,不只是出现在黄姚古镇,而是全世界社区居民参与旅游发展的共同问题,区别只在于问题的严重程度不同而已。从整体情况看,黄姚古镇是比较突出、严重的一个案例。

4. 投资管理者采取的对策措施及其效应

问题已经基本厘清,黄姚古镇文化旅游开发公司采取了一系列解决问题的措施和手段:第一,加大宣传教育工作的力度,让古镇居民真正认识和理解旅游发展的过程与规律;第二,吸收古镇居民参与黄姚旅游的开发、经营、管理的决策,通过政府相关部门、社区居委会、旅游管委会和古镇权威代表相互协商沟通,构建更为通畅的沟通平台;第三,通过餐饮、住宿、娱乐、特产、商店、门票、入股、分成、就业、服务、管理、生产等多种形式,使多方利益分配更趋合理化和公平化;第四,尽快启动黄姚新村建设,逐步将过于拥挤的社区居民部分疏散出古镇民居,减少居民承受大量旅游者进入所造成的心理冲击和社会影响;第五,加大旅游经营管理秩序的监控维护和社会治安的防范控制,坚决查处违法、违规、违纪、逃票的现象,打击邪气,维护正气;第六,古镇居民一直坚持的拆迁补偿问题需要协商解决,新村建设可以施行另一种补偿方式,以缓解原来的冲突矛盾;古镇居民养老保险问题涉及政府管理,应当纳入全社会福利发展计划;积极引导、优惠、培训当地社区居民规范从事旅游经营活动,认真考虑入股分红旅游发展形式如何与原来的招商独资发展形式相协调。经过一年的努力,尽管尚有相当部分古镇居民仍不能充分理解政府、公司、管理者的做法,但是黄姚古镇的旅游秩序得到了较好的恢复,并有所好转,旅游者期待已久的古镇人气和情调氛围开始显露。

(二) 贺州温泉和姑婆山社区居民参与旅游发展

1. 两大景区开发建设及影响力分析

贺州温泉景区位于贺州市黄田镇路花村,距市区中心25公里,距玉石林景区2公里,距姑婆山国家森林公园8公里,依山傍水、层林叠翠、溪流飞瀑、田园风光迷人。温泉水温65℃,流量150吨/小时,含有几十种对人体健康有益的微量元素及矿物质。景区占地面积700亩,拥有温泉区、温泉宾馆(2005年春节开业)、温泉餐厅、溪流飞瀑区(2005年3月开放)等景点、设施和设备。其中,温泉功能区域划分为大众温泉区、宾馆旅宿区、运动休闲区及园林景区等。另外,大众温泉区设有不同温度的泉池8个。2009年12月,景区投资对宾馆主楼进行了重新装修,楼高4层,拥有客房88间(套),是融食、住、游、浴为一体的旅游、会议、休闲、度假地。

姑婆山国家森林公园总面积8 000公顷,距贺州市中心约30公里,具有峰高谷深、山势雄伟、森林繁茂、动植物资源丰富、瀑飞溪潺、环境幽雅等特点,集"雄、奇、秀、幽"于一身,兼有山水型、城郊型公园的特点。森林公园主要分为八大景区:瓦窑冲景区、情人林景区、原始森林探秘区、银河落九天景区、"二毫米半"景区、仙姑草坪活动区、仙姑景区、姑婆山山顶观光区,内设森林酒店、影视外景、山泉浴场、品酒作坊、溪谷漂流、鸟类表演、特产商店等经营性接待服务设施和设备。这里是电视剧《欢乐桑田》、《茶是故乡浓》、《酒是故乡醇》、《围屋里的女人》等影视剧目的外景拍摄地,对外宣传影响深远。

2. 两大景区社区居民参与旅游问题分析

由于景区内及其周边区域的村落社区定居常驻居民人口较少,社区参与关系冲突问题也相对较少,但是并不意味着贺州温泉和姑婆山国家森林公园不存在社区居民参与旅游发展问题。这些景区在开发建设过程中,都不同程度地涉及当地汉族、瑶族、客家等不同历史文化背景社区居民的合作参与问题。其中,贺州温泉主要涉及的路花村土地征用补偿和利益分配问题;姑婆山森林区主要涉及社区居民搬迁、征地补偿和利益分配问题。

在充分考虑搬迁、征地、安置补偿合理性问题的基础上,景区开发主要考虑到了社区居民旅游就业和生活出路问题,景区内的清洁、种养、维护、管理、服务、接待、保安、生产、防护、导引、建设、施工、资源供应等,都给予当地社区居民优先、优惠的就业安排,在利益分配方面,通过合同协议的方式,规定了每年的利益分配处理方式,并考虑到了随着景区旅游发展,利益分配成比例增长等问题,使社区居民参与旅游发展在景区内部及其外围区域获得了补充平衡。

三、平乐县社区居民参与旅游问题分析

(一)仙家温泉社区居民参与旅游发展

1. 仙家温泉度假区开发状况

平乐县仙家温泉,距县城约42公里,位于源头仙家村,出在延绵百里的天堂山脉北麓,高龙河环绕景区,万亩松林群山遍布,景区内环境优美、宁静,湖泊、亭台相映成趣,流水潺潺,林静蛙鸣与大自然浑然一体。

仙家温泉度假山庄占地600余亩,群山环抱,鸟语花香,温泉水从地下喷涌而出,日涌水量1200吨,水温50℃,晶莹滑爽,含20余种对人体有益的微量元素,水温常年保持在37~45℃,是当地社区居民传统的洗浴疗养场所。

考虑到周边村落社区居民的土地、住宅、村庄、林地布局,仙家温泉最初的规划设计面积比较狭小,征用600亩,划分为6个区域,开发建设的天然露天泉眼10余处,多数自200米岩层深处喷涌而出。整体设计理念是依照山势坡台而建,上下三大层面,层次功能清晰,园林布局尽量利用自然地貌进行优化,将人文景观和自然融为一体,营造了一个融温泉疗养、水上乐园、星级酒店、商务会议、餐饮康体等为一体的综合性特色旅游休闲度假环境。

2. 政府引导和社区居民参与期待

仙家温泉景区的开发建设,最先考虑的是土地征用和相关补偿问题,社区居民期待着随仙家温泉休闲度假景区的开发和发展,能够将周边田园、林地、河流、村庄等景观纳入其中,获得同等的发展潜力和机会。但是,因区位、交通、宣传、营销、管理、投资能力和县域旅游发展形式所限,仙家温泉景区的发展,尤其是周边社区居民参与旅游发展的进展比较缓慢。温泉山庄自2003年作为引资项目对外招商,并在确立投资项目后,县文化旅游局曾专门抽调了一名副局长,安排脱产一年,帮助温泉山庄的建设、

协调,并处理相关部门及当地村民的关系,旅游局还积极投入,帮助温泉山庄做好宣传营销工作,希望借温泉山庄的发展壮大,带动平乐县的旅游产业发展。但事实上,温泉山庄开发建设将近6年,每年营业额只有200万元左右,每年上缴税费只有1万多元,拉动当地旅游业发展的期待自然无从谈起。同时,由于仙家温泉地处孤立,周边缺乏点线联动,加上投资管理者与当地村民急切期待参与旅游的关系处理不当,双方矛盾、冲突变得越来越紧张。为此,不但政府感到失望,当地村民更由失望转为愤怒。

3. 投资管理者与社区居民的冲突

2010年1月中下旬,正值春节期间外出打工青年返乡,仙家温泉山庄四次遭到当地村民的打砸。旅游旺季被迫停业整顿,仙家温泉只能由当地政府多个部门组成的"仙家温泉系列打砸事件处置工作领导小组"进行事件的调查处理。2月17日公布了调查报告,认为温泉山庄不讲诚信、激怒村民,是打砸事件的内在主因,而更具体和直接的原因可能还有更复杂的利益矛盾关系问题,如周边村民希望分流部分温泉水源开发农家乐旅游未获支持,温泉垄断所有旅游项目和旅游客源,村民没能得到真正地参与旅游实惠等。当地村民甚至希望将仙家温泉全部收回,由村民自己组织开发、经营和管理。全部收回不行,村民也希望部分收回,以便经营农家乐和大众温泉旅游项目。出于多方面关系、利益的考虑,加上多年等待不到积极回应,村民最终采取了过激行为。

(二)榕津古镇社区居民参与旅游发展

1. 榕津古镇旅游开发条件和招商意向

榕津古镇,位于平乐县张家镇榕津村,始建于唐末宋初,距今已有上千年的历史。榕津河与沙江河在此交汇,水运发达时期,乘船向北可以到达桂林,向南、向东可以到达梧州、广州,这里成了桂林一带最热闹的内河小港之一。现在,榕津古镇的石板大街、街门、小巷、古码头保存完整,整条街道的房舍大多为南方民间砖木结构的骑楼,其中魁星楼、古戏院、粤东会馆等基本保持了原貌,青砖绿瓦、飞檐流拱,体现了我国南方古代村镇建筑典雅、古朴的风格。周边古榕成林,池塘连绵,田园环抱,喀斯特峰林景色优美,每年由村民自发组织的妈祖节巡游庙会,吸引来数万游客。当地社区居民热切期待着榕津古镇的旅游发展。

从2004年《平乐县旅游业发展规划》出台后,榕津古镇以"榕津古榕景区"为项目主题,完成了概念性旅游开发设计,并对外投标招商。但是,因为县内旅游业发展起步较晚,基础设施、设备不够完善,整体旅游形象不够鲜明,榕津古镇旅游开发项目始终没有投资者响应。多年来,社区居民始终如一地通过举办一年一度的传统妈祖节旅游活动,宣传推介"榕津古榕景区"。

2. 榕津古镇社区居民参与旅游发展的期待

目前,榕津古镇依然处于民间自发开展旅游宣传活动阶段,一年一度的妈祖节民间庙会,是当地居民宣传自己的主要手段。平乐热线、昭州传媒等民间组织不遗余力地参与推出以"榕津古榕"为主题的旅游项目。但是,由于宣传主题不够明确,古镇老街年久失修,周边景观环境得不到整治,卫生环境状况不佳,缺乏必要的旅游设施、设备和活动项目,没有形成必要的旅游环境氛围,除了节庆期间,游客寥寥可数。2009年洪水淹没街区,崩塌、损坏相当一部分传统老旧民居,使榕津古镇旅游发展举步更加艰难,部分居民对发展旅游逐渐失去信心。

2010年,由张家镇政府、平乐热线和昭州传媒联合策划举办的"榕津古榕妈祖文化旅游节"活动得到了当地政府和县文化旅游局的大力支持,三天节庆活动聚集了5万多当地赶会、商贸、娱乐的民众和外来部分游客,古镇居民似乎看到了旅游开发的一些希望,迫切要求外来投资者投资开发榕津古榕景区,并期待政府组织部分居民开发新区居住,将小学校舍迁离古镇老街。但是古镇街委会、当地镇政府、民间社团组织,均无力集资发展古镇旅游,他们把唯一的希望寄托在外来投资者身上。但是,社区居民对有关利益分配、旅游经营管理、土地征用规划开发和多方利益关系处理等问题,并没有明确的认识和了解。这些问题都有可能给将来的旅游发展留下隐患,需要当地政府事前做好宣传、教育、沟通、引导工作,并鼓励社区配合居民做好建筑、环境、文化、风俗等方面的传承保护工作。

四、平乐县与贺州市社区居民参与旅游发展模式

据专家研究认为,社区居民参与旅游发展模式,首先要考虑的问题是弄清待开发景区、景点居民的基本情况和对于旅游开发的基本态度,这些情况除了基本统计数据和文件之外,最重要的工作就是调查问卷、实际访谈和社区居民会议,这些工作一般都由与政府合作的旅游开发规划专家组组织实施完成。专家组成员通过问卷统计,结合访谈和座谈会实录,进行综合分析,对接受调查的社区居民的性别构成、年龄构成、受教育程度、职业构成、家庭年收入水平、对开发旅游的态度、居民期望参与程度、对外来投资商的态度、认为最具开发价值的旅游资源、认为应该开发的旅游产品、居民期望参与的旅游开发、是否有必要改造不协调建筑、对旅游带来的变化的认知、对旅游开发提出的建议等问题,逐项进行科学合理的判断分析,以便确定居民参与旅游发展的各个阶段工作的实施内容,提出克服社区居民参与旅游发展可能遇到的阻碍和应对措施。

从贺州市黄姚古镇、贺州温泉、姑婆山国家森林公园和平乐县仙家温泉、榕津古镇景区旅游规划开发的经验教训来看,社区参与式旅游开发和管理发展,大致需要经过以下几个操作程序方可完成(见图1)。

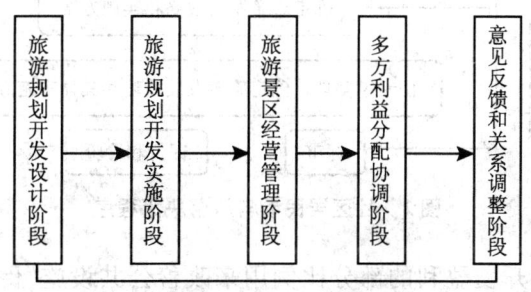

图1 旅游规划阶段实施图

(一)社区居民参与旅游开发规划阶段

社区居民参与式旅游开发规划,是旅游可持续发展的基础,是充分了解社区居民参与旅游开发和发表意见的开始,通过此阶段,以确定社区旅游参与的多方主体及其基本情况,目的是实现规划开发区域的旅游资源得到社区居民的认可、保护、传承和开发,同时通过发展给社区居民带来实惠,是在政府引导、投资商出资、旅游规划专家支持、村民参与的前提下,共同规划待开发区域旅游规划的主要内容。因此,全体村民、政府、投资商,以及旅游专家都是规划的参与主体,尤其要尊重当地社区居民在旅游开发中参与的重要地位。同时,根据规划的具体思路,并借鉴其他开发景区已经出现的情况综合分析,归纳出影响开发和发展的主要因素。

(二)旅游规划开发项目可行性评估阶段

旅游规划开发项目可行性评估,主要参考社区居民意见得出结论,从通常情况来看,社区居民主要关注的问题有以下几个方面:

1. 在进行重大建设、改造等项目时,充分尊重村民参与的权利。

2. 在占用补偿、人力投入、报酬等方面遵从公平合理的原则;在盈利分红方面,要根据实际情况与村民商定,不能偏低,切实保障村民的应得利益。但是专家根据以下程序,会做出一些更加科学、合理的决策建议:

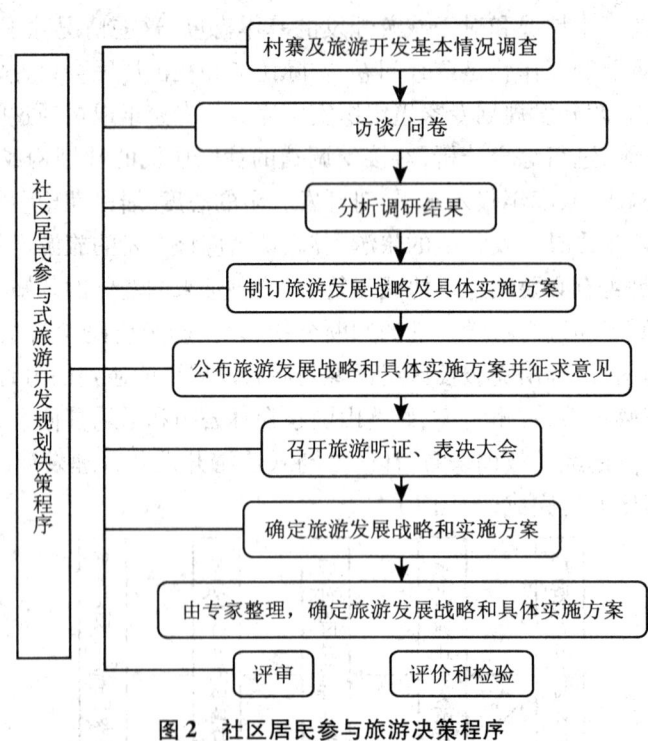

图2 社区居民参与旅游决策程序

(1)建议将旅游开发盈利的部分比例用来改善公共设施,促进当地社区的长远发展。

(2)建议政府给予政策上的支持和优惠,促进当地居民全面参与,实行公平、合理的利益分配制度,发挥优势,积极吸引外资,在对资源进行开发的过程中注重科学合理性,加强对当地文化的保护,以及对居民的环保教育,为当地居民提供培训和指导,避免无序参与、过度开发带来的后果。

3. 社区居民参与旅游开发模式实施阶段

(1)经营管理模式的选择

社区居民参与式旅游规划的实施,要以各个村镇社区为基础,最大限度地调动社区居民参与的广泛性和积极性。参与要在收益、对资源和服务的拥有,以及社区居民权益的保障等方面得以体现。一般的社区居民旅游经营管理模式包括以下几种:

①外来公司 + 农户模式(旅游合作社形式之一);

②政府 + 外来公司 + 村民旅游组织;

③股份合作制(公司制);

④村民旅游组织独立经营模式;

⑤个体农庄模式 + 农户(旅游合作社形式之二)。

根据平乐县仙家温泉、榕津古镇的具体特点和当地发展旅游的新趋势,鉴于当地农民收入水平较高和教育水平较好等情况,可以考虑采取旅游合作社或旅游股份合作制模式发展旅游,也可以考虑"政府 + 外来公司 + 村民旅游组织"模式。

4. 组建民族地区社区居民自己的旅游组织

(1)旅游合作社的组建

旅游合作社是近两年兴起的一种新型旅游发展模式,由村民和外来公司共同入股的形式组建,即村民以土地、房屋、资金入股等形式加入旅游合作社,参与乡村休闲基地的打造,投资商负责开拓市场、招徕客源,当地农民负责住宿、餐饮、观光采摘等方面的接待,收益由双方进行分成;按民办、民营、民受益、自愿入社的原则,施行自主经营、风险共担、利益共享的"公司 + 农户"模式运作。旅游合作社是乡村旅游发展的一种资源集约化形式,使旅游资源得到更合理的分配,而农户也能从中得到实惠,它很好地解决了传统体制下公司向农民买地或租地,再投入技术和资金进行开发的"嵌入式"开发模式造成的公司开发和获利,而农民"坐吃山空"和"坐山致穷"的矛盾。旅游合作社成立后,将实行全村统一规划、统一着装、统一经营、统一分配、统一接待、统一种养的标准,对外经营管理,这样就避免了农户独自经营造成的要价悬殊较大、服务质量参差不齐等状况给当地旅游形象和农户利益造成一定的影响。

(2)旅游股份公司董事会

从目前在平乐仙家温泉、贺州黄姚古镇出现的问题和社区居民所反映的意见来看,以及从沿海发达地区和内地一些成功景区、景点的情况来看,旅游股份制合作制是社会经济较发达地区和旅游发展到一定程度的地区社区居民普遍能够接受的一种现代旅游开发和经营管理模式。

旅游股份合作的主体可以包括外来投资商、旅游经营商、当地政府、社区居民,甚至可以包括现实旅游者和潜在旅游者,但是最大的股权占有者,往往是投资开发商、当地社区居民和当地政府。当地社区居民可以通过土地、资源、资金、人力、智力等方面资源的评估折价进行购股或参股,以实现旅游利益分配的公平化与合理化,并按照各利益相关者所占股份比例,组成董事会,对旅游开发、经营、管理和发展作出决策。同时聘请专家和管理人员进行具体的操作和管理,并由小股权社区居民推出旅游协会组织成员参与旅游开发发展的监督和管理。他们与社区委员会、专家组、董事会共同构成监督合作关系,在治安小组、环境容貌小组、医疗救助小组、财务监督小组、综合协调小组等旅游协会分支组织的共同作用下,推动社区旅游事业的发展。

5. 民族地区社区居民参与旅游发展的经营管理

(1) 社区居民直接参与旅游发展的经营形式

社区居民,是旅游开发的重要人力资源,他们可以参与景区的管理和服务,保障景区的日常运营。具体形式大致包括:地方、民族特色餐饮和家庭旅馆接待;田园观光、蔬果采摘和节庆娱乐活动接待;地方和民族土特产、工艺品的加工和销售;地方和民族歌舞表演与娱乐体验接待;旅游安全、防灾防变与导游服务;地方和民族传统文化情调氛围的维持等。

(2) 社区居民间接参与旅游发展的管理方式

基于"不参与就是最大的参与"的原则,需要相当部分的居民进行原有的生产、生活来营造原有的瑶族特有民族文化景观;不直接参与旅游开发的社区居民,可以为直接参与的居民提供旅游以外的劳务,进行间接参与。

6. 民族地区社区居民参与旅游发展的利益分配管理

(1) 利益分配方式

按贡献分配原则,进行初次分配;按社会调剂原则,进行再次分配。以此协调不同层级的社区居民旅游利益分配公平问题。

(2) 旅游培训和教育

旅游业属于倒金字塔结构的组织形式,面对游客的一线服务人员是决定整个旅游产品体系质量的最关键因素,是旅游业发展的根本保证。培训教育内容包括:对旅游从业人员的培训;面向全体居民的教育和村民免费优先培训教育原则。

参考文献

[1] http://baike.baidu.com/view/78824.html,黄姚百度百科。

[2] http://www.glplrx.com/index.html,平乐热线。

[3] http://www.gxhzly.com/index.asp,贺州旅游网。

[4] 金秀瑶族自治县六甲生态瑶族旅游区保护与开发规划。

[5] 王敏娴. 乡村旅游社区参与机制研究. 浙江大学硕士论文,2005.

[6] 宋章海. 试论社区参与在区域旅游发展中的问题和对策. 贵州大学学报,2005(1).

民族旅游研究进展浅析

尹铎 杨主泉

(桂林理工大学旅游学院 桂林)

【摘 要】 本文通过对自1999年起中国11年来民族旅游研究的文献综述与理论梳理,发现民族旅游研究虽然起步较早,文献内容与视角丰富,但至今仍是研究热点,这与我国民族旅游主体的特殊性是分不开的。本文对文献内容进行分类发现,民族旅游研究主要集中于民族旅游发展、民族旅游开发、民族旅游以人为本的研究,以及民族旅游文化。最后笔者还对我国民族旅游研究作出简要评析,并对今后民族旅游学术研究进行展望,以期为民族旅游的发展提供理论基础。

【关键词】 民族旅游;研究综述

一、前言

民族旅游是一种高层次的文化旅游。我国的56个民族热情好客,生产、生活各具特色,早已成为旅游开发中的重要旅游资源。对于游客而言,之所以选择民族旅游,正是因为它可以满足大众求新、求异的需求。可以说,民族旅游的发展,是旅游企业、旅游学界与政府等多股力量共同促进的结果。

民族旅游的发展离不开民族旅游学科理论的指导,因而关注民族旅游学者的研究内容至关重要。对民族旅游的文献内容进行整合和理论归类,以强化民族旅游研究基石,对促进民族地区经济共荣、文化交流、社会发展和民族团结意义重大。

二、研究文献综述方式

本文以中国知识资源总库电子版为基础,在中国期刊全文数据库中以检索项"关键词"和检索词"民族旅游研究"进行检索,检索时间截至2010年11月17日晚间9时,检索时间范围为1999—2010年,文献范围为全部期刊。通过检索获得论文339篇,其中中文核心期刊文献84篇。

通过研究文献状态分析发现,近十年来,我国民族旅游研究大致呈现研究文献数

[作者简介] 尹铎,男,桂林理工大学旅游学院2012届本科生。杨主泉(1976—),男,福建连城人,博士、副教授,主要研究方向为旅游资源开发和民族生态。

量的逐年增长,特别是2010年增幅最大;文献来源期刊的类型丰富、文献研究的视角多元化。基于全部研究文献的上述特点,本文首先在选取11年来刊载于中文核心期刊的研究文献72篇基础上,综合文献作者学位及职称,以及研究视角等方面因素,另外再选出20篇刊载于其他学术期刊的重要文献进行系统回顾,旨在真实准确地反映出11年来学者们关于我国民族旅游研究的最新方法、理论和最经典的应用案例。

三、文献内容、领域分类研究

(一)民族旅游发展研究

该领域从总体上研究我国民族旅游的发展问题,研究视角主要集中在民族旅游经济发展研究、发展影响与策略研究及发展实例研究方面。在民族经济发展研究上,马剑锋论述了黑龙江少数民族地区的开发民族旅游的可行性与必要性,提出了科学发展民族旅游经济的模式[1]。牛海桢等论述了培育甘肃县域旅游经济原则与方法[2],对民族旅游经济的起飞具有重要借鉴作用。在旅游发展的策略方面,王美英等通过对全国最大的彝族聚居区——凉山的民族文化进行提炼,提出地区旅游的发展策略[3]。李瑞等综观近十年的中国旅游领域,分析了民族村寨旅游发展的特点与影响,以期引起学者共鸣[4]。民族旅游发展研究中不乏大量案例实证研究,赖斌等以四川省为实证,提出了民族生态旅游的可持续发展的模糊因子分析模型[5],杜鹃、李少游则将内蒙古的民族旅游资源归类,研究民族旅游可持续发展的方式、方法[6]。

(二)民族旅游开发研究

此类研究首先集中分布在旅游资源开发的理论研究层面,传统的民族旅游开发具有区域性明显的特点,于是张河清提出将自然环境与社会发展有较强同一性的地域联动发展构建民族文化旅游圈,并以湘黔桂三省区为例建立中国侗文化旅游圈[7]。苗红针对西北民族旅游开发提出用生态约束机制理论解决民族旅游开发与保护的矛盾[8]。吴必虎等综述了民族文化旅游的开发研究,提出了在此领域需要进一步重视的理论与问题[9]。近年来,节事旅游资源开发是民族旅游资源开发的重要研究方向之一。杨香花宏观中国传统民族节日的旅游开发现状,提出发展节日旅游开发的相应策略[10]。黄力群则重点关注新疆多民族地区节事旅游开发,认为挖掘节事文化内涵,提升解释文化品位才能打造民族旅游核心竞争力[11]。另外值得关注的是,许多学者纷纷把研究视点集中在体育旅游资源的可行性研究上,殷生宝[12]、余万予[13]等分别以贵州及广西为研究对象,分析了民族体育旅游圈、传统少数民族体育资源、体育旅游产业的开发策略。在旅游发展中如何处理开发与保护的关系一直是旅游学者关注的焦点。董莉莉[14]、陈红玲[15]等基于民俗旅游资源,探讨各个主体在民俗资源保护中的责任,同时提出开发建议。而林锦屏等提倡搭建高端民族文化型乡村旅游平台,推动民族地区乡村经济开放式健康发展,保障优秀民族文化得以传承[16]。在民族旅游开发的实例方面,学者们选取的研究对象多集中在我国的西南与西北地区,研究的内容深入、丰富,且各具特色,极大地发展了我国民族旅游理论[17-21]。

(三)民族旅游"以人为本"的研究

在民族旅游研究中,从未缺乏过对旅游活动中各种社会关系的关注。研究视角主要聚焦在旅游人类学和旅游社区参与机制上。从人类学视角出发,研究旅游地居民、社会团体、旅游开发者与旅游者之间的关系,为造福地方作用巨大。为此,部分学者运用不同案例进行深入研究。其中尤以彭兆荣与吴忠军的研究更具代表性。前者从旅游人类学视角诠释了东道主与游客之间的结构性行为,提出切不可以牺牲地方性文化资源为代价,削弱了可持续性的旅游发展[22]。而后者则关注民族旅游地的国内游客行为,以广西龙胜各族自治县为例,探讨了游客行为研究在市场导向型旅游规划产品设计中的应用[23]。此外,陈兴贵[24]、周光大[25]等也分析了人类学在民族旅游开发中的作用,以及人类学视野中民族旅游活动与民族艺术之间的关系。社区参与是旅游活动可持续发展的根本,在民族旅游地以目的地居民活动为资源,以旅游者与居民的互动为形式的社区参与型旅游开发,可以使旅游活动更加充实,更加真实。路幸福以云南若干村镇为例,解析少数民族社区旅游的舞台化特征,有利于游客的体验升级与社区居民参与意识和保护民族文化意识的提高[26]。近年来,民族旅游与少数民族妇女问题成为民族旅游中的研究热点。钟洁系统地评述了中国民族旅游对少数民族女性在社区参与社会生活的状态,总结了当前在此类研究中的学术进展,对这一问题的深入研究有重要作用[27]。刘韫则通过对四川甲居藏寨景区的实地访谈,从女性认知的角度探讨乡村旅游对她们带来的影响[28]。

(四)民族旅游文化研究

游客进行民族旅游,其实质就是感受民族文化,以获得体验价值的过程。在该研究领域视角多样,内容十分丰富。

1. 民族旅游文化的整体思考

民族文化作为旅游资源开发成为文化旅游产品后,必将涉及参与其中的各方主体。周星通过对贵州苗族社区的走访,引发对民族文化旅游各个利益主体如何兼顾,以及政府在此项工作中如何作为的思考[29]。而胡晓以构建和谐社会为出发点,从民族旅游文化传播的整体角度探讨民族文化的多元化与差异性[30]。周恩平以打造桂林文化大市品牌为理念,细化了整合民族文化的构想[31]。

2. 对民族文化变迁的若干思考

旅游业作为发展地方经济的重要手段,对旅游目的地文化的影响日益突出。夏正超等基于民族地区文化变迁问题,以旅游文化整合与冲突为视角,探讨民族旅游的可持续发展对策[32]。吕华鲜等以云南三月街为例,分析了该街经过旅游开发后各个方面的文化变迁,并得到能使该街向积极方向发展的相关启示[33]。吴晓则重点关注乡村旅游中传统民间艺术的发展、传承与创新[34]。

3. 地方民族文化旅游

在此领域研究中,较为典型的有三篇文献:黄炜以文明走廊——云南普洱市为研究对象,提出发掘普洱民族文化的建议,以促进地方经济[35]。田永国建议贵州铜仁地区采用主体化深层次开发模式,追求经济效益、社会效益、生态效益合一[36]。苏日娜等总结了近十年来内蒙古草原文化的研究成果,为发展内蒙古民族旅游打下理论基础[37]。另外,许多学者将研究对象细化到局部地方的特色文化,如卢世菊以云南省为实证,研究其特色竹文化旅游[38],张杰等分析了著名的满族苞米窝剪纸艺术的美学价值及旅游开发价值[39]。

4. 遗产旅游与民族旅游文化

随着人们对文化遗产的日益关注,遗产旅游已成为旅游学界的绝对热点,而民族地区的文化遗产因其特殊性,合理开发必将成为遗产旅游中的一朵奇葩。黄继元[40]、贺剑武[41]提出在民族地区的乡村旅游开发中运用生态博物馆这一最佳文化遗产的保护方式。冯晓宪等以贵州省为例,引入辩证唯物主义思想,统筹处理民族地区非物质文化遗产的开发与保护问题[42],郝苏民分析了甘宁青三省区文化遗产保护现状,提出了抢救与合理开发的相关建议[43]。

(五)民族旅游的其他研究

除上述研究领域外,其他学科也逐渐与民族旅游对接,这将成为支撑民族旅游研究的必然趋势。其中较为新颖、典型的是文化创意产业、生态理论、新农村建设与民族旅游的对接融合。王兆峰以湘西发展文化创意产业的典型代表凤凰县为例,构建了民族文化创意产业模式[44]。袁瑛认为民族地区拥有发展生态旅游得天独厚的优势,运用生态理论,既能保护旅游地自然与人文资源,又可给当地居民带来经济收益[45]。现今一些经济欠发达的少数民族地区,对于实现党中央在十六届五中全会上作出的建设社会主义新农村的部署至关重要:张英分析了湘鄂渝黔边民族地区经济建设的艰巨任务,提出构建特色旅游区,以推动区域经济的发展[46];李俊杰研究武陵山区少数民族州县的优势产业定位模式,以期为其他地区的小康社会建设及新农村建设提供具有说服力的借鉴[47]。

四、研究文献评论与趋势

(一)研究文献内容评述

通过对11年来的民族旅游研究文献分析发现,在研究对象选择、视角透析和方法运用上呈现出下列特点:

(1)我国民族旅游实例研究远超纯理论研究,研究重点为特定区域的实际分析;

(2)我国民族旅游研究领域中民族旅游开发与民族文化占绝对主导地位;

(3)民族旅游研究方法中的定量研究较定性研究呈上升趋势,统计分析和建立模型开始被较多地运用;

(4)各文献研究内容各异,但缺乏一定的关联性。

(二)民族旅游研究趋势

基于本文的研究综述和梳理与笔者在少数民族聚居地实地访谈,初步展望今后民族旅游研究的新兴视点:

(1) 逐步加强对于民族旅游发展的理论研究,使现有各学者的独立研究能扩展到更为宽广的其他领域,以加强学术累积;

(2) 深入发掘传统的民族旅游资源,以舞台化的真实进行旅游开发;

(3) 继续加强以人为本的民族旅游研究,把握文化变迁动向,进行适当超前研究;

(4) 多关注跨区域的民族旅游合作,解决单一地域旅游开发薄弱以致旅游产业价值链环节缺失问题;

(5) 研究在民族旅游中游客对旅游目的地的形象感知与民族景点的恰当景观建设;

(6) 开展全面的民族旅游与其他产业对接融合的学科研究,以打造民族旅游发展的新模式;

(7) 时刻关注民族地区的时事热点,搞好灾害后重建与发展旅游的关系,切实做好民族旅游与扶贫,做最实际的民族旅游;

(8) 研究体验经济时代下民族旅游产品的深度开发问题,关注民族旅游产品的延伸领域,做最时尚的民族旅游。

参考文献

[1] 马剑锋. 黑龙江省少数民族旅游经济发展初探. 黑龙江民族丛刊,2010(3):58-61.

[2] 牛海桢,高燕,雷金瑞. 甘肃省县域旅游经济发展论纲. 甘肃联合大学学报(社科版),2010(4):65-70.

[3] 王美英,许巧云. 凉山旅游发展现状及对策研究. 西南民族大学学报(人文社会科学版),2010(7):223-227.

[4] 李瑞,殷红梅. 近10年中国民族村寨旅游研究进展与展望. 地理与地理科学,2010(4):412-419.

[5] 赖斌,杨丽娟,方杰. 民族文化生态旅游可持续发展水平的测度研究——以四川省为例. 生态经济,2006:99-101.

[6] 杜娟,李少游. 内蒙古旅游可持续发展研究. 桂林师范高等专科学校学报,2010,24(2):52-55.

[7] 张河清. 旅游开发的跨省际协作问题实证研究——建立"中国侗文化旅游圈"的开发设想. 经济地理,2005,25(3):414-417.

[8] 苗红,肖星. 西北民族地区旅游开发生态约束机制研究. 干旱区资源与环境,2004(9):120-123.

[9] 吴必虎,余青. 中国民族文化旅游开发研究综述. 民族研究,2000,4:85-94.

[10] 杨香花. 民族传统节日旅游开发存在的问题及其对策研究. 经济师,2005(8):48-49.

[11] 黄力群. 新疆体育节事旅游研究. 体育文化导刊,2009(7):65-68.

[12] 殷生宝,邓彩兰. "环青海湖民族体育圈"体育旅游资源开发研究. 青海民族研究,2007,18(3):112-114.

[13] 余万予,郑国华,朱小丽. 广西少数民族传统体育现状及发展对策研究. 天津体育学院学报,2005,20(1):28-30.

[14] 董莉莉,杨文棋. 民俗旅游资源的保护问题研究. 贵州民族研究,2004(3):112-116.

[15] 陈红玲,裴锐南. 旅游开发与民俗文化保护研究. 广西民族学院学报(哲社版),2003(11):101-102.

[16] 林锦屏,周鸿,何云红. 纳西东巴民族文化传统传承与乡村旅游发展研究——以云南丽江三元村乡村旅游开发为例. 人文地理,2005,20(5):78-80.

[17] 阎岩,陈建勤,张剑. 石林旅游业的二次创业——谈石林民族旅游资源的深入开发研究. 江苏商论,2007,7:73-74.

[18] 麻益军. 畲乡风情旅游可持续实证研究. 商业研究,2006(19):169-171.

[19] 袁瑛. 三峡民族地区生态旅游研究. 中南民族大学学报(人文社会科学版),2006,26(1):48-51.

[20] 陈玲,韩景卫. 少数民族地区旅游开发条件比较研究——以甘肃省肃南县和贵州省黎平县为例. 西北民族研究,2004(3):203-206.

[21] 卜奇文. 展示多彩的民族文化——广西民族旅游资源开发系列研究·民族篇. 广西民族学院学报(哲社版),1999,5:75-77.

[22] 彭兆荣. "东道主"与"游客":一种现代性悖论的危险——旅游人类学的一种诠释. 思想前线,2002(6):40-42.

[23] 吴忠军,唐晓云. 民族旅游地国内游客行为研究及其应用——以广西龙胜各族自治县为例. 经济地理,2004,24(1):139-143.

[24] 陈兴贵. 人类学在民族旅游开发中的作用. 贵州民族研究,2007,27(3):59-64.

[25] 周光大. 建立和发展中国特色文化人类学几个问题. 贵州民族研究,2000,1:104-111.

[26] 路幸福,陆林. 少数民族社区旅游的舞台化特征研究——以云南若干村镇为例. 旅游学刊,2007,22(2):38-42.

[27] 钟洁. 中国民族旅游与少数民族女性问题研究进展. 妇女研究论丛,2010(2):83-87.

[28] 刘韫. 乡村旅游对民族社区女性的影响研究——四川甲居藏寨景区的调研. 青海民族研究,2007,18(4):30-33.

[29] 周星. 旅游的民俗. 西北民族研究,2002(8):70-85.

[30] 胡晓,王飞霞. 民族旅游中跨文化传播与和谐社会建构. 中南民族大学学报

(人文社会科学版),2010(4):62-66.

[31] 周恩平. 建设壮、瑶、苗、侗、回民族文化走廊 打造桂林民族文化大市品牌. 广西经济,2010,3:41-43.

[32] 夏正超,谢春山. 民族地区旅游业可持续发展对策研究——基于旅游文化整合与冲突的视角. 开发研究,2010(3):37-39.

[33] 吕华鲜,张娟. 旅游开发中的文化变迁研究——以云南大理三月街为例. 江苏商论,2010(6):103-105.

[34] 吴晓. 乡村旅游语境中民间艺术的在场与形变——基于湘西德夯苗寨的个案研究. 广西民族研究,2010(1):189-193.

[35] 黄炜. 普洱市民族文化旅游发展问题探索. 中共云南省委党校学报,2010(3):51-53.

[36] 田永国. 铜仁地区民族文化旅游发展模式研究. 铜仁学院学报,2010(2):1-3.

[37] 苏日娜,萨日娜. 内蒙古草原文化研究综述. 黑龙江民族丛刊,2006(1):125-128.

[38] 卢世菊. 中国少数民族竹文化特色旅游发展研究——以云南省为例. 中南民族大学学报(人文社会科学版),2010(1):50-54.

[39] 张杰,王纪. 满族苞米窝儿剪纸艺术研究. 满族研究,2005(3):126-128.

[40] 黄继元. 乡村旅游开发与非物质文化遗产传承与保护研究——以云南省石林县大糯黑村为例. 云南社会科学,2010(3):114-118.

[41] 贺剑武. 广西少数民族农业文化遗产旅游开发研究——以桂林龙胜龙脊梯田为例. 安徽农业科学,2010(19):10300-10302.

[42] 冯晓宪,晏妮,彭秀英. 贵州少数民族非物质文化遗产保护与旅游开发的辩证关系研究. 贵州民族研究,2009(6):139-142.

[43] 郝苏民. 回族学与非物质文化遗产的抢救及保护. 回族研究,2004(4):35-37.

[44] 王兆峰. 湘西凤凰县民族文化旅游创意产业商业模式研究. 湖南师范大学社会科学学报,2010,39(2):88-92.

[45] 袁瑛. 三峡民族地区生态旅游研究. 中南民族大学学报(人文社会科学版),2006,26(1):48-51.

[46] 张英. 全面建设小康社会与湘鄂渝黔边旅游业发展战略研究. 中南民族大学学报(人文社会科学版),2004,24(6):72-74.

[47] 李俊杰. 全面建设小康社会与武陵山区少数民族州县优势产业定位研究. 黑龙江民族丛刊,2003(5):51-55.

责任编辑:孙延旭

图书在版编目(CIP)数据

中国民族旅游研究. 2010 卷 / 吴忠军主编. —— 北京:旅游教育出版社,2013.8
ISBN 978-7-5637-2579-3

Ⅰ.①中… Ⅱ.①吴… Ⅲ.①少数民族—民族地区—旅游业发展—研究—中国 Ⅳ.①F592.7

中国版本图书馆 CIP 数据核字(2013)第 059091 号

中国民族旅游研究(2010 卷)

吴忠军　主编

杨主泉　王佳果　副主编

出版单位	旅游教育出版社
地　　址	北京市朝阳区定福庄南里 1 号
邮　　编	100024
发行电话	(010)65778403 65728372 65767462(传真)
本社网址	www.tepcb.com
E - mail	tepfx@163.com
印刷单位	北京中科印刷有限公司
经销单位	新华书店
开　　本	787mm×1092mm　1/16
印　　张	22.5
字　　数	399 千字
版　　次	2013 年 8 月第 1 版
印　　次	2013 年 8 月第 1 次印刷
定　　价	79.00 元

(图书如有装订差错请与发行部联系)